E-Book inside.

Mit folgendem persönlichen Code können Sie die E-Book-Ausgabe dieses Buches downloaden.

```
1018r-65p6x-
uf001-b9141
```

Registrieren Sie sich unter
www.hanser-fachbuch.de/ebookinside
und nutzen Sie das E-Book auf Ihrem Rechner*, Tablet-PC und E-Book-Reader.

Der Download dieses Buches als E-Book unterliegt gesetzlichen Bestimmungen bzw. steuerrechtlichen Regelungen, die Sie unter www.hanser-fachbuch.de/ebookinside nachlesen können.
* Systemvoraussetzungen: Internet-Verbindung und Adobe® Reader®

Adams
SQL

Bleiben Sie auf dem Laufenden!

Unser **Computerbuch-Newsletter** informiert Sie monatlich über neue Bücher und Termine. Profitieren Sie auch von Gewinnspielen und exklusiven Leseproben. Gleich anmelden unter

www.hanser-fachbuch.de/newsletter

Hanser Update ist der IT-Blog des Hanser Verlags mit Beiträgen und Praxistipps von unseren Autoren rund um die Themen Online Marketing, Webentwicklung, Programmierung, Softwareentwicklung sowie IT- und Projektmanagement. Lesen Sie mit und abonnieren Sie unsere News unter

www.hanser-fachbuch.de/update

Ralf Adams

SQL

Der Grundkurs für Ausbildung und Praxis

Mit Beispielen in MySQL/MariaDB

2., aktualisierte Auflage

HANSER

Der Autor:
Ralf Adams, Bochum
Kontakt: sqlbuch@ralfadams.de

Alle in diesem Buch enthaltenen Informationen, Verfahren und Darstellungen wurden nach bestem Wissen zusammengestellt und mit Sorgfalt getestet. Dennoch sind Fehler nicht ganz auszuschließen. Aus diesem Grund sind die im vorliegenden Buch enthaltenen Informationen mit keiner Verpflichtung oder Garantie irgendeiner Art verbunden. Autor und Verlag übernehmen infolgedessen keine juristische Verantwortung und werden keine daraus folgende oder sonstige Haftung übernehmen, die auf irgendeine Art aus der Benutzung dieser Informationen – oder Teilen davon – entsteht. Ebenso übernehmen Autor und Verlag keine Gewähr dafür, dass beschriebene Verfahren usw. frei von Schutzrechten Dritter sind. Die Wiedergabe von Gebrauchsnamen, Handelsnamen, Warenbezeichnungen usw. in diesem Buch berechtigt deshalb auch ohne besondere Kennzeichnung nicht zu der Annahme, dass solche Namen im Sinne der Warenzeichen- und Markenschutz-Gesetzgebung als frei zu betrachten wären und daher von jedermann benutzt werden dürften.

Bibliografische Information der Deutschen Nationalbibliothek:

Die Deutsche Nationalbibliothek verzeichnet diese Publikation in der Deutschen Nationalbibliografie; detaillierte bibliografische Daten sind im Internet über http://dnb.d-nb.de abrufbar.

Dieses Werk ist urheberrechtlich geschützt.
Alle Rechte, auch die der Übersetzung, des Nachdruckes und der Vervielfältigung des Buches, oder Teilen daraus, vorbehalten. Kein Teil des Werkes darf ohne schriftliche Genehmigung des Verlages in irgendeiner Form (Fotokopie, Mikrofilm oder ein anderes Verfahren) – auch nicht für Zwecke der Unterrichtsgestaltung – reproduziert oder unter Verwendung elektronischer Systeme verarbeitet, vervielfältigt oder verbreitet werden.

© 2016 Carl Hanser Verlag München, www.hanser-fachbuch.de
Lektorat: Sylvia Hasselbach
Herstellung: Irene Weilhart
Copy editing: Jürgen Dubau, Freiburg/Elbe
Layout: der Autor mit LaTeX
Umschlagdesign: Marc Müller-Bremer, www.rebranding.de, München
Umschlagrealisation: Stephan Rönigk
Datenbelichtung, Druck und Bindung: Kösel, Krugzell
Ausstattung patentrechtlich geschützt. Kösel FD 351, Patent-Nr. 0748702
Printed in Germany

print-ISBN: 978-3-446-45074-5
e-book-ISBN: 978-3-446-45079-0

Dieses Buch möchte ich allen Lehrerinnen und Lehrern der ehemaligen Aufbaurealschule in Eslohe, Sauerland, widmen.

Besonders denke ich dabei an meinen Klassenlehrer und jetzigen Schulleiter, Herrn Schmidt. Durch Ihr stetes Bemühen um jeden Einzelnen sind Sie mir menschlich und heute als Lehrer fachlich ein Vorbild.

Inhalt

Vorwort XVII

Teil I Was man so wissen sollte 1

1   **Datenbanksystem** 3
1.1   Aufgaben und Komponenten 3
      1.1.1   Datenbank 3
      1.1.2   Datenbankmanagementsystem 5
1.2   Im Buch verwendete Server 6
      1.2.1   MySQL und MariaDB 6
      1.2.2   PostgreSQL 9

2   **Einführung in relationale Datenbanken** 11
2.1   Was ist eine relationale Datenbank? 11
      2.1.1   Abgrenzung zu anderen Datenbanken 11
      2.1.2   Tabelle, Zeile und Spalte 14
      2.1.3   Schlüssel, Primärschlüssel und Fremdschlüssel 16
2.2   Kardinalitäten und ER-Modell 22
      2.2.1   Darstellung von Tabellen im ER-Modell 22
      2.2.2   *1:1*-Verknüpfung 24
              2.2.2.1   Wann liegt eine *1:1*-Verknüpfung vor? 24
              2.2.2.2   Wie kann ich eine *1:1*-Verknüpfung darstellen? ... 25
              2.2.2.3   Kann man die Kardinalität genauer beschreiben? ... 26
      2.2.3   *1:n*-Verknüpfung 27
              2.2.3.1   Wann liegt eine *1:n*-Verknüpfung vor? 27
              2.2.3.2   Wie kann ich eine *1:n*-Verknüpfung darstellen? ... 28
              2.2.3.3   Kann man die Kardinalität genauer beschreiben? ... 28
      2.2.4   *n:m*-Verknüpfung 29

		2.2.4.1	Wann liegt eine *n:m*-Verknüpfung vor?	29
		2.2.4.2	Wie kann ich eine *n:m*-Verknüpfung darstellen?	30
		2.2.4.3	Kann man die Kardinalität genauer beschreiben?	31
	2.2.5	Aufgaben zum ER-Modell		31
2.3	Referentielle Integrität			32
	2.3.1	Verletzung der referentiellen Integrität durch Löschen		33
	2.3.2	Verletzung der referentiellen Integrität durch Änderungen		34
2.4	Normalformen			34
	2.4.1	Normalform 1		35
	2.4.2	Normalform 2		37
	2.4.3	Normalform 3		38
	2.4.4	Normalform Rest		39

3 Unser Beispiel: Ein Online-Shop 41
3.1 Kundenverwaltung 41
3.2 Artikelverwaltung 42
3.3 Bestellwesen 43

Teil II Datenbank aufbauen 47

4 Installation des Servers 49
4.1 MySQL unter Windows 10 49
4.2 MariaDB unter Windows 10 55
4.3 Andere Installationen 59

5 Datenbank und Tabellen anlegen 61
5.1 Die Programmiersprache SQL 61
5.2 Anlegen der Datenbank 62
  5.2.1 Wie ruft man den MySQL-Client auf? 63
  5.2.2 Wie legt man eine Datenbank an? 64
  5.2.3 Wie löscht man eine Datenbank? 65
  5.2.4 Wie wird ein Zeichensatz zugewiesen? 66
  5.2.5 Wie wird eine Sortierung zugewiesen? 68
5.3 Anlegen der Tabellen 70
  5.3.1 Welche Datentypen gibt es? 70
  5.3.2 Wie legt man eine Tabelle an? 71
  5.3.3 Wann eine Aufzählung (ENUM) und wann eine neue Tabelle? 74
  5.3.4 Wann ein DECIMAL, wann ein DOUBLE? 76
  5.3.5 Wann verwendet man NOT NULL? 77

	5.3.6	Wie legt man einen Fremdschlüssel fest?	80
	5.3.7	Wie kann man Tabellen aus anderen herleiten?	86
	5.3.8	Ich brauche mal eben kurz 'ne Tabelle!	87
6	**Indizes anlegen**		**89**
6.1	Index für Anfänger		89
	6.1.1	Wann wird ein Index automatisch erstellt?	91
	6.1.2	Wie kann man einen Index manuell erstellen?	92
6.2	Und jetzt etwas genauer		95
	6.2.1	Wie kann ich die Schlüsseleigenschaft erzwingen?	95
	6.2.2	Wie kann ich Dubletten verhindern?	96
	6.2.3	Was bedeutet Indexselektivität?	98
	6.2.4	Wie kann man einen Index löschen?	100
7	**Werte in Tabellen einfügen**		**101**
7.1	Daten importieren		101
	7.1.1	Das CSV-Format	102
	7.1.2	LOAD DATA INFILE	103
	7.1.3	Was ist, wenn ich geänderte Werte importieren will?	106
7.2	Daten anlegen		108
	7.2.1	Wie legt man mehrere Zeilen mit einem Befehl an?	108
	7.2.2	Wie kann man eine einzelne Zeile anlegen?	110
	7.2.3	Vorsicht Constraints!	111
	7.2.4	Einfügen von binären Daten	112
7.3	Daten kopieren		115
Teil III	**Datenbank ändern**		**117**
8	**Datenbank und Tabellen umbauen**		**119**
8.1	Eine Datenbank ändern		119
8.2	Ein Schema löschen		121
8.3	Eine Tabelle ändern		122
	8.3.1	Wie kann ich den Namen der Tabelle ändern?	123
	8.3.2	Wie kann ich eine Spalte hinzufügen?	124
	8.3.3	Wie kann ich die Spezifikation einer Spalte ändern?	126
	8.3.4	Zeichenbasierte Spalten in der Länge verändern	127
	8.3.5	Zeichensatz verändern	127
	8.3.6	Zeichenbasierte Spalten in numerische Spalten verändern	128
	8.3.7	Numerische Spalten im Wertebereich verändern	129

		8.3.8	Datum- oder Zeitspalten verändern	130
		8.3.9	Wie kann ich aus einer Tabelle Spalten entfernen?	131
	8.4	Eine Tabelle löschen		132
		8.4.1	Einfach löschen	133
		8.4.2	Was bedeuten die Optionen CASCADE und RESTRICT?	133
9	**Werte in Tabellen verändern**			**135**
	9.1	WHERE-Klausel		135
		9.1.1	Wie formuliert man eine einfache Bedingung?	136
		9.1.2	Wird zwischen Groß- und Kleinschreibung unterschieden?	137
		9.1.3	Wie formuliert man eine zusammengesetzte Bedingung?	138
	9.2	Tabelleninhalte verändern		139
		9.2.1	Szenario 1: Einfache Wertzuweisung	141
		9.2.2	Szenario 2: Berechnete Werte	141
		9.2.3	Szenario 3: Gebastelte Zeichenketten	142
		9.2.4	Was bedeutet die Option LOW_PRIORITY?	143
		9.2.5	Was bedeutet die Option IGNORE?	143
	9.3	Tabelleninhalte löschen		143
		9.3.1	Und was passiert bei Constraints?	145
		9.3.2	Was passiert mit dem AUTO_INCREMENT?	145
		9.3.3	Was bedeutet LOW_PRIORITY?	146
		9.3.4	Was bedeutet QUICK?	147
		9.3.5	Was bedeutet IGNORE?	147
		9.3.6	Wie kann man eine Tabelle komplett leeren?	147

Teil IV Datenbank auswerten **149**

10	**Einfache Auswertungen**		**151**
	10.1	Ausdrücke	152
		10.1.1 Konstanten	152
		10.1.2 Wie kann man Berechnungen vornehmen?	153
		10.1.3 Wie ermittelt man Zufallszahlen?	154
		10.1.4 Wie steckt man das Berechnungsergebnis in eine Variable?	155
	10.2	Zeilen- und Spaltenwahl	156
	10.3	Sortierung	157
		10.3.1 Was muss bei der Sortierung von Texten beachtet werden?	159
		10.3.2 Wird zwischen Groß- und Kleinschreibung unterschieden?	161
		10.3.3 Wie werden Datums- und Uhrzeitwerte sortiert?	163

		10.3.4	Wie kann man das Sortieren beschleunigen?	164
10.4	Mehrfachausgaben unterbinden			167
		10.4.1	Fallstudie: Datenimport von Bankdaten	168
		10.4.2	Was ist beim DISTINCT bzgl. der Performance zu beachten?	171
10.5	Ergebnismenge ausschneiden			171
		10.5.1	Wie kann man sich die ersten n Datensätze ausschneiden?	171
		10.5.2	Wie kann man Teilmengen mittendrin ausschneiden?	172
10.6	Ergebnisse exportieren			174
		10.6.1	Wie legt man eine Exportdatei auf dem Server an?	174
		10.6.2	Wie legt man eine Exportdatei auf dem Client an?	175
		10.6.3	Wie liest man binäre Daten aus?	175

11 Tabellen verbinden ... 179

11.1	Heiße Liebe: Primär-/Fremdschlüsselpaare		180
11.2	INNER JOIN zwischen zwei Tabellen		183
	11.2.1	Bauanleitung für einen INNER JOIN	184
	11.2.2	Abkürzende Schreibweisen	188
	11.2.3	Als Datenquelle für temporäre Tabellen	189
	11.2.4	JOIN über Nichtschlüsselspalten	191
11.3	INNER JOIN über mehr als zwei Tabellen		193
11.4	Es muss nicht immer heiße Liebe sein: OUTER JOIN		196
11.5	Narzissmus pur: SELF JOIN		201
11.6	Eine Verknüpfung beschleunigen		204

12 Differenzierte Auswertungen ... 207

12.1	Statistisches mit Aggregatfunktionen		207
12.2	Tabelle in Gruppen zerlegen		210
12.3	Gruppenergebnisse filtern		214
12.4	Noch Fragen?		215
	12.4.1	Kann ich nach Ausdrücken gruppieren?	215
	12.4.2	Kann ich nach mehr als einer Spalte gruppieren?	216
	12.4.3	Wie kann ich GROUP BY beschleunigen?	217
12.5	Aufgaben		218

13 Auswertungen mit Unterabfragen ... 219

13.1	Das Problem und die Lösung			219
13.2	Nicht korrelierende Unterabfrage			222
	13.2.1	Skalarunterabfrage		222
		13.2.1.1	Beispiel 1: Banken mit höchster BLZ	222

		13.2.1.2	Beispiel 2: Überdurchschnittlich teure Artikel	223
		13.2.1.3	Beispiel 3: Überdurchschnittlich wertvolle Bestellungen	224
	13.2.2	Listenunterabfrage		226
		13.2.2.1	Beispiel 1: IN()	226
		13.2.2.2	Beispiel 2: ALL()	227
		13.2.2.3	Beispiel 3: ALL()	228
		13.2.2.4	Beispiel 4: ANY()	231
	13.2.3	Unterschied zwischen IN(), ALL() und ANY()		233
	13.2.4	Unterschied zwischen NOT IN() und <> ALL()		233
	13.2.5	Tabellenunterabfrage		233
13.3	Korrelierende Unterabfrage			234
	13.3.1	Beispiel 1: Rechnungen mit vielen Positionen		234
	13.3.2	Beispiel 2: EXISTS		235
13.4	Fallstudie Datenimport			236
13.5	Wie ticken Unterabfragen intern?			239
13.6	Aufgaben			243

14 Mengenoperationen — 245

14.1	Die Vereinigung mit UNION	245
14.2	Die Schnittmenge	248
	14.2.1 Mit INTERSECT	248
	14.2.2 Mit Unterabfragen	249
14.3	Die Differenzmenge	250
	14.3.1 Mit EXCEPT	250
	14.3.2 Mit Unterabfragen	251
14.4	UNION, INTERSECT und EXCEPT ... versteh' ich nicht!	252

15 Bedingungslogik — 255

15.1	Warum ein CASE?	255
15.2	Einfacher CASE	257
15.3	SEARCHED CASE	259
15.4	Fallbeispiele	261
	15.4.1 Lagerbestand überprüfen	261
	15.4.2 Kundengruppen ermitteln	262
	15.4.3 Aktive Lieferanten ermitteln	265
	15.4.4 Aufgaben	266

16 Ansichtssache ... 267
16.1 Was ist eine Ansicht? ... 267
16.1.1 Wie wird eine Ansicht angelegt? ... 268
16.1.2 Wie wird eine Ansicht verarbeitet? ... 270
16.1.3 Wie wird eine Ansicht gelöscht? ... 273
16.1.4 Wie wird eine Ansicht geändert? ... 275
16.2 Anwendungsgebiet: Vereinfachung ... 276
16.3 Anwendungsgebiet: Datenschutz ... 278
16.4 Grenzen einer Ansicht ... 279

Teil V Anweisungen kapseln ... 283

17 Locking ... 285

18 Transaktion ... 289
18.1 Das Problem ... 289
18.2 Was ist eine Transaktion? ... 291
18.3 Isolationsebenen ... 294
18.3.1 READ UNCOMMITTED ... 294
18.3.2 READ COMMITTED ... 296
18.3.3 REPEATABLE READ ... 297
18.3.4 SERIALIZABLE ... 298
18.4 Fallbeispiel in C# ... 299
18.5 Deadlock ... 301

19 STORED PROCEDURE ... 303
19.1 Einstieg und Variablen ... 304
19.2 Verzweigung ... 309
19.2.1 Einfache Verzweigung mit IF ... 309
19.2.2 Mehrfache Verzweigung mit CASE ... 312
19.3 Schleifen ... 315
19.3.1 LOOP-Schleife ... 316
19.3.2 WHILE-Schleife ... 318
19.3.3 REPEAT-Schleife ... 321
19.4 Transaktion innerhalb einer Prozedur ... 322
19.5 CURSOR ... 323
19.6 Aufgaben ... 330

20 Funktion ... 331

21 TRIGGER ... 333
21.1 Was ist das? ... 333
21.2 Ein Beispiel für einen INSERT-Trigger ... 335
21.3 Ein Beispiel für einen UPDATE-Trigger ... 336
21.4 Ein Beispiel für einen DELETE-Trigger ... 338

22 EVENT ... 341
22.1 Wie legt man ein Ereignis an? ... 341
22.2 Wie wird man ein Ereignis wieder los? ... 344

Teil VI   Anhänge ... 345

23 Datenbank administrieren ... 347
23.1 Backup und Restore ... 347
    23.1.1 Backup mit mysqldump ... 347
    23.1.2 Restore mit mysqldump ... 349
23.2 Benutzerrechte ... 350
    23.2.1 Benutzerrechte und Privilegien ... 350
    23.2.2 Benutzer anlegen/Recht zuweisen ... 352
        23.2.2.1 CREATE USER ... 352
        23.2.2.2 GRANT ... 353
        23.2.2.3 REVOKE ... 355
23.3 Datenbankreplikation ... 356

24 Rund um den MySQL-Client ... 361
24.1 Aufruf(parameter) ... 361
24.2 Befehle ... 364

25 SQL-Referenz ... 369
25.1 Datentypen ... 369
    25.1.1 Numerische Datentypen ... 369
        25.1.1.1 Ganze Zahlen ... 369
        25.1.1.2 Gebrochene Zahlen ... 370
    25.1.2 Zeichen-Datentypen ... 371
    25.1.3 Datums- und Zeit-Datentypen ... 372
    25.1.4 Binäre Datentypen ... 375
    25.1.5 Standardwerte ... 375
    25.1.6 Zusätze für Datentypen ... 376
25.2 Operatoren und Funktionen ... 377

		25.2.1	Mathematische Operatoren	377
		25.2.2	Mathematische Funktionen	377
		25.2.3	Aggregatfunktionen	380
	25.3	Bedingungen		382
		25.3.1	Vergleichsoperatoren	382
		25.3.2	Logikoperatoren	384
			25.3.2.1 NOT, Negation, ¬	384
			25.3.2.2 AND, Konjunktion, ∧	385
			25.3.2.3 OR, Disjunktion, ∨	386
			25.3.2.4 XOR, Antivalenz, ⊗	386
	25.4	Befehle		387
		25.4.1	Data Definition Language	387
		25.4.2	Data Manipulation Language	398
		25.4.3	Benutzerverwaltung	402

26 Ausgewählte Quelltexte ... 405

26.1 `DOUBLE` versus `DECIMAL` ... 405
26.2 `NULL` versus `NOT NULL` ... 409
26.3 Suchen mit und ohne Index ... 411
26.4 Messen der Performance der Einfügeoperation ... 414
26.5 Messen der Indexselektivität ... 418
26.6 Sortieren ohne und mit Index ... 419
26.7 Rundungsfehler ... 422

27 Rund ums Zeichen ... 423

27.1 Für Deutsch relevante Zeichensätze ... 423
27.2 Für Deutsch relevante Sortierungen ... 424

Literatur ... 427

Stichwortverzeichnis ... 431

Vorwort

Vorwort zur 1. Auflage

Und noch'n SQL-Buch. Es gibt so viele SQL-Bücher, dass man berechtigt die Frage stellen kann, warum man noch eines braucht. Ich kann die Frage nur indirekt beantworten. Als Lehrer für Anwendungsentwicklung an einem Berufskolleg habe ich über Jahre erlebt, dass die Auszubildenden sich sehr mit den üblichen Büchern abmühen.

Die fachliche Qualität dieser Bücher ist unbestritten. Aber die Sprache ist meist von *IT-Profi* zu *IT-Profi*, und genau damit sind Auszubildende und Berufsanfänger oft überfordert – zumindest wird der Einstieg erschwert.

Ich habe daher begonnen, leicht verständliche Skripte zu schreiben, aus denen sich dieses Buch speist. Dabei werden Befehle didaktisch reduziert und Beispiele möglichst lebensnah ausgesucht. Fachbegriffe werden nur verwendet, wenn sie IT-sprachlicher Umgang sind; akademische Begriffe werden vermieden, wobei ich ihre Berechtigung nicht in Abrede stellen möchte.

Primärziel ist ein möglichst umfangreicher Ersteinstieg (Grundkurs), der dann durch berufliche Praxis ausgebaut werden kann. Trotzdem vertiefe ich an vielen Stellen im Buch den Einblick in SQL oder den MySQL-Server (Vertiefendes) – zum einen, um zu zeigen, dass ich auch ein bisschen was drauf habe, zum anderen, um Neugierde und Jagdtrieb beim Leser[1] zu wecken.

Ein weiterer Grund für dieses Buch ist, dass es mir großen Spaß gemacht hat, es zu schreiben. Ich hoffe, dass es Ihnen genau soviel Spaß macht, es zu lesen und damit zu arbeiten. Falls Sie mich fachlich korrigieren oder ergänzen möchten, senden Sie mir doch bitte eine E-Mail an *sqlbuch@ralfadams.de*.

Der Titel des Buches ist SQL und nicht MySQL. Ich habe deshalb an vielen Stellen den Unterschied zwischen MySQL und dem SQL92-Standard aufgezeigt. Trotzdem wird es schwer sein, die Beispiele *einfach so* auf andere DBMS wie Oracle oder MS-SQL zu übertragen. Die im Internet unter *http://downloads.hanser.de* verfügbaren Quelltexte sind jedenfalls nur unter MySQL 5.5 getestet worden. Trotzdem ist dies kein MySQL-Buch. Auf jeden Fall werden Sie ein Verständnis für den Aufbau und die Funktionsweise der Befehle erwerben, sodass Sie leicht die verschiedenen SQL-Dialekte adaptieren können.

---

[1] Der besseren Lesbarkeit wegen verzichte ich auf weiblich/männlich-Konstruktionen. Bitte verstehen Sie dies nicht als stillschweigende Hinnahme des geringen Frauenanteils in den IT-Berufen.

Wie ist das Buch zu lesen?

- Teil I *Was man so wissen sollte*
  Als Grundkurs werden hier die zentralen Begriffe wie Datenbank und Datenbankmanagementsystem eingeführt. Anschließend wird unser Beispiel-DBMS MySQL/MariaDB vorgestellt. Falls Sie auf anderen Systemen arbeiten, können Sie diesen Abschnitt überspringen. Nun folgt eine Einführung in die Theorie. Zwar wird in den nachfolgenden Kapiteln immer wieder auf diese Theorie zurückgegriffen, aber Sie können dieses Kapitel auch erst einmal überspringen, wenn Sie nur einen Befehl erlernen möchten. Allen, die sich auf eine Prüfung vorbereiten müssen, empfehle ich aber dringend, dieses Kapitel zu lesen und zu lernen. Zum Schluss wird das im Buch verwendete Beispiel eines Online-Shops inhaltlich entwickelt und als ER-Modell dokumentiert.

- Teil II *Eine Datenbank aufbauen*
  Es werden einige Installationen von MySQL vorgestellt. Leider kann ich nicht alle attraktiven Zielplattformen beschreiben. Es geht hier um die Bereitstellung einer Arbeitsumgebung für einen Entwickler oder besser für den Leser dieses Buches. Nach der Installation werden die Datenbank und die Tabellen des Online-Shops angelegt. Zu den Tabellen werden Indizes eingeführt. Dabei werden immer wieder vertiefende Inhalte angeboten, die bei einem Grundkurs erstmal übersprungen werden können. Zum Schluss werden noch Daten in die Tabellen eingefügt oder aus anderen Datenquellen übernommen.

- Teil III *Eine Datenbank verändern*
  Die Datenbankeigenschaften, die Tabellenstrukturen und die Tabelleninhalte werden verändert oder gelöscht.

- Teil IV *Eine Datenbank auswerten*
  Der umfangreichste Teil des Buchs. Hier werden die Auswertungen mit SELECT in allen möglichen Varianten vorgestellt. Besonders die Verbindung mit JOIN und Unterabfragen werden an vielen Beispielen verständlich gemacht. Fast alle Inhalte gehören zum Grundkurs und sollte man daher z.B. für Prüfungen wissen.

- Teil V *Anweisungen kapseln*
  Transaktionen, Prozeduren, Funktionen, Trigger und Ereignisse gehören nicht zwangsläufig zum Grundkurs, werden hier aber wegen ihrer fachlichen Attraktivität und ihrer wachsenden Bedeutung vorgestellt.

- Teil VI *Anhänge*
  Eine Datenbank zu administrieren, ist – bis auf die Benutzerrechte – so DBMS-spezifisch, dass ich dies in den Anhang geschoben habe. Leider musste ich aus Platzmangel das Thema Cluster aussparen. Es folgt eine (My)SQL-Referenz. Anschließend werden Zeichensätze und Sortierungen, die für die Sprache *Deutsch* relevant sind, aufgelistet. Da ich den MySQL-Client verwende, stelle ich auch noch den Client etwas genauer vor. Zum Schluss folgen noch ausgewählte Quelltexte zum Selbststudium.

Die Lösungen zu den Aufgaben können unter *http://downloads.hanser.de* zwecks Vergleich heruntergeladen werden.

Danksagung

Als Erstes möchte ich mich bei Frau Margarete Metzger vom Hanser Verlag bedanken. Sie hat dieses Buch erst möglich gemacht. Zum Ende hin wurde das Buchprojekt von Frau Brigitte Bauer-Schiewek betreut, der ich ebenfalls meinen Dank aussprechen möchte. Herr Jürgen Dubau hat sprachliche Ausrutscher und flapsige Formulierungen glatt gebügelt. Für die LaTeX-Probleme war Herr Stephan Korell zuständig. Seine schnellen und guten Lösungen haben die Bearbeitung sehr erleichtert. Das Layout wurde von Frau Irene Weilhart betreut; wenn Ihnen das Layout gefällt, ist das ihrem Sinn für Ästhetik zu verdanken.

Ich möchte meinen Kollegen Dr. Andreas Alef und Marco Bakera, mit denen ich das Vergnügen habe, an der Technischen Beruflichen Schule 1 in Bochum (*http://www.tbs1.de*) zu unterrichten, für ihre kritischen und aufmunternden Kommentare danken.

Besonders will ich meine Schülerinnen und Schüler erwähnen. Die hier vorgestellten Beispiele und Konzepte sind in großen Teilen durch ihre schonungslose Kritik an bestehenden Lehrmaterialien entstanden. Das penetrante *Kapiere ich nicht!* hat mich immer weiter angespornt, es noch verständlicher zu versuchen. Falls dieses Buch SQL gut vermittelt, ist das auch deren Verdienst.

Zum Schluss noch eine Abbitte an meine Familie. Sie hat in den Monaten der Entstehung dieses Buchs oft zurückstecken müssen. Dafür, dass ich von allen – insbesondere von meiner Frau Barbara – so intensiv unterstützt wurde, bin ich sehr dankbar. Das ist nicht selbstverständlich, und ich freue mich darauf, dies mit vielen Runden Kniffel und Rummikub auszugleichen.

Ralf Adams, Juli 2012

Bemerkungen zur überarbeiteten 2. Auflage

- Ich beziehe mich nicht mehr auf den SQL92-Standard, sondern auf den SQL3-Standard.
- Skripte und Beispiele sind auf folgenden Servern getestet worden: *MySQL Community Server 5.7.12* unter Ubuntu, *MariaDB 10.1.13* unter Windows 10 und *PostgreSQL 9.5* unter Windows 10.
- MariaDB hat MySQL in vielen Anwendungen abgelöst. Die Gründe dafür und die entsprechende Diskussion darüber möchte ich hier nicht wiedergeben. Da beide den gleichen SQL-Dialekt sprechen, konnte ich an den meisten Stellen im Buch die Gültigkeit auf MariaDB erweitern. Unterschiede konnte ich bei den verwendeten Skripten nicht feststellen.
- Ich habe an mehreren Stellen auch PostgreSQL-Beispiele eingebaut. Zum einen, weil diese näher am SQL3-Standard sind, und zum anderen, weil es manche Befehlsvarianten in MySQL und MariaDB nicht gibt (z.B. der rekursive SELECT in Abschnitt 11.5 auf Seite 201).
- Aus diesem Grunde habe ich auch für die meisten Skripte PostgreSQL-Varianten erstellt. Diese können Sie im entsprechenden Verzeichnis des Hanser Verlags herunterladen.
- Die SQL-Skripte der ersten Auflage haben an manchen Stellen Fehlermeldungen ausgegeben. Diese Fehlermeldungen waren gewollt – z.B. das Löschen einer Zeile mit einem

Fremdschlüsselconstraint – und im Quelltext durch Kommentare dokumentiert. Leider ist dies von vielen so interpretiert worden, als seien die Skripte fehlerhaft. Ich habe deshalb die entsprechenden Stellen in den Skripten auskommentiert.

- Bitte beachten Sie, dass die Pfadangaben in den Skripten mit `LOAD DATA INFILE` angepasst werden müssen, je nachdem, wo Sie die Daten entpacken.
- Ich habe angefangen, für die Aufgaben Musterlösungen bei YouTube (*http://www.youtube.com/channel/UCu4ZybNXw1y4Rs4Mgx-4HKw*) einzustellen. In diesen Videos kann ich einfach besser erklären, worauf es bei den Lösungen ankommt.
- Beim Test der Skripte unter MySQL 5.6.19 ist ein Fehler des Servers aufgetreten (siehe [Ada14]).

Bei Frau Sylvia Hasselbach vom Hanser Verlag möchte ich mich dafür bedanken, dass sie die 2. Auflage angestoßen und ermöglicht hat.

Abschließend möchte ich mich für die vielen guten Kontakte und positiven wie kritischen Rückmeldungen über *sqlbuch@ralfadams.de* bedanken. Es hat mich sehr gefreut, dass durch mein Buch vielen das Erlernen von SQL Spaß gemacht hat.

Ralf Adams, Juni 2016

TEIL I
Was man so wissen sollte

1 Datenbanksystem

1.1 Aufgaben und Komponenten

 Es werden die wichtigsten Aufgaben und Komponenten eines Datenbanksystems vorgestellt. Die Begriffe werden lediglich eingeführt, weil sich ein detailliertes Verständnis erst in den nachfolgenden Kapiteln entwickeln kann.

- Grundkurs
  - Datenbanksystem
  - Datenbank
  - Datenbankmanagementsystem

Ein Datenbanksystem besteht aus einem Datenbankmanagementsystem (DBMS) und den Datenbanken (DB). Beide Komponenten sind in der Praxis eng miteinander verzahnt, sollten aber gedanklich unterschieden werden.

In Bild 1.1 auf der nächsten Seite ist der Aufbau eines Datenbanksystems schematisch dargestellt. Die Datenbanken enthalten die eigentlichen Daten und unmittelbar damit verknüpfte Datenobjekte wie z.B. eine Ansicht (siehe Kapitel 16 auf Seite 267). Über eine Kommunikationsschnittstelle werden diese Datenobjekte vom DBMS verwaltet. Das DBMS selbst besteht wiederum aus vielen kleinen Komponenten, die jeweils auf eine Aufgabe spezialisiert sind.

1.1.1 Datenbank

Die Aufgabe der Datenbank ist die logische und physische Verwaltung der Daten und damit eng verbundener Datenobjekte. Alle diese Datenobjekte können vom Programmierer angelegt, geändert und gelöscht werden. Die Änderungen beziehen sich sowohl auf die Struktur als auch auf den Inhalt. So können einer Tabelle neue Spalten (z.B. zweiter Vorname bei einer Adresse) als auch neue Zeilen (z.B. eine neue Adresse) hinzugefügt werden.

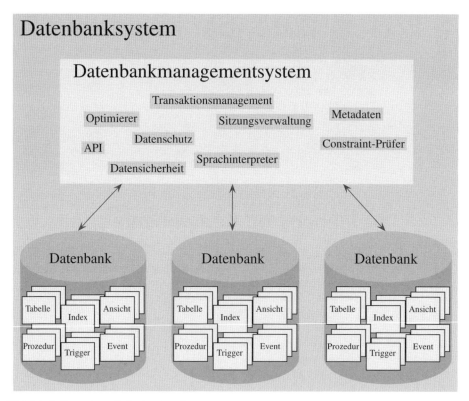

Bild 1.1 Aufbau eines Datenbanksystems

Üblicherweise werden in einer Datenbank folgende Datenobjekte vorkommen[1]:

- *Tabellen*: Bei einer relationalen Datenbank werden die Daten in Tabellen organisiert (Kundentabelle, Artikeltabelle, Filmtabelle usw.). Deshalb sind die Tabellen das Herzstück einer Datenbank. Alle anderen Datenbankobjekte sind aus diesen Tabellen abgeleitet oder verwenden diese.
- *Temporäre Tabellen*: Sie werden explizit vom Programmierer oder implizit vom Optimierer angelegt, um Zwischenergebnisse wiederverwendbar zu machen. In der Regel werden diese automatisch nach Beendigung einer Sitzung gelöscht.
- *Indizes*: Diese erlauben eine erhebliche Beschleunigung bestimmter Auswertungen. Die Daten aus den Tabellen werden dabei in frei wählbaren, aber festgelegten Reihenfolgen sortiert.
- *Ansichten*: Auf Vorrat gebastelte Auswertungen, die wie Tabellen verwendet werden können, ohne dabei einen eigenen Datenbestand aufzubauen.
- *Prozeduren*: Kleine, selbst geschriebene SQL-Programme, die auf dem Server ausgeführt werden.

---

[1] Die Liste ist nicht vollständig. Ich werde mich aber auf diese beschränken.

- *Trigger*: Auch kleine, selbst geschriebene Programme, die sich aber von selbst aufrufen, wenn Daten in den entsprechenden Tabellen verändert werden.
- *Ereignisse*: Schon wieder kleine, selbst geschriebene Programme, die sich ebenfalls selbst aufrufen, aber diesmal zeitgesteuert.

In MySQL und MariaDB werden die Datenbanken durch die Storage Engines (z.B. InnoDB, MyISAM) realisiert. Diese legen auf den Festspeicherplatten die Dateien an, in denen die Daten abgespeichert werden. Auch die Zugriffskontrolle erfolgt durch die Storage Engines.

1.1.2 Datenbankmanagementsystem

Dies sind die Aufgaben eines DBMS[2]:

- *Sprachinterpreter*: Herzstück des DBMS ist der Interpreter[3]. Dieser übersetzt die Befehle in einen ausführbaren Code. Die Sprache, die wir hier verwenden werden, ist SQL. Es gibt und gab aber auch andere Sprachen: dBase, VB für MS-Access, OO-SQL, Sequel usw.
- *Optimierer*: Die Ausführung eines SQL-Befehls kann oft auf verschiedene Art und Weise passieren. Der Optimierer versucht, anhand von Schätzungen und Algorithmen einen Plan für die Ausführung anzulegen, der möglichst schnell abgearbeitet werden kann.
- *Sitzungsverwaltung*: Wann immer ein Befehl an den Server gesendet werden soll, muss man sich in einer Sitzung (engl. *session*) befinden. Dazu muss zuerst eine Sitzung geöffnet werden. Jetzt können beliebig viele SQL-Befehle gesendet und Daten empfangen werden. Zum Schluss wird die Sitzung serverseitig – z.B. durch einen Timeout – oder clientseitig beendet.
- *Randbedingungsprüfer*: Für Tabellen können Randbedingungen (engl. *constraints*) formuliert werden, die immer gelten müssen. Würde die Ausführung eines Befehls dazu führen, dass diese Randbedingungen nicht erfüllt sind, wird die Ausführung des Befehls in der Regel verweigert.
- *Datenschutz*: Durch die Vergabe von Zugriffsrechten kann das Recht auf lesende und schreibende Zugriffe passgenau zugeschnitten werden.
- *Datensicherheit*: Der Verlust von Daten ist der GAU[4] schlechthin. Das DBMS muss sicherstellen, dass nicht durch Serverabsturz oder Ähnliches Daten verloren gehen.
- *Transaktionsmanagement*: Transaktionen ermöglichen parallelen Zugriff und eine Art *undo* im Fehlerfall. Das zu gewährleisten, erfordert eine Menge Mühe. Die Qualität des Transaktionsmanagements ist oft ein entscheidendes Merkmal eines DMBS.
- *API*[5]: Die Daten werden in der Regel durch eine oder mehrere Anwendungen bearbeitet. Damit die Anwendung auf das DBMS zugreifen kann, braucht es eine Schnittstelle, über die es zu den Daten gelangt. Der MySQL- oder MariaDB-Server bietet beispielsweise APIs

---

[2] Je nach Hersteller oder Lesart finden Sie andere Aufgabensammlungen, aber mit dieser kommen wir schon sehr weit.
[3] Es ist müßig, darüber zu streiten, ob es sich um einen Interpreter oder einen Compiler oder einen Jitter handelt. Warum? Weil es keinen interessiert ;-)
[4] Abkürzung für: Größter anzunehmender Unfall
[5] Abkürzung für: Application Programming Interface; engl. für Programmierschnittstelle

für C, C++, C#/.NET, PHP, Perl, Python und Tcl. Auch stehen APIs für JDBS[6] und ODBC[7] zur Verfügung.

- *Metadaten*: Verwaltungsinformationen, Statistiken etc., eben der ganze Rest.

Der Begriff *Datenbankmanagementsystem* wird oft anstelle von *Datenbanksystem* verwendet. Gerade die schematischen Darstellungen in den Dokumentationen der Datenbanksystemhersteller unterscheiden nicht zwischen diesen beiden Begriffen.

Sind die Datenbanken eines Datenbankmanagementsystems in Form von Tabellen organisiert, so handelt es sich um ein *relationales Datenbankmanagementsystem (RDBMS)*.

1.2 Im Buch verwendete Server

1.2.1 MySQL und MariaDB

 Wir werfen einen kurzen Blick auf die Entstehungsgeschichte und die wesentlichen Komponenten von MySQL und MariaDB.

- Grundkurs
  - Hersteller
  - Geschichte
- Vertiefendes
  - Connection Pool
  - SQL-Interface, Parser, Optimierer
  - Management Services
  - Storage Engines

Die schwedische Firma MySQL AB hat MySQL von 1994 bis 2008 entwickelt. Die ursprüngliche Intention war eine verbesserte und beschleunigte Verarbeitung eines selbst entwickelten Tabellensystems mit dem Namen ISAM. Dazu wurde mSQL[8] genutzt. Von 2008 bis 2010 wurde MySQL AB von Sun Microsystems gepflegt, und seit Januar 2010 wird MySQL unter dem Schirm von Oracle weiterentwickelt. Die aktuelle Version des Community Servers ist 5.7.13, hier im Buch wird 5.7.12 verwendet.

Der Name *MySQL* kommt nicht vom englischen *my* (mein). Einer der Firmengründer, Michael Widenius, hat sympathischerweise den Vornamen *My* seiner Tochter verwendet. Der Name des Delphins im Logo ist Sakila. Er wurde in einem Wettbewerb ermittelt, den der Open Source-Entwickler Ambrose Twebaze aus Uganda gewann. Sakila ist ein Mädchenname in der Sprache *siSwati* und auch der Name einer Stadt in Tansania.

---

[6] Abkürzung für: Java Database Connectivity: Programmierschnittstelle für JAVA
[7] Abkürzung für: Open Database Connectivity: Eine offene standardisierte Schnittstelle. Sie wird von fast allen Datenbanksystemherstellern angeboten. Wer ODBC-Programme schreibt, kann leicht zwischen verschiedenen Datenbanksystemherstellern wechseln.
[8] Kein Tippfehler! Siehe [Ltd10]

Nach der Übernahme von MySQL durch Oracle haben die Spannungen zwischen den Entwicklern und Oracle ständig zugenommen, sodass der *Erfinder* von MySQL – Michael Widenius – sich mit der neu erstellen Engine Aria von MySQL abgespalten und 2009 das Projekt MariaDB ins Leben gerufen hat. Wie MySQL ist auch dieses Projekt nach einer Tochter von Widenius benannt. Wegen seiner offeneren Lizenzpolitik und der schnelleren Umsetzung von Neuerungen und Fehlerkorrekturen hat MariaDB an vielen Stellen – aber nicht, wie oft behauptet, an den meisten – MySQL abgelöst (siehe Bild 1.2)[9].

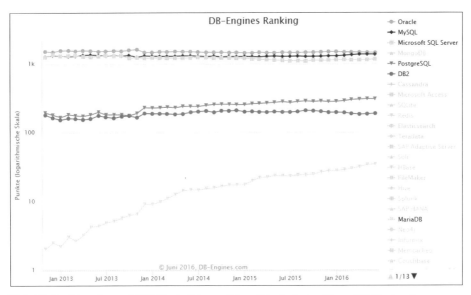

Bild 1.2 Ranking einiger RDBMSe (mit freundlicher Erlaubnis der Firma *DB-Engines*)

MySQL und MariaDB sind Client/Server-Datenbanksysteme. Ein Server stellt alleine oder im Verbund mit anderen Servern den Anwendungen (Clients) die Datenbankdienste zur Verfügung. Der MySQL-/MariaDB-Server besteht – wie jedes DBMS – aus vielen Komponenten, die hier kurz angerissen werden.

- *Konnektoren* (Verbinder): Der Client baut über die Konnektoren eine Sitzung zum Server auf. Dies erfolgt über das TCP/IP-Protokoll und in der Regel über den Port 3306.
- *Connection-Pool*: Hier werden die Verbindungen zu den Clients verwaltet. Beim Verbindungsaufbau wird anhand des Benutzernamens und des Passworts die Verbindungsanfrage authentifiziert. Ist die Anzahl der maximal verfügbaren Verbindungen (Connections Limits) nicht überschritten, wird ein Verbindungsthread eingerichtet. Ebenso werden die anderen Grenzwerte für die Verbindung überwacht: Datenübertragungsvolumen, Timeout etc.
- *SQL-Schnittstelle*: Hier werden die SQL-Befehle entgegengenommen. Sie werden dann zum Parser weitergereicht.

---

[9] Quellen *http://db-engines.com/en/ranking_trend/system/MariaDB%3BMySQL* und *http://db-engines.com/de/ranking*

1 Datenbanksystem

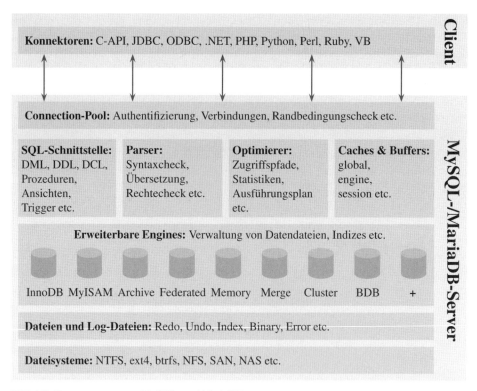

Bild 1.3 Komponenten von MySQL und MariaDB

- *Parser*: Der Parser überprüft die Syntax eines Befehls und ob man die Ausführungsrechte für diesen Befehl hat.
- *Optimizer* (Optimierer): Anhand von Schätzungen, Statistiken und Algorithmen wird für nicht triviale Befehle ein Ausführungsplan erstellt. Dieser Ausführungsplan berücksichtigt ggf. im Cache vorhandene Ergebnisse.
- *Caches und Buffers* (Zwischenspeicher): Daten und Ergebnisse können in Zwischenspeichern aufgehoben werden. Diese sind nur in der Sitzung verfügbar, die diese erstellt hat (lokal), oder in allen Sitzungen (global).
- *Storage Engines*: Die Motoren des Servers. Hier werden die Daten tatsächlich verarbeitet. Jede Engine ist dabei für bestimmte Aufgabenstellungen besonders gut geeignet. Der große Vorteil von MySQL und MariaDB ist, dass jeder mit einem besonderen Bedarf eine Engine bauen kann. Er muss *nur* die Schnittstellen beachten (siehe [HLD+16c]) und kann dann seine Speziallösungen anbieten.
- *File System* (Dateisystem): Je nach Betriebssystem werden hier Daten in unterschiedlichen Dateisystemen (NTFS, BTRFS, ETX4 etc.) abgelegt. Bis auf die Frage, ob das Dateisystem zwischen Groß- und Kleinschreibung unterscheidet, spielt dieses für die SQL-Programmierung keine Rolle.

- *Management Services & Utilities*: Parallel dazu gibt es die vielen kleinen Helferlein, ohne die nichts geht: für das Sichern und Wiederherstellen von Daten, Datenreplikation, Administration und Konfiguration, Datenmigration und Metadaten.

In den nachfolgenden Kapiteln werden wir gemeinsam eine Datenbank planen, installieren, einrichten, verändern und verwenden. Dabei werden die vielen Fragen beantwortet, die Sie nach dieser kurzen Einführung mit Sicherheit haben werden, also nur Geduld ...

1.2.2 PostgreSQL

Geboren wurde PostgreSQL 1986 als Universitätsprojekt an der Universität von Kalifornien, Berkeley. Professor Michael Stonebraker[10] begann das Projekt als Nachfolgeprojekt der Ingres-Datenbank, welche ebenfalls noch heute verwendet wird. Daher leitet sich auch der Name her: *post ingres*. In den nächsten acht Jahren wurde Postgres von Prof. Stonebraker und seinen Studenten immer weiter entwickelt.

Bis 1995 verstand Postgres allerdings kein SQL, sondern nur eine eigene Sprache namens POSTQUEL. Die beiden Doktoranten Andrew Yu und Jolly Chen haben Postgres um SQL erweitert und als Postgres95 veröffentlicht.

1996 wurde Postgres95 als Open-Source-Projekt der Netzgemeinde zur Verfügung gestellt und wird seitdem sehr stark von Unterstützern weiterentwickelt und gefördert. Ebenso wurde das Erscheinungsjahr aus dem Produktnamen entfernt,und die Datenbank heißt seitdem PostgreSQL.

Weitere Informationen über die Geschichte von PostgreSQL und die aktuellen Features des Servers können Sie auf der Homepage des Projekts (*https://www.postgresql.org*) nachlesen.

Aufgabe 1.1: Finden Sie heraus, welche weiteren Datenbanksysteme auf dem Markt angeboten werden. Unterscheiden Sie dabei zwischen Client/Server-Systemen und solchen, die eigentlich nur für eine Anwendung konzipiert sind.

---

[10] Prof. Stonebraker ging später mit einem Fork von Postgres – Illustra – zu Informix, welche diesen in den Universal Server integrierte. Auch diese Datenbank besteht heute noch.

2 Einführung in relationale Datenbanken

2.1 Was ist eine relationale Datenbank?

 Worüber reden wir hier überhaupt? Relationale Datenbanken werden in Abgrenzung zu anderen Datenbanken eingeführt. Der Begriff einer Tabelle wird intensiv anhand eines Beispiels besprochen. Ebenso wird erklärt, wie Tabellen untereinander in Kontakt bleiben.

- Grundkurs
  - Abgrenzung relationale Datenbank zur hierarchischen Datenbank
  - Grundsätzlicher Aufbau einer Tabelle
  - Schlüssel und Primärschlüssel
  - Fremdschlüssel und Verknüpfungen
- Vertiefendes
  - COBOL-Daten als hierarchische Datenbank
  - XML als hierarchische Datenbank
  - Formale Definitionen zu den Grundbegriffen
  - Viele Worte für eine Sache: Begriffsübersicht
  - Starke und schwache Entitätentypen

2.1.1 Abgrenzung zu anderen Datenbanken

Als *Erfinder* relationaler Datenbanken gilt Dr. E. F. Codd. Dieser hatte in einem Paper[1] den Begriff eingeführt und die Vorteile seiner Lösung beschrieben.

Der Begriff *relationale Datenbank* selbst ist für uns ein bisschen missverständlich. Die Bedeutung wird meist fälschlicherweise wie folgt beschrieben: *Zwischen den Daten bestehen Beziehungen (Relationen); daher der Name.* Nun ist aber der englische Begriff für Beziehung *relationship* und nicht *relation*; somit kann das nicht die Bedeutung sein.

Relation ist ein wohldefinierter Fachbegriff und kann umgangssprachlich als *Tabelle* übersetzt werden. Relationale Datenbanken sind also Datenbanken, die in Tabellen organisiert

---

[1] Siehe [Cod70].

sind. Soll heißen: Die Daten werden in Spalten und Zeilen strukturiert. Das hört sich so selbstverständlich an, dass man sich klar machen muss, dass es auch Alternativen gibt.

Als Beispiel sei hier die Ablage von Bestelldaten eines Kunden in einem Format, wie es beispielsweise in einer COBOL Data Division[2] verwendet wird, angegeben:

```
01 12345 Gamdschie      Samweis  Beutelhaldenweg 5   67676   Hobbingen   Privatkunde
05 00001 20120512 12:30:00 bezahlt
10 7856 Silberzwiebel   15  6.15 €
10 7863 Tulpenzwiebel   10 32.90 €
10 9015 Spaten           1 19.90 €
05 00002 20120530 17:15:00 offen
10 9010 Schaufel         1 15.00 $
10 9015 Spaten           1 19.90 €
01 12346 Beutlin        Frodo    Beutelhaldenweg 1   67676   Hobbingen   Privatkunde
05 00001 20111110 11:15:00 bezahlt
10 3001 Papier (100)    10 23.00 €
10 3005 Tinte (gold)     1 55.70 €
10 3006 Tinte (rot)      1  6.20 €
10 3010 Feder            5 25.00 €
```

 Aufgabe 2.1: Versuchen Sie, die Bedeutung der Informationen zu ermitteln. Welche Aufgabe hat die erste Zahl einer Zeile?

Die Informationen sind hier hierarchisch organisiert. Die Zugehörigkeit einer Information (beispielsweise eines bestellten Artikels) ergibt sich aus der Position, *wo* die Information steht, oder besser: *unter* welcher Information diese steht. In Bild 2.1 können Sie diesen Zusammenhang noch deutlicher erkennen.

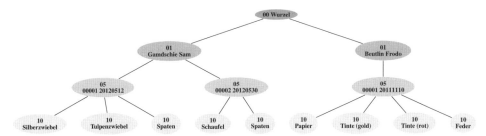

Bild 2.1 Hierarchische Darstellung der Bestelldaten

Die ersten beiden Ziffern sind das sogenannte *Satzkennzeichen*, welches dem verarbeitenden Programm mitteilt, was für eine Art von Information in der Zeile steht. Irgendwo im System müssen diese Satzkennzeichen z.B. in Copybooks[3] spezifiziert sein.

Das System erkennt, dass die Bestellposition `Silberzwiebel` zur Bestellung vom 12.05.12 gehört, weil sie darunter steht usw. Die hierarchische Struktur ist also selbst Information.

---

[2] Das Format ist hier stark vereinfacht. Aber es lohnt sich, mal einen Blick in die Formatspezifikation zu werfen: [Wik16d].

[3] Siehe [Wik15a]

In vielen Büchern finden Sie Aussagen wie: *Die Darstellung in hierarchischen Datenbanken ist veraltet.* Diese Aussage ist aber selbst schon veraltet. Betrachten Sie doch mal die Darstellung der gleichen Daten in diesem Format:

```xml
<?xml version="1.0" encoding="iso-8859-15"?>
<Rechnung>
  <Kunde>
    <Kundennummer>12345</Kundennummer>
    <Nachname>Gamdschie</Nachname>
    <Vorname>Sam</Vorname>
    <Strasse>Beutelhaldenweg</Strasse>
    <Hausnnummer>5</Hausnnummer>
    <Postleitzahl>67676</Postleitzahl>
    <Ort>Hobbingen</Ort>
    <Kundenart>Privatkunde</Kundenart>
    <Bestellung>
      <Bestellnummer>00001</Bestellnummer>
      <Bestelldatum>20120512 12:30:00</Bestelldatum>
      <Status>bezahlt</Status>
      <Artikel>
        <Artikelnummer>7856</Artikelnummer>
        <Artikelname>Silberzwiebel</Artikelname>
        <Menge>15</Menge>
        <Preis>6.13</Preis>
        <Währung>EUR</Währung>
      </Artikel>
      <Artikel>
        <Artikelnummer>7863</Artikelnummer>
        <Artikelname>Tulpenzwiebel</Artikelname>
        <Menge>10</Menge>
        <Preis>32.90</Preis>
        <Währung>EUR</Währung>
      </Artikel>
      [...]
</Rechnung>
```

Man erkennt deutlich, dass die Verwaltung von Daten im XML-Format auch eine hierarchische ist. Und gerade diese Art der Datenverwaltung hat in den letzten Jahren eine enorme Entwicklung vollzogen.

Der Begriff *Datenbank* ist somit unabhängig von der Art, wie Daten verwaltet oder organisiert sind:

Definition 1: Datenbank
Eine *Datenbank* ist eine Ansammlung von Daten, die unter technischen Gesichtspunkten vorteilhaft organisiert sind und die die Verwaltung und Auswertung von Daten unterstützt.

Eine andere *moderne* Art der Datenhaltung sind objektorientierte Datenbanken. Diese verwalten alle Daten, die zu einem Objekt gehören. So richtig durchgesetzt haben sich diese Datenbanken aber noch nicht, obwohl sie heftig beworben werden.

2.1.2 Tabelle, Zeile und Spalte

Wenn wir nun sagen, dass relationale Datenbanken in Tabellen verwaltet werden, stellt sich die Frage: Was genau sind eigentlich Tabellen? Gehen wir naiv an die Sache heran und bauen die obigen Daten in Tabellenform um. Jeder Informationstyp wird jetzt in eine eigene Tabelle gepackt.

Tabelle: kunde

kunde_id	nachname	vorname	straße	hnr	plz	ort	art
12345	Gamdschie	Samweis	Beutelhaldenweg	5	67676	Hobbingen	Privatkunde
12346	Beutlin	Frodo	Beutelhaldenweg	1	67676	Hobbingen	Privatkunde

Bild 2.2 Kunde in Tabellenform

Tabelle: bestellung

bestellung_id	zeitstempel	status
1	20120512 12:30:00	bezahlt
2	20120530 17:15:00	offen
3	20111110 11:15:00	bezahlt

Bild 2.3 Bestellung in Tabellenform

Tabelle: position

artikel_id	bezeichnung	menge	preis	währung
7856	Silberzwiebel	15	6.15	EUR
7863	Tulpenzwiebel	10	32.90	EUR
9015	Spaten	1	19.90	EUR
9010	Schaufel	1	15.00	USD
9015	Spaten	1	19.90	EUR
3001	Papier (100)	10	23.00	EUR
3005	Tinte (gold)	1	55.70	EUR
3006	Tinte (rot)	1	6.20	EUR
3010	Feder	5	25.00	EUR

Bild 2.4 Bestellposition in Tabellenform

Tabelle: artikel

artikel_id	bezeichnung	warengruppe	einzelpreis	währung
7856	Silberzwiebel	pflanzen	0.41	EUR
7863	Tulpenzwiebel	pflanzen	3.29	EUR
9010	Schaufel	garten	15.00	USD
9015	Spaten	garten	19.90	EUR
3001	Papier (100)	büro	2.30	EUR
3005	Tinte (gold)	büro	55.70	EUR
3006	Tinte (rot)	büro	6.20	EUR
3010	Feder	büro	5.00	EUR

Bild 2.5 Artikel in Tabellenform

Sie erkennen sicherlich einen entscheidenden Vorteil der tabellarischen Darstellung: Die Daten sind inhaltlich konsistent angeordnet. Sowohl Mensch als auch Maschine haben eine eindeutige Zuordnung: Informationstyp zu Tabelle. Bei anderen Darstellungen ist diese Eindeutigkeit nicht gegeben. Dort werden beispielsweise in einer XML-Datei alle Informationen, die zu einem Geschäftsprozess gehören, zusammengefasst; auch das kann vorteilhaft sein.

Werden aber die Kundendaten in einem anderen Geschäftsprozess benötigt, muss bei der XML-Darstellung dieser Informationstyp erst einmal extrahiert werden. Bei einer tabellarischen Darstellung kann diese Information sofort in einem anderen Zusammenhang verwendet werden.

Man hat sozusagen die Daten in inhaltliche Bestandteile zerlegt und damit Bausteine geschaffen, die man dann immer wieder in neuen Varianten zusammensetzen kann.

Wir verwenden den Begriff der *Tabelle*, sollten diesen aber etwas formaler umschreiben, indem wir erst seine Bestandteile definieren:

Definition 2: Spalte
Eine *Spalte* einer Tabelle enthält immer Informationen desselben Typs. Damit meint man Daten

1. desselben technischen Datentyps und
2. die zur gleichen inhaltlichen Kategorie gehören.

Jede Spalte hat eine Überschrift, die die Inhalte festlegt und innerhalb der Tabelle eindeutig ist.

Der *technische Datentyp* ist hier beispielsweise ein Text oder eine ganze Zahl oder ein Datum. In einer Spalte dürfen entweder nur Text oder ganze Zahlen oder Datumsangaben vorkommen.

Verschärfend müssen diese Werte auch inhaltlich das Gleiche umschreiben, zur selben Kategorie gehören. In einer bestimmten Textspalte dürfen beispielsweise nur Nachnamen, aber keine Vornamen vorkommen. In einem bestimmten Zahlenfeld nur die Menge der bestellten Artikel, aber keine Artikelnummer. In einem bestimmten Datumsfeld nur das Bestelldatum und nicht das Bezahldatum.

Was sich hier so trivial anhört, wird in der Praxis gerne mal verschlampt. Auslöser ist meist ein missverständlicher Spaltenname. So ist hier beispielsweise die Spalte `preis` nicht so eindeutig; ist er brutto oder netto, Einzel- oder Gesamtpreis? Der Spaltenname muss also möglichst präzise festlegen, was die Inhalte dieser Spalte sind. Falls dies wegen der Kürze des Spaltennamens nicht möglich ist, sollte dies in einer entsprechenden Dokumentation festgehalten werden. Dabei wird häufig auch festgelegt, welche Werte in einer Spalte stehen dürfen und welche – meist fachlich motiviert – falsch sind.

Definition 3: Wertebereich
Als *Wertebereich* (Domäne) einer Spalte bezeichnet man die fachlich und formal gültigen Spaltenwerte.

Den Wertebereich festzulegen, ist eine Aufgabe, die nicht zwingend dem Datenbankdesign zugeordnet werden muss. Meist werden die Wertebereiche bei der Formulierung des Pflichtenhefts mit der Spezifikation der Eingabemasken festgelegt. Dies ist deshalb sinnvoll, weil bei der Dateneingabe in der Regel die fachliche und formale Plausibilisierung der Daten erfolgt (siehe Drei-Schichten-Architektur auf Seite 78).

Definition 4: Zeile
Eine *Zeile* einer Tabelle enthält inhaltlich zusammenhängende Informationen, die immer in der gleichen Reihenfolge in den Spalten vorkommen.

Jede Zeile beschreibt einen inhaltlichen Zusammenhang (Entität): Bei unserem Beispiel sind alle Daten der ersten Zeile in der Tabelle kunde die Daten der Entität *Samweis Gamdschie*. Der inhaltliche Zusammenhang ist, dass dies die Daten eines Kunden sind. Auch die Reihenfolge der Spalten ist in jeder Zeile gleich; technisch wird dadurch das Ausstanzen von Einzelinformationen erheblich vereinfacht.

Definition 5: Tabelle
Eine *Tabelle* besteht aus mindestens einer Spalte und einer endlichen Anzahl von Zeilen. Die Anzahl der Spalten ist ebenfalls endlich. Der Name der Tabelle legt den Informationstyp fest und muss innerhalb der Datenbank eindeutig sein.

Ich werde in diesem Buch folgende Begriffe verwenden: *Tabelle*, *Zeile* und *Spalte*. In der Tabelle 2.1 finden Sie andere Begriffe, die in der Literatur auch vorkommen.

Tabelle 2.1 Namensübersicht

Skript	Alternative Namen
Zeile	Tupel, Entität (*entity*), Objekt, Datensatz, Record
Spalte	Attribut, Feld, Datenfeld, Item, Eigenschaft (*property*)
Wertebereich	Domäne
Tabelle	Matrix, Entitätentyp (*entity type*), Relation, Klasse, Recordset
Datenbank	Schema

Ich will nicht in Abrede stellen, dass so tolle Namen wie *Tupel* oder *Entitätentyp* irgendwo notwendig sind, aber zum Verständnis und zur Programmierung von Datenbanken sind einfache intuitive Namen völlig ausreichend. Bei Wikipedia[4] können weitere Begriffe nachgelesen werden.

2.1.3 Schlüssel, Primärschlüssel und Fremdschlüssel

Zwar sind die Daten nun auf Tabellen verteilt (siehe beispielsweise Bild 2.2 auf Seite 14), aber der Zusammenhang zwischen den Informationen ist verloren gegangen!

---
[4] Siehe [Wik16j]

Die Bestellungen haben die Information verloren, zu welchem Kunden sie gehören. Die Positionen haben die Information verloren, zu welcher Bestellung sie gehören. Lediglich die Artikeldaten in der Tabelle position sind erhalten geblieben, kommen aber doppelt vor.

Nun kommt der Trick: In der Tabelle position sind die Artikelnummer und die Artikelbezeichnung abgespeichert. Hat man nun eine separate Artikeltabelle, ist die Artikelbezeichnung in der Tabelle position überflüssig, da die Positionstabelle über die Artikelnummer auf die Artikelbezeichnung verweist. Dieser Verweis kann aber nur dann klappen, wenn jeder Artikel eine Artikelnummer, die sonst kein anderer Artikel verwendet, hat. Wäre dies nicht der Fall, wüsste man nicht, welcher Artikel bestellt wurde.

Haben wir die Idee verstanden, wird es Zeit für eine formale Beschreibung.

Definition 6: Schlüssel
Ein *Schlüssel* ist mindestens eine Spalte einer Tabelle, welche jede Zeile konzeptionell eindeutig macht, d.h. der Schlüsselwert kann per Definition in der Tabelle nur einmal vorkommen.

Ein Schlüssel kann aus mehreren Spalten zusammengesetzt werden, muss aber minimal sein. Ein Schlüssel ist dann *minimal*, wenn er nicht mehr reduziert werden kann, ohne seine Eindeutigkeit zu verlieren.

Was bedeutet das? Nehmen wir die Tabelle position in Bild 2.4 auf Seite 14. Betrachten Sie jede Zeile in der Tabelle. Es fällt auf, dass die Position mit dem Spaten zweimal vorkommt. Warum auch nicht? Beide Positionen wurden in unterschiedlichen Bestellungen aufgegeben. Somit machen die Spalten artikelnr, bezeichnung, menge, preis und währung die Zeile nicht eindeutig, d.h. unterscheidbar von allen anderen. Wir brauchen eine Spalte, die unabhängig von den anderen Spalteninhalten jede Zeile einmalig, also eindeutig macht.

Üblicherweise werden die Positionen einer Rechnung mit 1 beginnend durchnummeriert. Die Tabelle wäre dann wie in Bild 2.6 aufgebaut.

Tabelle: position

positionsnr	artikel_id	bezeichnung	menge	preis	währung
1	7856	Silberzwiebel	15	6.15	EUR
2	7863	Tulpenzwiebel	10	32.90	EUR
3	9015	Spaten	1	19.90	EUR
1	9010	Schaufel	1	15.00	USD
2	9015	Spaten	1	19.90	EUR
1	3001	Papier (100)	10	23.00	EUR
2	3005	Tinte (gold)	1	55.70	EUR
3	3006	Tinte (rot)	1	6.20	EUR
4	3010	Feder	5	25.00	EUR

Bild 2.6 Tabelle position, 1. Stufe des Umbaus

Leider werden dabei die Zeilen nur zufällig eindeutig. Die Spaten-Zeilen unterscheiden sich nun, aber eben zufälligerweise. Wäre die erste Spaten-Zeile die zweite Position in der Bestellung, dann wären die Zeilen wieder gleich. Somit ist die Positionsnummer alleine keine Spalte, die die Zeilen konzeptionell eindeutig macht. Wir bräuchten noch die Bestellnummer, da die Position innerhalb der Bestellung sehr wohl eindeutig ist (siehe Bild 2.7).

Tabelle: position

bestellung_id	positionsnr	artikel_id	bezeichnung	menge	preis	währung
1	1	7856	Silberzwiebel	15	6.15	EUR
1	2	7863	Tulpenzwiebel	10	32.90	EUR
1	3	9015	Spaten	1	19.90	EUR
2	1	9010	Schaufel	1	15.00	USD
2	2	9015	Spaten	1	19.90	EUR
3	1	3001	Papier (100)	10	23.00	EUR
3	2	3005	Tinte (gold)	1	55.70	EUR
3	3	3006	Tinte (rot)	1	6.20	EUR
3	4	3010	Feder	5	25.00	EUR

Bild 2.7 Tabelle position, 2. Stufe des Umbaus

Nun haben wir einen Schlüssel im Sinne der Definition 6 auf der vorherigen Seite:

- Ein *Schlüssel* ist mindestens eine Spalte: bestellnr + positionsnummer
- Jede Zeile ist konzeptionell eindeutig: Da die Bestellnummer pro Bestellung und die Positionsnummer innerhalb der Bestellung eindeutig sind, ist die Kombination von beiden innerhalb der Tabelle position eindeutig.
- Er ist minimal: Nimmt man die Bestellnummer weg, ist die Zeile nicht mehr konzeptionell eindeutig. Nimmt man die Positionsnummer weg, ist die Zeile nicht mehr konzeptionell eindeutig. Da der Schlüssel aus keinen weiteren Bestandteilen zusammengesetzt ist, ist er insgesamt minimal.

Es fällt auf, dass wir für die Tabelle position einen zusammengesetzten Schlüssel verwenden. Besonders erwähnenswert ist, dass ein Teil des Schlüssels der Tabelle position ein Schlüssel der Tabelle bestellung ist. Es gibt Tabellen, die können *aus eigener Kraft* einen Schlüssel liefern (z.B. bestellung), und Tabellen, deren Schlüssel andere Schlüssel enthalten müssen (z.B. position):

Definition 7: Starke Tabelle
Eine Tabelle wird als *stark* bezeichnet, wenn sie den Schlüssel ausschließlich aus eigenen Feldern bilden kann.

Definition 8: Schwache Tabelle
Eine Tabelle wird als *schwach* bezeichnet, wenn sie zur Schlüsselbildung Spalten anderer Tabellen benötigt.

Was auch immer man mit *stark* oder *schwach* ausdrücken wollte: Starke Entitätentypen (Tabellen) sind häufig solche, deren Existenz nicht von anderen abhängig ist. Schwache Entitätentypen sind hingegen oft von der anderen Tabelle existenzabhängig. An unserem Beispiel wird dies leicht deutlich: Ohne eine Bestellung gibt es keine Bestellpositionen.

Löscht man eine Bestellung, werden zwangsläufig auch die damit verbundenen Positionen gelöscht[5].

Definition 9: Primärschlüssel
In einer Tabelle können mehrere Schlüssel vorkommen. Ein Schlüssel wird herausgehoben und als *Primärschlüssel* gekennzeichnet. Die anderen Schlüssel nennt man *Sekundärschlüssel* oder *Schlüsselkandidaten*. ∎

Die Definition 9 kommt ein bisschen seltsam daher, ist aber für die Praxis sehr wichtig. Schlüssel werden bei relationalen Datenbanken sehr oft und intensiv verwendet, wie wir noch sehen werden. Deshalb muss festgelegt werden, welcher der möglichen Schlüssel zur Weiterverarbeitung verwendet wird und welcher nicht.

Beispiel: Nehmen wir eine Tabelle, in der PKW-Daten für eine Autovermietung abgespeichert sind. Neben vielen anderen Spalten wird es sicherlich eine Spalte kennzeichen[6] geben. Schnell haben Sie überprüft, dass diese Spalte ein Schlüssel ist. Jetzt gibt es aber auch die Spalte fahrgestellnummer[7]. Auch diese Spalte ist für sich alleine schon ein Schlüssel der Tabelle. Es stellt sich nun die Frage, welcher der beiden Schlüssel für die Programmierung verwendet werden soll, welcher also meine Nummer 1 ist.

Oft werden die Begriffe *Schlüssel* und *Primärschlüssel* ohne Unterscheidung verwendet. Dies ist immer dann zulässig, wenn es in der Tabelle nur einen Schlüssel gibt.

Aufgabe 2.2: Ermitteln Sie für die Tabellen kunde, bestellung, position und artikel die Primärschlüssel. ∎

Jetzt kommen wir zum Ursprungsproblem zurück: Zwar kennen nun die Positionen wieder ihre Bestellungen, aber was ist mit den anderen Zusammenhängen?

Fangen wir damit an, dass die Bestellungen wieder wissen sollen, wer sie aufgegeben hat. Das Problem ist nun einfach zu lösen. Wie bei der Position müssen wir den passenden Primärschlüsselwert der Tabelle kunde in die Tabelle bestellung aufnehmen (siehe Bild 2.8).

Tabelle: bestellung

bestellung_id	kunde_id	zeitstempel	status
1	12345	20120512 12:30:00	bezahlt
2	12345	20120530 17:15:00	offen
3	12346	20111110 11:15:00	bezahlt

Bild 2.8 Tabelle bestellung

Dadurch, dass die Kundennummer als Schlüssel eindeutig ist, ist auch exakt festgelegt, welcher Kunde die Bestellung aufgegeben hat.

---

[5] Eine analoge Unterscheidung finden Sie auch in den OO-Begriffen *Aggregation* und *Komposition*.
[6] Siehe [Wik16i].
[7] Siehe [Wik16g].

Definition 10: Fremdschlüssel
Ein *Fremdschlüssel* ist mindestens eine Spalte der Tabelle A, welche Primärschlüsselwerte der Tabelle B enthält/enthalten. Diese Definition gilt auch für A = B. Der Fremdschlüssel muss dieselbe Syntax und Semantik wie der dazugehörige Primärschlüssel haben.

Bitte beachten Sie, dass der Fremdschlüssel in der Regel selbst kein Schlüssel ist. Wie in Bild 2.9 auf der nächsten Seite zu sehen ist, kommt der Wert 12345 in der Spalte kunde_id in der Tabelle bestellung zweimal vor und ist somit nicht mehr eindeutig.

Der Nutzen des Fremdschlüssels wird deutlich, wenn man sich die Tabellen position und artikel anschaut. In der Positionstabelle kommen Werte vor, die offensichtlich schon in der Artikeltabelle erfasst sind. Diese Doppelung der Information nennt man Redundanz.

Definition 11: Redundanz
Kommt eine Information syntaktisch (formal) und semantisch (inhaltlich) mehrfach in einer Datenbank vor, spricht man von einer *Redundanz*.

Die Nachteile der Redundanz sind offensichtlich: Zum einen verschwendet man Speicherplatz, und zum anderen müssen Änderungen – hier beispielsweise an der Artikelbezeichnung – mehrfach vorgenommen werden. Wir werden später aber noch sehen, dass Redundanzen auch gewollt und sinnvoll sein können (z.B. zur Vermeidung der Änderungsweitergabe[8]).

Aufgabe 2.3: Bauen Sie die Tabelle position so um, dass keine Redundanzen mehr vorkommen.

Wie Primär- und Fremdschlüssel zusammen Informationen in Tabellen zu einem System verknüpfen, können Sie in Bild 2.9 auf der nächsten Seite sehen.

Die Fremdschlüsselwerte in kunde_id zeigen auf die Primärschlüsselwerte in der Tabelle kunde. Das Gleiche tun die Fremdschlüsselwerte in den anderen Tabellen.

Definition 12: Verknüpfung
Eine *Verknüpfung* oder *Referenz* entsteht durch die Verwendung von Fremdschlüsseln.

---
[8] Siehe Seite 34

2.1 Was ist eine relationale Datenbank?

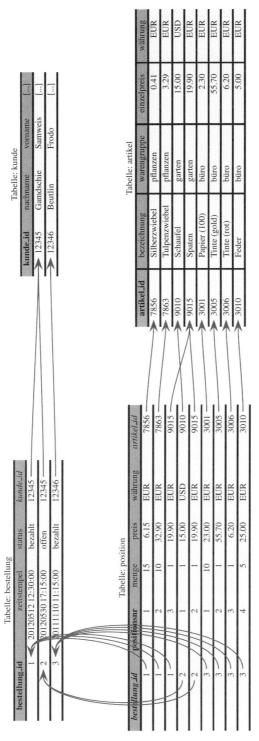

Bild 2.9 Bestellung: Primär-/Fremdschlüsselbeziehungen

2.2 Kardinalitäten und ER-Modell

Ein Bild sagt mehr als 1000 Worte. Das ER-Modell als zentrale Planungs- und Darstellungsform wird eingeführt und geübt.

- Grundkurs
  - Darstellung einer Tabelle
  - Darstellung einer *1:1*-Verknüpfung, *1:n*-Verknüpfung und *n:m*-Verknüpfung
  - Aufgaben zum ER-Modell
- Vertiefendes
  - Verschiedene Notationen
  - Varianten der *1:1*-Verknüpfung, *1:n*-Verknüpfung und *n:m*-Verknüpfung
  - Identifizierende *1:n*-Verknüpfung
  - Umsetzung der Kardinalitäten in den Tabellen
  - Die Hilfstabelle bei der *n:m*-Verknüpfung
  - Selbstreferenzen bei verschiedenen Kardinalitäten

Die Zeilen der verknüpften Tabellen stehen in einem gewissen Mengenverhältnis zueinander. Im Prinzip stehen drei Arten von Mengenverhältnissen zur Verfügung, von denen es aber Varianten gibt.

Bevor wir uns diese genauer anschauen, möchte ich eine grafische Notation vorstellen, die uns bei der Darstellung der Tabellen helfen soll.

2.2.1 Darstellung von Tabellen im ER-Modell

In der Informatik ist es üblich, dass man EDV-Systeme als Modell darstellt. Vielleicht kennen Sie schon solche Modelle aus der Programmierung: Programmablaufplan nach [ISO85] (ISO/IEC 5807, DIN 66001), Struktogramm nach [Nor85] (DIN 66261), Datenflussdiagramm nach [ISO85] (ISO 5807), UML-Klassendiagramme usw. Die Modellierungstechnik für relationale Datenbanken ist das *Entity Relationship Model* oder auch ER-Modell.

Definition 13: Entity Relationship Model
Das Entity Relationship Model (ER-Modell oder ERM) ist eine grafische Darstellung von Tabellen und ihren Beziehungen untereinander.

Die Tabellen unseres Online-Shops sollen in einer einfachen und übersichtlichen Form dargestellt werden. Ein kurzer Blick in [Wik16f] liefert folgende Notationen (Auszug):

- **Chen (modifiziert):** Hier werden die Tabellen als Rechtecke dargestellt. Die Spalten der Tabellen werden als Blasen um die Tabelle herum notiert. In die Blase schreibt man den Spaltennamen. Der Name des Primärschlüssels wird dabei unterstrichen. Genaueres unter [Wik16c] und [Che76].
- **IDEF1X:** Die Tabellen werden auch hier als Rechtecke (ggf. mit abgerundeten Ecken) dargestellt. Die Spalten werden aber innerhalb des Rechtecks notiert. Die Primärschlüs-

selspalten werden dabei durch einen Linie von den anderen Spalten abgetrennt. Diese Notation ist der Quasistandard US-amerikanischer Behörden. Genaueres unter [Wik13].

- **UML-Klassendiagramm:** Die Tabellen werden dabei wie Klassen in der UML-Notation dargestellt. Die Verknüpfung ist dabei vom Typ *Assoziation*. Genaueres unter [Oes06] oder [JRH+04].
- **Krähenfuß (Martin):** Die Tabellen werden in Rechtecken dargestellt. Diese enthalten die Spaltennamen. Vor dem Spaltennamen ist Platz für eine weitere Spezifikation der Spalte (z.B. als Fremdschlüssel).

Die Chen-Notation ist m.E. nach zu unübersichtlich bei Tabellen mit mehr als fünf Spalten. Da die Spalten als Blasen um die Tabelle herum gruppiert werden, erscheint die Darstellung schnell überladen und ist aufwendig zu editieren.

Die IDEF1X-Notation ist im europäischen Raum eher unüblich. Ich werde diese deshalb hier nicht verwenden.

Die UML-Notation wird eigentlich nur als Behelf in der objektorientierten Programmierung verwendet, da es in der UML keine eigene ER-Notation gibt.

Verbleibt die Krähenfuß-Notation. Sie ist einfach zu lesen, leicht zu erlernen und wird in vielen Tools – wie z.B. der MySQL Workbench – verwendet. Anders als bei der Chen-, IDEF1X- oder UML-Notation ist die Krähenfuß-Notation nicht im Sinne einer Norm festgeschrieben und kann daher ruhigen Gewissens auf die praktischen Bedürfnisse eines Projekts angepasst werden.

In Bild 2.10 wird beispielhaft die Tabelle `bestellung` dargestellt. Die erste Zeile des Rechtecks enthält den Tabellennamen. Dieser wird – wie auch die Spaltennamen – per Konvention immer klein geschrieben. Alle nachfolgenden Zeilen sind in zwei Spalten aufgeteilt. Die linke Spalte kann dazu verwendet werden, eine Spalte bzgl. ihrer Besonderheiten auszuweisen. Meist durch zwei Abkürzungen: PK[9] für den Primärschlüssel und FK[10] für den Fremdschlüssel. In der rechten Spalte stehen die Spaltennamen.

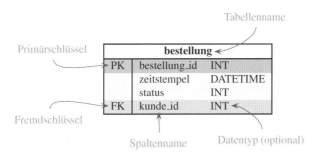

Bild 2.10 Darstellung einer Tabelle in der Krähenfuß-Notation

Wird die Darstellung in CASE-Tools[11] wie MySQL Workbench erstellt, kann man oft den Datentyp als dritte Spalte oder durch ein Trennzeichen hinter dem Namen angeben. In

---

[9] primary key
[10] foreign key
[11] Abkürzung für: Computer Aided Software Engineering; engl. für rechnerunterstützte Softwareentwicklung

Anlehnung an das UML-Klassendiagramm geschieht dies immer häufiger in der Notation *name*: *datentyp*.

Aufgabe 2.4: Erstellen Sie den ersten Entwurf eines ER-Modells für den Online-Shop mit den Tabellen aus Bild 2.9 auf Seite 21. Vergessen Sie nicht, die Primär- und Fremdschlüssel zu kennzeichnen.

2.2.2 *1:1*-Verknüpfung

2.2.2.1 Wann liegt eine *1:1*-Verknüpfung vor?

Nehmen wir an, wir wollten bei den Kunden unseres Online-Shops eine Umfrage starten. Für *Produktqualität*, *Service* und *Internetauftritt* können die Kunden Schulnoten vergeben. Damit diese Umfrage aussagekräftig ist, müssen wir sicherstellen, dass jeder Kunde nur genau einen Satz Antworten liefern kann.

Im Prinzip stehen zwei Möglichkeiten zur Verfügung:

1. Die Tabelle `kunde` wird um die Spalten `produktqualität`, `service` und `internetauftritt` erweitert.
2. Es wird die Tabelle `umfrage` eingeführt. Um sicherzustellen, dass die Antworten dem richtigen Kunden zugewiesen werden, haben die Antworten die Kundennummer `kunde_id` als Primärschlüssel.

Für Variante 1 spricht, dass dies einfach umzusetzen ist und man keine weitere Tabelle anzulegen braucht.

Für Variante 2 spricht, dass diese Lösung langfristig *wartungsstabiler* ist. Die Tabelle `kunde` ist sicherlich eine der wichtigsten Tabellen des Online-Shops. Viele Module des Programms greifen in unterschiedlichen Zusammenhängen darauf zu. Eine Änderung an der Struktur dieser Tabelle kann somit an vielen Stellen zu unangenehmen Nebenwirkungen führen. Vor allem, wenn man die Ergebnisse der Umfrage nach einer angemessenen Frist wieder löscht. Bei Variante 2 muss man nur die Tabelle `umfrage` entfernen, die Kundendaten bleiben unberührt. Bei Variante 1 muss die Kundentabelle schon wieder in ihrer Struktur verändert werden, was nochmalig zu unerwünschten Nebeneffekten führen kann. Ich entscheide mich daher für Variante 2 und richte die Tabelle `umfrage` ein.

Definition 14: Kardinalität
Unter der *Kardinalität* (Mengenverhältnis) versteht man die Angabe darüber, wie viele Zeilen aus der Tabelle A einer Zeile aus der Tabelle B zugeordnet sind und umgekehrt.

Die Definition 14 schließt $A = B$ nicht aus, da es vorkommen kann, dass eine Tabelle mit sich selbst verknüpft ist. Denken Sie beispielsweise an eine Personentabelle, die für jede Person auch den Ehepartner festlegt[12].

---
[12] Mehr unter dem Stichwort SELF JOIN in Kapitel 11.5 auf Seite 201.

Definition 15: *1:1*-Verknüpfung
Zwei Tabellen A und B stehen in einer 1:1-*Verknüpfung*, wenn es zu jeder Zeile aus der Tabelle A höchstens eine Zeile in der Tabelle B gibt und wenn es zu einer Zeile aus der Tabelle B genau eine Zeile in der Tabelle A gibt.

Diese Formulierung lässt zu, dass es zu einem Datensatz in der Tabelle A keinen in der Tabelle B gibt, aber *nicht* umgekehrt.

Überprüfen wir nun die Definition 15 an unserem Beispiel: Ein Kunde kann nur eine Bewertung abgeben, und eine Bewertung kann nur von einem Kunden abgegeben worden sein. Somit liegt hier eine *1:1*-Verknüpfung vor.

Um sicherzustellen, dass ein Kunde nur einen Antwortsatz haben kann, müssen wir in die Datenbank einbauen, dass das Mengenverhältnis zwischen den Kunden und den Antworten immer passt. Haben zwei Tabellen den gleichen Primärschlüssel, muss eine *1:1*-Verknüpfung vorliegen. In unserem Beispiel würde man den Primärschlüssel der Tabelle kunde auch zum Primärschlüssel der Tabelle umfrage machen. Es gibt zwar auch andere Wege, eine *1:1*-Verknüpfung herzustellen, aber dieser Weg ist der einfachste[13].

Aufgabe 2.5: Machen Sie sich anhand einer Zeichnung wie in Bild 2.9 auf Seite 21 am Beispiel umfrage klar, warum eine *1:1*-Verknüpfung vorliegen muss, wenn beide den gleichen Primärschlüssel haben.

Die *1:1*-Verknüpfung ist in der Praxis recht selten, aber nicht unüblich. Sie entsteht eigentlich immer dann, wenn man große Tabellen – wie z.B. eine Kundentabelle – in inhaltlich abgeschlossene Teiltabellen zerhackt. Die 4. Normalform bietet bzgl. der *mehrwertigen Abhängigkeiten* das theoretische Grundgerüst zu diesem Vorgang (siehe Kapitel 2.4.4 auf Seite 39).

Beispiel: Wenn Sie Wetterdaten einer Wetterstation z.B. vom Deutschen Wetterdienst bekommen, finden Sie pro Wetterstation in einer Zeile *zig* Angaben. Diese kann man inhaltlich aufteilen und in 1 : 1-verknüpfte Tabellen auslagern. Eine Tabelle enthält alle Daten zur Luft (Temperatur, Windgeschwindigkeit und -richtung usw.) und eine andere die Daten zum Niederschlag (Menge, Art usw.). Hintergrund dieser Aufteilung ist, dass man für eine Auswertung meist nur die inhaltlich zusammenhängenden Informationen benötigt und die anderen Daten die Auswertung – selbst wenn man sie aktiv ausblendet – nur belasten würden.

2.2.2.2 Wie kann ich eine *1:1*-Verknüpfung darstellen?

In Bild 2.11 auf der nächsten Seite erkennt man eine Linie zwischen den beiden Tabellen. An beiden Enden ist ein einfacher senkrechter Strich zu erkennen, der eine idealisierte 1 darstellen soll. Mit dieser Notation wird ausgesagt, dass jeder Kunde eine Umfrage machen kann und es zu jeder Umfrage einen Kunden gibt.

---

[13] In Kapitel 6.2.1 auf Seite 95 wird erklärt, wie man einen Index so erstellt, dass er die Schlüsseleigenschaft (siehe Definition 6 auf Seite 17) erzwingt. Ist so ein Index ein Fremdschlüssel, kann dadurch auch eine *1:1*-Verknüpfung realisiert werden.

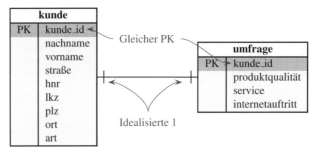

Bild 2.11 Einfache 1 : 1-Darstellung in Krähenfuß-Notation

2.2.2.3 Kann man die Kardinalität genauer beschreiben?

Diese Information ist zwar richtig, aber wir können es noch besser: Ein Kunde muss sich nicht an der Umfrage beteiligt haben, aber eine Umfrage muss zu einem Kunden gehören. Dazu kann man die Notation wie in Bild 2.12 erweitern.

- Ein Kunde hat keine oder maximal eine Umfrage beantwortet (0 oder 1). Der senkrechte Strich ist durch ein O erweitert worden, was eine idealisierte 0 darstellen soll. Es handelt sich somit um eine Art (min, max)-Notation: von 0 bis 1.
- Eine Umfrage ist von genau einem Kunden beantwortet worden. Es ist ein zweiter senkrechter Strich hinzugefügt worden. Auch hier kann man eine Art (min, max)-Notation erkennen: von 1 bis 1.

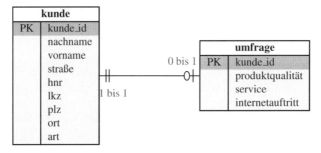

Bild 2.12 Erweiterte 1 : 1-Darstellung in Krähenfuß-Notation

Wann verwendet man die einfache und wann die erweiterte Notation?

Ob man die einfache oder die erweiterte Notation wählt, hängt davon ab, wie genau die Analyse der Daten sein muss. Das ER-Modell wird gerne in Kundengesprächen verwendet, weil die Notation intuitiv ist und schnell handschriftlich dokumentiert werden kann. Je mehr Informationen Sie im Kundengespräch aus dem Kunden herausholen können, desto besser. In diesem Fall ist die verfeinerte Notation als Ergebnisdokumentation sinnvoll.

Wollen Sie nur einen groben inhaltlichen Zusammenhang darstellen, reicht die einfache Notation aus.

2.2.3 *1:n*-Verknüpfung

2.2.3.1 Wann liegt eine *1:n*-Verknüpfung vor?

Betrachten wir eine Zeile in der Tabelle bestellung (siehe Bild 2.9 auf Seite 21), so ist diese mit einem Kunden verknüpft; eine Bestellung kann nur von einem Kunden aufgegeben werden. Eine Zeile aus der Tabelle kunde hingegen kann zu mehreren Zeilen in bestellung gehören, da ein Kunde mehrere Bestellungen aufgeben kann. Somit haben wir eine *1:n*-Verknüpfung mit dem *n* auf der Seite von bestellung.

Definition 16: *1:n*-Verknüpfung
Zwei Tabellen A und B stehen in einer 1:n-*Verknüpfung*, wenn es zu jeder Zeile aus der Tabelle A beliebig viele Zeilen in der Tabelle B gibt und wenn es zu jeder Zeile aus der Tabelle B genau eine Zeile in der Tabelle A gibt.

Hinweis: Diese Formulierung lässt zu, dass es zu einem Datensatz in der Tabelle A keinen in der Tabelle B gibt, aber *nicht* umgekehrt.

Aufgabe 2.6: Kann $A = B$ sein? Mit anderen Worten: Kann eine Zeile einer Tabelle mit mehreren Zeilen der eigenen Tabelle verknüpft sein?

Eine *1:n*-Verknüpfung identifiziert man leicht anhand der Daten. Findet man den Primärschlüssel einer Tabelle als Fremdschlüssel in der anderen wieder und ist er dort nicht selbst Primärschlüssel[14], muss es eine *1:n*-Verknüpfung sein. Das *n* steht dann immer auf der Seite, wo der Fremdschlüssel ist.

Umgekehrt lassen sich die Tabellen genauso konstruieren. Beispiel: Sie haben eine Tabelle gebäude und eine Tabelle raum. Ein Gebäude hat mehrere Räume, aber ein Raum kann nur zu einem Gebäude gehören. Wir haben somit eine *1:n*-Verknüpfung mit dem *n* bei der Tabelle raum. Will ich nun die Tabellen konkret im System anlegen, weiß ich, dass der Primärschlüssel gebäude_id als Fremdschlüssel nach raum muss und nicht die raum_id als Fremdschlüssel nach gebäude.

Aufgabe 2.7: Stellen Sie fest, ob die Verknüpfungen in Bild 2.9 auf Seite 21 die Kardinalität $1 : n$ haben. Notieren Sie sich, wo das *n* steht.

Wir haben in der Definition 8 auf Seite 18 festgehalten, dass ein Primärschlüssel einer Tabelle Teil des Primärschlüssels einer anderen sein kann:

Definition 17: Identifizierende *1:n*-Verknüpfung
Besteht der Primärschlüssel der Tabelle B unter anderem aus einem Fremdschlüssel für Tabelle A, so spricht man von einer *identifizierenden* 1:n-*Verknüpfung*. Ist das nicht der Fall, von einer *nicht identifizierenden* 1:n-*Verknüpfung*.

---
[14] oder ein Index mit der Option UNIQUE (siehe Kapitel 6.2.1 auf Seite 95)

Bei vielen Programmen zur Rechnungsstellung wird beispielsweise die Kundennummer oft in die Rechnungsnummer mit aufgenommen. Ein anderes Beispiel ist die ISBN. Diese enthält eine weltweit einmalige Verlagsnummer, welche dann ein Fremdschlüssel auf eine Verlagstabelle wäre.

2.2.3.2 Wie kann ich eine *1:n*-Verknüpfung darstellen?

Die Kardinalität zwischen `kunde` und `bestellung` ist nach Definition 16 auf der vorherigen Seite eine *1:n*-Verknüpfung.

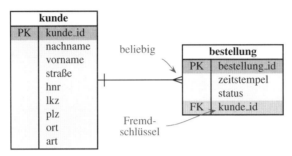

Bild 2.13 Einfache Darstellung der *1:n*-Verknüpfung in Krähenfuß-Notation

In Bild 2.13 ist auf der linken Seite der Tabelle `bestellung` ein komischer Dreizack zu sehen. Dies ist der Namensgeber der Notation, soll er doch an einen *Krähenfuß* erinnern. Er symbolisiert das *n* in der *1:n*-Verknüpfung.

2.2.3.3 Kann man die Kardinalität genauer beschreiben?

Wie schon bei der 1 : 1-Darstellung kann es auch hier notwendig sein, die *1:n*-Verknüpfung genauer zu bestimmen. Ein Kunde kann, muss aber nicht eine Bestellung aufgegeben haben. Daher ist die Kardinalität der Bestellung minimal 0 und maximal *n*. Eine Bestellung aber muss immer genau einem Kunden zugeordnet werden (siehe Bild 2.14).

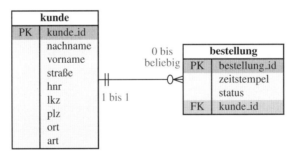

Bild 2.14 Erweiterte Darstellung der *1:n*-Verknüpfung in Krähenfuß-Notation

Würde man verlangen, dass ein Kunde immer mindestens auch eine Bestellung aufgegeben haben muss (was fachlich sehr bedenklich wäre), würde anstelle der idealisierten 0 wieder ein senkrechter Strich stehen.

In manchen CASE-Tools wie der MySQL-Workbench wird zwischen identifizierender und nicht identifizierender *1:n*-Verknüpfung (siehe Definition 17 auf Seite 27) im ER-Modell dadurch unterschieden, dass die Linie zwischen den Tabellen durchgezogen oder gestrichelt wird. Ich werde auf diese Unterscheidung verzichten, da sich der Charakter der Kardinalität aus den Angaben der Primär- und Fremdschlüssel der Tabellen ergibt.

2.2.4 *n:m*-Verknüpfung

2.2.4.1 Wann liegt eine *n:m*-Verknüpfung vor?

Wir beziehen die Artikel unserer Tabelle `artikel` von Lieferanten, deren Stammdaten wir in der Tabelle `lieferant` ablegen. Ein Artikel kann mehrere Lieferanten haben und ein Lieferant mehrere Artikel liefern.

Definition 18: *n:m*-Verknüpfung
Zwei Tabellen A und B stehen in einer n:m-*Verknüpfung*, wenn es zu jeder Zeile aus der Tabelle A beliebig viele Zeilen in der Tabelle B gibt und wenn es zu jeder Zeile aus der Tabelle B beliebig viele Zeilen in der Tabelle A gibt. ∎

Hinweis: Diese Formulierung lässt zu, dass es zu einem Datensatz in der Tabelle A keinen in der Tabelle B gibt und umgekehrt. ∎

Aufgabe 2.8: Kann $A = B$ sein? Mit anderen Worten: Kann eine Zeile einer Tabelle mit mehreren Zeilen der eigenen Tabelle verknüpft sein und umgekehrt? Finden Sie ein Beispiel. ∎

Wie baut man eine solche Verknüpfung? In Bild 2.15 ist die Implementierung einer *n:m*-Verknüpfung zu sehen. Auf den ersten Blick sicherlich verwirrend, aber eben nur auf den ersten.

Bild 2.15 Aufbau einer $n:m$-Beziehung

Fangen wir mit der linken Seite an. *Ein Lieferant kann beliebig viele Artikel liefern*: Dies muss nun anhand der Daten überprüft werden. Der Lieferant `Müller` beispielsweise kann alle möglichen Gartenartikel liefern, `Schmidt` nur Zwiebeln und `Meier` das Büromaterial. Der `Vogt` hingegen liefert nichts, was nicht weiter schlimm ist; vielleicht hat er mal was geliefert und wird es in Zukunft wieder tun.

Nun die rechte Seite. *Ein Artikel kann von beliebig vielen Lieferanten geliefert werden*: Die Zwiebeln werden von zwei Lieferanten angeboten; `Schaufel` und `Spaten` nur von einem, ebenso das Büromaterial.

Beide Seiten der Definition 18 auf der vorherigen Seite treffen somit zu, und deshalb ist dies eine Implementierung der *n:m*-Verknüpfung.

Definition 19: Hilfstabelle
Eine *n:m*-Verknüpfung zwischen der Tabelle A und der Tabelle B wird durch eine Hilfstabelle realisiert. Die Hilfstabelle hat zwei Spalten: Die eine ist ein Fremdschlüssel auf Tabelle A und die andere auf Tabelle B. ∎

Es stellt sich aber die Frage, ob dass mit der Hilfstabelle `lieferant_zu_artikel` nicht irgendwie umständlich ist, ob es nicht einen einfacheren Weg gibt. Die Antwort ist ein beherztes *Jein*.

Man könnte die *n:m*-Verknüpfung auch dadurch erreichen, indem in den Spalten nicht nur *einzelne* Werte abgespeichert werden können. Besonders die Darstellung von Listen (Wiederholungsgruppen) bietet sich hier an. In der Tabelle `artikel` gäbe es eine Spalte `lieferant_id`, und diese würde alle Primärschlüsselwerte der entsprechenden Lieferanten enthalten. Analoges würde in der Tabelle `lieferant` passieren. Die damit verbundenen Nachteile sind aber gravierend.

Nimmt beispielsweise ein Lieferant einen Artikel aus seinem Angebot, so müsste man komplizierte Dinge tun: Die Liste in `lieferant_id` in `artikel` müsste in seine einzelnen Werte aufgeteilt werden. Anschließend muss dieser Lieferant aus der Liste gelöscht und die Liste wieder zusammenmontiert zurückgeschrieben werden. Analoges müsste mit der Liste `artikel_id` in `lieferant` geschehen[15].

Bei unserer Lösung mit der Hilfstabelle muss man nur die entsprechende Zeile mit den passenden `lieferant_id` und `artikel_id` löschen. Eine solche Operation ist hinsichtlich der Performance ungleich billiger[16].

2.2.4.2 Wie kann ich eine *n:m*-Verknüpfung darstellen?

Wir haben eigentlich schon alle Elemente der Darstellung beisammen, um die *n:m*-Verknüpfung zu zeichnen. Bild 2.16 sollte daher nichts Überraschendes enthalten.

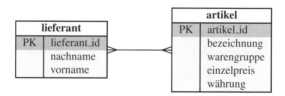

Bild 2.16 Einfache Darstellung der *n:m*-Verknüpfung in Krähenfuß-Notation

---
[15] Objektorientierte Datenbanken oder auch schon objektrelationale Datenbanken gehen genauso vor. Dies muss technisch erheblich unterstützt werden, damit die Zugriffe einigermaßen performant sind.
[16] Um ehrlich zu sein, nur bei den Operationen INSERT und DELETE. Auswertungen durch SELECT können sehr wohl durch die Hilfstabelle verlangsamt werden.

Tatsächlich überraschend ist aber, dass die Hilfstabelle nicht mit eingezeichnet wird. Dies ist aus Sicht des Datenbankdesigners auch nicht erforderlich. Jedem Datenbankprogrammierer ist klar, dass er eine solche Kardinalität mit einer Hilfstabelle realisieren muss.

Aufgabe 2.9: Wie muss das ER-Modell aussehen, wenn man die Hilfstabelle mit einzeichnet? Probieren Sie es aus und überlegen Sie gut, bevor Sie die Kardinalitäten zur Hilfstabelle festlegen.

2.2.4.3 Kann man die Kardinalität genauer beschreiben?

Aber auch hier kann das Mengenverhältnis genauer beschrieben werden. Ein Artikel muss von mindestens einem Lieferanten bezogen werden, und ein Lieferant kann aber auch keinen Artikel liefern. Wie das? Nun, vielleicht habe ich mal bei ihm bestellt, aber im Moment ist er zu teuer.

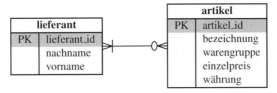

Bild 2.17 Erweiterte Darstellung der *n:m*-Verknüpfung in Krähenfuß-Notation

2.2.5 Aufgaben zum ER-Modell

Aufgabe 2.10: Erstellen Sie ein ER-Modell für folgende Anforderungen: Für eine Bücherei sollen Kunden, Bücher und ein Verleihvorgang in einer Datenbank abgelegt werden. Zum Kunden sollen die üblichen Stammdaten wie Name etc. erfasst werden. Der Verleihvorgang besteht aus den Informationen: Wer hat was von wann bis wann ausgeliehen?

Aufgabe 2.11: Eine Clown-Agentur beauftragt Sie mit der Erstellung einer Clown-Datenbank. Diese soll Informationen über Clowns, ihre Verträge etc. enthalten. Erstellen Sie ein ER-Modell für die Tabellen *clown*, *vertrag*, *veranstalter* und *programm*. In *clown* sind die Basisdaten des Künstlers erfasst, *veranstalter* analog. In *vertrag* werden Ort und Termin eines Auftritts festgelegt. Jeder Clown bietet mehrere Programme an. Bei einigen Programmen arbeiten mehrere Clowns zusammen. Es kann im Vertrag festgelegt werden, welche der angebotenen Programme bei der Veranstaltung vorgeführt werden sollen!

Aufgabe 2.12: Für den deutschen Brauereiverband soll eine Datenbank entwickelt werden, die über alle Biere Auskunft geben kann. Erstellen Sie ein ER-Modell für die Tabellen *bier*, *brauerei*, *großhändler* und *brauart*. Großhändler führen mehrere Biere im Sortiment!

Aufgabe 2.13: Sie sollen Auswertungen in einer CD-Sammlung programmieren. Gehen Sie von folgendem Sachverhalt aus: Es gibt die Tabellen: *cd*, *titel* und *interpret*. Erstellen Sie ein sinnvolles ER-Modell.

Aufgabe 2.14: Für eine Stundenplan-Software sollen folgende Informationen erfasst werden: *lehrer*, *klasse*, *fach* und *raum*. Für eine einzelne Unterrichtsstunde sollen die Daten *schuljahr*, *halbjahr*, *wochentag*, *uhrzeit* und *dauer* verwaltet werden. Zusätzlich soll die *Klassenlehrerschaft* auch abgebildet werden.

Aufgabe 2.15: Im Rahmen eines Hotel-Softwareprojekts werden Sie gebeten, die Datenhaltungsschicht zu programmieren. Erstellen Sie ein ER-Modell nach Auszug aus dem Lastenheft. Die Anwendung soll folgende Bereiche abdecken:

1. Kundenverwaltung
   Zu jedem Kunden werden seine persönlichen Daten sowie Rechnungsanschriften erfasst. Falls Kunden einer bestimmten Firma angehören, sollen diese einer Firma zugeordnet werden können, um spätere Rabatte berechnen zu können.

2. Raumreservierung
   Für jeden Raum wird seine Bezeichnung, Ausstattung und Tarifgruppe erfasst. Ebenso sollen pro Raum mehrere Reservierungszeiträume erfasst werden können. Diese Zeiträume sollen einem Kunden zugeordnet werden.

3. Rechnungsstellung
   Für jeden Kunden soll anhand der Belegzeiten und sonstiger Leistungen (Mini-Bar, Sauna etc.) eine Rechnung zusammengestellt werden können.

■ 2.3 Referentielle Integrität

 Der Daten-GAU kommt ganz harmlos daher. Verletzte referentielle Integrität wird in den Symptomen und Ursachen dargestellt. Strategien zur Vermeidung werden aufgezeigt und diskutiert.

- Grundkurs
  - Wie Sie eine verletzte referentielle Integrität erkennen können
  - Wie die Verletzung entstehen kann
  - Vorteil einer laufenden Nummer als Primärschlüssel
- Vertiefendes
  - Löschweitergabe
  - Löschkennzeichen
  - Änderungsweitergabe
  - Duplizieren

Tabellen werden über Primär-/Fremdschlüsselpaare miteinander verknüpft. Wenn man eine Datenbank als ein fein verknüpftes Netzwerk von Tabellenzeilen versteht, sind die Primär-/Fremdschlüsselpaare die Knoten. Und was passiert, wenn diese Knoten sich lösen oder die Enden falsch verknüpft werden? Betrachten Sie das Beispiel in Bild 2.18 auf der nächsten Seite und tun wir mal so, als ob dies alle Zeilen der beiden Tabellen wären.

Tabelle: bestellung		
bestellung_id	[...]	kunde_id
1	[...]	12345
2	[...]	12345
3	[...]	12347
4	[...]	12346

Tabelle: kunde			
kunde_id	nachname	vorname	[...]
12345	Gamdschie	Samweis	[...]
12346	Beutlin	Frodo	[...]

Bild 2.18 Vollständiger Datenauszug von kunde und bestellung

Aufgabe 2.16: Verbinden Sie alle Primär-/Fremdschlüsselpaare mit einer Linie. Was fällt Ihnen auf? ∎

Definition 20: Referentielle Integrität
Wenn es zu jedem Fremdschlüsselwert einen passenden Primärschlüsselwert gibt, ist die *Verknüpfung/Referenz integer*. Ist diese Bedingung nicht erfüllt, spricht man von einer *verletzten referentiellen Integrität*. ∎

Ist die Integrität einmal kaputt, hat man ein echtes Problem :-(. In der Regel ist es nur mit sehr kostenintensiven manuellen Analysen möglich, die verbogenen Referenzen wieder zurechtzubiegen. Also: Vorsicht bei Daten verändernden Operationen, die direkt oder indirekt den Primärschlüssel betreffen.

2.3.1 Verletzung der referentiellen Integrität durch Löschen

Der Kunde mit der Kundennummer 12347 ist in der Tabelle kunde gelöscht worden. Die Referenz war also mal vorhanden und fehlt nun.

In vielen Systemen kann man das DBMS anweisen, alle Zeilen, die mit einer zu löschenden Zeile verknüpft sind, ebenfalls zu löschen (siehe Tabelle 5.6 auf Seite 83). Man spricht hier von *kaskadierendem Löschen* oder *Löschweitergabe*.

Dieses Feature ist mit größter Vorsicht zu genießen: Sie löschen den Kunden. Dadurch werden alle Bestellungen des Kunden gelöscht. Dadurch werden alle Rechnungen zu den Bestellungen gelöscht. Dadurch werden alle Buchungen zu den Rechnungen gelöscht :-((.

Das Löschen von Datensätzen ist bei nicht trivialen Systemen mit das Schwierigste, was man sich vorstellen kann. Aus diesen Gründen wird in vielen Programmierrichtlinien das Verwenden der Löschweitergabe untersagt.

Oftmals wird überhaupt nicht gelöscht! Man fügt den Tabellen standardmäßig eine Spalte mit dem Namen aktiv oder deleted hinzu. Diese Spalte dient als Löschkennzeichen. Will man einen Datensatz löschen, wird dieses Kennzeichen beispielsweise auf 1 gesetzt. Bei allen weiteren Aktivitäten wird immer darauf geachtet, dass man nur Zeilen mit einem Löschkennzeichen 0 weiter verarbeitet[17].

---

[17] Ob dabei datenschutzrechtliche Bestimmungen wie das informelle Selbstbestimmungsrecht berührt werden, muss von Ihnen überprüft werden.

2.3.2 Verletzung der referentiellen Integrität durch Änderungen

Der Kunde mit der Kundennummer 12347 hatte vorher die Nummer 12346. Der Primärschlüsselwert hat sich also geändert.

Wie bei der Löschweitergabe kann man bei den meisten DBMSen (siehe Tabelle 5.6 auf Seite 83) eine *Änderungsweitergabe* oder *kaskadierende Änderung* verwenden.

Die Folgen sind zwar in der Regel nicht ganz so katastrophal wie bei der Löschweitergabe, können aber auch schon gehörigen Schaden anrichten: Die Kundennummer hat sich geändert. In allen archivierten Schriftverkehren steht aber die alte Kundennummer. Ein Anruf seitens des Kunden könnten dann echte Verwirrung auslösen, weil auf seiner Rechnung eine Kundennummer steht, die es im System gar nicht mehr gibt, oder noch viel schlimmer: nun einem anderem Kunden gehört. Gleiches gilt für elektronisch signierte Archive (z.B. für die Steuer).

Man vermeidet das Problem, indem man *nichtinformationstragende* Primärschlüssel verwendet. Laufende Nummern sind deshalb sehr gute Primärschlüssel. Schlüssel, die sich aus informationstragenden Spalten zusammensetzen, laufen immer Gefahr, dass sie sich ändern müssen (z.B. geändertes Kennzeichen bei einem PKW).

Lässt sich das nicht vermeiden, dupliziert man die Zeile und ändert den Primärschlüsselwert in der neuen Zeile; die alte bleibt unverändert und wird *versiegelt*. Für alle zeitlich nachfolgenden Ereignisse wird die neue Zeile mit dem geänderten Primärschlüsselwert verwendet. Die alten Referenzen bleiben dabei erhalten und zeigen auf die nun veraltete, aber intakte Zeile[18].

2.4 Normalformen

 Ein schöner Garten entsteht nicht durch Wildwuchs: Designregeln für Datenbanken.

- Grundkurs
  - Wiederholungsgruppen und Atomarität
  - Die ersten drei Normalformen
- Vertiefendes
  - Unterschied zwischen teilfunktionalen und transitiven Informationen
  - Erkennen, wann Normalformen sinnvoll sind und wann nicht

Der inhaltliche Aufbau von Tabellen erfolgt oft sehr intuitiv. Dies hat zur Folge, dass viele Datenbanken im Laufe der Zeit sehr langsam im Zugriff werden und die Konsistenz der Daten abnimmt. Ebenso kommt es oft vor, dass Daten redundant sind und somit an allen Stellen gepflegt werden müssen. Man sucht Wege, Datenbanken grundsätzlich so zu gestalten, dass diese Probleme erst gar nicht entstehen. Das Ergebnis ist die Formulierung

---

[18] Hier haben wir ein gutes Beispiel dafür, dass Redundanzen sinnvoll sein können.

von Normalformen. Die Anpassung einer bestehenden Datenbank an die Normalformen nennt man Normalisierung.

2.4.1 Normalform 1

In einer Tabelle soll der Warenkorb eines Shop-Besuchs abgelegt werden. Jeder Warenkorb wird durch seinen Primärschlüssel identifiziert. Wir gehen hier davon aus, dass der Warenkorb nur von angemeldeten Kunden gefüllt wird. Im Wesentlichen wird hier die Information gespeichert, welcher Artikel wie oft im Warenkorb abgelegt wurde. Das Ergebnis erster Überlegungen kann in Bild 2.19 bewundert werden.

Tabelle: warenkorb

warenkorb_id	artikel	kunde_id
1	7856 30;7863 50;9015 1	12345
2	3006 1;3010 4	12346

Tabelle: artikel

artikel_id	bezeichnung	warengruppe	[...]
7856	Silberzwiebel	pflanzen	[...]
7863	Tulpenzwiebel	pflanzen	[...]
9010	Schaufel	garten	[...]
9015	Spaten	garten	[...]
3001	Papier (100)	büro	[...]
3005	Tinte (gold)	büro	[...]
3006	Tinte (rot)	büro	[...]
3010	Feder	büro	[...]

Bild 2.19 Tabelle warenkorb vor der Normalisierung

Aufgabe 2.17: Betrachten Sie die Inhalte der Tabelle warenkorb und diskutieren Sie die möglichen Nachteile. Gibt es auch Vorteile? ■

Die Werte der Spalte artikel in der Tabelle warenkorb sind im Grunde Listen, und die Listenelemente bestehen aus zwei Informationen: Artikelnummer und Anzahl. Beides will man vermeiden; die Listen sollen aufgelöst und die Teilinformationen in jeweils eigene Spalten überführt werden.

Fangen wir mit den Listen an. Der Fachbegriff für solche Listen ist *Wiederholungsgruppe*.

Definition 21: Wiederholungsgruppe
Eine *Wiederholungsgruppe* ist eine Liste von Informationen desselben inhaltlichen Typs in einer Spalte. ■

Wir haben eine Wiederholungsgruppe mit drei Elementen; sie werden durch ein Semikolon getrennt. Die Wiederholungsgruppe enthält die Informationen zu einer Bestellposition: Artikelnummer und Anzahl.

Definition 22: Wiederholungsgruppenfreiheit
Eine Tabelle ist dann *wiederholungsgruppenfrei*, wenn alle ihre Spaltenwerte keine Wiederholungsgruppen enthalten. ■

Um die Wiederholungsgruppenfreiheit herzustellen, brauchen wir eine neue Tabelle, die ähnlich der Tabelle position die Artikel aufnimmt (siehe Bild 2.20 auf der nächsten Seite).

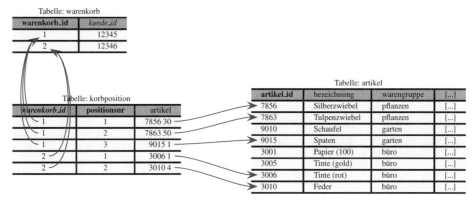

Bild 2.20 Tabelle warenkorb ohne Wiederholungsgruppen

Was sofort störend ins Auge fällt, ist die Spalte artikel in der Tabelle korbposition. Die Artikelnummer und die Anzahl sind in der gleichen Spalte abgelegt, was eine Auswertung und Veränderung der Daten erheblich erschwert.

Definition 23: Atomar
Ein Spaltenwert ist *atomar*, wenn er nicht mehr in Teilinformationen zerlegt werden kann, ohne seinen Sinn zu verlieren. Eine Tabelle ist *atomar*, wenn alle ihre Spaltenwerte atomar sind. Eine Datenbank ist *atomar*, wenn alle ihre Tabellen atomar sind.

Wir erreichen die Eigenschaft *atomar*, indem wir die Spalten artikel in die Spalten artikel_id und menge aufteilen (siehe Bild 2.21). Jetzt können SQL-Operationen problemlos jede Information einzeln auswerten und verändern.

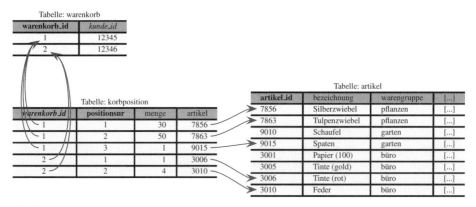

Bild 2.21 Tabelle warenkorb in der 1. Normalform

Definition 24: Erste Normalform
Eine Tabelle ist dann in der *1. Normalform*, wenn sie atomar und wiederholungsgruppenfrei ist. Eine Datenbank ist dann in der *1. Normalform*, wenn alle Tabellen in der 1. Normalform sind.

Die Werte dürfen nicht zufällig atomar oder wiederholungsgruppenfrei sein. Wären beispielsweise alle Warenkörbe mit nur einem einzigen Artikel gefüllt, liegt trotzdem keine Wiederholungsgruppenfreiheit vor!

Aufgabe 2.18: Überführen Sie Bild 2.21 auf der vorherigen Seite in ein ER-Modell in Krähenfuß-Notation.
Tipp: Es kommen nur *1:n*-Verknüpfungen vor.

Das Auflösen der Wiederholungsgruppen und das Aufteilen der nicht atomaren Spalten nennt man *Normalisierung*:

1. Legen Sie für *jede* Wiederholungsgruppe in Tabelle A eine neue Tabelle an. Diese enthält als Fremdschlüssel den Primärschlüssel von Tabelle A.
2. Legen Sie für *jede* nicht atomare Spalte so viele neue Spalten an, dass Sie jede Teilinformation dort ablegen können.

Warum sollte man überhaupt auf die Idee kommen, die Daten wie in Bild 2.19 auf Seite 35 abzuspeichern? Nun, so abwegig ist das auch nicht. Die Daten des Warenkorbs werden selbst noch nicht weiter verarbeitet. Erst, wenn der Kunde den Inhalt des Warenkorbs bestellt, werden diese Daten in eine Bestellung umgewandelt. Vorher sind dies vorläufige Daten, die jederzeit verworfen werden können.

Die Aufbereitung und Darstellung der Daten wird durch eine Skriptsprache wie PHP geleistet. Diese kann die Daten des Warenkorbs leicht dekodieren und ggf. wieder zusammengepackt an den Datenbankserver zurückschicken. Da auf den Warenkorbdaten selbst keine Auswertungen erfolgen, werden die Einzeldaten auch nicht in leicht auswertbarer Form gebraucht. Umgekehrt hindert Sie auch niemand daran, die Daten normalisiert abzulegen.

2.4.2 Normalform 2

Betrachten Sie die Inhalte der Tabelle `artikel` in Bild 2.21 auf der vorherigen Seite.

Aufgabe 2.19: Welche Bedeutung hat vermutlich die vorangestellte Ziffer des Primärschlüssels der Tabelle `artikel`? Entspricht diese Spalte der 1. Normalform (siehe Definition 24 auf der vorherigen Seite)?

Definition 25: Voll- und teilfunktional
Wenn die Werte einer Spalte nur von einem Teil des Primärschlüssels abhängen, ist diese Spalte *teilfunktional* vom Primärschlüssel abhängig. Ist dies nicht der Fall, ist sie *vollfunktional* vom Primärschlüssel abhängig.

Teilfunktionalität tritt nur bei zusammengesetzten Schlüsseln auf (siehe Definition 6 auf Seite 17). Laufende Zähler sind – außer bei *bösartig* konstruierten Gegenbeispielen – davon nicht betroffen. Vermeiden Sie daher informationstragende Schlüssel und verwenden Sie laufende Zähler.

Definition 26: Zweite Normalform
Eine Tabelle ist dann in der 2. *Normalform*, wenn sie den Bedingungen der 1. Normalform entspricht und alle Nichtschlüsselspalten vollfunktional vom Primärschlüssel abhängig sind.

Eine Datenbank ist dann in der 2. *Normalform*, wenn alle Tabellen in der 2. Normalform sind.

Ein weiteres bekanntes Beispiel für eine teilfunktionale Abhängigkeit: Eine Tabelle buch mit dem Primärschlüssel ISBN und einer Spalte verlagsnamen. Der Name des Verlags ergibt sich aus einer der Zifferngruppen der ISBN (siehe [Wik16h]).

2.4.3 Normalform 3

Wir wollen es ermöglichen, dass zu jedem Kunden mehrere Bankverbindungen existieren können. In Bild 2.22 sehen Sie einen ersten Entwurf der Tabelle bankverbindung.

Tabelle: bankverbindung

kunde_id	bankverbindung_nr	blz	kontonr	bankname	iban
12345	1	50041597	1234506789	Sparkasse Aulenland	DEXX500415971234506789
12345	2	50287667	5432109876	Volksbank Eriador	DEXX502876675432109876
12346	1	50287667	5432109880	Volksbank Eriador	DEXX502876675432109890

Bild 2.22 Tabelle bankverbindung mit transitiven Informationen

Aufgabe 2.20: Ermitteln Sie den Zusammenhang zwischen Bankleitzahl (blz) und dem Banknamen sowie ebenso zwischen Bankleitzahl, Kontonummer und IBAN.

Wenn Nichtschlüsselspalten aus anderen Nichtschlüsselspalten herleitbar sind, bedeutet dies in der Regel, dass Informationen redundant in der Tabelle gehalten werden. Hier werden beispielsweise die Banknamen mehrfach genannt. Dies verbraucht nicht nur Speicherplatz, sondern macht eine Änderung der Banknamen teuer, da diese in vielen Zeilen durchgeführt werden müssen.

Definition 27: Transitiv
Eine Nichtschlüsselspalte ist *transitiv*, wenn sie sich aus anderen Nichtschlüsselspalten herleiten lässt.

Transitive Informationen begegnen Ihnen relativ oft. Der Kontoinhaber ergibt sich aus der Kontonummer, der Ortsname aus der Postleitzahl, der Rabatt aus der Kundenart etc.

Definition 28: Dritte Normalform
Eine Tabelle entspricht der 3. *Normalform*, wenn sie den Bedingungen der 2. Normalform entspricht und die Werte in den Spalten nicht transitiv sind.

Eine Datenbank ist dann in der 3. *Normalform*, wenn alle Tabellen der 3. Normalform entsprechen und auch zwischen den Tabellen keine Information transitiv ist.

Aufgabe 2.21: Erstellen Sie zu Bild 2.23 ein ER-Modell in Krähenfuß-Notation.

Tabelle: bankverbindung

kunde_id	bankverbindung_nr	kontonr	iban	blz
12345	1	1234506789	[...]	50041597
12345	2	5432109876	[...]	50287667
12346	1	5432109880	[...]	50287667

Tabelle: bank

blz	bankname	lkz
50041597	Sparkasse Aulenland	DE
50287667	Volksbank Eriador	DE

Bild 2.23 Tabelle bankverbindung und bank ohne transitive Informationen

Hinweis: Nicht nur der Bankname ist eine transitive Information. Auch die Spalte iban setzt sich größtenteils aus anderen Spalteninhalten zusammen. Neu sind nur das Länderkennzeichen (DE) und die zweistellige Prüfziffer. Wird man nun diese Spalte ebenfalls aufteilen? In der Praxis wohl kaum. Zum einen, weil die IBAN im Bereich der *Kontoidentifikation* in jedem Land anders zusammengesetzt wird, und zum anderen, weil die IBAN immer als Informationseinheit verwendet wird. Eine Konsistenzprüfung – zumindest für deutsche Banken – sollte allerdings implementiert sein.

2.4.4 Normalform Rest

Es gibt noch die Boyce-Codd[19]-Normalform (BCNF), die 4. und die 5. Normalform, auf deren genaue Darstellung ich hier verzichten möchte. Die BCNF ist in diesem Buch in die 3. Normalform eingeflossen. Die Unterscheidung zwischen der 3. Normalform laut Literatur[20] und der BCNF wird in der Praxis als akademisch empfunden. Schließlich sind beide einschränkende Vorschriften zum Thema transitive Informationen. Nichts spricht dagegen, gleich die schärfere BCNF als 3. Normalform zu verwenden.

Die 4. Normalform verlangt, dass für jede inhaltlich abgeschlossene Einheit eine neue Tabelle erstellt wird. Also beispielsweise nicht Kundendaten und Adresse in einer Tabelle, sondern in zwei. Das Ziel ist hier, die Wartungsstabilität herzustellen. Wenn sich Sachverhalte ändern oder überflüssig werden, muss nur die betroffene Tabelle geändert werden, andere bleiben davon unberührt.

Die 5. Normalform ist so was wie "*Jetzt hören wir aber auf mit dem Normalisieren*". Diese verlangt, dass Tabellen, deren Inhalte sich durch Verbundoperationen (JOIN, UNION, INTERSECT etc.) herstellen lassen, aufgelöst werden. Hier geht es wieder darum, Redundanzen (siehe Definition 11 auf Seite 20) zu vermeiden und wartungsstabiler zu werden.

Die letzten beiden Normalformen sind in der Praxis recht umstritten. Ich sollte genauer sein: Es wird nicht bestritten, dass es sinnvoll ist, sein Design bzgl. dieser Normalformen zu überprüfen. Aber gerade die Performance einer Anwendung leidet enorm, wenn diese beiden Normalformen *immer* angewendet werden.

Themen wie *temporäre Tabellen* (siehe Kapitel 11.2.3 auf Seite 189) und *Ansichten* (siehe Kapitel 16 auf Seite 267) sind ein einziger Verstoß gegen diese Normalformen.

---

[19] Derselbe Codd, der die relationale Datenbank *erfunden* hat.
[20] Siehe [KE01]

3 Unser Beispiel: Ein Online-Shop

Für alle nachfolgenden Kapitel wird ein Online-Shop als Beispiel verwendet. Falls Sie auf Basis dieser Modellierung später einen erfolgreichen Shop betreiben, will ich am Umsatz beteiligt sein.

Jeder Online-Shop muss die Vorgänge Kundenverwaltung, Artikelverwaltung und Bestellwesen abbilden können. Dazu wollen wir die essentiellen Tabellen ermitteln und die Spalten angeben.

Hinweis: Alle Tabellen enthalten die Spalte deleted. Diese Spalte markiert, ob eine Zeile als gelöscht markiert ist (=1) oder nicht (=0). Hintergrund ist die Erhaltung der referentiellen Integrität bei Löschoperationen (siehe Hinweis zum Löschkennzeichen auf Seite 33).

3.1 Kundenverwaltung

Tragen wir zusammen, welche Tabellen wir für die Kundenverwaltung schon angesprochen haben: kunde, bankverbindung und bank.

- kunde: Die bisherige Tabelle kunde enthält neben dem Primärschlüssel und dem Namen auch die Adresse. Es ist aber üblich, dass man in Online-Shops neben der Rechnungsadresse auch eine Lieferadresse angeben kann. Es ist somit sinnvoll, eine Adresstabelle anzulegen und auf diese zweimal zuzugreifen.
- bankverbindung: Die Bankverbindung ist nur eine mögliche Zahlungsart. Diese wird beim Einzugsverfahren verwendet. Andere Möglichkeiten sind Kreditkarte, PayPal etc. Da eine vollständige Modellierung dieser Möglichkeiten den Rahmen dieses Buchs sprengen würden, lassen wir erstmal nur den *Bankeinzug* und *per Rechnung* zu. Die bevorzugte Zahlungsart soll aber für den Kunden festgelegt werden können.
- bank: Diese Tabelle erfüllt ihren Zweck ganz gut und muss weiter nicht verändert werden.

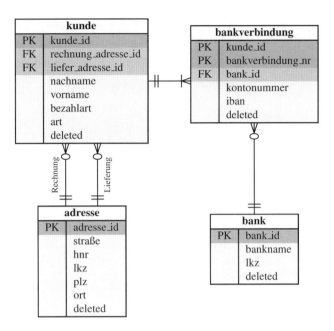

Bild 3.1 ER-Modell: Kundenverwaltung

Diese Anforderungen werden nun in einem ER-Modell zusammengefasst (siehe Bild 3.1). Wir haben hier den interessanten Fall, dass zwei Tabellen (kunde und adresse) zweimal 1 : n verknüpft sind und keine n : m-Verknüpfung darstellen. Um deutlich zu machen, welche Rolle die jeweilige Verknüpfung darstellt, wird auf der Verbindung der Name der Rolle notiert.

Diese Situation kommt öfter vor, als man glaubt: Nehmen Sie beispielsweise die beiden Tabellen verein und spielpaarung bei einem Fußballturnier. In spielpaarung kommt der Fremdschlüssel auf die Tabelle verein zweimal vor: als Heim- und als Gastmannschaft.

■ 3.2 Artikelverwaltung

Auch hier tragen wir erstmal zusammen, was bisher schon bezüglich der Artikel gesagt wurde: Wir haben die Tabellen artikel, warengruppe und lieferant.

- artikel: Diese Tabelle enthält die Artikelstammdaten, d.h. einen Primärschlüssel, die Bezeichnung und den Preis.
- warengruppe: In der Warengruppe wird die Kategorie oder der Suchbegriff festgelegt. Somit werden lediglich eine Bezeichnung und ein Primärschlüssel gebraucht.
- lieferant: Der Lieferant eines Artikels besteht aus einem Firmennamen und seiner Adresse.

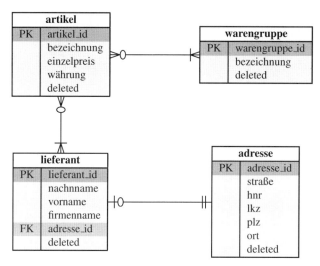

Bild 3.2 ER-Modell: Artikelverwaltung

Da schon eine Tabelle `adresse` vorhanden ist, sollten wir für den Lieferant die Adressdaten nicht in der Tabelle `lieferant` speichern. Da ein Lieferant mindestens eine Adresse haben muss und eine Adresse zu keinem oder einem Lieferanten gehört, handelt es sich hier um eine 1 : 1-Verknüpfung, die nicht wie oben auf Seite 25 beschrieben, durch einen gemeinsamen Primärschlüssel gelöst wird.

Da ein Artikel zu mindestens einer Warengruppe gehören muss, aber eine Warengruppe beliebig viele Artikel haben kann, liegt hier eine $n : m$-Verknüpfung vor. Analoges gilt für das Mengenverhältnis zwischen `lieferant` und `artikel` (siehe Bild 2.17 auf Seite 31).

3.3 Bestellwesen

Das Bestellwesen geht von folgendem vereinfachten Geschäftsprozess aus: Der Kunde bestätigt den Inhalt des Warenkorbs. Dadurch wird der Warenkorb in eine Bestellung umgebaut. Zu der Bestellung wird gleichzeitig eine Rechnung angelegt. Bestellung und Rechnung haben jeweils einen Bearbeitungsstatus, der darüber Auskunft gibt, ob die Bestellung versendet bzw. die Rechnung bezahlt oder storniert wurde.

- `bestellung`: Zu einer Bestellung gehört der Verweis auf den bestellenden Kunden, das Bestelldatum und den Bearbeitungsstatus der Bestellung.
- `position_bestellung`: Die Bestellung setzt sich aus den Positionen zusammen. Die Position muss angeben, welcher Artikel in welcher Menge bestellt wurde.
- `rechnung`: Rechnungen sind im Prinzip ähnlich wie Bestellungen aufgebaut. Zusätzlich wird aber die Möglichkeit eines Gesamtrabatts eingeräumt. Auch wird ein Skontofeld Auskunft darüber geben, ob Skonto gewährt wird oder nicht.

- `position_rechnung`: Die Rechnung setzt sich aus den Positionen zusammen. Die Position muss angeben, welcher Artikel in welcher Menge bestellt wurde. Ebenso soll pro Position ein Rabatt möglich sein.

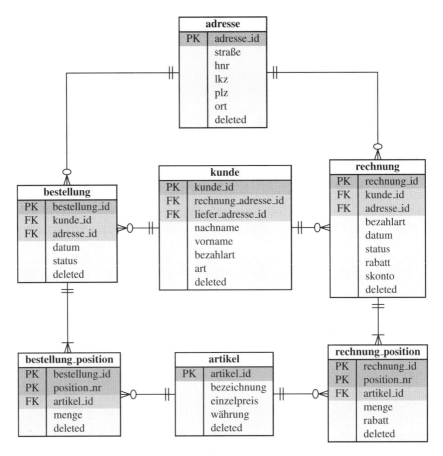

Bild 3.3 ER-Modell: Bestellwesen

Der Kunde hat in Bild 3.3 zu Rechnung und Position jeweils die Kardinalität $1:n$. Dabei ist zu beachten, dass der Kunde nicht zwingend schon eine Bestellung aufgegeben oder eine Rechnung erhalten haben muss. Umgekehrt muss eine Rechnung oder Bestellung aber auf einen Kunden verweisen.

Die Tabellen `rechnung` und `bestellung` sind jeweils mit der Tabelle `adresse` $1:n$ verknüpft. Die Frage ist, ob diese Information nicht aus der Tabelle `kunde` ermittelt werden kann. Dort gibt es doch eine Liefer- und eine Rechnungsadresse. Dies hängt von der Implementierung ab. Der Kunde kann, muss aber nicht unterschiedliche Adressen angeben; dies soll auf der Oberfläche vom Kunden ausgewählt werden. Diese getroffene Auswahl wird als Fremdschlüsselwert in die jeweilige Tabelle geschrieben.

Jede Bestellung/Rechnung muss mindestens eine Position enthalten, und jede Position muss in einer Bestellung/Rechnung eingebettet sein. Daher die strikte $1:n$-Verknüpfung.

Ein Artikel kann beliebig oft in einer Position auftauchen, aber eine Position muss genau einen Artikel enthalten.

Aufgabe 3.1: Kann man die Verknüpfung zwischen den Tabellen kunde und adresse auch anders lösen? Vielleicht sogar so, dass man einem Kunden beliebig viele Adressen mit frei definierbaren Rollen zuordnen kann? Diskutieren Sie die Lösung bezogen auf die hier vorgestellte.

TEIL II

Datenbank aufbauen

4 Installation des Servers

■ 4.1 MySQL unter Windows 10

Installation des MySQL-Servers als Entwicklerserver

- Grundkurs
  - Installationsquelle
  - Installation unter Windows 10
- Vertiefendes
  - Verzeichnisstruktur
  - Verschiedene Aufrufparameter des SQL-Clients
  - Windows-Suchpfad anpassen

Der MySQL-Server und eine Reihe von weiteren Tools können direkt mithilfe eines Installers unter Windows 10 eingerichtet werden. Gehen Sie dazu nach *http://dev.mysql.com/downloads/installer/* und wählen Sie den *MySQL-Installer for Windows* aus. Anschließend können Sie sich registrieren oder direkt zur Download-Seite weiterspringen.

Hinweis: Sie müssen Administratorenrechte haben, um den Installer ausführen zu können.

Durch einen Doppelklick auf die heruntergeladene msi-Datei[1] wird die Installation begonnen. Akzeptieren Sie die Lizenzbedingungen und wählen Sie den Installationsmodus (siehe Bild 4.1 auf der nächsten Seite). Da ich keine vertiefende Einführung in unterschiedliche Installationsszenarien schreiben möchte, wählen wir hier CUSTOM. Dabei werden wir folgende Komponenten auswählen:

- **MySQL-Server:** Community Server

---
[1] Stand 12.06.2016: mysql-installer-5.7.13.0.msi

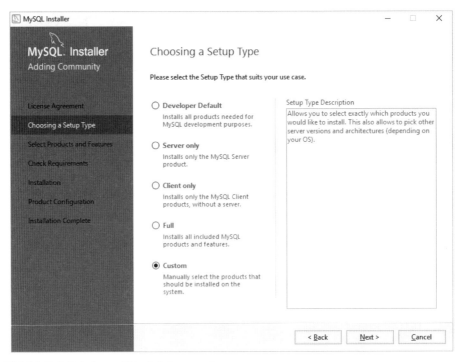

Bild 4.1 Schritt 1: Auswahl Installationsmodus

- **MySQL-Workbench:** Sie ist in jedem Fall ein nützliches Werkzeug und daher zu empfehlen. Sie können damit über eine grafische Oberfläche Datenbanken planen, anlegen und bearbeiten.
- **MySQL-Client:** Konsolenbasiertes Kommandofenster
- **Connectoren:** Es werden die APIs für ODBC, C++, C, Java und .NET installiert. Falls Sie eine Anwendung in einer der Sprachen entwickeln und auf den MySQL-Server zugreifen wollen, ist es genau das, was Sie brauchen.
- **Beispiele:** Beispieldatenbanken und Skripte
- **Dokumentation:** Handbuch und HowTos

 Hinweis: Ist schon ein MySQL-Server oder ein MySQL-Hilfsmittel installiert, müssen diese vorher nicht deinstalliert werden. Sie erhalten die Möglichkeit, ein Update durchzuführen.

Klicken Sie nun auf NEXT >. Es kann sein, dass der Installer merkt, dass bestimmte Komponenten fehlen, z.B. .NET Framework 4 Client Profile oder MS Visual Studio 2010 32-bit runtime. Klicken Sie auf EXECUTE und folgen den Anweisungen. Irgendwann klicken Sie dann wieder auf NEXT >.

Falls Sie jetzt merken, dass Sie diese benötigten Komponenten nicht installieren möchten, gehen Sie mit < BACK zurück und wählen Sie CUSTOM. Deselektieren Sie dann die nicht erwünschte Komponente (z.B. ein Excel Plugin). Klicken Sie auf EXECUTE und beobachten

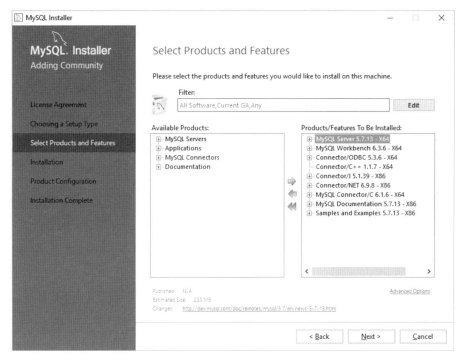

Bild 4.2 Schritt 2: Komponenten auswählen

Sie dabei die Fortschrittsanzeige. Ich empfehle Ihnen, vor Ort zu bleiben, um Fehlermeldungen gleich bearbeiten zu können.

Zuerst werden die Komponenten mit TO BE DOWNLOADED heruntergeladen. Lief was schief, klicken Sie auf TRY AGAIN. Falls das nichts fruchtet (wie bei mir mit den J/Connector): einfach die Rückfrage, ob man schon mal die erfolgreich heruntergeladenen Produkte installieren möchte, mit JA quittieren.

Der Installationsassistent bietet Ihnen nun vorgefertigte Konfigurationen an (siehe Bild 4.3 auf der nächsten Seite):

- **Development Machine:** Einstellungen wie Puffergrößen etc. werden so gewählt, dass auf dem Rechner andere Anwendungen wie z.B. eine Entwicklungsumgebung problemlos weiterlaufen können. Auch einige Sicherheitseinstellungen sind etwas *weicher* vorgenommen worden, damit Sie als Entwickler leichter auf die Komponente des Servers zugreifen können.
- **Server Machine:** Die Einstellungen werden so vorgenommen, dass auch andere Server – wie beispielsweise Apache, LDAP etc. – bequem auf dem gleichen Rechner laufen können. Allerdings sollte die Hardware tatsächlich schon auf den Serverbetrieb abgestimmt sein. Nehmen Sie diese Einstellung, wenn Sie einen kompletten Web- oder Application-Server betreiben wollen.
- **Dedicated Machine:** MySQL reißt sich alle Ressourcen unter den Nagel, welches es kriegen kann. Besonders der Arbeitsspeicher wird maximal verwendet und lässt damit keinen Raum für andere Services – außer denen des Betriebssystems.

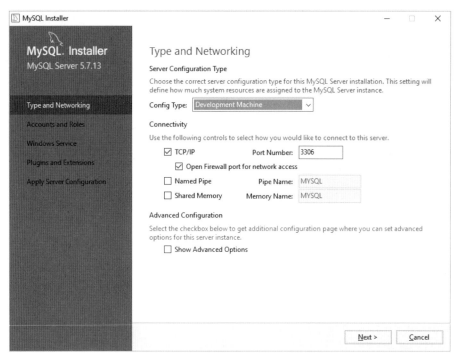

Bild 4.3 Schritt 3: Konfigurationsauswahl

Wir sind SQL-Entwickler, und deshalb wählen wir *Development Machine*. Jetzt können wir die ersten eigenen Angaben machen (siehe Bild 4.4 auf der nächsten Seite).

- **TCP/IP:** Wenn Sie diese Option auswählen (Default), kann der Server außerhalb Ihres Rechners über eine IP-Adresse angesprochen werden. Falls Sie die Option deselektieren, kann der Server nur über `127.0.0.1` oder `localhost` erreicht werden. Die vorgeschlagene Portnummer 3306 sollte nur verändert werden, wenn Sie genau wissen warum. Der Client – eine eigene Anwendung oder der MySQL-Client – muss dann über die andere Portnummer informiert werden, da er sonst versucht, den Standardport zu verwenden.

- **Account and Roles:** Sie müssen hier ein root-Passwort eingeben. Es sollte mindestens acht Stellen haben sowie Groß- und Kleinbuchstaben, Zahlen und Sonderzeichen enthalten. Bewährt haben sich Eselsbrücken. Beispielsweise wird *Wer 1mal lügt, dem glaubt man nicht, selbst wenn er nun die Wahrheit spricht!* zu `W1l,dgmn,swendWs!` ;-)

- **Windows Services:** Wenn Sie diese Option auswählen (siehe Bild 4.5 auf Seite 54), steht das Programm MySQL als Dienst zur Verfügung und wird beim Start von Windows automatisch angeworfen. Jeder MySQL-Service muss einen eigenen Namen haben. Wenn Sie keinen anderen Grund haben, sollten Sie den Namen einfach stehen lassen. Alternativ könnte man die Server durchnummerieren[2].

---

[2] Ich habe noch nie versucht, mehrere Instanzen auf einem Rechner unterzubringen, und kann daher nicht viel Erhellendes zu dieser Option beitragen.

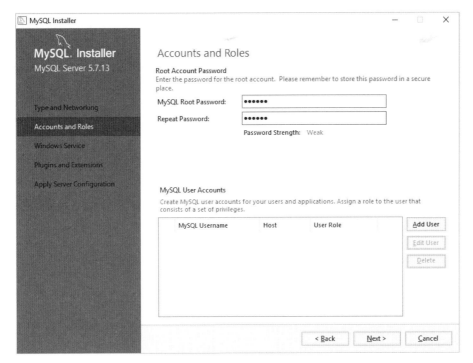

Bild 4.4 Schritt 4: Root-Passwort eingeben

Anschließend werden noch einige Konfigurationen vorgenommen, z.B. ob Sie NoSQL unterstützen möchten – wollen wir nicht, da wir dieses Feature für das Buch nicht brauchen.

Klicken Sie auf EXECUTE, und es sollte der Server (siehe Bild 4.6 auf der nächsten Seite) gestartet werden. Mithilfe der Workbench oder dem MySQL-Client kann nun überprüft werden, ob der Server läuft.

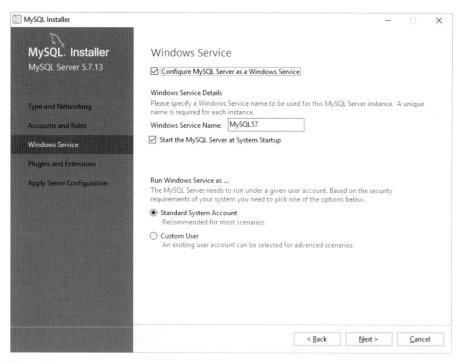

Bild 4.5 Schritt 5: Windows Service

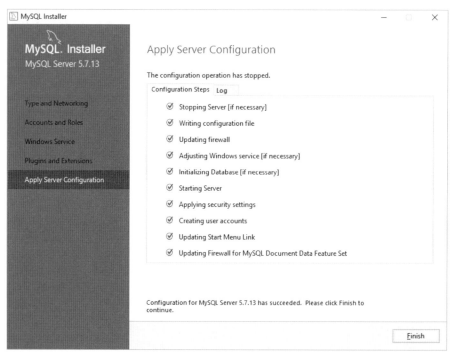

Bild 4.6 Schritt 6: Fertig

```
 1  C:\>"c:\Program Files\MySQL\MySQL Server 5.7\bin\mysql" -uroot -p
 2  Enter password: ******
 3  Welcome to the MySQL monitor.  Commands end with ; or \g.
 4  Your MySQL connection id is 5
 5  Server version: 5.7.13-log MySQL Community Server (GPL)
 6
 7  Copyright (c) 2000, 2016, Oracle and/or its affiliates. All rights reserved.
 8
 9  Oracle is a registered trademark of Oracle Corporation and/or its
10  affiliates. Other names may be trademarks of their respective
11  owners.
12
13  Type 'help;' or '\h' for help. Type '\c' to clear the current input statement.
14
15  mysql> SHOW DATABASES;
16  +--------------------+
17  | Database           |
18  +--------------------+
19  | information_schema |
20  | mysql              |
21  | performance_schema |
22  | sys                |
23  +--------------------+
24  4 rows in set (0.00 sec)
25
26  mysql> exit
```

Prima, der Client findet den Server.

4.2 MariaDB unter Windows 10

Die Installation einer Entwicklungsumgebung für Datenbankprogrammierer mithilfe von ApacheFriends ist so einfach, da würde meine Erstgeborene sagen: *Das ist ja babyeinfach!*

- Grundkurs
  - Installationsquelle
  - Installation unter Windows 10
- Vertiefendes
  - Verzeichnisstruktur
  - Verschiedene Aufrufparameter des SQL-Clients
  - Windows-Suchpfad anpassen

XAMPP[3] wird von *http://www.apachefriends.org/de/xampp-windows.html* als Binär- oder Quelltextdistribution angeboten. Zielgruppe der XAMPP-Installation ist der Entwickler von Internetanwendungen. Auch für interessierte Privatleute ist XAMPP wegen seiner Einfachheit ein guter Einstieg.

---
[3] X = {W|L} und steht für {Windows|Linux}, Apache, MySQL, PHP und Perl.

XAMPP ist **nicht** für den Einsatz in Produktion gedacht. Um für die Entwicklung flexibel verwendbar zu sein, ist die Standardinstallation offen bezüglich vieler Angriffsszenarien.

Die hier verwendete Konfiguration ist XAMPP 7.0.6 mit MariaDB 10.1.13. Falls Sie eine ältere Version von XAMPP installiert haben, sollten Sie diese zuerst deinstallieren: START → SYSTEMSTEUERUNG → PROGRAMME UND FUNKTIONEN → XAMPP DEINSTALLIEREN. Laden Sie anschließend von [Sei11] die Windows-Version mit Installer herunter.

Überprüfen Sie den Download mit einem md5-Programm Ihrer Wahl[4] und starten Sie durch Doppelklick auf den Download die Installation. Gegebenenfalls werden Sie darüber informiert, dass die Installation wegen Schutzprogrammen auf Ihrem Rechner – meist Antivirensoftware – langsamer ablaufen oder gestört wird. Falls Sie deshalb Probleme bekommen, folgen Sie dem angegebenen Link.

Bild 4.7 Warnung wegen der Zugriffsrechte

Vielleicht bekommen Sie eine Warnung, wie in Bild 4.7 zu sehen. Wir wollen uns den Ratschlag zu Herzen nehmen und später nicht ins Programmverzeichnis installieren.

Anschließend können Sie auswählen (siehe Bild 4.8 auf der nächsten Seite), welche Komponenten installiert werden sollen. Sie können bedenkenlos alles ausgewählt lassen; ich habe hier die Komponenten ausgewählt, die Sie für dieses Buch brauchen werden.

Im nächsten Schritt wählen Sie das Zielverzeichnis aus. Wenn Sie die obige Warnung erhalten haben, sollten Sie tatsächlich die Daten unter c:\xampp oder einem vergleichbaren Pfad ablegen.

---

[4] Auf diesen Schritt kann man verzichten, wenn man keine Probleme erwartet. Es wird lediglich überprüft, ob der Download fehlerfrei war. Die Installation kann aber auch ohne den md5-Vergleich fortgesetzt werden.

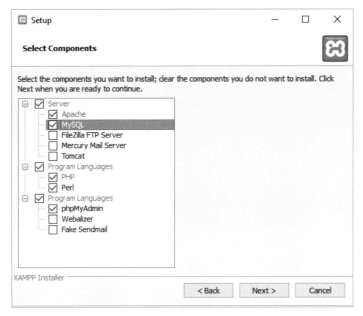

Bild 4.8 Auswahl der Komponenten

Nach zwei weiteren Klicks startet die Installation. Die dauert einige Zeit, aber bei Weitem nicht mehr so lange, wie ich es noch für die erste Auflage dieses Buches berichten musste :-). Wenn Sie nun auf FINISH klicken, achten Sie darauf, dass auch der Start des Control Panel aktiviert ist.

Sie können nun die Sprache auswählen (Bild 4.9), und es erscheint das Control Panel (Bild 4.10 auf der nächsten Seite).

Starten Sie nun Apache und MySQL – wobei tatsächlich MariaDB gestartet wird. Wenn Sie in der MySQL-Zeile auf ADMIN klicken, wird *phpMyAdmin* geöffnet. Dieses sehr bequeme Tool dient der Administration des Servers und der Datenabfrage.

Bild 4.9 Sprache

Der MariaDB-Server liegt nun in einem XAMPP-Pfad: c:\xampp\mysql\bin. Hier sind die Programme und – *sehr wichtig!* – die my.ini (siehe Zeile 11) abgelegt. Der MariaDB-Client ist in Zeile 15 zu finden, der Server selbst in Zeile 19.

```
 1  c:\xampp\mysql\bin>dir
 2   Verzeichnis von c:\xampp\mysql\bin
 3
 4  12.06.2016  19:36    <DIR>          .
 5  12.06.2016  19:36    <DIR>          ..
 6  24.03.2016  05:18         3.662.152 aria_chk.exe
 7  24.03.2016  05:18         3.279.688 aria_dump_log.exe
 8  24.03.2016  05:18         3.478.856 aria_ftdump.exe
 9  [...]
10  24.03.2016  05:19         3.135.304 innochecksum.exe
11  12.06.2016  19:36             5.756 my.ini
12  24.03.2016  05:18         3.418.952 myisamchk.exe
13  [...]
```

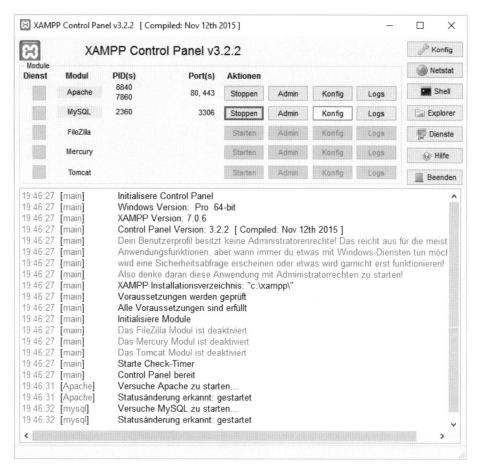

Bild 4.10 Das XAMPP-Panel

```
14  24.03.2016  05:18         3.285.320 myisam_ftdump.exe
15  24.03.2016  05:19         3.572.552 mysql.exe
16  24.03.2016  05:19         3.518.792 mysqladmin.exe
17  24.03.2016  05:19         3.598.152 mysqlbinlog.exe
18  24.03.2016  05:19         3.515.720 mysqlcheck.exe
19  24.03.2016  05:20        11.583.304 mysqld.exe
20  24.03.2016  05:19         3.569.992 mysqldump.exe
21  [...]
22  24.03.2016  05:28         1.750.344 mysql_upgrade_wizard.exe
23  24.03.2016  05:19         3.118.920 my_print_defaults.exe
24  24.03.2016  05:19         3.191.112 perror.exe
25  24.03.2016  05:19         3.104.584 replace.exe              41 Datei(en),
        139.369.744 Bytes
26                 2 Verzeichnis(se), 577.531.854.848 Bytes frei
```

Das Datenverzeichnis ist: `c:\xampp\mysql\data`. Für jede Datenbank wird ein Verzeichnis und für jede Tabelle eine oder mehrere Dateien angelegt. Dieses Verzeichnis sollte regelmäßig gesichert werden. Man kann hier gut die schon installierten Datenbanken erkennen: `mysql`, `performance_schema`, `test` und `phpmyadmin`.

```
 1  c:\xampp\mysql\data>dir
 2   Verzeichnis von c:\xampp\mysql\data
 3
 4  12.06.2016  19:46    <DIR>              .
 5  12.06.2016  19:46    <DIR>              ..
 6  12.06.2016  19:45            16.384 aria_log.00000001
 7  12.06.2016  19:45                52 aria_log_control
 8  12.08.2014  10:47                56 auto.cnf
 9  12.06.2016  19:46        12.582.912 ibdata1
10  12.06.2016  19:46         5.242.880 ib_logfile0
11  12.08.2014  10:47         5.242.880 ib_logfile1
12  30.10.2015  16:10                 0 multi-master.info
13  12.06.2016  19:33    <DIR>              mysql
14  12.06.2016  19:46                 5 mysql.pid
15  12.06.2016  19:45             6.315 mysql_error.log
16  06.11.2015  17:13                14 mysql_upgrade_info
17  12.06.2016  19:33    <DIR>              performance_schema
18  12.06.2016  19:33    <DIR>              phpmyadmin
19  12.06.2016  19:33    <DIR>              test
20              10 Datei(en),    23.091.498 Bytes
21               6 Verzeichnis(se), 577.531.334.656 Bytes frei
```

Leider ist der Suchpfad zu den MariaDB-Binaries nicht durch XAMPP in die Pfadvariable von Windows eingefügt worden. Wollen Sie nun den MariaDB-Client aufrufen, gibt es zwei Varianten:

1. Sie geben bei jedem Aufruf des MariaDB-Clients den Pfad mit an:
   c:\xmapp\mysql\bin\mysql *irgendwelche aufrufparameter*
2. Sie fügen den Pfad dem Windows-Suchpfad an: WINDOWS + PAUSE → BASISINFORMATIONEN ÜBER DEN COMPUTER ANZEIGEN → ERWEITERTE SYSTEMEINSTELLUNGEN → REGISTERKARTE ERWEITERT → UMGEBUNGSVARIABLEN → unter Systemvariablen PATH markieren → NEU → Pfadangabe auswählen und ganz oft OK drücken. Nun lässt sich der Client von jeder Stelle aus aufrufen. Sie müssen aber die aktuelle COMMAND-Box erst schließen und eine neue öffnen, damit die Änderungen übernommen werden.

Der MariaDB-Server ist mit einem `root` installiert worden, der kein Passwort hat. Dies sollten Sie sehr schnell nach der Installation ändern. Selbst in Entwicklungsumgebungen sollten minimale Sicherheitsregeln angewendet werden[5].

Das `root`-Passwort lässt sich über die COMMAND-Box leicht ändern:
   c:\>mysqladmin -uroot -p*PasswortAlt* password *PasswortNeu*.

Beachten Sie bitte, dass zwischen `-p` und *PasswortAlt* kein Leerzeichen steht.

4.3 Andere Installationen

MySQL unter Linux

Unter Linux wird MySQL anhand des Paketverwalters installiert, welcher für die Distribution verwendet wird. Von *http://dev.mysql.com/downloads/mysql/* kann das entsprechende

---
[5] Obwohl ich hier gestehen muss, dass ich es für diese *Buch*umgebung auch nicht gesetzt habe.

Paket heruntergeladen werden. Eine sehr gute und ausführliche Online-Dokumentation zur Installation und Konfiguration auf verschiedenen Plattformen gibt es unter *http://dev.mysql.com/doc/refman/5.7/en/installing.html*.

MariaDB unter Linux

MariaDB kann als Server von *https://downloads.mariadb.org/* heruntergeladen werden. Eine Dokumentation steht in Form einer *knowledge base* auf *https://mariadb.com/kb/en/* zur Verfügung. Für dieses Buch empfehle ich allerdings die Installation mittels XAMPP.

Für Linux und Windows ist XAMPP[6] eine weit verbreitete Entwicklungs- und Testumgebung für Datenbank- und Webentwickler. Seit dem Release v5.5.30 bzw. v5.6.14 wird anstelle von MySQL MariaDB verwendet. Die Gründe dafür können Sie unter *https://www.quora.com/Why-did-XAMPP-switch-to-MariaDB-from-MySQL* nachverfolgen. Die Installationspakete sowohl für Windows als auch für verschiedene Linuxdistributionen können unter *https://www.apachefriends.org/de/download.html* heruntergeladen werden. Installationsanweisungen und Dokus zu XAMPP sind in Form von FAQs vorhanden:

- Linux: *https://www.apachefriends.org/faq_linux.html*
- Windows: *https://www.apachefriends.org/faq_windows.html*
- OS X: *https://www.apachefriends.org/faq_osx.html*

PostgreSQL

Von *http://www.postgresql.org/download/* können Sie die aktuelle PostgreSQL-Version für Linux-Distributionen und Windows herunterladen. Eine sehr ausführliche Online-Dokumentation steht unter *http://www.postgresql.org/docs/* zur Verfügung. Dort wird auch auf eine Reihe von weiteren Dokumentationen wie beispielsweise zum Thema *Sicherheit* verwiesen.

Zu allen drei Serversystemen existieren Unmengen an Wikis, Tutorials, YouTube-Videos und Foren. Zu fast jedem Aspekt wie *Installation, Sicherheit, Performance, Verlässlichkeit usw.* gibt es Spezialdokumentationen, die in der Regel aktueller und ausführlicher sind, als ich es hier in einem Einführungsbuch über SQL sein kann und will.

---

[6] X = {W|L} und steht für {Windows|Linux}, Apache, MySQL, PHP und Perl.

5 Datenbank und Tabellen anlegen

5.1 Die Programmiersprache SQL

Was ist SQL?

- Grundkurs
  - Geschichte und Struktur von SQL
- Vertiefendes
  - SQL3 vs. MySQL vs. MariaDB vs. PostgreSQL

Jetzt geht es endlich mit SQL[1] los. Aber was bedeutet SQL genau? Eigentlich nichts, da die Abkürzung laut Standard ein Eigenname ist; oft wird sie aber mit *Structured Query Language*[2] aufgelöst. SQL ist eine Sprache zur Bearbeitung und Auswertung von relationalen Datenbanken. Sie umfasst drei Bereiche:

1. Data Definition Language (DDL): Befehlssatz zum Anlegen, Ändern und Löschen von Datenbanken, Tabellen usw. und ihren Strukturen.
2. Data Manipulation Language (DML): Befehlssatz zum Einfügen, Ändern, Löschen und Auslesen von Daten aus den Tabellen.
3. Data Control Language (DCL): Befehlssatz zur Administration von Datenbanken[3].

Anders als bei imperativen Programmiersprachen wie C#, C++, Java oder Pascal wird durch die Befehle nicht die Art und Weise bestimmt, wie man ein Ergebnis erhält; es wird kein Algorithmus implementiert. Vielmehr sagt man, was man haben möchte, und der Datenbankserver ermittelt das Ergebnis. Solche Arten von Programmiersprachen nennt man *deklarativ*.

Obwohl es viele SQL-Dialekte gibt, ist der offizielle SQL-Standard in vielen Systemen weitgehend implementiert und garantiert eine Wiederverwendbarkeit oder Übertragbarkeit der Befehle.

---

[1] Aussprache: EsKjuEl; die Aussprache SiQwL ist nicht korrekt, da damit SEQUEL, der Vorläufer von SQL, gemeint ist.
[2] Die Auflösung als *Structured Query Language* ergibt sich dadurch, dass das SEQUEL die Abkürzung für *Structured English Query Language* ist.
[3] Nicht zur Administration des Servers!

1986 wurde der erste SQL-Standard vom ANSI[4] verabschiedet, der 1987 von der ISO[5] ratifiziert wurde (SQL1). 1992 wurde der Standard überarbeitet und als SQL-92 (oder auch SQL2) veröffentlicht. Die Version SQL:1999 (ISO/IEC 9075:1999, auch SQL3 genannt) ist noch nicht in allen Datenbanksystemen implementiert. Das gilt auch für die letzte Revision von SQL3: SQL:2011 (ISO/IEC 9075:2001)[6].

Abgrenzung zu SQL3[7]

Die hier vorgestellten Befehle sind alle mit dem MySQL Community Server 5.6.28, MariaDB 10.1.13 und PostgreSQL 9.5 getestet worden. Schwerpunkt der Darstellung ist der MySQL-Server. Die Befehlssätze von MySQL, MariaDB und PostgreSQL enthalten Befehle und Datentypen, die es in SQL3 nicht gibt. Ebenso gibt es in SQL3 welche, die in diesen drei Produkten nicht implementiert sind.

Wie oben erwähnt werden die Beispiele in MySQL entwickelt und programmiert. Das Buch hat aber nicht MySQL, sondern SQL im Titel stehen, sodass ich auf Unterschiede aufmerksam machen werde. Der Textfluss soll dabei aber nicht unnötig gestört werden. Die Listings für MySQL/MariaDB und PostgreSQL habe ich online gestellt: Für PostgreSQL im Verzeichnis pg und für MySQL/MariaDB in mysql.

■ 5.2 Anlegen der Datenbank

Jeder Hausbau fängt beim Fundament an.

- Grundkurs
    - Der Aufruf des MySQL-Clients
    - Anzeigen aller Datenbanken des Servers mit SHOW DATABASES
    - Anlegen einer Datenbank mit CREATE DATABASE
    - Bedingtes Anlegen der Datenbank mit IF EXISTS
    - Löschen einer Datenbank mit DROP DATABASE
- Vertiefendes
    - Unterschied DATABASE und SCHEMA
    - Zuweisen einer Zeichenkodierung für die Datenbank mit CHARACTER SET
    - Zuweisen einer Sortierung für die ganze Datenbank mit COLLATE

Die Quelltexte dieses Kapitels stehen in den Dateien mysql/listing01.sql und pg/listing01.sql.

---

[4] American National Standards Institute; US-amerikanisches Institut zur Normierung, vergleichbar mit dem deutschen DIN
[5] International Organization for Standardization
[6] Quelle: [Wik16k]
[7] Als Quelle für den SQL3 habe ich [Sav16] verwendet.

5.2.1 Wie ruft man den MySQL-Client auf?

Bevor wir damit loslegen, eine Datenbank anzulegen, möchte ich kurz die Verwendung des MySQL-Clients vorstellen. Der Zugriff auf den MySQL-Server kann auf verschiedenen Wegen erfolgen. MySQL selbst bringt zwei Werkzeuge mit: den MySQL-Query Browser, welcher in der MySQL Workbench integriert ist, und den MySQL-/MariaDB-Client[8].

Der MySQL-Query Browser bietet eine komfortable grafische Oberfläche, muss aber nachinstalliert werden. Der MySQL-Client ist zwar sperriger in der Bedienung, aber in der Regel schon vorinstalliert. Tun wir uns den also mal an:

```
1  ralf@localhost:~/> mysql -uroot
2  Welcome to the MySQL monitor.  Commands end with ; or \g.
3  Your MySQL connection id is 12
4  Server version: 5.7.12-0ubuntu1.1 (Ubuntu)
5
6  Copyright (c) 2000, 2016, Oracle and/or its affiliates. All [..].
7  Oracle is a registered trademark of Oracle Corporation and/or its
8  affiliates. Other names may be trademarks of their respective
9  owners.
10
11 Type 'help;' or '\h' for help. Type '\c' to clear the current [...].
12
13 mysql>
```

In Zeile 1 wird der Client aufgerufen – hier unter Linux. Der Aufruf setzt voraus, dass die Datei `mysql.exe` im Suchpfad liegt. Ist dies nicht der Fall, muss der Pfad – wie hier beispielsweise für eine Windows-XAMPP-Installation – mit angegeben werden[9]:

```
1  c:\>c:\xampp\mysql\bin\mysql -uroot
```

Die Aufrufparameter des Clients können Sie auszugsweise dem Abschnitt 24.1 auf Seite 361 entnehmen. Was der Client noch so drauf hat, entnehmen Sie bitte dem Handbuch. Mit dem Parameter `-u` wird ein Benutzer angemeldet, hier `root`. Wird dieser Parameter nicht verwendet, wird der Benutzer `guest` angemeldet, der darf aber fast nichts.

In Zeile 3 wird angegeben, welche Verbindungsnummer zwischen Client und Server hergestellt wurde. Über diese ID kann man mithilfe von Analysewerkzeugen die Verbindung näher betrachten.

Die Versionsnummer des Servers – nicht des Clients – wird in Zeile 4 angezeigt. Diese Versionsnummer ist immer zu beachten, wenn man im MySQL-Handbuch oder im Internet nach Hilfen sucht.

Die Zeile 13 ist der eigentliche Eingabeprompt. Hier werden die Kommandos/Anweisungen eingegeben. Der Prompt `mysql>`[10] zeigt an, dass er auf eine neue Anweisung wartet. Der Prompt `->` hingegen markiert, dass die Anweisung noch nicht abgeschlossen ist und weitere Eingaben zur laufenden Anweisung gemacht werden können.

---

[8] MariaDB bringt ebenfalls einen bis auf Kleinigkeiten kompatiblen Client mit.
[9] Lassen Sie sich nicht irritieren: Obwohl Sie die `mysql.exe` aufgerufen haben, wird ein MariaDB-Client gestartet.
[10] Der MariaDB-Client meldet sich mit dem Prompt `MariaDB [(none)]>`. In den eckigen Klammern steht die gerade verwendete Datenbank. Da wir noch keine ausgewählt haben, eben `(none)`. Später steht dort beispielsweise `oshop`. Der MySQL-Client kennt dieses Feature nicht und ich persönlich bin mir auch nicht sicher, ob ich es mag.

Natürlich kann man den MySQL-Client auch wieder verlassen:

```
1  mysql> EXIT
2  Bye
```

Sie sollten es sich angewöhnen, den Client immer über EXIT zu verlassen und nicht einfach das Konsolenfenster schließen. Die Verbindung zum Server bleibt nämlich noch einige Zeit erhalten und blockiert Ressourcen auf dem Server. Diese werden erst wieder freigegeben, wenn ein Timeout eintritt. Der aktuell eingestellte Timeout kann wie folgt ermittelt werden:

```
1  mysql> SHOW VARIABLES LIKE 'wait_timeout';
2  +---------------+-------+
3  | Variable_name | Value |
4  +---------------+-------+
5  | wait_timeout  | 28800 |
6  +---------------+-------+
```

Der Wert 28000 hat die Maßeinheit Sekunden, weshalb erst nach 8 Stunden (!) ohne Kommunikation zwischen dem Client und dem MySQL-/MariaDB-Server die Verbindung beendet wird.

5.2.2 Wie legt man eine Datenbank an?

Wir gehen davon aus, dass die Datenbank komplett neu erstellt werden soll. Der Befehl zum Anlegen einer Datenbank ist CREATE SCHEMA.

> **SQL3**
> CREATE SCHEMA *datenbankname*
>   [DEFAULT CHARACTER SET *zeichensatz*]
> ;
>
> **MySQL/MariaDB**
> CREATE {DATABASE | SCHEMA} [IF NOT EXISTS] *datenbankname*
>   [[DEFAULT] CHARACTER SET *zeichensatz*]
>   [COLLATE *sortierung*]
> ;

Wie liest man eigentlich so eine Spezifikation? Die geschweiften Klammern ({}) stehen für eine *Liste von Alternativen*. Innerhalb der Klammern werden die Alternativen durch einen senkrechten Strich (|) voneinander getrennt. Eine der davon muss verwendet werden.

In MySQL und MariaDB sind DATABASE und SCHEMA nur zwei Wörter für das Gleiche (siehe Tabelle 2.1 auf Seite 16). In SQL3 gibt es den Begriff *Datenbank* nicht, sondern nur das *Schema*.

> **Hinweis:** In anderen DBMSen wie PostgreSQL, Oracle und DB2 besteht zwischen diesen beiden Begriffen ein Unterschied. Ein Schema ist dort eine sinnvolle Gruppe von Tabellen, Ansichten etc. innerhalb einer Datenbank; somit kann diese viele Schemata enthalten. Mit ihrer Hilfe können große oder komplexe Datenbanken in inhaltliche Gruppen unterteilt werden.

Die eckigen Klammern ([]) umschließen eine Option, d.h. eine Angabe, die man machen kann, aber nicht zwingend machen muss. Der Text der Option ist IF NOT EXISTS und schränkt offensichtlich die Ausführung des Befehls auf den Fall ein, dass die Datenbank noch nicht vorhanden ist.

Anschließend folgt der Name der Datenbank, die in unserem Beispiel oshop heißen soll. Zum Zeichensatz und zur Sortierung kommen wir später.

```
1  mysql> CREATE SCHEMA IF NOT EXISTS oshop;
2  Query OK, 1 row affected (0.12 sec)
```

Bitte beachten Sie, dass am Ende eines SQL-Befehls immer ein Semikolon steht![11] Ohne dieses geht der MySQL-Client davon aus, dass der Befehl noch nicht vollständig ist:

```
1  mysql> CREATE SCHEMA
2      -> IF NOT EXISTS
3      -> oshop;
4  Query OK, 1 row affected, 1 warning (0.00 sec)
```

Sie sehen, wie der Befehl auf mehrere Zeilen verteilt wurde. Sie sollten sich dies angewöhnen, da der SQL-Quelltext dadurch erheblich leichter zu lesen und zu verstehen ist. Das Gleiche gilt auch für die Einrückungen, die eine gewisse inhaltliche Gruppierung der Anweisung verdeutlichen.

Aber Achtung! In der letzten Zeile steht, dass es eine Warnung gegeben hat. Mit SHOW WARNINGS[12] kann man sich die Warnungen bezüglich des letzten Befehls anschauen:

```
1  mysql> SHOW WARNINGS;
2  +-------+------+----------------------------------------------+
3  | Level | Code | Message                                      |
4  +-------+------+----------------------------------------------+
5  | Note  | 1007 | Can't create database 'oshop'; database exists |
6  +-------+------+----------------------------------------------+
```

Die Warnung hier bezieht sich darauf, dass es diese Datenbank schon gibt und daher nicht angelegt wird.

5.2.3 Wie löscht man eine Datenbank?

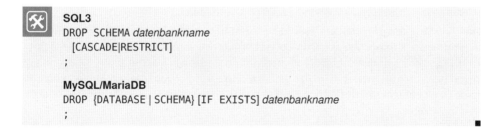

SQL3
DROP SCHEMA *datenbankname*
  [CASCADE|RESTRICT]
;

MySQL/MariaDB
DROP {DATABASE | SCHEMA} [IF EXISTS] *datenbankname*
;

---

[11] Dies ist nicht nötig, wenn Sie den SQL-Befehl aus einer Anwendung heraus auf den Server ausführen wollen. Die MySQL-APIs von PHP, PERL, C# etc. hängen das Semikolon immer an.
[12] Die ganzen SHOW-Befehle sind nicht Teil des SQL3-Standards. Sie werden deshalb hier syntaktisch nicht näher erläutert.

Wollen Sie eine Datenbank auf jeden Fall neu anlegen, unabhängig davon, ob eine Datenbank mit gleichem Namen schon vorhanden ist, müssen Sie die ggf. vorhandene erstmal löschen.

In der SQL3-Version löscht die Option `CASCADE` alle in der Datenbank / dem Schema angesiedelten Objekte wie Tabellen, Ansichten etc. Die Option `RESTRICT` verweigert das Löschen der Datenbank, solange noch andere Objekte der Datenbank vorhanden sind.

Elementare Englischkenntnisse sagen uns, dass in der MySQL-Version die Option `IF EXISTS` die Datenbank nur dann *dropt*, wenn sie vorhanden ist. Da in MySQL und MariaDB keine Angabe wie `CASCADE` oder `RESTRICT` gemacht werden kann, stellt sich die Frage, wie diese sich verhalten. MySQL und MariaDB sind hier sehr brutal. Wenn der Anwender die Datenbank löschen will, soll er doch. Sie verhalten sich also wie ein `CASCADE`.

Schauen wir uns das mal an:

```
1  mysql> DROP SCHEMA IF EXISTS oshop;
2  Query OK, 0 rows affected (0.29 sec)
3
4  mysql> DROP SCHEMA oshop;
5  ERROR 1008 (HY000): Can't drop database 'oshop'; database doesn't exist
```

In Zeile 4 wird noch mal versucht die Datenbank zu löschen. Da wir diese aber schon in Zeile 1 gelöscht hatten, wird eine Fehlermeldung erzeugt.

5.2.4 Wie wird ein Zeichensatz zugewiesen?

Die Befehlsreferenz auf Seite 64 gibt noch weitere Optionen an. Eine ist hier jetzt relevant: `CHARACTER SET`.

Was ist ein Zeichensatz? Auf dem Computer werden Buchstaben, Ziffern, Satz- und Sonderzeichen durch Zahlen kodiert. So ist beispielsweise der Buchstabe A im ASCII[13] die Zahl 0x41 und a die Zahl 0x61. Da für die Kodierung des ASCII nur ein Byte (= 8 Bit) zur Verfügung steht, können nur $2^8 = 256$ verschiedene Zahlen zur Kodierung verwendet werden.

Die ersten 128 sind im Wesentlichen die Steuerzeichen (wie z.B. der Zeilenumbruch), das Leerzeichen, die lateinischen Buchstaben, die Ziffern 0 – 9, Satz- und einfache Sonderzeichen. Die restlichen 128 wurden mehr oder weniger willkürlich dazu verwendet, Umlaute oder andere sprachspezifische Sonderzeichen abzubilden.

Und hier fing das Unglück an. Fast jeder Computer- oder Betriebssystemhersteller hat da sein eigenes Süppchen gekocht. So ist beispielsweise das Zeichen Ü im Zeichensatz ISO/IEC 8859-1 mit der Zahl 0xDC kodiert und in Codepage 850 mit 0x9A. Wird nun ein Text unter Windows erfasst, wird das Ü als 0xDC in die Datei geschrieben. Öffnet man nun diese Datei mit einem COMMAND-Editor wie EDIT, so erscheint aber ein anderes Zeichen und umgekehrt.

Dieses Problem und die Beschränkung auf 256 Zeichen, was die Darstellung z.B. ostasiatischer Schriften unmöglich macht, haben dazu geführt, dass man eine neue, leicht erweiterbare Kodierung von Schriftzeichen baute. Unicode ward geboren! Unicode selbst liegt in verschiedenen Formatierungen vor. Derzeit gerne verwendet werden *utf8*, *utf16* und *utf32*.

---

[13] Siehe [Ass76]

Welche Zeichensätze von Ihrem Server unterstützt werden, können Sie leicht mit SHOW CHARACTER SET herausfinden. Bei mir waren es 40! Möchten Sie die Ausgabe auf bestimmte Zeichensätze einschränken, geht das natürlich auch:

```
mysql> SHOW CHARACTER SET LIKE 'latin%';
+---------+-----------------------------+---------------------+--------+
| Charset | Description                 | Default collation   | Maxlen |
+---------+-----------------------------+---------------------+--------+
| latin1  | cp1252 West European        | latin1_swedish_ci   |      1 |
| latin2  | ISO 8859-2 Central European | latin2_general_ci   |      1 |
| latin5  | ISO 8859-9 Turkish          | latin5_turkish_ci   |      1 |
| latin7  | ISO 8859-13 Baltic          | latin7_general_ci   |      1 |
+---------+-----------------------------+---------------------+--------+
4 rows in set (0.00 sec)

mysql> SHOW CHARACTER SET LIKE 'utf%';
+---------+------------------+---------------------+--------+
| Charset | Description      | Default collation   | Maxlen |
+---------+------------------+---------------------+--------+
| utf8    | UTF-8 Unicode    | utf8_general_ci     |      3 |
| utf8mb4 | UTF-8 Unicode    | utf8mb4_general_ci  |      4 |
| utf16   | UTF-16 Unicode   | utf16_general_ci    |      4 |
| utf16le | UTF-16LE Unicode | utf16le_general_ci  |      4 |
| utf32   | UTF-32 Unicode   | utf32_general_ci    |      4 |
+---------+------------------+---------------------+--------+
5 rows in set (0.00 sec)
```

Für die meisten Anwendungen in Deutschland sind die Zeichensätze latin1, cp850 und utf8 ausreichend. Welchen Zeichensatz Sie tatsächlich brauchen, ist genau zu untersuchen und hängt in der Regel von der Datenquelle ab[14].

Stammen Ihre Daten aus einer älteren Quelle und sind ggf. über ein COMMAND-Terminal eingegeben worden, ist cp850 vermutlich richtig[15]. Neue Anwendungen sollten von Anfang an utf8 verwenden. Diese Kodierung ist recht stabil bezüglich der Sonderzeichen und Umlaute und macht auch die Verwaltung von anderssprachlichen Zeichen einfach möglich. Ein weiterer Vorteil ist der im Verhältnis zu utf16 und utf32 geringere Speicherverbrauch.

Microsoft verwendet in seiner .NET-Umgebung utf16. Falls Sie also eine Anwendung bauen, die mit ADO/.NET arbeiten soll, ist die Verwendung von utf16 für die Datenbank trotz ihrer Speicherplatzverschwendung sinnvoll.

So sieht unser Anlegen einer Datenbank bisher aus:

```
DROP SCHEMA IF EXISTS oshop;
CREATE SCHEMA oshop
  DEFAULT CHARACTER SET utf8;
```

---

[14] Eine Liste der Zeichensätze, die für die deutsche Sprache relevant sein könnten, finden Sie in Abschnitt 27.1 auf Seite 423.

[15] Denken Sie lieber darüber nach, die Daten mit einem Tool wie iconv in ein modernes Format zu konvertieren.

5.2.5 Wie wird eine Sortierung zugewiesen?

Für jede Sprache gibt selbst bei gleichen Zeichensätzen oft mehrere Arten, die Texte wie z.B. für eine Namensliste zu sortieren. In MySQL und MariaDB wird die Sortierreihenfolge über die Option COLLATE im CREATE SCHEMA festgelegt.

Die verfügbaren Sortierungen lassen sich leicht mit SHOW COLLATION anzeigen. Bei meiner Installation sind es 219, was bei 40 Zeichensätzen schon deutlich macht, dass es mehrere Sortierreihenfolgen für einen Zeichensatz geben kann. Eine Liste der für die Sprache Deutsch relevanten Sortierungen finden Sie in Abschnitt 27.2 auf Seite 424.

Betrachten wir die Sortierreihenfolgen für den Zeichensatz cp850:

```
 1  mysql> SHOW COLLATION LIKE 'cp850%';
 2  +------------------+---------+----+---------+----------+---------+
 3  | Collation        | Charset | Id | Default | Compiled | Sortlen |
 4  +------------------+---------+----+---------+----------+---------+
 5  | cp850_general_ci | cp850   |  4 | Yes     | Yes      |       1 |
 6  | cp850_bin        | cp850   | 80 |         | Yes      |       1 |
 7  +------------------+---------+----+---------+----------+---------+
 8  2 rows in set (0.00 sec)
```

Bei cp850_general_ci wird nicht und bei cp850_bin wird zwischen Groß- und Kleinschreibung unterschieden. Für den latin1 sieht es noch interessanter aus:

```
 1  mysql> SHOW COLLATION LIKE 'latin1%';
 2  +------------------+---------+----+---------+----------+---------+
 3  | Collation        | Charset | Id | Default | Compiled | Sortlen |
 4  +------------------+---------+----+---------+----------+---------+
 5  | latin1_german1_ci | latin1 |  5 |         | Yes      |       1 |
 6  | latin1_swedish_ci | latin1 |  8 | Yes     | Yes      |       1 |
 7  | latin1_danish_ci  | latin1 | 15 |         | Yes      |       1 |
 8  | latin1_german2_ci | latin1 | 31 |         | Yes      |       2 |
 9  | latin1_bin        | latin1 | 47 |         | Yes      |       1 |
10  | latin1_general_ci | latin1 | 48 |         | Yes      |       1 |
11  | latin1_general_cs | latin1 | 49 |         | Yes      |       1 |
12  | latin1_spanish_ci | latin1 | 94 |         | Yes      |       1 |
13  +------------------+---------+----+---------+----------+---------+
14  8 rows in set (0.00 sec)
```

Es fällt auf, dass es zwei Sortierungen für Deutsch gibt: latin1_german1_ci und latin1_german2_ci. Dies hängt damit zusammen, dass in Wörterbüchern wie dem Duden die Umlaute anders sortiert werden als im Telefonbuch (siehe Tabelle 5.1).

Tabelle 5.1 Sortierungen für latin1_german

Zeichen	Wörterbuch (DIN-1)	Telefonbuch (DIN-2)
Ä	A	AE
Ö	O	OE
Ü	U	UE
ß	s	SS

Für utf8 gibt es auch viele verschiedene Sortierungen. Für Deutsch die *Wörterbuchsortierung* nach DIN 5007-1 die *Telefonbuchsortierung* in utf8_unicode_ci und nach DIN 5007-2 in utf8_german2_ci.

```
mysql> SHOW COLLATION LIKE 'utf8%';
+--------------------------+---------+-----+---------+----------+---------+
| Collation                | Charset | Id  | Default | Compiled | Sortlen |
+--------------------------+---------+-----+---------+----------+---------+
| utf8_general_ci          | utf8    |  33 | Yes     | Yes      |       1 |
| utf8_bin                 | utf8    |  83 |         | Yes      |       1 |
| utf8_unicode_ci          | utf8    | 192 |         | Yes      |       8 |
[...]
| utf8_esperanto_ci        | utf8    | 209 |         | Yes      |       8 |
| utf8_hungarian_ci        | utf8    | 210 |         | Yes      |       8 |
| utf8_sinhala_ci          | utf8    | 211 |         | Yes      |       8 |
| utf8mb4_general_ci       | utf8mb4 |  45 | Yes     | Yes      |       1 |
| utf8mb4_bin              | utf8mb4 |  46 |         | Yes      |       1 |
| utf8mb4_unicode_ci       | utf8mb4 | 224 |         | Yes      |       8 |
[...]
| utf8mb4_croatian_ci      | utf8mb4 | 245 |         | Yes      |       8 |
| utf8mb4_unicode_520_ci   | utf8mb4 | 246 |         | Yes      |       8 |
| utf8mb4_vietnamese_ci    | utf8mb4 | 247 |         | Yes      |       8 |
+--------------------------+---------+-----+---------+----------+---------+
53 rows in set (0.00 sec)
```

Aufgabe 5.1: Wofür stehen die Anhänge _ci, _cs und _bin bei den Namen der Sortierungen? ∎

Das Anlegen der Datenbank kann jetzt vervollständigt werden:

```
DROP SCHEMA IF EXISTS oshop;
CREATE SCHEMA oshop
  CHARACTER SET utf8
  COLLATE utf8_unicode_ci;
```

Verbleibt nur noch nachzuschauen, ob die Datenbank wirklich angelegt wurde.

```
mysql> SHOW SCHEMAS;
+--------------------+
| Database           |
+--------------------+
| information_schema |
| mysql              |
| oshop              |
| test               |
+--------------------+
4 rows in set (0.09 sec)
```

Aufgabe 5.2: Finden Sie heraus, wo und wie in der Verzeichnisstruktur des SQL-Servers die Datenbank angelegt wird. Versuchen Sie dabei, die Frage zu beantworten, warum bei Dateisystemen, die zwischen Groß- und Kleinschreibung unterscheiden, Datenbanknamen mit anderer Groß- und Kleinschreibung ebenfalls unterschieden werden. ∎

5.3 Anlegen der Tabellen

Die Tabelle als universeller Datencontainer
- Grundkurs
  - Vermeiden von Tipparbeit mit USE
  - Datentypen für Tabellenspalten
  - Zusätze für Tabellenspalten
  - Anlegen einer Tabelle mit CREATE TABLE
  - Bedingtes Anlegen einer Tabelle mit IF EXISTS
  - Festlegen des Primärschlüssels mit PRIMARY KEY
  - Anzeigen aller Tabellen einer Datenbank mit SHOW TABLES
- Vertiefendes
  - Festlegen des Fremdschlüssels mit FOREIGN KEY
  - Festlegen der Constraints mit ON UPDATE und ON DELETE zur Wahrung der referentiellen Integrität
  - Entscheidung bzgl. ENUM
  - Performancebetrachtungen bzgl. DOUBLE und DECIMAL
  - Genauigkeitsbetrachtungen bzgl. DOUBLE und DECIMAL
  - Entscheidung bzgl. NOT NULL inkl. einer Performancebetrachtung
  - Die Drei-Schichten-Architektur und das SRP-Prinzip
  - Entscheidung bzgl. der zu verwendenden Engine (InnoDB und MyISAM)

Die Quelltexte dieses Kapitels stehen in den Dateien mysql/listing02.sql und pg/listing02.sql.

Die Datenbank soll die Struktur wie in den ER-Modellen oben (siehe Bild 3.1 auf Seite 42, Bild 3.2 auf Seite 43 und Bild 3.3 auf Seite 44) beschrieben haben.

5.3.1 Welche Datentypen gibt es?

Aus der Programmierung wissen Sie sicherlich, dass man Daten in Variablen oder Objekten ablegt. Diese Variablen oder Objekte müssen einen Datentyp haben[16]. Der Datentyp legt fest, welcher Wertebereich zur Verfügung steht und wie die Werte kodiert werden.

In SQL gibt es auch Datentypen. Den Spalten einer Tabelle wird beim Erstellen der Tabelle der Datentyp zugewiesen. In Abschnitt 25.1 auf Seite 369 sind auszugsweise die in MySQL möglichen Datentypen aufgelistet. Datentypen, die nicht SQL3-Standard sind, werden

---
[16] Selbst bei nicht typisierten Sprachen werden intern Datentypen vergeben.

durch ein Sternchen (*) gekennzeichnet. Datentypen, die in MySQL nicht, aber in SQL3 vorkommen, werden hier nicht angegeben[17].

Jeder Datenbankhersteller liefert einen eigenen Satz von Datentypen wie hier die proprietären[18] in MySQL. Viele davon sind exotisch wie mehrdimensionale Arrays, andere sehr sinnvoll wie binäre Felder.

Hinweis: Die Austauschbarkeit von Daten nimmt mit der Verwendung proprietärer Datentypen ab. Überlegen Sie sich gut, ob die Daten mit anderen Systemen ausgetauscht werden müssen oder ob ein Wechsel des DBMS z.B. nach MS-SQLSERVER wahrscheinlich ist.

5.3.2 Wie legt man eine Tabelle an?

SQL3
MySQL/MariaDB
CREATE TABLE *tabellenname*
(
    spaltenspezifikation
    [, *spaltenspezifikation*]*
    [, PRIMARY KEY(*spaltenliste*)]
) [*tabellenoptionen*]
;

Hinweis: Dies ist nur eine Variante des Befehls; wir werden noch andere kennenlernen.

Der erste Teil des Befehls ist selbsterklärend. Danach kommt der Tabellenname, den wir der Namenskonvention entsprechend klein schreiben. Was aber ist eine *spaltenspezifikation*? Eine *spaltenspezifikation* besteht aus drei Teilen:

1. **Spaltenname:** Der wird klein geschrieben und ergibt sich aus dem ER-Modell.
2. **Datentyp:** Dieser legt fest, was für eine Art von Information in der Spalte verwaltet und wie diese kodiert wird. Mögliche Datentypen finden Sie in Abschnitt 25.1 auf Seite 369.
3. **Zusätze:** Mit diesen kann man eine Spalte ausführlicher bestimmen. Eine Liste möglicher Zusätze finden Sie in Abschnitt 25.1.6 auf Seite 376.

Das aus der Notation für reguläre Ausdrücke entnommene Sternchen * hinter der optionalen zweiten Spaltenspezifikation bedeutet: eine beliebige Anzahl viele, also auch 0.

Versuchen wir nun, die Tabelle adresse (siehe Bild 3.1 auf Seite 42) zu erstellen:

```
1  mysql> CREATE TABLE adresse (
2      -> adresse_id      INT UNSIGNED AUTO_INCREMENT,
```

---
[17] Wenn Sie sich diese aber anschauen wollen: [LV05].
[18] lat.: proprietas = Eigentümlichkeit

```
 3    -> strasse       VARCHAR(255),
 4    -> hnr           VARCHAR(255),
 5    -> lkz           CHAR(2),
 6    -> plz           CHAR(9),
 7    -> ort           VARCHAR(255),
 8    -> deleted       TINYINT UNSIGNED NOT NULL DEFAULT 0,
 9    -> PRIMARY KEY(adresse_id)
10    -> );
11 ERROR 1046 (3D000): No database selected
```

Was ist hier schief gelaufen? Die Fehlermeldung in Zeile 11 sagt mir, dass keine Datenbank ausgewählt wurde. Dabei habe ich doch gerade die Datenbank `oshop` angelegt. Das bedeutet aber nicht, dass sich automatisch alle nachfolgenden Befehle auf diese Datenbank beziehen; schließlich gibt es mehrere Datenbanken auf dem Server, wie wir oben gesehen haben. Es gibt nun zwei Möglichkeiten:

- Man schreibt vor dem Tabellennamen durch einen Punkt getrennt den Datenbanknamen: `CREATE TABLE oshop.adresse (...)`. Dies entspricht eher der oben erwähnten Gleichstellung von Schema und Datenbank, ist auf Dauer aber umständlich zu schreiben.
- Man verwendet `USE` *datenbankname*, um die verwendete Datenbank festzulegen.

Hinweis: USE ist wie SHOW kein SQL-Befehl, sondern ein Befehl des MySQL- oder MariaDB-Clients. In anderen Systemen gibt es Entsprechungen wie beispielsweise in PostgreSQL \c für `connect`.

```
1 mysql> USE oshop;
2 Database changed
```

In Zeile 2 erfolgt die Rückmeldung, dass nun die angegebene Datenbank verwendet wird. Führen Sie jetzt den `CREATE TABLE` noch mal aus.

Jetzt aber zur Tabelle selbst: Die Spalte `adresse_id` ist der Primärschlüssel. Dieser soll eine ganze Zahl sein. Da wir keine negativen Primärschlüsselwerte brauchen, verwenden wir hier den Zusatz `UNSIGNED`. Durch den Zusatz `AUTO_INCREMENT` nutzen wir einen Automatismus von MySQL/MariaDB. Jedes Mal, wenn ein neuer Datensatz hinzugefügt wird, wird ein interner Zähler um 1 erhöht und dieser Wert in das Feld `adresse_id` eingetragen. Bitte beachten Sie, dass es pro Tabelle nur einen `AUTO_INCREMENT` geben kann und dieser auch der Primärschlüssel sein muss.

Hinweis: `AUTO_INCREMENT` ist kein SQL-Standard, sondern ein MySQL-/MariaDB-Zusatz. SQL3 verwendet den Zusatz `GENERATED` *art* `AS IDENTITY` (siehe Abschnitt 25.1.6 auf Seite 376).

In den Zeilen 3ff. werden diverse `VARCHAR(255)`-Spalten deklariert. Grundsätzlich gilt, dass bei einem `VARCHAR` nur so viel Speicherplatz verbraucht wird[19], wie man Text in die Spalte einfügt. Somit kann man ohne Speicherplatzverschwendung eine ausreichend großzügige obere Grenze angeben. Verwundern tut einen das schon, besonders bei Feldern

---
[19] +2 Bytes zur Speicherung der Textlänge.

wie der Hausnummer (Zeile 4). Aber aus der Perspektive des Platzverbrauchs ist es völlig egal, ob bei der Hausnummer VARCHAR(255) oder VARCHAR(10) steht, wenn Sie maximal zehnstellige Daten erwarten. Was aber, wenn aus irgendeinem Grund elf Stellen gebraucht werden? Bei VARCHAR(10) wird abgeschnitten, bei VARCHAR(255) nicht[20].

Anders sieht das in den Zeilen 5ff. aus. Dort kann die Anzahl der benötigten Zeichen gut festgelegt werden. Das Länderkennzeichen ist per Definition immer zweistellig (DE, US etc.). Die Postleitzahl (*postal code*) ist mit 9 Zeichen groß genug, um auch ausländische Postleitzahlen aufnehmen zu können. Ich verwende hier einen zeichenbasierten Datentyp, da Postleitzahlen auch führende Nullen und Buchstaben enthalten können.

In Zeile 8 wird die Löschmarkierung deklariert. Da sie nur wenige Zustände hat (in der Regel 0 oder 1), kann der kleinste ganzzahlige Datentyp TINYINT hier verwendet werden. Auch hier werden keine negativen Werte benötigt. Durch den Zusatz NOT NULL erzwingen wir eine Angabe. Dies ist hier evident, da wir immer klar wissen müssen, ob ein Datensatz noch aktiv ist oder nicht. Falls keine Angaben gemacht werden, soll der Wert 0 (=aktiv) verwendet werden.

Schauen wir nach, ob die Tabelle auch wirklich angelegt wurde:

```
 1  mysql> SHOW TABLES;
 2  +-----------------+
 3  | Tables_in_oshop |
 4  +-----------------+
 5  | adresse         |
 6  +-----------------+
```

Als zweite Tabelle wird die Tabelle kunde angelegt:

```
 1  CREATE TABLE kunde (
 2    kunde_id              INT UNSIGNED AUTO_INCREMENT,
 3    nachname              VARCHAR(255),
 4    vorname               VARCHAR(255),
 5    rechnung_adresse_id   INT UNSIGNED,
 6    liefer_adresse_id     INT UNSIGNED,
 7    bezahlart             INT UNSIGNED NOT NULL DEFAULT 0,
 8    art                   INT UNSIGNED NOT NULL DEFAULT 0,
 9    deleted               TINYINT UNSIGNED NOT NULL DEFAULT 0,
10    PRIMARY KEY(kunde_id)
11  );
```

Hinweis: Bitte achten Sie darauf, dass die Datentypen der Fremdschlüssel rechnung_adresse_id und liefer_adresse_id gleich denen des dazugehörigen Primärschlüssels sein müssen, da hier die gleichen Werte vorkommen.

In der Zeile 7 wird die Art der Bezahlung durch einen INT kodiert. Die Bedeutung könnte beispielsweise so sein: 0 = unbekannt, 1 = Bankeinzug etc. Ähnliches gilt für die Kundenart: 0 = unbekannt, 1 = privat, 2 = geschäft etc.

Nun sind die anderen schnell gemacht:

---

[20] Ganz so egal ist es dann doch nicht. Für die Performance ist es wichtig, dass die durchschnittliche Zeilenlänge gut geschätzt werden kann. Sind in der Tabelle ausreichend Zeilen vorhanden, wird diese Schätzung anhand der tatsächlichen Zeilenlängen durchgeführt. Sind erst wenige Zeilen vorhanden, wird die Länge im VARCHAR in die Schätzung einbezogen. Weiterführendes finden Sie in [SZT[+]09].

```
 1  CREATE TABLE bank (
 2    bank_id              CHAR(12),
 3    bankname             VARCHAR(255),
 4    lkz                  CHAR(2),
 5    deleted              TINYINT UNSIGNED NOT NULL DEFAULT 0,
 6    PRIMARY KEY(bank_id)
 7  );
 8
 9  CREATE TABLE bankverbindung (
10    kunde_id             INT UNSIGNED,
11    bankverbindung_nr    INT UNSIGNED,
12    bank_id              CHAR(12),
13    kontonummer          CHAR(25),
14    iban                 CHAR(34),
15    deleted              TINYINT UNSIGNED NOT NULL DEFAULT 0,
16    PRIMARY KEY(kunde_id,bankverbindung_nr)
17  );
```

In der Zeile 2 wird ein Primärschlüssel deklariert, der keine AUTO_INCREMENT, ja noch nicht einmal ein INT ist. Die bank_id ist das, was man landläufig als Bankleitzahl bezeichnet. Der Inhalt dieses Feldes ist also vorgegeben. In bestimmten Ländern kann die Bankleitzahl auch Bindestriche, Leerzeichen oder sogar Buchstaben[21] enthalten. Somit muss ein Datentyp für Zeichen verwendet werden. Analoges gilt für kontonummer und iban.

Auch die bankverbindung_nr ist keine AUTO_INCREMENT, da die Nummerierung für jeden Kunden (jede Kundennummer) neu begonnen wird. Man nennt solche Konstruktionen *Nummernkreis*. In der Zeile 16 wird ein zusammengesetzter Primärschlüssel deklariert (siehe Definition 6 auf Seite 17).

Aufgabe 5.3: Bauen Sie die drei CREATE TABLE auf den SQL3-Standard um. Beachten Sie dabei auch die Datentypen.

Aufgabe 5.4: Kontrollieren Sie, ob alle Tabellen auch angelegt sind. Finden Sie heraus, wie man die Tabellenstruktur durch einen Befehl herausbekommt.

5.3.3 Wann eine Aufzählung (ENUM) und wann eine neue Tabelle?

Die Kundenart (art) wird über einen ganzzahligen Datentyp kodiert. Ein solcher Nummerncode ist aber sehr unschön, da man sich ständig die Zahlenbedeutung merken muss. Die erste Idee wäre, eine neue Tabelle kundenart zu erstellen. Diese bestünde aus zwei Spalten: dem Primärschlüssel als laufende Zahl und der Art als Zeichenkette. Die Spalte art in kunde wäre dann ein Fremdschlüssel auf die neue Tabelle. Nun könnte ich beliebig viele Kundenarten erfassen und zuweisen.

Dagegen spricht aber der Aufwand, für vielleicht 2 bis 5 Kundenarten eine ganze Tabelle zu pflegen und später für die Aufbereitung auch wieder zusammenführen zu müssen. Zum Glück gibt es den Datentyp ENUM. Mit diesem kann man eine Liste möglicher Werte für eine Spalte angeben[22].

---

[21] Z.B. das 'X' für die Prüfziffer 10
[22] In PostgreSQL wird dazu ein entsprechender Datentyp erzeugt (siehe /pg/listing02.sql).

5.3 Anlegen der Tabellen

```
1  CREATE TABLE kunde (
2    kunde_id        INT UNSIGNED AUTO_INCREMENT,
3    [...]
4    art             ENUM('unb', 'prv', 'gsch') NOT NULL DEFAULT 'unb',
5    [...]
6  );
```

In der Zeile 4 wird die *Aufzählung* mit einem ENUM deklariert. Die Werte werden als Zeichenketten in einer Liste angegeben. Wie bei anderen Datentypen kann man eine Vorbelegung mit DEFAULT festlegen.

Nun kann der Spalte art nur einer der drei Werte aus der Aufzählung zugewiesen werden. Da die Werte der Aufzählung Zeichenketten sind, kann die Wertzuweisung ohne Dekodierungsfehler erfolgen, wenn man die Werte der Aufzählung selbsterklärend gestaltet, also nicht so wie hier in Zeile 4.

Ein weiterer Vorteil ist, dass der Datentyp ENUM intern wieder als INT abgespeichert wird. MySQL und MariaDB merken sich in den Tabelleninformationen, welche Zahl für welchen Aufzählungswert steht. Deshalb braucht in den Zeilen nur der entsprechende Zahlenwert abgespeichert werden.

Eine Suche oder ein Vergleich auf Zahlen ist sehr viel schneller als eine auf Zeichenketten. Bitte machen Sie sich klar, dass der Vergleich zweier Zeichenketten im schlechtesten Fall (nämlich bei Gleichheit der Zeichenketten) verlangt, dass alle Zeichen einzeln verglichen werden. Schließlich könnte ja das letzte Zeichen doch noch unterschiedlich sein.

Bei zwei Zeichenketten der Länge n bedeutet das maximal n Vergleichsoperationen. Bei einem Datentyp ENUM wird der gesuchte Wert zuerst in eine Zahl kodiert. Misslingt dies, weiß ich sowieso, dass die beiden Werte ungleich sind. Habe ich nun die zum Suchwert passende Zahl, kann diese in den Zeilen verglichen werden. Ein Zahlenvergleich kann in der CPU in der Regel in einem Taktzyklus sehr schnell durchgeführt werden.

Ich habe die Kriterien in der Tabelle 5.2 als Entscheidungshilfe zusammengefasst.

Tabelle 5.2 Entscheidungshilfe Datentyp ENUM

Kriterium	ENUM	Tabelle
Anzahl der Werte	wenige	viele
Änderungshäufigkeit	fast nie	damit ist zu rechnen
Neue Werte hinzufügen	nicht oft	oft
Verwendete Werte löschen	nie	möglich
Werte als Sortierkriterium	selten	oft

Das Sortierkriterium spielt hier deshalb eine Rolle, weil Spalten mit den Datentyp ENUM nicht nach dem Aufzählungstext, sondern nach dem Zahlenwert sortiert werden. Am besten gibt man in der Aufzählungsliste die Aufzählungstexte gleich in der sortierten Reihenfolge an; dann stimmen Sortierung der Aufzählungstexte und der Zahlenwerte überein. Da die Sortierung nach Zahlen erheblich schneller ist als nach Texten, gewinnt man dadurch Performance.

Hinweis: Das Ändern, Hinzufügen oder Löschen von Elementen einer Aufzählung geschieht über ALTER TABLE ... MODIFY (siehe Kapitel 8.3 ab Seite 126).

5.3.4 Wann ein DECIMAL, wann ein DOUBLE?

Sowohl DOUBLE [PRECISION] als auch DECIMAL sind dazu da, Zahlen mit Nachkommastellen zu verarbeiten (siehe Tabelle 25.2 auf Seite 370).

Der Datentyp DOUBLE kann einen großen Zahlenraum relativ ungenau abdecken. Abgespeichert werden die Daten binär nach der IEEE795-Norm[23]. Die Verarbeitung dieser Zahlen erfolgt relativ schnell, da eigentlich alle in Frage kommenden Prozessoren die Verarbeitung von DOUBLE-Werten integriert haben.

Anders verhält es sich bei dem Datentyp DECIMAL. Dieser kann einen kleineren Zahlenraum relativ genau abdecken. Die Werte werden als Ziffernfolge – also wie ein CHAR() – abgespeichert. Dies erfordert, dass für die Verarbeitung die Ziffernfolge erst in eine Zahl umgewandelt werden muss. Die Verarbeitung selbst wird nicht durch die Prozessoren unterstützt und muss durch die SQL-Ausführungseinheit erfolgen. Diese softwarebasierte Berechnung ist naturgemäß langsamer als eine, die durch den Prozessor unterstützt wird.

Ich wollte mir diesen Effekt anhand einer einfachen Performancemessung anschaulich machen. Ich habe daher bei steigender Anzahl von Datensätzen einmal auf einem DOUBLE- und einmal auf einem DECIMAL-Feld eine Durchschnittsberechnung durchgeführt. Das Ergebnis können Sie in Bild 5.1 betrachten[24].

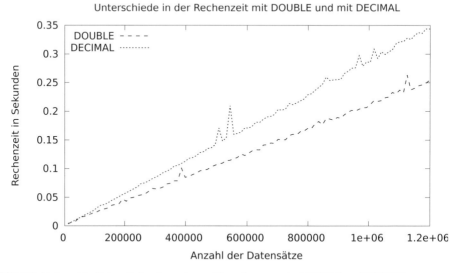

Bild 5.1 Unterschiedlicher Zeitverbrauch von Berechnungen bei DOUBLE und DECIMAL

---

[23] Die IEEE795 ist meines Wissens nach aber nicht vollständig umgesetzt. So gibt es beispielsweise kein NaN.
[24] Mehr zum Versuch: siehe Seite 405.

Man erkennt, dass die Berechnung mit einem DOUBLE ab einer gewissen Anzahl zu verarbeitender Zahlen deutlich schneller ist als mit einem DECIMAL. Warum sollte man dann überhaupt DECIMAL verwenden?

Der wichtigste Vorteil von DECIMAL ist die Vermeidung von Rundungsfehlern. Obwohl es ein blödes Beispiel ist: Die Summe von 1000 einzelnen 0.0001-Werten ergibt Folgendes[25]:

```
+-------------------+----------------------+
| Summe mit FLOAT   | Summe mit DECIMAL    |
+-------------------+----------------------+
| 1.00000004749745  |    1.000000000000000 |
+-------------------+----------------------+
```

Die Argumente für die DOUBLE/DECIMAL-Entscheidung sind in Tabelle 5.3 zusammengefasst worden.

Tabelle 5.3 Entscheidungshilfe DOUBLE oder DECIMAL

Kriterium	DOUBLE	DECIMAL
Breite des Wertebereichs	groß	klein
Schnelligkeit der Berechnung	wichtig	nicht so wichtig
Rundungsfehler	tolerierbar	nicht tolerierbar
kaufmännische Berechnungen	trifft nicht zu	trifft zu

5.3.5 Wann verwendet man NOT NULL?

Der Wert NULL steht nicht für die Zahl 0, sondern für *nichts*. Steht in einer Zeile irgendwo NULL, bedeutet dies, dass hier keine Angaben über den Inhalt vorliegen.

Wird eine Spalte mit dem Zusatz NOT NULL deklariert (siehe Abschnitt 25.1.6 auf Seite 376), ist es verboten, zu einer Spalte keine inhaltlichen Angaben zu machen. Versuche, einen Datensatz mit fehlenden Angaben einzufügen oder eine Angabe durch NULL zu ersetzen, führen zu einer Fehlermeldung (hier mit der Spalte nachname):

```
ERROR 1048 (23000): Column 'nachname' cannot be null
```

In der Praxis stellt sich oft die Frage, ob man sogenannte Pflichtfelder wie beispielsweise die *E-Mail-Adresse* auch in der Tabellenspezifikation mit NOT NULL versehen sollte.

Die Antwort ist nicht so einfach: Grundsätzlich sind Datenbanken immer Teil einer oder mehrerer Anwendungen. Diese Anwendungen sollten nicht monolithisch, sondern zumindest nach der Drei-Schichten-Architektur (siehe Bild 5.2 auf der nächsten Seite) entwickelt werden.

Jede Schicht sollte danach nur die Aufgaben bearbeiten, für die sie zuständig ist (*Single Responsibility Principle*). Da stellt sich nun die Frage, wer die Plausibilitätsprüfungen – und somit auch die Pflichtfeldprüfung – vornehmen muss. In trivialen Fällen sicherlich die Präsentationsschicht, ansonsten aber die Funktionsschicht. Aus der Perspektive der Datenhaltungsschicht ist die Eingabeplausibilisierung aber ein ALP[26].

---

[25] Zwar ist sowieso der DOUBLE dem FLOAT vorzuziehen, aber ich wollte den Rundungsfehlereffekt aufzeigen, und der tritt bei einem FLOAT schneller auf als bei einem DOUBLE.

[26] ALP = Anderer Leute Problem

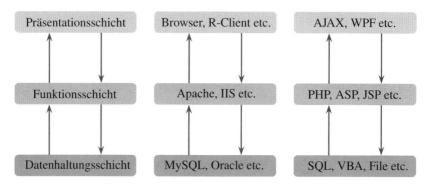

Bild 5.2 Drei-Schichten-Architektur

Haben die oberen Schichten einen Datensatz geprüft und keine Fehler gefunden, steht es meines Erachtens nach der Datenhaltungsschicht nicht zu, diesen Datensatz abzulehnen. Auch wird hier eine fachliche Anforderung an eine Eingabe zweimal überprüft, was im Wartungsfall nicht so schön ist.

Als Letztes sei angemerkt, dass eine Tabelle auch von mehreren Anwendungen verwendet werden kann, und nicht bei jeder muss eine bestimmte Spalte zwingend gefüllt sein.

Langer Rede kurzer Sinn: NOT NULL ist für Pflichtfelder keine gute Lösung.

Und jetzt kommt das große ABER. In [SZT+09] findet sich ein Hinweis darüber, dass NULL-Werte die Performance belasten. Das hat mir keine Ruhe gelassen, und ich habe mir dazu einen kleinen Versuch ausgedacht (Näheres siehe Seite 409). Das Ergebnis in Bild 5.3 ist für mich überraschend gewesen.

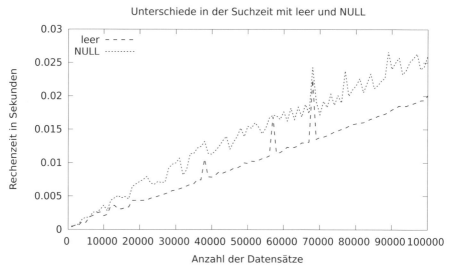

Bild 5.3 Performanceunterschied zwischen leer und NULL

Zwar lässt sich feststellen, dass die Suche nach bzw. der Vergleich mit leeren Inhalten wie dem Leer-String '' messbar schneller verläuft als die Suche nach bzw. der Vergleich mit NULL, aber *sooo* beeindruckend schneller auch wieder nicht[27].

Ich hatte auch einige Tests mit deutlich mehr Datensätzen durchgeführt, konnte hier aber auch keine Unterschiede im Sekunden- oder Minutenbereich feststellen.

Wenn der Abstand bei 100000 Datensätzen etwa 0.006 Sekunden beträgt, bedarf es schon 10 Milliarden Datensätze, um auf einen Unterschied von ca. 6 Sekunden zu kommen. Auch muss der Anteil der Leerinformationen sehr hoch sein, damit der Effekt überhaupt ins Gewicht fällt.

Aber vielleicht gibt es ja Anwendungsfälle oder Konstellationen, die die Autoren in [SZT+09] erfahren haben, wo dieser Unterschied deutlicher ausfällt. Nun gut, der Unterschied ist messbar.

Trotzdem, das Argument der Drei-Schichten-Architektur steht nun neben dem der Performance, und es muss eine Entscheidung gefällt werden. Hilfreich könnte dabei Tabelle 5.4 sein.

Tabelle 5.4 Entscheidungshilfe NULL oder NOT NULL

Kriterium	NULL	NOT NULL
Größe der Tabelle	klein	groß
Häufigkeit der Suche auf der Spalte	selten	oft
Häufigkeit der NULL-Werte	selten	oft

Eine Möglichkeit, den beiden Anforderungen gerecht zu werden, ergibt sich durch den Zusatz `DEFAULT` (siehe Abschnitt 25.1.6 auf Seite 376), der seit SQL3 auch Standard ist. Werden die Spalten mit `NOT NULL` deklariert und mit einem `DEFAULT` versehen, wird dieser `DEFAULT` verwendet, wenn versucht wird, einen NULL-Wert einzufügen.

Das Anlegen der Tabelle adresse hätte dann folgendes Aussehen:

```
 1  CREATE TABLE adresse (
 2    adresse_id          INT UNSIGNED AUTO_INCREMENT,
 3    strasse             VARCHAR(255) NOT NULL DEFAULT '',
 4    hnr                 VARCHAR(255) NOT NULL DEFAULT '',
 5    lkz                 CHAR(2) NOT NULL DEFAULT '',
 6    plz                 CHAR(9) NOT NULL DEFAULT '',
 7    ort                 VARCHAR(255) NOT NULL DEFAULT '',
 8    deleted             TINYINT UNSIGNED NOT NULL DEFAULT 0,
 9    PRIMARY KEY(adresse_id)
10  );
```

Jetzt können auch unvollständige Adressdaten aus der Funktionsschicht angenommen werden, und trotzdem werden keine NULL-Werte erzeugt.

---

[27] Falls jemand einen signifikanten Fehler im Versuchsaufbau findet, lasse er es mich wissen. Für einen Versuchsaufbau, der den Effekt unter realistischen Bedingungen deutlicher ausfallen lässt, wäre ich sehr dankbar ;-).

5.3.6 Wie legt man einen Fremdschlüssel fest?

Zunächst sei erwähnt, dass man Fremdschlüssel nicht explizit durch einen SQL-Befehl markieren *muss*. Ein Fremdschlüssel wird zum Fremdschlüssel, wenn man dort Primärschlüsselwerte zwecks Referenz einträgt. Punkt.

Trotzdem hat man den Bedarf, den Fremdschlüssel besonders zu kennzeichnen. Dies erlaubt es beispielsweise Analysetools oder Optimieralgorithmen innerhalb des Servers, den Fremdschlüssel zu erkennen und zu berücksichtigen.

Am besten, wir schauen uns das am Beispiel der Tabelle `kunde` an. Zunächst in MySQL:

```
 1  CREATE TABLE kunde (
 2    kunde_id               INT UNSIGNED AUTO_INCREMENT,
 3    nachname               VARCHAR(255) NOT NULL DEFAULT '',
 4    vorname                VARCHAR(255) NOT NULL DEFAULT '',
 5    rechnung_adresse_id    INT UNSIGNED,
 6    liefer_adresse_id      INT UNSIGNED,
 7    bezahlart              INT UNSIGNED NOT NULL DEFAULT 0,
 8    art                    ENUM('unb', 'prv', 'gsch') NOT NULL DEFAULT 'unb',
 9    deleted                TINYINT UNSIGNED NOT NULL DEFAULT 0,
10    PRIMARY KEY(kunde_id),
11    FOREIGN KEY (rechnung_adresse_id) REFERENCES adresse(adresse_id),
12    FOREIGN KEY (liefer_adresse_id)   REFERENCES adresse(adresse_id)
13  );
```

In Zeile 11 wird mit dem Schlüsselwort `FOREIGN KEY` der Fremdschlüssel benannt. In Klammern steht der Spaltenname des Fremdschlüssels. Nach dem Schlüsselwort `REFERENCES` wird die Tabelle angegeben, auf die der Fremdschlüssel zeigt; in den runden Klammern steht der Name des Primärschlüssels, der die Werte für den Fremdschlüssel liefert. Bei diesem Beispiel werden sie als Constraints[28] der Tabellen deklariert.

Obwohl die Zeilen 11ff in SQL3 genauso funktionieren würden, hier die gleiche Tabelle nun in SQL3, aber durch Zusätze bei der Spaltendeklaration.

```
1  CREATE TABLE kunde (
2    kunde_id              INT GENERATED BY DEFAULT AS IDENTITY,
3    [...]
4    rechnung_adresse_id   INT REFERENCES adresse(adresse_id),
5    liefer_adresse_id     INT REFERENCES adresse(adresse_id),
6    [...]
7    deleted               INT CHECK(deleted IN (0, 1)),
8    PRIMARY KEY(kunde_id)
9  );
```

Bei den Deklarationen der Spalten `rechnung_adresse_id` und `liefer_adresse_id` wird durch den Zusatz `REFERENCES` (Zeile 4ff) der Fremdschlüssel festgelegt. In Zeile 2 wird der Primärschlüssel deklariert. Sie sehen hier ein Beispiel für die Verwendung von `GENERATED`. In Zeile 7 wird die Domäne (siehe Definition 3 auf Seite 15) von `deleted` auf die Menge (0, 1) eingeschränkt.

In MySQL/MariaDB wird es jetzt komplizierter. Wir müssen uns nun mit einer ihrer Besonderheiten beschäftigen: den *Engines*. Der MySQL- oder MariaDB-Server ist *eigentlich* nur so etwas wie eine Arbeitsumgebung. Er stellt Funktionen zum Verbindungsaufbau oder der Administration zur Verfügung. Er überprüft empfangene SQL-Befehle auf ihre Richtigkeit

---
[28] engl.: Randbedingung

und baut die Befehle in ein standardisiertes Format um. Das Ergebnis eines Befehls wird auch vom Server verwaltet an den Client gesendet. Aber das Dazwischen, das Ausführen der Befehle, das machen die Engines[29].

Die Idee hinter dieser Architektur ist, dass jeder einen solchen SQL-Verarbeiter programmieren kann, der auf seine Bedürfnisse angepasst ist. Diesen SQL-Verarbeiter kann man dann in den MySQL- oder MariaDB-Server als Engine integrieren.

In Tabelle 5.5 auf der nächsten Seite finden Sie einen Auszug der Engines, die Teil der aktuellen MySQL- oder MariaDB-Distribution sind. Für eine genauere Beschreibung der Engines empfehle ich dringend, die entsprechenden Handbuchkapitel zu lesen. Weitere gute Übersichten sind für MySQL [CDG+16] und für MariaDB [HWP+16b].

Darüber hinaus gibt es viele Engines von kommerziellen Anbietern oder für spezielle Anforderungen. So ist beispielsweise mit der Engine *Brighthouse* das Verwalten von Datawarehouse-Objekten[30] besonders gut möglich.

Da wir beim `CREATE TABLE` in MySQL oder MariaDB keine Engine angegeben haben, wird die InnoDB verwendet. Lassen wir uns das durch MySQL bzw. MariaDB mithilfe von `SHOW CREATE TABLE` bestätigen (siehe Zeile 18):

```
 1  mysql> SHOW CREATE TABLE kunde\G
 2  *************************** 1. row ***************************
 3         Table: kunde
 4  Create Table: CREATE TABLE 'kunde' (
 5    'kunde_id' int(10) unsigned NOT NULL AUTO_INCREMENT,
 6    'nachname' varchar(255) COLLATE utf8_unicode_ci NOT NULL DEFAULT '',
 7    'vorname' varchar(255) COLLATE utf8_unicode_ci NOT NULL DEFAULT '',
 8    'rechnung_adresse_id' int(10) unsigned DEFAULT NULL,
 9    'liefer_adresse_id' int(10) unsigned DEFAULT NULL,
10    'bezahlart' int(10) unsigned NOT NULL DEFAULT '0',
11    'art' enum('unb','prv','gsch') COLLATE utf8_unicode_ci NOT NULL DEFAULT 'unb'
        ,
12    'deleted' tinyint(3) unsigned NOT NULL DEFAULT '0',
13    PRIMARY KEY ('kunde_id'),
14    KEY 'rechnung_adresse_id' ('rechnung_adresse_id'),
15    KEY 'liefer_adresse_id' ('liefer_adresse_id'),
16    CONSTRAINT 'kunde_ibfk_1' FOREIGN KEY ('rechnung_adresse_id') REFERENCES '
         adresse' ('adresse_id') ON UPDATE CASCADE,
17    CONSTRAINT 'kunde_ibfk_2' FOREIGN KEY ('liefer_adresse_id') REFERENCES '
         adresse' ('adresse_id') ON DELETE SET NULL ON UPDATE CASCADE
18  ) ENGINE=InnoDB DEFAULT CHARSET=utf8 COLLATE=utf8_unicode_ci
```

Warum war dieser Vortrag über Engines nötig? Weil die Unterstützung von Fremdschlüsseln sehr stark von der Engine abhängt. Bei MyISAM beispielsweise läuft es letztlich darauf hinaus, dass der Zusatz `FOREIGN KEY` zur Kenntnis genommen wird, aber keine praktische Konsequenz daraus folgt. Ganz anders bei der InnoDB.

Sie können die Engine auch beim Anlegen der Tabellen explizit angeben (siehe Zeile 5):

```
1  CREATE TABLE adresse (
2   adresse_id            INT UNSIGNED AUTO_INCREMENT,
3   [...]
4   PRIMARY KEY(adresse_id)
5  ) ENGINE=InnoDB;
```

---

[29] Die Abgrenzung ist nicht ganz so einfach, aber das soll uns hier und jetzt nicht stören.
[30] Siehe [Wik16e]

Tabelle 5.5 Storages Engines (Auszug, *MariaDB in kursiv*, **default in fett**)

Name	Einsatzgebiet
ARCHIVE	Wie der Name schon sagt, dient diese Engine dazu, Daten effizient zur Aufbewahrung abzuspeichern. Auswertungen und Datenänderungen werden nur sehr teuer unterstützt. Besonders bei großen Datenmengen ist diese Engine sehr vorteilhaft.
Aria	Diese Engine ist eine Weiterentwicklung von MyISAM unter MariaDB.
BDB	Ähnlich wie die InnoDB eine transaktionsorientierte Engine. Sie wird allerdings nicht so häufig eingesetzt wie die InnoDB.
Cassandra	Eine NoSQL Engine.
BLACKHOLE	Diese Engine ist ein *WRITE ONLY*-Baustein. Sie können zwar Daten in die Engine reinschreiben, aber nicht mehr auslesen :-(. Tatsächlich verwendet man diese Engine nur zu (Performance)Testzwecken.
CSV	Die Daten werden als CSV-Datei verwaltet. Man kann also direkt auf CSV-Dateien SELECTs etc. ausführen. Man erspart sich damit lästiges Importieren oder Exportieren von CSV-Dateien. Der Nachteil ist eine geringe Performance und das Fehlen wichtiger Features.
CONNECT	Zugriff auf Textdateien und Tabellen anderer RDBMS.
EXAMPLE	Keine eigentliche Engine, sondern eine Einstiegshilfe für Programmierer neuer Engines.
FEDERATED	Mithilfe dieser Engine greifen Sie auf Tabellen anderer MySQL-Server zu.
FederatedX	MariaDB-spezifische Erweiterung von FEDERATED.
InnoDB	Das Arbeitspferd für die meisten nicht trivialen Anwendungen. Sie liefert fast alles, was man für die übliche Verarbeitung braucht. Wird bei MySQL im CREATE TABLE keine andere Engine angegeben, wird diese verwendet.
MEMORY	Die Daten werden im Arbeitsspeicher abgelegt. Dies macht die Verarbeitung der Daten sehr schnell, was besonders für temporäre Tabellen von Vorteil sein kann. **Wichtig**: Da die Daten nur im Arbeitsspeicher vorliegen, stehen sie beispielsweise nach einem Serverneustart nicht mehr zur Verfügung!
MERGE	Falls Sie Ihre Daten aus irgendeinem Grund nicht in einer Tabelle, sondern strukturgleich auf mehrere Tabellen verteilt haben, können Sie mit einer MERGE-Tabelle so tun, als hätten Sie es nur mit einer Tabelle zu tun.
MyISAM	Zwar ist diese Engine nicht transaktionsfähig und auch andere Features fehlen, aber sie eignet sich sehr gut für die Auswertung großer, nicht zu verschachtelter Datenmengen.
OQGRAPH	Mit dieser Engine können baumartige Strukturen und komplexe Graphen abgebildet werden.
XtraDB	Eine MariaDB-spezifische Erweiterung/Verbesserung der InnoDB. Wird bei MariaDB im CREATE TABLE keine andere Engine angegeben, wird diese verwendet. **Wichtig**: Geben Sie bei MariaDB als Engine InnoDB an. Es wird automatisch eine XtraDB angelegt, obwohl immer InnoDB angezeigt wird.

In der Ausgabe des `SHOW CREATE TABLE` oben steht vor dem `FOREIGN KEY` in Zeile 16 auf einmal das Schlüsselwort `CONSTRAINT`. Hier wird eine Randbedingung festgelegt, die von der InnoDB-Engine überwacht wird.

Die Überwachung bemerkt, ob sich der Wert oder das Vorhandensein des Primärschlüsselwerts, auf welchen der Fremdschlüssel verweist, verändert. Der Primärschlüsselwert kann durch DELETE[31] verschwinden oder durch ein UPDATE[32] verändert werden. Aber wie soll darauf reagiert werden? Ziel ist der Erhalt der referentiellen Integrität (siehe Definition 20 auf Seite 33).

Man kann einstellen, wie die Überwachung auf eine Verletzung der referentiellen Integrität reagieren soll (siehe Tabelle 5.6). Wird keine Angabe gemacht, gilt der Modus RESTRICT.

Tabelle 5.6 CONSTRAINT-Modi (* = MySQL-proprietär)

Modus	Bedeutung
RESTRICT*	Es werden alle Lösch- und Änderungsoperationen auf den Primärschlüsselwert zurückgewiesen, wenn es einen dazugehörenden Fremdschlüsselwert gibt. Bei der InnoDB ist dies funktionsgleich mit NO ACTION.
CASCADE	Bei einer Löschoperation werden alle Zeilen in der Fremdschlüsseltabelle gelöscht, die auf den gelöschten Primärschlüsselwert verweisen. Bei einer Änderung des Primärschlüsselwerts werden die Fremdschlüsselwerte ebenfalls geändert.
SET NULL	Der Fremdschlüsselwert wird auf NULL gesetzt. Dies setzt natürlich voraus, dass der Fremdschlüssel nicht mit NOT NULL deklariert ist.
NO ACTION	Es werden alle Lösch- und Änderungsoperationen auf den Primärschlüsselwert zurückgewiesen, wenn es einen dazugehörenden Fremdschlüsselwert gibt. Bei der InnoDB ist dies funktionsgleich mit RESTRICT.

Hinweis: Das kaskadierende Löschen (CASCADE) ist mit großer Vorsicht anzuwenden und in vielen Unternehmen in den Programmierrichtlinien verboten. Bitte machen Sie sich klar, was da alles passieren kann.

Beispiel: Betrachten wir das Löschen eines Kunden (siehe Bild 5.4 auf der nächsten Seite). Sie löschen einen Kunden. Dann werden alle Bestellungen, die sich auf den Kunden beziehen, gelöscht. Es werden alle Buchungen im Rechnungswesen zu dem Kunden gelöscht. Es wäre so, als hätte es diesen Kunden niemals gegeben! Das widerspricht natürlich nicht nur den gesetzlichen Aufbewahrungspflichten eines Unternehmers, sondern kann auch nicht im Sinne des Anwenders sein. Ausweg ist die schon angesprochene Spalte deleted (siehe Seite 33).

---

[31] Siehe Kapitel 9.3 auf Seite 143
[32] Siehe Kapitel 9.2 auf Seite 139

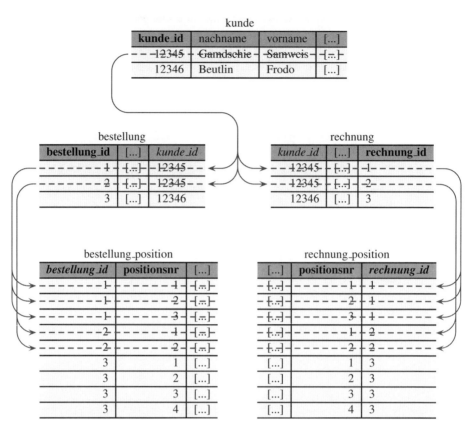

Bild 5.4 Löschweitergabe am Beispiel kunde

 Hinweis: Das kaskadierende Ändern (CASCADE) ist mit großer Vorsicht anzuwenden und in vielen Unternehmen in den Programmierrichtlinien verboten.

Beispiel: Die Kundennummer ändert sich. Eine Änderungsweitergabe würde nun bedeuten, dass in allen Rechnungstabellen, Bestelltabellen, Buchungstabellen, Kontakttabellen usw. die Kundennummer angepasst wird. Nun ruft der Kunde an und meldet sich mit seiner ihm aus dem Rechnungsausdruck bekannten Kundennummer. Folge: Er wird im System nicht gefunden. Ausweg: Verwenden Sie nach Möglichkeit laufende Nummern als Primärschlüssel. Da diese keine Informationen enthalten, besteht eine verschwindend geringe Wahrscheinlichkeit, dass sich diese ändern muss.

Auf Seite 71 haben wir eine erste Version der CREATE TABLEs kennengelernt. Diese muss nun erweitert werden:

SQL3
MySQL/MariaDB
CREATE TABLE *tabellenname*
(
  spaltenspezifikation
  [, *spaltenspezifikation*]*
  [, PRIMARY KEY(*spaltenliste*)]
  [, FOREIGN KEY(*spaltenliste*)
    REFERENCES *zieltabelle* (*primärschlüssel*)
      [ON UPDATE *constraintmodus*]
      [ON DELETE *constraintmodus*]]*
) [*tabellenoptionen*]
;

Genug der Theorie: Die Tabelle kunde sieht in MySQL nun so aus:

```
 1  CREATE TABLE kunde (
 2    kunde_id             INT UNSIGNED AUTO_INCREMENT,
 3    nachname             VARCHAR(255) NOT NULL DEFAULT '',
 4    vorname              VARCHAR(255) NOT NULL DEFAULT '',
 5    rechnung_adresse_id  INT UNSIGNED NOT NULL,
 6    liefer_adresse_id    INT UNSIGNED,
 7    bezahlart            INT UNSIGNED NOT NULL DEFAULT 0,
 8    art                  ENUM('unb', 'prv', 'gsch') NOT NULL DEFAULT 'unb',
 9    deleted              TINYINT UNSIGNED NOT NULL DEFAULT 0,
10    PRIMARY KEY(kunde_id),
11    FOREIGN KEY (rechnung_adresse_id)
12      REFERENCES adresse(adresse_id)
13      ON UPDATE CASCADE
14      ON DELETE RESTRICT,
15    FOREIGN KEY (liefer_adresse_id)
16      REFERENCES adresse(adresse_id)
17      ON UPDATE CASCADE
18      ON DELETE SET NULL
19  ) ENGINE=InnoDB;
```

Die Rechnungsadresse kann eine Änderung des Primärschlüsselwerts problemlos akzeptieren, und deshalb wird hier der Modus CASCADE verwendet (Zeile 13). Analoges gilt für die Lieferadresse.

In der Zeile 14 wird die Rechnungsadresse auf RESTRICT gesetzt. Hintergrund ist, dass es immer eine gültige Rechnungsadresse geben muss, ein Löschen der Rechnungsadresse somit nicht akzeptiert wird.

Anders bei der Lieferadresse (Zeile 18). Wenn die Lieferadresse gelöscht wird, wird von der Programmlogik die Rechnungsadresse verwendet. In Folge kann der Fremdschlüsselwert auf NULL gesetzt werden. Beachten Sie bitte dazu die Zeile 6; es wird kein NOT NULL verwendet.

Aufgabe 5.5: Bauen Sie die anderen CREATE TABLE-Anweisungen so um, dass auch diese den Fremdschlüsselverweis und die Constraints enthalten.

Aufgabe 5.6: Erstellen Sie die CREATE TABLE für SQL3.

5.3.7 Wie kann man Tabellen aus anderen herleiten?

In einer anderen Anwendung möchte ich auch eine Tabelle `adresse` verwenden. Diese wird zwar andere Daten enthalten, soll aber genauso aufgebaut sein. Die Struktur meiner neuen Tabelle sollte sich daher aus der der Tabelle `adresse` herleiten.

Für diesen Zweck gibt es in MySQL und MariaDB eine Variante des CREATE TABLE-Befehls:

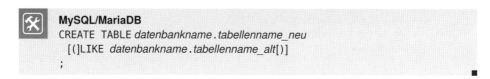

MySQL/MariaDB
CREATE TABLE *datenbankname.tabellenname_neu*
 [(]LIKE *datenbankname.tabellenname_alt*[)]
;

```
CREATE TABLE verwaltung.adresse LIKE oshop.adresse;
```

In der Datenbank der neuen Anwendung `verwaltung` wird eine Tabelle mit dem Namen `adresse` angelegt, die die gleichen Spalten, Datentypen und Constraints wie die Tabelle `adresse` in der Datenbank `oshop` hat.

Hinweis: Der neue Tabellenname muss nicht der gleiche wie der alte sein. Sie hätten der neuen Tabelle auch den Namen `wurstbrot` geben können. Bitte achten Sie dann darauf, dass der Name des Primärschlüssels nicht mehr passt (siehe Zeile 4 unten). Entweder Sie benennen den Primärschlüssel um oder Sie nehmen das in Kauf.

```
1  mysql> SHOW CREATE TABLE wurstbrot\G
2  *************************** 1. row ***************************
3         Table: wurstbrot
4  Create Table: CREATE TABLE 'wurstbrot' (
5    'adresse_id' int(10) unsigned NOT NULL AUTO_INCREMENT,
6    'nachname' varchar(255) COLLATE utf8_unicode_ci NOT NULL DEFAULT '',
7    [...]
8    PRIMARY KEY ('adresse_id')
9  ) ENGINE=InnoDB DEFAULT CHARSET=utf8 COLLATE=utf8_unicode_ci
```

Weitergehend und letztlich mächtiger ist das Konzept der Vererbung von Tabellen. In SQL3 kann man angeben, dass eine Tabelle die Spezifikation einer anderen Tabelle beinhaltet. SQL3 verwendet dazu das Schlüsselwort UNDER:

SQL3
CREATE TABLE *tabellenname*
 (
   tabellenspezifikation
) UNDER (*elterntabelle*[, *elterntabelle*]*)
;

Die Tabellenstruktur ist in SQL3 somit keine Kopie der *elterntabelle*, sondern eine Spezialisierung. Die Elterntabelle wird dabei um die eigenen Spalten und Constraints erweitert, also spezialisiert.

In PostgreSQL steht dafür ein anderes Schlüsselwort zur Verfügung: `INHERITS`. Die Verwendung entspricht dem von `UNDER`:

> **PostgreSQL**
> ```
> CREATE TABLE tabellenname
> (
>     tabellenspezifikation
> ) INHERITS (elterntabelle[, elterntabelle]*)
> ;
> ```

Die bei der Vererbung entstehenden Probleme wie Namensgleichheit in der Eltern- und Kindtabelle werden in den SQL3-Implementationen unterschiedlich gelöst. Bitte schauen Sie in das Handbuch.

5.3.8 Ich brauche mal eben kurz 'ne Tabelle!

Unser Kundenstamm ist mittlerweile sehr groß geworden. Für eine Marketingaktion möchte ich viele Auswertungen über unsere Bochumer Kunden machen. Natürlich kann ich die Auswertungen auf der Tabelle kunde direkt durchführen. Da die Bochumer aber nur 10 % der Kundschaft ausmachen, würden die Auswertungen immer sehr viele Daten besuchen, die gar nicht benötigt werden.

Eine naheliegende Idee ist es, nur die benötigten Daten in eine Tabelle auszulagern und diese Tabelle nach den Auswertungen wieder zu löschen. Auch hier steht eine Variante des `CREATE TABLE` zur Verfügung.

> **MySQL/MariaDB**
> ```
> CREATE TEMPORARY TABLE tabellenname
>     tabellenspezifikation
> ;
> ```
>
> **SQL3**
> ```
> CREATE [GLOBAL|LOCAL] TEMPORARY TABLE tabellenname
>     tabellenspezifikation
> ;
> ```

Die dabei angelegte Tabelle ist an eine bestimmte Existenzbedingung geknüpft. In MySQL und MariaDB ist diese Existenzbedingung die Verbindung[33]. Wird die Verbindung geschlossen, wird automatisch die temporäre Tabelle entfernt. Sie ist auch nur in dieser Verbindung sichtbar, sodass mehrere Verbindungen temporäre Tabellen gleichen Namens anlegen können.

In SQL3 wird ebenfalls eine temporäre Tabelle angelegt, aber man kann die Sichtbarkeit der Tabelle genauer festlegen. Wird die Option `LOCAL` verwendet, ist das Verhalten so, wie

---

[33] Erinnern Sie sich noch an die Verbindungsnummer, die angezeigt wird, wenn man den MySQL-Client startet?

gerade bei MySQL/MariaDB beschrieben. Bei `GLOBAL` können auch andere Verbindungen (Sessions) die temporäre Tabelle verwenden.

Aufgabe 5.7: Was fällt hier auf?

```
mysql> CREATE TEMPORARY TABLE tmp_kunde LIKE kunde;
Query OK, 0 rows affected (0.04 sec)

mysql> SHOW TABLES;
+------------------------+
| Tables_in_oshop        |
+------------------------+
| adresse                |
| artikel                |
| artikel_nm_lieferant   |
| artikel_nm_warengruppe |
| bank                   |
| bankverbindung         |
| bestellung             |
| bestellung_position    |
| wurstbrot              |
| kunde                  |
| lieferant              |
| rechnung               |
| rechnung_position      |
| warengruppe            |
+------------------------+
```

6 Indizes anlegen

6.1 Index für Anfänger

Indizes vernünftig eingesetzt, beschleunigen viele der Datenbankzugriffe enorm.

- Grundkurs
  - Vorteil eines Index bei Suchen und Sortieren
  - Anzeigen von Indizes mit SHOW INDEX FROM
  - Erstellen eines Index mit CREATE INDEX

Die Quelltexte dieses Kapitels stehen in den Dateien mysql/listing03.sql und pg/listing03.sql.
Sie brauchen ebenso die Bankleitzahldatei aus [Bun16].

Zunächst möchte ich hier eine kleine Performancemessung[1] vorstellen, die den Effekt von Indizes verdeutlichen soll. Die Darstellung in Bild 6.1 auf der nächsten Seite zeigt deutlich, dass die Such- und Sortierdauer mit Index nahezu konstant[2] bleibt. Die Such- und Sortierdauer ohne Index steigt hingegen linear an. Aus der Grafik ergibt sich unmittelbar, dass ein Suchen und Sortieren mithilfe von Indizes erheblich schneller abläuft als ohne.

Interessant ist, dass es für die ersten 100 Zeilen umgekehrt ist (siehe Bild 6.2 auf der nächsten Seite). Hier scheint der Verwaltungsaufwand für Indizes den Nutzen noch zu überlagern. Entscheidend ist aber der erhebliche Performancegewinn mit einem Index.

Wie kommt dieser Effekt zustande? Der *normale* Index organisiert die Daten einer Tabelle in Form von B-Bäumen. In [Wik16a] findet man eine übersichtliche Erklärung. Letztlich

---

[1] Der genaue Versuchsaufbau kann auf Seite 411 nachgelesen werden.
[2] Was nur eine optische Täuschung ist. Suchoperationen lassen sich durch Indizes auf eine Größenordnung von $O(log(n))$ reduzieren.

nutzt man aus, dass die Daten in einer Sortierung vorliegen und nur mit sehr wenigen Zugriffen garantiert, dass das zu suchende Element gefunden wird[3].

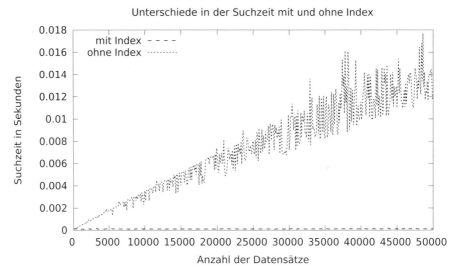

Bild 6.1 Zeitdauer von Such- und Sortieroperationen mit und ohne Index

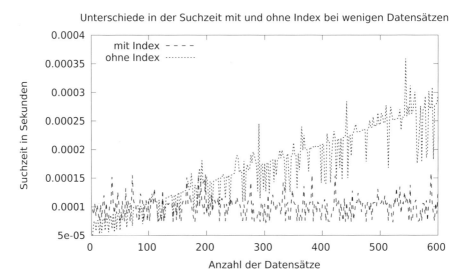

Bild 6.2 Zeitdauer von Such- und Sortieroperationen mit und ohne Index bei kleinen Mengen

---

[3] Ich möchte hier darauf verzichten, den B-Baum genauer zu erläutern. Sein Verständnis bringt nicht zwingend ein besseres Anwendungswissen bzgl. SQL. Trotzdem empfehle ich die Literatur, da B-Bäume ein schönes Stück Informatik sind.

6.1.1 Wann wird ein Index automatisch erstellt?

Die Spalte einer Tabelle, nach der sicherlich am häufigsten gesucht wird, ist der Primärschlüssel. Besonders dann, wenn er in einer anderen Tabelle als Fremdschlüssel Verwendung findet.

Und weil dem so ist, wird automatisch mit der Deklaration zum Primärschlüssel ein Index angelegt. Hilfreich ist hier der Befehl `SHOW INDEX`:

```
 1  mysql> SHOW INDEX FROM kunde\G
 2  *************************** 1. row ***************************
 3          Table: kunde
 4     Non_unique: 0
 5       Key_name: PRIMARY
 6   Seq_in_index: 1
 7    Column_name: kunde_id
 8      Collation: A
 9    Cardinality: 5
10       Sub_part: NULL
11         Packed: NULL
12           Null:
13     Index_type: BTREE
14        Comment:
15  Index_comment:
16  *************************** 2. row ***************************
17          Table: kunde
18     Non_unique: 1
19       Key_name: rechnung_adresse_id
20   Seq_in_index: 1
21    Column_name: rechnung_adresse_id
22      Collation: A
23    Cardinality: 5
24       Sub_part: NULL
25         Packed: NULL
26           Null: YES
27     Index_type: BTREE
28        Comment:
29  Index_comment:
30  *************************** 3. row ***************************
31          Table: kunde
32     Non_unique: 1
33       Key_name: liefer_adresse_id
34   Seq_in_index: 1
35    Column_name: liefer_adresse_id
36      Collation: A
37    Cardinality: 5
38       Sub_part: NULL
39         Packed: NULL
40           Null: YES
41     Index_type: BTREE
42        Comment:
43  Index_comment:
```

Die Bedeutungen der Angaben sind:

- `Table`: Name der Tabelle, aus der der Index gebildet wird.
- `Non_unique`: Gibt an, ob die Werte des Index einmalig sind. Dies ist bei allen Schlüsseln der Fall (siehe Definition 6 auf Seite 17). Der Wert 0 steht dafür, dass keine Dubletten

vorkommen dürfen, der Wert 1 eben doch. Deshalb wird bei PRIMARY KEY-Indizes hier immer eine 0 stehen.

- Key_name: Names des Index. Dieser kann frei vergeben werden, wenn man den Index per CREATE INDEX anlegt. Bei Primärschlüsseln heißt dieser automatisch PRIMARY, weshalb dieser Name nicht manuell vergeben werden kann.
- Seq_in_index: Hier wird angegeben, an welcher Stelle die Spalte Column_name im Index steht. Bei Indizes, die aus mehreren Spalten zusammengesetzt sind (z.B. bei bankverbindung), gibt es auch eine Spalte mit der Sequenznummer 1.
- Column_name: Name der Spalte, auf die sich die Angaben beziehen.
- Collation: Da ein Index die Daten in einer Sortierung vorhalten soll, kann diese angegeben werden. Bei MySQL können hier die Werte A für *aufsteigend* oder NULL für *nicht sortiert* auftreten.
- Cardinality: Je mehr eindeutige Werte in einem Index vorkommen, desto sinnvoller ist es, danach zu suchen. Der Wert, der hier angegeben wird, schätzt die Anzahl der eindeutigen Werte. Der Wert muss somit nicht exakt sein. Je höher der Wert im Verhältnis zur Gesamtanzahl der Datensätze ist, desto höher ist die Wahrscheinlichkeit, dass für Suchoperationen der Index verwendet wird.
- Sub_part: Wird ein Index manuell erstellt, kann man angeben, dass er beispielsweise nur auf den ersten zehn Zeichen eines Nachnamens basieren soll. Ist dies nicht der Fall, steht hier NULL, ansonsten wird hier eine Zahl angegeben.
- Packed: Ein Schlüssel kann gepackt (komprimiert) werden. Steht hier NULL, ist er nicht komprimiert.
- NULL: Ist die Spalte nicht mit NOT NULL deklariert, steht hier YES, ansonsten nichts oder NO.
- Index_type: Es gibt verschiedene Typen von Indizes. Bei MySQL sind derzeit folgende möglich: BTREE, FULLTEXT, HASH und RTREE.
- Comment: Kommentare, die beispielsweise bei der Erstellung dem Index mitgegeben wurden.

Aufgabe 6.1: Untersuchen Sie mit SHOW INDEX die anderen Tabellen. Versuchen Sie, die Ergebnisse zu interpretieren und den Angaben im CREATE TABLE zuzuordnen. Warum werden wohl nicht nur bei den Primärschlüsseln automatisch Indizes angelegt?

6.1.2 Wie kann man einen Index manuell erstellen?

MySQL/MariaDB
CREATE INDEX *indexname*
    ON *tabellenname* (*spaltenname* [, *spaltenname*]*)
;

Hinweis: In SQL3 gibt es keinen Befehl zum Anlegen oder Löschen von Indizes. In vielen DBMSen, wie beispielsweise PostgreSQL, können Indizes aber mit der hier vorgestellten Syntax angelegt werden.

Zunächst stellt sich aber die Frage, wann man einen manuell erstellten Index braucht. Grundsätzlich dann, wenn man Such- und Sortieroperationen beschleunigen will[4].

Die Such- und Sortieroperationen über die Primär- und Fremdschlüssel brauchen wir nicht weiter zu untersuchen, da die entsprechenden Indizes automatisch mit dem CREATE TABLE angelegt werden.

Gehen wir jetzt die Tabellen durch und überlegen dabei, welche Such- und Sortieroperationen wir zusätzlich gebrauchen könnten.

- Tabelle adresse kein neuer Index: -
- Tabelle kunde ein neuer Index auf: (nachname, vorname)
- Tabelle bank ein neuer Index auf: (bankname)
- Tabelle bankverbindung zwei neue Indizes auf: (bank_id, kontonummer) und (iban)
- Tabelle artikel ein neuer Index auf: (bezeichnung)
- Tabelle warengruppe ein neuer Index auf: (bezeichnung)
- Tabelle lieferant ein neuer Index auf: (firmenname)
- Tabelle bestellung ein neuer Index auf: (kunde_id, datum)
- Tabelle bestellung_position kein neuer Index: -
- Tabelle rechnung ein neuer Index auf: (kunde_id, datum)
- Tabelle rechnung_position kein neuer Index: -
- Tabelle artikel_nm_warengruppe kein neuer Index: -
- Tabelle artikel_nm_lieferant kein neuer Index: -

Es müssen somit neun neue Indizes angelegt werden. Fangen wir mit dem ersten an:

```
1  mysql> CREATE INDEX idx_kunde_nachname_vorname
2      ->   ON kunde (nachname, vorname);
```

Man sollte bei der Benennung eines Index eine gewisse Konvention einhalten. Zuerst kommt der Präfix idx und dann der Tabellenname oder eine sinnvolle Abkürzung. Die folgenden Angaben sind die Indexspalten in der richtigen Reihenfolge.

Und zuletzt überprüfen wir, ob der Index auch angekommen ist:

```
1  mysql> SHOW INDEX FROM kunde\G
2  *************************** 1. row ***************************
3  [...]
4  *************************** 2. row ***************************
5  [...]
6  *************************** 3. row ***************************
7  [...]
8  *************************** 4. row ***************************
9         Table: kunde
10    Non_unique: 1
```

---

[4] Aber nicht nur dann: Gruppierungen, DISTINCT, ...

```
11        Key_name: idx_kunde_nachname_vorname
12     Seq_in_index: 1
13      Column_name: nachname
14        Collation: A
15      Cardinality: 5
16         Sub_part: NULL
17           Packed: NULL
18             Null:
19       Index_type: BTREE
20          Comment:
21    Index_comment:
22    *************************** 5. row ***************************
23            Table: kunde
24       Non_unique: 1
25         Key_name: idx_kunde_nachname_vorname
26     Seq_in_index: 2
27      Column_name: vorname
28        Collation: A
29      Cardinality: 5
30         Sub_part: NULL
31           Packed: NULL
32             Null:
33       Index_type: BTREE
34          Comment:
35    Index_comment:
```

Der Teil 1. row bis 3. row ist uns schon aus obiger Betrachtung bekannt und hat sich nicht geändert. Es sind zwei weitere Einträge hinzugekommen, für jede Indexspalte eine. Sie können auch gut erkennen, dass die Angabe Seq_in_index in der Zeile 12 für die erste Indexspalte 1 und in Zeile 27 für die zweite Indexspalte 2 ist.

Noch zwei weitere Beispiele, und dann müssen Sie selbst ran:

```
1  CREATE INDEX idx_bank_bankname
2    ON bank (bankname);
3
4  CREATE INDEX idx_bankverbindung_bankid_kontonummer
5    ON bankverbindung (bank_id, kontonummer);
6
7  CREATE INDEX idx_bankverbindung_iban
8    ON bankverbindung (iban);
```

 Aufgabe 6.2: Erstellen Sie die verbleibenden Indizes zu den Tabellen laut der Auflistung auf Seite 93.

Mit dieser Maßnahme sollten wir unsere Datenbank schon für die meisten Anforderungen gut vorbereitet haben.

6.2 Und jetzt etwas genauer

Es lohnt sich, Indizes genauer zu betrachten:

- Vertiefendes
  - Index mit UNIQUE
  - Indexselektivität
  - Dubletten
  - Nachteile durch Ausbalancieren der B-Bäume
  - Löschen eines Index mit DROP INDEX
  - Aktivieren und Deaktivieren mit ENABLE KEYS und DISABLE KEYS

Der Befehl CREATE INDEX kann ein bisschen mehr als das, was in der Version auf Seite 92 angegeben wurde:

MySQL/MariaDB
CREATE [UNIQUE] INDEX *indexname*
  ON *tabellenname* (*spaltenangabe*, [*spaltenangabe*]*)
;

spaltenangabe:
spaltenname [(*länge*)] [ASC|DESC]

Der *spaltenangabe* kann man also noch eine Längenangabe und eine Sortierreihenfolge mitgeben. Im Folgenden wird auf verschiedene Optionen des Befehls eingegangen.

6.2.1 Wie kann ich die Schlüsseleigenschaft erzwingen?

Nach Definition 6 auf Seite 17 müssen bei Schlüsseln Spaltenwerte eindeutig sein. Bei Primärschlüsseln wird dies durch PRIMARY KEY automatisch vom Server kontrolliert. Aber was ist mit anderen Schlüsselkandidaten?

Hier hilft die Option UNIQUE. Für unsere Tabelle bankverbindung gilt beispielsweise, dass die Spalte iban ein Schlüssel ist.

```
1  CREATE UNIQUE INDEX idx_bankverbindung_iban
2    ON bankverbindung (iban);
```

Würden Sie nun versuchen eine Zeile hinzuzufügen, die eine schon vorhandene IBAN beinhaltet, erhielten Sie folgende Fehlermeldung:

```
1  ERROR 1062 (23000): Duplicate entry '1' for key 'idx_bankverbindung_iban'
```

Aufgabe 6.3: Interpretieren Sie die Fehlermeldung. Verwenden Sie ggf. eine Online-Hilfe.

6.2.2 Wie kann ich Dubletten verhindern?

Was ist eine Dublette? Schnell eine Definition dazu:

Definition 29: Dublette
Sind zwei Zeilen einer Tabelle inhaltlich gleich, spricht man von einer *Dublette*.

Die inhaltliche Gleichheit muss sich nicht zwingend durch die Gleichheit aller Spaltenwerte ergeben. Es reicht, dass signifikante Angaben inhaltlich identisch sind.

Eine Dublette liegt insbesondere dann vor, wenn die Werte der signifikanten Spalten nicht nur inhaltlich gleich sind, sondern auch syntaktisch.

Na, das hilft aber weiter ... doch langsam, es ist nicht so schwer, wie es sich anhört. Nehmen wir mal an, in unserer Tabelle `adresse` gäbe es zwei Zeilen, die genau die gleichen Angaben in den Spalten `strasse`, `hnr` und `plz` hätten. Unterschiede gäbe es nur in den Spalten `adresse_id` und `ort`. Stellte sich doch die Frage, ob das nicht eigentlich die gleiche Adresse wäre?

Da der Ort ungenauer als die Postleitzahl ist (z.B. einmal mit Ortsteilangabe und einmal ohne), kann man sicherlich davon ausgehen, dass diese beiden Zeilen auf die gleiche Adresse verweisen. Überprüfen wir dies anhand der Definition 29: Wir haben keine Gleichheit in allen Spaltenwerten, aber bei den *signifikanten* Angaben wie Postleitzahl etc. Wir hätten also eine Dublette.

Grundsätzlich sind Dubletten kein Beinbruch, wenn sie nicht überhandnehmen oder die Verarbeitung einer Adresse nicht zu teuer ist. Damit ist nicht die DV-technische Verarbeitung gemeint. Stellen Sie sich vielmehr vor, es muss ein Postversand bezahlt werden.

Neben der Möglichkeit, durch eigene Programme die Daten auf Dubletten zu überprüfen, könnte man auch die Annahme auf Seiten der Tabelle verweigern. Man baut einen Index auf alle signifikanten Felder mit der Option `UNIQUE`. Da ein Indexschlüssel in MySQL maximal 3072 Bytes lang sein darf, legen wir sinnvolle Spaltenlängen fest. Für unser Beispiel sähe dies wie folgt aus:

```
1  CREATE UNIQUE INDEX idx_adresse_dublette
2    ON adresse (strasse(100), hnr(100), plz);
```

Hinweis: Ich möchte aber darauf hinweisen, dass diese Vorgehensweise nicht zu extensiv eingesetzt werden sollte. Machen Sie einen Kosten/Nutzen-Vergleich.

Wenn Indizes so ein Segen sind, warum indizieren wir dann nicht vorsorglich so viele Spalten und Spaltenkombinationen wie möglich – am besten noch in verschiedenen Sortierreihenfolgen?

Nun, weil alles seinen Preis hat. Wir wissen, dass Such- und Sortieroperationen durch einen Index erheblich beschleunigt werden können. Aber was ist mit Einfügen, Ändern und Löschen? Grundsätzlich muss einem klar sein, dass ein Index parallel zur eigentlichen Tabelle mitgepflegt werden muss.

- *Einfügen*: Wenn neue Datensätze hinzukommen, muss für jeden Datensatz die neue Position innerhalb der Indizierung gefunden werden. Falls es dabei zu einem nicht ausbalancierten B-Baum kommt, muss dieser umgebaut werden[5].
- *Löschen*: Wenn ein Datensatz gelöscht wird, muss dieser auch aus dem Index entfernt werden. Auch dabei kann es passieren, dass der B-Baum ins Ungleichgewicht kommt und umgebaut werden muss.
- *Ändern*: Falls die Änderung ein Feld betrifft, welches Teil des Index ist, kann auch dadurch ein Umbau notwendig sein (Mischung zwischen Einfügen und Löschen).
- Zusätzlich verbraucht ein Index auch noch Speicherplatz; ein glücklicherweise immer unwichtiger werdendes Argument.

Ist aber die Einfüge-Operation wirklich messbar langsamer? Da ist wohl mal wieder eine Performancemessung fällig: Es werden jeweils 20.000 Datensätze in eine Tabelle ohne Index und eine mit Index importiert.

In Bild 6.3 erkennt man deutlich, dass das Einfügen mit Index mehr Zeit verbraucht als ohne[6].

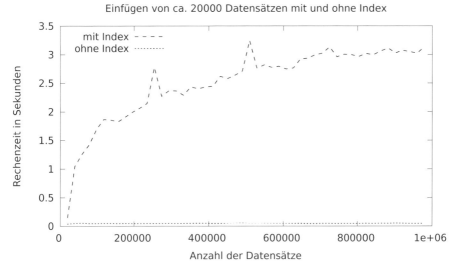

Bild 6.3 Zeitdauer Einfüge-Operationen mit und ohne Index

Sie müssen deshalb abwägen, ob und welche Indizes Sie verwenden wollen. Die Tabelle 6.1 auf der nächsten Seite soll Ihnen bei der Entscheidung helfen.

Lässt sich das Einfügen, Ändern oder Löschen großer Datenmengen zeitlich eingrenzen, dann kann es sinnvoll sein, für die Dauer dieser Operationen den Index abzuschalten und anschließend neu zu erstellen. Das Einfügen, Ändern und Löschen kann dadurch schnell verarbeitet werden, und anschließend sind wegen der Indizes Such- und Sortieroperationen wieder schnell verarbeitbar.

---

[5] Siehe [Wik16a]
[6] Ich habe hier die MyISAM verwendet. Bei der InnoDB war das Ergebnis überraschend anders. Näheres siehe Abschnitt 26.4 auf Seite 414

Tabelle 6.1 Entscheidungshilfe Index oder nicht

Kriterium	Index: ja	Index: Nein
Suchhäufigkeit	oft	selten
Änderungsmenge pro Zeiteinheit	wenig	viel
Sortierhäufigkeit	oft	selten
Gruppierungsmerkmal	oft	selten
Löschmenge pro Zeiteinheit	wenig	viel
Wert als Fremdschlüssel verwendet	oft	selten
Einfügemenge pro Zeiteinheit	wenig	viel

6.2.3 Was bedeutet Indexselektivität?

Wir haben den Index bei der Dublettenüberprüfung in der Länge eingeschränkt. Ohne eine solche Einschränkung wird der gesamte Inhalt der Spalte in die Indexbildung einbezogen.

Bei numerischen Datentypen (siehe die Abschnitte 25.1.1.1 auf Seite 369 und 25.1.1.2 auf Seite 370) kann die gesamte Spalte verwendet werden, da der Vergleich von Zahlen sehr schnell – oft in einem Taktzyklus der CPU – durchgeführt werden kann.

Bei zeichenbasierten Datentypen (siehe Tabelle 25.1.2 auf Seite 371) muss Zeichen für Zeichen verglichen werden. Besteht der zu suchende String aus vielen Zeichen und sind die indizierten Elemente ebenfalls lang, ergeben sich dadurch lange Suchzeiten.

Es stellt sich nun die Frage, ob man nicht die ganze Länge eines Feldes indiziert, sondern nur die ersten n Zeichen.

Ein einfaches Beispiel: In einer VARCHAR-Spalte gibt es die Werte Aachen, Berlin und Bochum. Ein Index dieser Spalte, der über die ganze Länge geht, würde 18 Zeichen speichern, um drei Werte zu unterscheiden. Ein Index über das erste Zeichen müsste nur drei Zeichen speichern, könnte aber schon/nur zwei Werte eindeutig identifizieren.

Definition 30: Indexselektivität
Die *Indexselektivität* S ergibt sich aus der Anzahl der unterscheidbaren Indexeinträge U und der Anzahl der Zeilen der Tabelle A wie folgt:

$$S = \frac{U}{A}$$

Demnach ist die Selektivität unseres Beispiels bei voller Länge: $S = \frac{U}{A} = \frac{3}{3} = 1$ und bei der Länge 1: $S = \frac{U}{A} = \frac{2}{3} = 0,\overline{6}$.

Die Indexselektivität von 1 ist somit das Optimum, da es bedeutet, dass jede Zeile der Tabelle durch den Index identifiziert werden kann. Unser Beispiel liefert aber auch eine Indexselektivität von 1, wenn man nur die ersten beiden Zeichen nimmt. Offensichtlich können diese beiden Zeichen viel schneller verglichen und abgespeichert/geladen werden als bei voller Länge.

Kann ich also durch einen kleineren und damit schnelleren Index genau die gleiche Ergebnisqualität bekommen? Ich möchte das Ganze an einem echten Beispiel näher untersuchen. Unter [Bun16] können Sie eine Liste der Bankleitzahlen für Deutschland herunterladen.

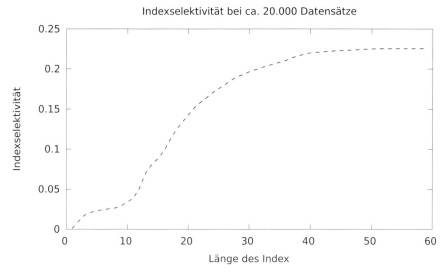

Bild 6.4 Indexselektivität am Beispiel Bankbezeichnung

Die maximale Länge einer Bankbezeichnung ist 62. In Bild 6.4 können Sie sehen, wie sich die Indexselektivität bei diesem realen Beispiel gestaltet[7]. Leider erreichen wir die Indexselektivität von 1 bei Weitem nicht. Nach kurzem Nachdenken wird klar, dass dies auch nur bei Schlüsseln zu erwarten ist. Noch viel spannender ist aber, dass wir bis zu einer Indexlänge von ca. 30 einen steilen Anstieg der Indexselektivität haben und ab diesem Wert nur noch ein sehr flaches Anwachsen erkennen können.

Mit anderen Worten, ab 30 müssen wir uns geringe Verbesserungen der Indexselektivität mit einer teuren Verlängerung des Index erkaufen. Schlussfolgerung: Wir beschränken den Index auf eine Länge von 30 Zeichen:

```
mysql> CREATE INDEX idx_testdaten_bank_bezeichnung
    ->   ON testdaten_bank (bezeichnung(30));

mysql> SHOW INDEX FROM testdaten\G
*************************** 1. row ***************************
        Table: testdaten
   Non_unique: 1
     Key_name: idx_testdaten_bank_bezeichnung
 Seq_in_index: 1
  Column_name: bezeichnung
    Collation: A
  Cardinality: 194
     Sub_part: 30
       Packed: NULL
         Null: YES
   Index_type: BTREE
      Comment:
Index_comment:
```

---

[7] Die genaue Messung können Sie in Abschnitt 26.5 auf Seite 418 nachlesen.

In der Zeile 13 erkennen Sie die Einschränkung auf die ersten 30 Zeichen. MySQL schätzt, dass dies zu 194 Indexeinträgen führt (Zeile 12).

Es ist somit sinnvoll, sich bei hinreichend großen Datenmengen mit der Indexselektivität zu beschäftigen, wenn die Indexfelder zeichenbasierte Datentypen enthalten.

6.2.4 Wie kann man einen Index löschen?

MySQL/MariaDB
DROP INDEX *indexname* ON *tabellenname*
;

Der Index – und damit seine Spezifikation – wird vollständig entfernt. Möchte man später den Index wieder verwenden, muss man mit `CREATE INDEX` diesen wieder erstellen.

MySQL/MariaDB
ALTER TABLE *tabellenname* {ENABLE|DISABLE} KEYS
;

Der Nachteil des `DROP INDEX` ist, dass man die Spezifikation des Index verliert. Will man den Index endgültig löschen, ist der Befehl gut; will aber nur für umfangreiche Einfüge-, Änderungs- oder Löschoperationen den Index deaktivieren, braucht man `DISABLE KEYS`. Für die Tabelle `bankverbindung` sähe dies wie folgt aus:

```
1   ALTER TABLE bankverbindung DISABLE KEYS;
```

Aktivieren kann man den Index mit `ENABLE KEYS`. Für die Tabelle `bankverbindung` sähe dies wie folgt aus:

```
1   ALTER TABLE bankverbindung ENABLE KEYS;
```

Doch jetzt die schlechte Nachricht: Diese Option steht nur für bei MyISAM zur Verfügung; die InnoDB liefert Warnungen, die man sich mit `SHOW WARNINGS\G` anschauen kann:

```
1   *************************** 1. row ***************************
2     Level: Note
3      Code: 1031
4   Message: Table storage engine for 'bankverbindung' doesn't have this option
```

Auch werden nur die Indizes ausgeschaltet, die nicht mit `UNIQUE` erstellt wurden.

7 Werte in Tabellen einfügen

7.1 Daten importieren

Massenhaft neue Daten und wie man sie in Tabellen verstaut

- Grundkurs
  - CSV-Dateien
  - CSV-Dateien mit LOAD DATA INFILE importieren
  - Tabelleninhalte komplett ausgeben
- Vertiefendes
  - Spezialfälle von CSV-Dateien
  - CSV-Feldern den richtigen Spalten zuordnen
  - Ausdrücke für Spalteninhalte während des Imports festlegen
  - Kollisionsstrategien bei Gleichheit der Primärschlüsselwerte
  - Binäre Daten einfügen

Die Quelltexte dieses Kapitels stehen in den Dateien mysql/listing04.sql und pg/listing04.sql.

Sie brauchen auch die Dateien artikel01.csv und artikel02.csv.

Unser Online-Shop braucht Daten, damit er arbeiten kann. Diese Daten können auf verschiedenen Wegen in die Tabellen gelangen:

- Die Daten werden aus fremden Datenquellen im CSV-Format importiert.
- Die Daten werden manuell angelegt.
- Die Daten werden aus einer Tabelle in die andere kopiert.

Alle drei Methoden sollen hier vorgestellt werden; fangen wir mit dem Import an.

7.1.1 Das CSV-Format

Die Artikelstammdaten für unseren Online-Shop werden nur selten manuell eingegeben, da diese in der Regel durch externe Anbieter zur Verfügung gestellt werden. Wenn Sie beispielsweise Kinderspielzeug anbieten wollen, bekommen Sie von den Herstellern Artikelstammdaten inklusive Fotos, z.B. per CD.

Diese Daten liegen in einem CSV-Format[1] vor und müssen in die Artikeltabelle importiert werden.

Definition 31: CSV-Format
Das *CSV-Format* (Character Separated Values) ist ein anwendungsneutrales Austauschformat für nicht-binäre Daten. Die Daten sind wie folgt strukturiert:

- Ein Datensatz endet mit den beiden Steuerzeichen \r\n.
- Bei der letzten Datenzeile kann das Endezeichen entfallen.
- Die erste Zeile kann optional die Feldnamen enthalten.
- Es gibt ein Trennzeichen, welches die optionalen Feldnamen in der ersten Zeile und die Werte in den Datensätzen voneinander trennt. Dieses Trennzeichen ist ein Komma.
- In den Zeilen muss immer die gleiche Anzahl von Trennzeichen verwendet werden.
- Werte können durch Hochkommas ' oder Gänsefüßchen " eingeschlossen werden.

Die beiden Steuerzeichen \r\n sind der ASCII-Code 0x0D und 0x0A. Unter Windows-Systemen entspricht dies dem Zeilenumbruch. Auf UNIX-artigen Systemen ist der Zeilenumbruch durch nur ein Zeichen gekennzeichnet: \n. Grundsätzlich ist aber das Ende des Datensatzes mit jedem beliebigen Zeichen markierbar, sofern es sich eindeutig von den Daten und anderen Steuerzeichen unterscheiden lässt. Man verwendet deshalb gerne den Zeilenumbruch, weil sich die Daten dadurch leichter in einem Editor darstellen lassen.

Das Trennzeichen kann jedes beliebige Zeichen sein, sofern es sich eindeutig von den Daten und anderen Steuerzeichen unterscheiden lässt. Neben dem Komma , sind das Semikolon ;, das kaufmännische Und &, der Lattenzaun #, der Slash /, das Leerzeichen und der Tabulator sehr beliebt.

Dass in jeder Zeile immer die gleiche Anzahl von Trennzeichen stehen muss, bedeutet letztlich, dass jede Zeile immer gleich viele Felder enthält. Leere Werte werden beispielsweise so ,, dargestellt.

Das Einschließen von Werten beispielsweise mit dem Hochkomma ist besonders dann empfehlenswert, wenn die Werte unvermeidbar auch Sonderzeichen oder das Trennzeichen enthalten können.

Ich möchte nun die Artikelstammdaten importieren. Die Datei `artikel01.csv` sieht so aus:

```
1  artikel_id;bezeichnung;einzelpreis;waehrung
2  7856;Silberzwiebel;0.41;EUR
```

---
[1] Siehe [Sha05]

```
3  7863;Tulpenzwiebel;3.29;EUR
4  9010;Schaufel;15.00;USD
5  9015;Spaten;19.90;EUR
6  3001;Papier (100);2.30;EUR
7  3005;Tinte (gold);55.70;EUR
8  3006;Tinte (rot);6.20;EUR
9  3010;Feder;5.00;EUR
```

Trennsymbol ist das Semikolon, und das Ende des Datensatzes wird mit \n markiert.

7.1.2 LOAD DATA INFILE

Diese Daten wollen wir natürlich nicht per Hand in die Tabelle `artikel` einfügen. Hier hilft der Befehl `LOAD DATA INFILE`, der hier verkürzt angegeben wird:

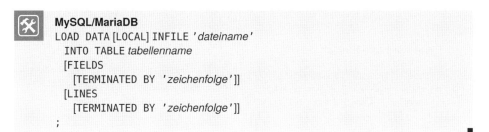

MySQL/MariaDB
```
LOAD DATA [LOCAL] INFILE 'dateiname'
  INTO TABLE tabellenname
  [FIELDS
    [TERMINATED BY 'zeichenfolge']]
  [LINES
    [TERMINATED BY 'zeichenfolge']]
  ;
```

Hinweis: In SQL3 gibt es keine Anweisung zum Importieren von externen Daten. In anderen DBMSen gibt es Entsprechungen: z.B. COPY in PostgreSQL oder BULK INSERT in MSSQL.

Zunächst muss angegeben werden, aus welcher CSV-Datei die Daten importiert werden sollen. Es reicht aber nicht aus, den Dateinamen ggf. mit seinem Pfad anzugeben. Die Datei `artikel.csv` kann schließlich an zwei Orten liegen: auf dem Rechner, wo der MySQL- oder MariaDB-Server läuft, oder auf dem Client, über den der Befehl zum Import gerade versendet wird. Dies wird durch die Angabe oder das Weglassen von `LOCAL` entschieden. Wird `LOCAL` angegeben, werden die Daten zuerst vom Client zum Server transferiert und erst dann importiert. Lässt man `LOCAL` weg, sucht er die Datei in einem Serverpfad.

Die Zieltabelle ist `artikel`, und das Trennzeichen ist das Semikolon. Die Datensätze werden nur durch \n getrennt, sodass sich folgende erste Version ergibt:

```
1  mysql> LOAD DATA LOCAL INFILE 'artikel01.csv'
2      ->   INTO TABLE oshop.artikel
3      ->   FIELDS
4      ->     TERMINATED BY ';'
5      ->   LINES
6      ->     TERMINATED BY '\n'
7      -> ;
8  ERROR 1148 (42000): The used command is not allowed with this MySQL version
```

Unser erster Versuch ging glatt schief[2]: Die Fehlermeldung in Zeile 8 kann mehrere Gründe haben. Der wahrscheinlichste ist, dass es bei Ihrer Installation nicht gestattet ist, dass der Client lokale Dateien zwecks Import hochlädt.

Versuchen Sie es erneut, nachdem Sie den MySQL-Client mit `--local-infile` gestartet haben (siehe Tabelle 24.1 auf Seite 362):

```
 1  ralf@localhost:~/>mysql -uroot --local-infile
 2  mysql> LOAD DATA LOCAL INFILE 'artikel01.csv'
 3      ->    INTO TABLE oshop.artikel   -- Spare mir ein USE oshop
 4      ->    FIELDS
 5      ->      TERMINATED BY ';'
 6      ->    LINES
 7      ->      TERMINATED BY '\n'
 8      -> ;
 9  Query OK, 9 rows affected, 12 warnings (0.03 sec)
10  Records: 9  Deleted: 0  Skipped: 0  Warnings: 10
```

Die zwölf Warnungen machen uns auch nicht glücklich. Schauen wir uns die mal genauer an:

```
 1  mysql> SHOW WARNINGS;
 2  +---------+------+------------------------------------------------[...]-+
 3  | Level   | Code | Message                                        [...] |
 4  +---------+------+------------------------------------------------[...]-+
 5  | Warning | 1366 | Incorrect integer value: 'artikel_id' for column '
        artikel_id' at row 1    |
 6  | Warning | 1366 | Incorrect decimal value: 'einzelpreis' for column '
        einzelpreis' at row 1 |
 7  | Warning | 1265 | Data truncated for column 'waehrung' at row 1
                           |
 8  | Warning | 1261 | Row 1 doesn't contain data for all columns  [...] |
 9  | Warning | 1261 | Row 2 doesn't contain data for all columns  [...] |
10  | Warning | 1261 | Row 3 doesn't contain data for all columns  [...] |
11  | Warning | 1261 | Row 4 doesn't contain data for all columns  [...] |
12  | Warning | 1261 | Row 5 doesn't contain data for all columns  [...] |
13  | Warning | 1261 | Row 6 doesn't contain data for all columns  [...] |
14  | Warning | 1261 | Row 7 doesn't contain data for all columns  [...] |
15  | Warning | 1261 | Row 8 doesn't contain data for all columns  [...] |
16  | Warning | 1261 | Row 9 doesn't contain data for all columns  [...] |
17  +---------+------+------------------------------------------------[...]-+
18  12 rows in set (0.00 sec)
```

 Aufgabe 7.1: Die drei Warnungen in den Zeilen 5ff beziehen sich auf die erste Zeile (row 1). Was ist denn mit der ersten Zeile?

Aufgabe 7.2: Die Warnungen in den Zeilen 8ff haben auch eine gemeinsame Ursache. Vergleichen Sie die Anzahl der Angaben pro Zeile in der csv-Datei und die Anzahl der Spalten der Tabelle. Was fällt auf?

---

[2] Falls nicht, lesen Sie trotzdem weiter ;-).

Wir brauchen eine neue Version von LOAD DATA INFILE:

> **MySQL/MariaDB**
> LOAD DATA [LOW_PRIORITY | CONCURRENT] [LOCAL] INFILE '*dateiname*'
>   [REPLACE | IGNORE]
>   INTO TABLE *tabellenname*
>   [FIELDS
>   [TERMINATED BY '*zeichenfolge*']
>   [[OPTIONALLY] ENCLOSED BY '*zeichen*']
>   [ESCAPED BY '*zeichen*']
>   ]
>   [LINES
>   [STARTING BY '*zeichenfolge*']
>   [TERMINATED BY '*zeichenfolge*']
>   ]
>   [IGNORE *anzahl* LINES]
>   [(*spaltenname*,...)]
>   [SET *spaltenname* = *ausdruck*,...)]
>   ;

Die erste Aufgabe können wir mit IGNORE lösen. Mit dieser Option können wir festlegen, wie viele Zeilen (*anzahl*) zu Beginn der Datei übersprungen werden sollen. Die zweite Aufgabe entsteht dadurch, dass ich nicht angegeben habe, welche Felder ich in der CSV-Datei erwarte.

Auf zum nächsten Versuch:

```
 1  mysql> DELETE FROM oshop.artikel;
 2  Query OK, 8 rows affected (0.08 sec)
 3
 4  mysql> LOAD DATA LOCAL INFILE 'artikel01.csv'
 5      ->    INTO TABLE oshop.artikel
 6      ->    FIELDS
 7      ->      TERMINATED BY ';'
 8      ->    LINES
 9      ->      TERMINATED BY '\n'
10      ->    IGNORE 1 LINES
11      ->    (artikel_id, bezeichnung, einzelpreis, waehrung)
12      ->    SET deleted=0;
13  Query OK, 8 rows affected (0.03 sec)
14  Records: 8  Deleted: 0  Skipped: 0  Warnings: 0
```

Keine Warnungen, keine Fehler :-). Die Zeile 10 löst die erste Aufgabe, indem sie anweist, die erste Zeile zu überspringen. Aber was macht Zeile 1? Im Vorgriff auf spätere Kapitel[3] muss hier die Tabelle erst einmal wieder geleert werden. Dies erreiche ich durch das DELETE.

Die zweite Aufgabe wird durch zwei Angaben gelöst. In der Zeile 11 wird eine Spaltenliste angegeben. Diese Spaltenliste weist den Feldern der CSV-Datei die Spalten der Tabelle zu. Das erste Feld wird der Spalte artikel_id zugewiesen usw. Fehlt diese Spaltenliste,

---
[3] Siehe Abschnitt 9.3 auf Seite 143

versucht er, alle Spalten der Tabelle in der CSV-Datei zu finden. In der Zeile 12 wird der fehlenden Spalte `deleted` die 0 zugewiesen.

 Aufgabe 7.3: Warum ist Zeile 12 beim LOAD DATA INFILE eigentlich überflüssig? Tipp: `DESCRIBE artikel`.

Ein Blick in die Tabelle `artikel` bestätigt es: Die Werte wurden korrekt übernommen.

```
 1  mysql> SELECT * FROM oshop.artikel;
 2  +------------+----------------+-------------+----------+---------+
 3  | artikel_id | bezeichnung    | einzelpreis | waehrung | deleted |
 4  +------------+----------------+-------------+----------+---------+
 5  |       3001 | Papier (100)   |    2.300000 | EUR      |       0 |
 6  |       3005 | Tinte (gold)   |   55.700000 | EUR      |       0 |
 7  |       3006 | Tinte (rot)    |    6.200000 | EUR      |       0 |
 8  |       3010 | Feder          |    5.000000 | EUR      |       0 |
 9  |       7856 | Silberwiebel   |    0.410000 | EUR      |       0 |
10  |       7863 | Tulpenzwiebel  |    3.290000 | EUR      |       0 |
11  |       9010 | Schaufel       |   15.000000 | USD      |       0 |
12  |       9015 | Spaten         |   19.900000 | EUR      |       0 |
13  +------------+----------------+-------------+----------+---------+
```

7.1.3 Was ist, wenn ich geänderte Werte importieren will?

Nehmen wir an, wir bekämen eine neue Version unserer Artikelstammdaten auf CD zugeschickt. Würden wir jetzt die Daten wieder importieren, stellt sich die Frage, was mit CD-Datensätzen passiert, die den gleichen Primärschlüsselwert haben? Beispiel: Die Preise unserer Artikelstammdaten haben sich geändert, und es sind neue hinzugekommen:

```
 1  artikel_id;bezeichnung;einzelpreis;waehrung
 2  7856;Silberzwiebel;0.51;EUR
 3  7863;Tulpenzwiebel;3.39;EUR
 4  9010;Schaufel;14.95;USD
 5  9015;Spaten;19.90;EUR
 6  3001;Papier (100);2.30;EUR
 7  3005;Tinte (gold);55.70;EUR
 8  3006;Tinte (rot);6.20;EUR
 9  3007;Tinte (blau);4.13;EUR
10  3010;Feder;5.00;EUR
```

Was passiert jetzt mit den Artikeln, die den gleichen Primärschlüsselwert haben, aber sich im Preis unterscheiden (7856, 7863 und 9010)? Das entscheidet die Option REPLACE|IGNORE:

- IGNORE: Datensätze, die den gleichen Primärschlüsselwert haben, werden nicht importiert. Dies soll verhindern, dass man versehentlich schon vorhandene Datensätze überschreibt. Man erwartet eigentlich keine geänderten, sondern nur neue Datensätze.
- REPLACE: Datensätze, die den gleichen Primärschlüsselwert haben, werden komplett ersetzt, d.h. der alte Datensatz wird gelöscht und der neue eingefügt.

Probieren wir das Ganze mal aus, zunächst mit IGNORE:

```
1  mysql> LOAD DATA LOCAL INFILE 'artikel02.csv' IGNORE
2  [...]
```

```
3        -> (artikel_id, bezeichnung, einzelpreis, waehrung);
4   Query OK, 1 row affected (0.06 sec)
5   Records: 9  Deleted: 0  Skipped: 8  Warnings: 0
```

Beachten Sie bitte Zeile 5: Von neun Datensätzen wurden acht übersprungen. Dies entspricht auch unseren Erwartungen. Alle Datensätze mit gleichem Primärschlüsselwert wurden wegen `IGNORE` nicht importiert. Der neue Datensatz 3007 wurde hingegen anstandslos importiert:

```
1   mysql> SELECT * FROM artikel;
2   +------------+---------------+-------------+---------+---------+
3   | artikel_id | bezeichnung   | einzelpreis | waehrung| deleted |
4   +------------+---------------+-------------+---------+---------+
5   |       3001 | Papier (100)  |    2.300000 | EUR     |       0 |
6   |       3005 | Tinte (gold)  |   55.700000 | EUR     |       0 |
7   |       3006 | Tinte (rot)   |    6.200000 | EUR     |       0 |
8   |       3007 | Tinte (blau)  |    4.130000 | EUR     |       0 |
9   |       3010 | Feder         |    5.000000 | EUR     |       0 |
10  |       7856 | Silberwiebel  |    0.410000 | EUR     |       0 |
11  |       7863 | Tulpenzwiebel |    3.290000 | EUR     |       0 |
12  |       9010 | Schaufel      |   15.000000 | USD     |       0 |
13  |       9015 | Spaten        |   19.900000 | EUR     |       0 |
14  +------------+---------------+-------------+---------+---------+
```

Und jetzt mit `REPLACE`:

```
1   mysql> DELETE FROM artikel;
2   Query OK, 8 rows affected (0.08 sec)
3
4   mysql> LOAD DATA LOCAL INFILE 'artikel01.csv'
5        ->    INTO TABLE artikel
6   [...]
7   Query OK, 8 rows affected (0.08 sec)
8   Records: 8  Deleted: 0  Skipped: 0  Warnings: 0
9
10  mysql> LOAD DATA LOCAL INFILE 'artikel02.csv' REPLACE
11  [..]
12  Query OK, 17 rows affected (0.07 sec)
13  Records: 9  Deleted: 8  Skipped: 0  Warnings: 0
```

Zuerst müssen wir wieder die Tabelle leeren (Zeile 1). Anschließend mit der ersten Version der Artikelstammdaten füllen (Zeile 4). In Zeile 10 wird die zweite Version der Artikelstammdaten mit der Option `REPLACE` importiert. Das Ergebnis: 17 Datensätze sind betroffen. Acht wurden gelöscht und einer neu eingefügt:

```
1   mysql> SELECT * FROM artikel;
2   +------------+---------------+-------------+---------+---------+
3   | artikel_id | bezeichnung   | einzelpreis | waehrung| deleted |
4   +------------+---------------+-------------+---------+---------+
5   |       3001 | Papier (100)  |    2.300000 | EUR     |       0 |
6   |       3005 | Tinte (gold)  |   55.700000 | EUR     |       0 |
7   |       3006 | Tinte (rot)   |    6.200000 | EUR     |       0 |
8   |       3007 | Tinte (blau)  |    4.130000 | EUR     |       0 |
9   |       3010 | Feder         |    5.000000 | EUR     |       0 |
10  |       7856 | Silberwiebel  |    0.510000 | EUR     |       0 |
11  |       7863 | Tulpenzwiebel |    3.390000 | EUR     |       0 |
12  |       9010 | Schaufel      |   14.950000 | USD     |       0 |
13  |       9015 | Spaten        |   19.900000 | EUR     |       0 |
14  +------------+---------------+-------------+---------+---------+
```

■ 7.2 Daten anlegen

Erlesene Daten, liebevoll und einzeln eingefügt

- Grundkurs
  - Manuelles Anlegen einzelner Zeilen mit INSERT INTO ... SET
  - Manuelles Anlegen mehrerer Zeilen mit INSERT INTO ... VALUES
- Vertiefendes
  - Binäre Daten einfügen
  - Einfügereihenfolgen wegen der referentiellen Integrität

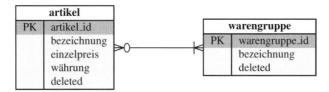

Bild 7.1 ER-Modell: Artikel zu Warengruppe

Schauen wir uns noch einmal das ER-Modell zur Artikelverwaltung an. Jedem Artikel muss mindestens eine Warengruppe zugeordnet werden, eine Warengruppe kann beliebig viele Artikel enthalten. Wir wissen darüber hinaus, dass die *n:m*-Verknüpfung eine Hilfstabelle impliziert (siehe Definition 19 auf Seite 30). Wir wollen nun dem Artikel die Warengruppe zuordnen. Ich beziehe mich dabei auf die Daten in `artikel02.csv`.

Die Artikel mit der führenden 3 sind sicherlich leicht als `Bürobedarf` zu kategorisieren. Die Artikel mit der führenden 7 gehören zu `Pflanzen` und `Gartenbedarf`, die mit der führenden 9 zu `Werkzeug` und `Gartenbedarf`.

Unser Vorgehen ist in zwei Phasen aufgeteilt. In Phase 1 werden die Warengruppen in der Tabelle `warengruppe` angelegt. In Phase 2 wird in der Hilfstabelle die Verknüpfung zwischen diesen Warengruppen vorgenommen.

7.2.1 Wie legt man mehrere Zeilen mit einem Befehl an?

Der Befehl zum Anlegen einer Zeile heißt `INSERT INTO`. Hier ein Syntax-Auszug:

SQL3
MySQL
```
INSERT INTO tabellenname [(spaltenliste)]
    VALUES
        (werteliste)
        [, (werteliste)]*
    ;
```

Die *werteliste* muss genau so viele Werte enthalten, wie Spalten in der *spaltenliste* angegeben wurden. Die *spaltenliste* ist optional. Wird sie nicht angegeben, müssen zu allen Spalten der Tabelle in der Reihenfolge des `CREATE TABLE` in der *werteliste* Werte angegeben werden.

```
1  INSERT INTO warengruppe (bezeichnung, deleted)
2    VALUES
3      ('Bürobedarf', 0)
4     ,('Pflanzen', 0)
5     ,('Gartenbedarf', 0)
6     ,('Werkzeug', 0)
7  ;
```

Das Ergebnis:

```
1  mysql> SELECT * FROM warengruppe;
2  +---------------+---------------+---------+
3  | warengruppe_id | bezeichnung  | deleted |
4  +---------------+---------------+---------+
5  |             1 | Bürobedarf   |       0 |
6  |             2 | Pflanzen     |       0 |
7  |             3 | Gartenbedarf |       0 |
8  |             4 | Werkzeug     |       0 |
9  +---------------+---------------+---------+
```

Wir können mehrere Dinge hier erkennen:

- Zeichenketten werden in SQL immer von Hochkommata ' umschlossen, numerische Werte nicht.
- In der *spaltenliste* sind nur die Spalten angegeben, zu denen neue Werte bekannt sind.
- Jede *werteliste* enthält gleich viele Angaben und immer in der gleichen Reihenfolge.
- Obwohl keine Angaben über die Spalte `warengruppe_id` gemacht wurden, werden diese automatisch generiert.

Aufgabe 7.4: Warum werden die Werte von der Spalte `warengruppe_id` automatisch generiert?

Aufgabe 7.5: Dieser Quelltext würde ebenfalls das gleiche Ergebnis liefern. Warum?

```
INSERT INTO warengruppe (warengruppe_id, bezeichnung)
  VALUES
    (1, 'Bürobedarf')
   ,(2, 'Pflanzen')
   ,(3, 'Gartenbedarf')
   ,(4, 'Werkzeug')
;
```

Tipp: `SHOW CREATE TABLE warengruppe;`

Aufgabe 7.6: Wenn Sie beide Quelltexte hintereinander ausführen, erhalten Sie folgende Fehlermeldung:

`ERROR 1062 (23000): Duplicate entry '1' for key 'PRIMARY'`

Interpretieren Sie diese Fehlermeldung.

7.2.2 Wie kann man eine einzelne Zeile anlegen?

Wir wollen jetzt die Verknüpfungen in die Hilfstabelle eintragen. Dazu möchte ich die Zeilen einzeln anlegen, um bei der Zuordnung die Übersicht nicht zu verlieren. Und wie geht das? Zuerst die einfache Antwort: Indem Sie nur eine *werteliste* im oben vorgestellten INSERT INTO angeben.

Eine andere Variante sieht so aus:

MySQL
```
INSERT INTO tabellenname
  SET
    spaltenname=wert
    [,spaltenname=wert]*
;
```

Bevor wir die neuen Daten einfügen, sollten wir zuerst die Daten einzeln notieren, um das Verhältnis zwischen Artikelstammdaten und Warengruppen besser zu verstehen.

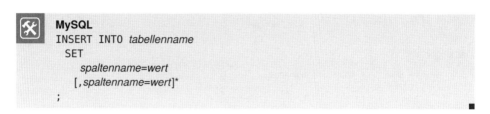

Bild 7.2 Hilfstabelle: Artikel zu Warengruppe

In Bild 7.2 wird die Funktionsweise der Hilfstabelle deutlich. Jede Verknüpfung in der Hilfstabelle verweist auf einen Artikel und eine Warengruppe. Als Folge kann ein Artikel zu mehreren Warengruppen gehören (z.B. 7863) und eine Warengruppe mehrere Artikel beinhalten (z.B. 4).

Der nächste Schritt besteht nun darin, für jede Verknüpfung ein eigenes INSERT INTO zu erstellen:

```
1  INSERT INTO artikel_nm_warengruppe
2    SET
3      artikel_id=3001
4      ,warengruppe_id=1
5  ;
```

Man erkennt schneller, welcher Wert welcher Spalte zugeordnet wird.

Aufgabe 7.7: Erstellen Sie die INSERT INTOs für alle Zuordnungen, sodass jeder Artikel seine Warengruppe kennt und jede Warengruppe alle entsprechenden Artikel enthält.

7.2.3 Vorsicht Constraints!

Zuerst eine kleine Fehlermeldung:

```
mysql> SELECT bestellung_id, kunde_id, adresse_id, datum FROM bestellung;
+---------------+----------+------------+---------------------+
| bestellung_id | kunde_id | adresse_id | datum               |
+---------------+----------+------------+---------------------+
|             1 |        1 |          1 | 2012-03-24 17:41:00 |
|             2 |        2 |          2 | 2012-03-23 16:11:00 |
+---------------+----------+------------+---------------------+

mysql> INSERT INTO bestellung (datum) VALUES (NOW());
ERROR 1452 (23000): Cannot add or update a child row: a foreign key constraint
       fails ('oshop'.'bestellung', CONSTRAINT 'bestellung_ibfk_2' FOREIGN KEY
       ('adresse_id') REFERENCES 'adresse' ('adresse_id'))
```

Die Fehlermeldung besagt übersetzt soviel wie: Ich konnte den Datensatz nicht anlegen, da der Constraint einen NULL-Wert verbietet. Also 2. Versuch:

```
mysql> INSERT INTO bestellung (adresse_id, datum) VALUES (10, NOW());
ERROR 1452 (23000): Cannot add or update a child row: a foreign key constraint
       fails ('oshop'.'bestellung', CONSTRAINT 'bestellung_ibfk_2' FOREIGN KEY
       ('adresse_id') REFERENCES 'adresse' ('adresse_id'))
```

Ging schon wieder schief, da es keine Adresse 10 gibt. Also zuerst eine Adresse 10 einfügen:

```
mysql> INSERT INTO adresse (adresse_id, strasse) VALUES (10, 'Oberer Weg');
Query OK, 1 row affected (0.09 sec)

mysql> INSERT INTO bestellung (adresse_id, datum) VALUES (10, NOW());
ERROR 1452 (23000): Cannot add or update a child row: a foreign key constraint
       fails ('oshop'.'bestellung', CONSTRAINT 'bestellung_ibfk_1' FOREIGN KEY
       ('kunde_id') REFERENCES 'kunde' ('kunde_id'))
```

Schön, wenigstens eine neue Fehlerquelle. Aber leider die gleiche Art von Ursache. Sie sehen, dass bei Tabellen, die Constraints beachten, die Reihenfolge wichtig ist, in der die Daten importiert, angelegt oder kopiert werden.

Die fehlgeschlagenen Versuche bedeuten natürlich nicht, dass man keine neue Bestellung anlegen kann. Es muss aber darauf geachtet werden, dass der neue Datensatz zu allen geforderten Constraints eine gültige Angabe enthält.

Hinweis: Bei Constraints muss beim Anlegen neuer Zeilen in mehreren Tabellen auf die Reihenfolge geachtet werden, um die referentielle Integrität zu wahren (siehe Abschnitt 2.3 auf Seite 32).

7.2.4 Einfügen von binären Daten

Mit dem Datentyp BLOB und dessen Verwandten steht uns die Möglichkeit offen, binäre Daten wie Bilder, Musik, PDF-Dateien etc. in Tabellen abzulegen. Stellt sich nur die Frage, wie man die Dinger da rein bekommt.

Aufgabe 7.8: Wir könnten für unsere Artikel eine Bildergalerie anlegen wollen.

1. Modellieren Sie die Tabelle bild. Sie soll mindestens die Bilddaten, einen Dateinamen, die Dateigröße und den Dateityp enthalten.
2. Erweitern Sie das ER-Modell derart, dass man zu jedem Artikel beliebig viele Bilder ablegen kann.
3. Erstellen Sie das passende CREATE TABLE.

Wir brauchen die Dateien: spaten01.png, spaten02.png, spaten03.png und HauptfensterInsert.cs.

Das Einfügen erfolgt in der Regel über einen Client. Ich verwende hier als Beispiel einen C#-Client; PHP-Beispiele finden Sie zu Zehntausenden im Internet.

Hier die Tabelle:

```
mysql> CREATE TABLE bild
    -> (
    ->    bild_id        INT UNSIGNED AUTO_INCREMENT PRIMARY KEY,
    ->    bild           BLOB,
    ->    dateiname      VARCHAR(255),
    ->    dateityp       VARCHAR(255),
    ->    dateigroesse   BIGINT UNSIGNED,
    ->    artikel_id     INT UNSIGNED REFERENCES artikel(artikel_id)
    -> );
```

Zuerst wird mithilfe eines OpenFileDialogs die Datei ausgewählt: spaten01.png. Nur wenn der OpenFileDialog mit OK beendet wurde, werden die nachfolgenden Anweisungen ausgeführt.

Listing 7.1 HauptfensterInsert.cs, Teil 1

```
18      private void BttnBild_Click(object sender, EventArgs e) {
19        OpenFileDialog dlg = new OpenFileDialog();
20        dlg.DefaultExt = "png";
21        dlg.Filter = "png-Dateien|*.png|jpg-Dateien|*.jpg|Alle Dateien|*.*";
22        if (dlg.ShowDialog() == System.Windows.Forms.DialogResult.OK) {
```

Jetzt werden einige Objekte deklariert und initialisiert, die wir später brauchen. Das Objekt MySqlConn repräsentiert die Verbindung zwischen dem SQL-Server und der Anwendung. MySqlCmd enthält alle Informationen, die man für die Ausführung eines Befehls braucht. Dazu gehört der Befehl selbst (strInsert) und die Verbindung, über die der Befehl ausgeführt werden soll.

In `iDateigroesse` wird die Größe der Datei in Bytes gemessen abgespeichert. `binBilddaten` ist ein Array vom Datentyp `Byte`. In dieses Array werden die Bilddaten abgespeichert, die wir aus der Datei auslesen werden.

Listing 7.2 HauptfensterInsert.cs, Teil 2

```
23          MySqlConnection MySqlConn = new MySqlConnection();
24          MySqlCommand MySqlCmd = new MySqlCommand();
25          String strInsert;
26          Int32 iDateigroesse;
27          Byte[] binBilddaten;
28          FileStream streamDatei;
29
30          MySqlConn.ConnectionString  = "server=127.0.2.1";
31          MySqlConn.ConnectionString += ";uid=root";
32          MySqlConn.ConnectionString += ";pwd=";
33          MySqlConn.ConnectionString += ";database=oshop;charset=utf8";
```

Die Datei selbst wird über `streamDatei` angesprochen. Bleibt noch das Setzen der Verbindungsparameter. Dazu wird ein geläufiges Verfahren gewählt: der `ConnectionString`. Bitte achten Sie darauf, dass Sie ggf. andere Parameter einstellen müssen.

Listing 7.3 HauptfensterInsert.cs, Teil 3

```
35          try {
36             streamDatei = new FileStream(Path.GetFullPath(dlg.FileName),
                   FileMode.Open, FileAccess.Read);
37             if (streamDatei.Length > Int32.MaxValue) {
38                throw new Exception("Datei zu gross");
39             } // if Ende
40             iDateigroesse = Convert.ToInt32(streamDatei.Length);
```

Die Datei wird lesend geöffnet. Ich verwende dabei die statische Klasse `Path`. Diese hilft dabei, Dateizugriffe unabhängig vom verwendeten Betriebssystem zu programmieren. Besonders die unterschiedlichen Verzeichnisbegrenzer[4] werden bequem verwaltet.

Problem: Die Größe der Datei `Length` ist vom Datentyp `long`. Ich kann später mit der Methode `Read()` aber nur Blöcke mit einer maximalen Größe von `MaxInt32` einlesen. Ich verbiete größere Dateien, indem ich ggf. eine Ausnahme auslöse.

Hinweis: Wenn Sie große Dateien einfügen möchten, müssen diese blockweise eingelesen werden. Beachten Sie dabei, dass ggf. die Variable `max_allowed_packet` auf dem Server verändert werden muss.

Jetzt wird der Inhalt der Datei eingelesen und im Array `binBilddaten` abgelegt. Da wir die Datei nicht mehr brauchen, kann sie geschlossen werden.

Listing 7.4 HauptfensterInsert.cs, Teil 4

```
42          binBilddaten = new byte[iDateigroesse];
43          streamDatei.Read(binBilddaten, 0, iDateigroesse);
44          streamDatei.Close();
```

---

[4] Linux/Unix: /, Windows: \

Der eigentliche Befehl wird nun gebastelt. Dabei wird ein ganz normaler `INSERT` verwendet. Anstelle der eigentlichen Daten werden aber Platzhalter verwendet. Die Nummer 9015 ist fest vorgegeben, da es sich um die Artikelnummer des Spatens handelt.

Listing 7.5 HauptfensterInsert.cs, Teil 5

```
46              strInsert =  "INSERT INTO ";
47              strInsert += "bild (bild, dateiname, dateityp, dateigroesse,
                    artikel_id)";
48              strInsert += "VALUES";
49              strInsert += " (@bild, @dateiname, @dateityp, @dateigroesse, 9015)";
```

Und los geht's: Die Verbindung zum Server wird geöffnet. Läuft da was schief, wird eine Ausnahme ausgelöst. Vielleicht ist der `ConnectionString` nicht richtig? Die gerade aufgebaute Verbindung wird dem `MySqlCmd` mitgeteilt, ebenso der SQL-Befehl. Mithilfe von `Parameter.AddWidthValue()` werden die Platzhalter durch die konkreten Werte ersetzt, u.a. auch die binären Bilddaten[5].

Da wir keine Ergebnisse vom Server zurückerwarten, wird mit `ExecuteNonQuery()` der SQL-Befehl zum Server gesendet und ausgeführt. Da wir die Verbindung zum Server nicht mehr brauchen, wird diese geschlossen.

Listing 7.6 HauptfensterInsert.cs, Teil 6

```
51              MySqlConn.Open();
52              MySqlCmd.Connection = MySqlConn;
53              MySqlCmd.CommandText = strInsert;
54              MySqlCmd.Parameters.AddWithValue("@dateiname", Path.GetFileName(dlg.
                    FileName));
55              MySqlCmd.Parameters.AddWithValue("@dateigroesse", iDateigroesse);
56              MySqlCmd.Parameters.AddWithValue("@dateityp", Path.GetExtension(dlg.
                    FileName));
57              MySqlCmd.Parameters.AddWithValue("@bild", binBilddaten);
58              MySqlCmd.ExecuteNonQuery();
59              MySqlConn.Close();
```

Zum Schluss noch eine Erfolgsmeldung und der `catch()` zur Fehlerbehandlung.

Listing 7.7 HauptfensterInsert.cs, Teil 7

```
61              MessageBox.Show("Und wieder ein neuer Spaten",
62                  "Spatenbild importiert!", MessageBoxButtons.OK, MessageBoxIcon.
                    Asterisk);
63
64          } // try Ende
65          catch (Exception ex) {
66              MessageBox.Show(ex.Message,"Error", MessageBoxButtons.OK,
                    MessageBoxIcon.Error);
67          } // catch Ende
68        } // if Ende
69      } // BttnBild_Click Ende
70  } // Hauptfenster Ende
```

---

[5] Um SQL-Injection-Angriffen vorzubeugen, sollten Sie sich mit `Prepare()` vertraut machen.

7.3 Daten kopieren

Aus eins mach zwei: Daten aus Tabellen kopieren

- Vertiefendes
  - Daten aus bestehenden Tabellen mit INSERT INTO ... SELECT übernehmen

Beim Anlegen temporärer Tabellen hatten wir die Situation (siehe Seite 87), dass man für eine Marketingaktion nur Auszüge der Daten aus der Tabelle kunde benötigte.

Wir möchten alle Kunden, die zur Familie *Beutlin* gehören, separat auswerten. Dazu sind zwei Schritte notwendig: das Erstellen der temporären Tabelle und das Kopieren aller Kunden mit Nachnamen *Beutlin*.

SQL3
MySQL/MariaDB
INSERT INTO *tabellenname_ziel* [(*spaltenliste*)]
  SELECT *auswahl*
;

In unserem Fall ist die *auswahl* eine einfache Abfrage auf den Nachnamen:

```
mysql> CREATE TEMPORARY TABLE kunde_beutlin LIKE kunde;
Query OK, 0 rows affected (0.04 sec)

mysql> INSERT INTO kunde_beutlin
    -> SELECT * FROM kunde WHERE nachname='Beutlin';
Query OK, 2 rows affected (0.04 sec)
Records: 2  Duplicates: 0  Warnings: 0

mysql> SELECT * FROM kunde_beutlin;
+----------+----------+---------+-[...]--+
| kunde_id | nachname | vorname | [...] |
+----------+----------+---------+-[...]--+
|        2 | Beutlin  | Frodo   | [...] |
|        3 | Beutlin  | Bilbo   | [...] |
+----------+----------+---------+-[...]--+
```

Den Aufbau des Befehls SELECT werden wir noch später ab Kapitel IV auf Seite 149 behandeln. Aber mit ein wenig Phantasie ist klar, wie hier der SELECT arbeitet. Das Sternchen hinter dem SELECT gibt an, dass alle Spalten der Tabelle ausgegeben werden sollen. Da die Tabelle kunde und die temporäre Tabelle kunde_beutlin die gleiche Anzahl, Reihenfolge und Typisierung der Spalten haben, passt das SELECT * genau zu kunde_beutlin, und die Daten können sofort importiert werden.

Sind die Tabellen nicht exakte strukturelle Kopien, so muss der SELECT so aufgebaut werden, dass das Ergebnis in die Tabellenstruktur oder *spaltenliste* der Zieltabelle passt.

Beispiel: Hier werden nur die Vor- und Nachnamen aller Kunden in eine neue temporäre Tabelle kopiert.

```
mysql> CREATE TEMPORARY TABLE kunde_namen LIKE kunde;
Query OK, 0 rows affected (0.04 sec)

mysql> INSERT INTO kunde_namen (vorname, nachname)
    -> SELECT vorname, nachname FROM kunde
    -> ;
Query OK, 5 rows affected (0.05 sec)
Records: 5  Duplicates: 0  Warnings: 0

mysql> SELECT * FROM kunde_namen;
+----------+--------------+----------+----------------------+-[...]-+
| kunde_id | nachname     | vorname  | rechnung_adresse_id  | [...] |
+----------+--------------+----------+----------------------+-[...]-+
|        1 | Beutlin      | Bilbo    |                 NULL | [...] |
|        2 | Beutlin      | Frodo    |                 NULL | [...] |
|        3 | Earendilionn | Elrond   |                 NULL | [...] |
|        4 | Gamdschie    | Samweis  |                 NULL | [...] |
|        5 | Telcontar    | Elessar  |                 NULL | [...] |
+----------+--------------+----------+----------------------+-[...]-+
```

TEIL III

Datenbank ändern

8 Datenbank und Tabellen umbauen

8.1 Eine Datenbank ändern

Erstaunlich, wie wenig man von einem Schema ändern kann.

- Grundkurs
  - ALTER SCHEMA, ALTER DATABASE
  - Ein neuer Zeichensatz
  - Eine neue Sortierung
- Vertiefendes: SHOW CREATE TABLE

Beim Anlegen der Datenbank gab es nur drei Angaben, die für eine Datenbank festgelegt werden konnten: Datenbankname, Zeichensatz und Sortierung. Der Datenbankname kann nicht geändert werden, aber Zeichensatz und Sortierung.

In SQL3 gibt es keinen Befehl zum Ändern einer Datenbank. Eine Änderung kann hier nur durch Anlegen einer neuen Datenbank mit den geänderten Parametern erfolgen. Anschließend werden die Datenbankobjekte einzeln in die neue Datenbank überführt.

MySQL/MariaDB
```
ALTER {DATABASE | SCHEMA} datenbankname
    [DEFAULT CHARACTER SET zeichensatz]
    [DEFAULT COLLATE sortierung]
;
```

Wie Sie die zur Verfügung stehenden Zeichensätze ermitteln, entnehmen Sie entsprechenden Abschnitten ab Seite 67 und denen über Sortierungen ab Seite 68.

Spannend sind jetzt folgende Fragen:

- Werden die Tabellenoptionen der schon vorhandenen Tabellen mit geändert oder werden nur neue Tabellen mit den geänderten Datenbankoptionen erstellt?
- Werden die Zeichensätze konvertiert oder nur anders interpretiert?
- Werden die Indizes automatisch neu gebildet oder muss man dies manuell tun?

Die erste Frage lässt sich leicht durch Ausprobieren beantworten:

```
1  mysql> SHOW CREATE SCHEMA oshop\G
2  *************************** 1. row ***************************
3         Database: oshop
4  Create Database: CREATE DATABASE 'oshop' /*!40100 DEFAULT CHARACTER SET utf8
       COLLATE utf8_unicode_ci
5   */
6
7  mysql> ALTER SCHEMA oshop DEFAULT CHARACTER SET latin1;
8
9  mysql> SHOW CREATE SCHEMA oshop\G
10 *************************** 1. row ***************************
11        Database: oshop
12 Create Database: CREATE DATABASE 'oshop' /*!40100 DEFAULT CHARACTER SET latin1
        */
13 1 row in set (0.00 sec)
```

Hinweis: Mit /*!401000 [...] */ wird ein bedingter Kommentar (Conditional Comment) programmiert. Hier: Bei einem Server der Version kleiner 4.1 ist dies ein Kommentar, ansonsten nicht. So können abwärtskompatible Befehle erstellt werden.

Mit SHOW CREATE SCHEMA konnten wir uns davon überzeugen, dass die Datenbank einen neuen DEFAULT-Zeichensatz hat. Wie sieht es aber für die Tabellen aus? Hier hilft der gute alte Bekannte SHOW CREATE TABLE:

```
1  mysql>SHOW CREATE TABLE kunde\G
2  *************************** 1. row ***************************
3         Table: kunde
4  Create Table: CREATE TABLE 'kunde' (
5    'kunde_id' int(10) unsigned NOT NULL AUTO_INCREMENT,
6    'nachname' varchar(255) COLLATE utf8_unicode_ci NOT NULL DEFAULT '',
7    [...]
8  ) ENGINE=InnoDB AUTO_INCREMENT=6 DEFAULT CHARSET=utf8 COLLATE=utf8_unicode_ci
```

In der Zeile 8 wird der Zeichensatz mit utf8 angegeben. Die Tabellen behalten somit ihren Zeichensatz und werden nicht automatisch in den neuen konvertiert.

Bei neuen Tabellen sieht das anders aus:

```
1  mysql> CREATE TABLE bla (name VARCHAR(255));
2
3  mysql> SHOW CREATE TABLE  bla\G
4  *************************** 1. row ***************************
5         Table: bla
6  Create Table: CREATE TABLE 'bla' (
7    'name' varchar(255) DEFAULT NULL
8  ) ENGINE=InnoDB DEFAULT CHARSET=latin1
```

Der Zeichensatz hier ist der neu eingestellte der Datenbank: latin1. Wenn die alten Tabellen bei dem alten Zeichensatz bleiben, wird auch die letzte Frage beantwortet: Die Indizes brauchen nicht neu gebildet werden.

Aufgabe 8.1: Ermitteln Sie selber, ob eine geänderte Sortierung in den Tabellen übernommen wird.

8.2 Ein Schema löschen

Nothing lasts forever. Mit einem Handstreich alles löschen.

- Grundkurs: Löschen mit DROP SCHEMA
- Vertiefendes: Was beim Löschen so alles passiert

Das Löschen einer Datenbank mit `DROP SCHEMA` ist erfrischend einfach. Die Datenbank und alle ihre Elemente werden aus dem DMBS entfernt. Dazu gehören beispielsweise die Tabellen, Ansichten, Prozeduren und Trigger.

SQL3
```
DROP SCHEMA datenbankname
;
```

MySQL/MariaDB
```
DROP {DATABASE|SCHEMA} [IF EXISTS] datenbankname
;
```

Damit wir uns nichts kaputt machen, legen wir eine neue Datenbank an und überprüfen ihre Existenz.

```
 1  mysql> CREATE SCHEMA wurstbrot;
 2
 3  mysql> SHOW SCHEMAS;
 4  +--------------------+
 5  | Database           |
 6  +--------------------+
 7  | information_schema |
 8  | mysql              |
 9  | oshop              |
10  | wurstbrot          |
11  | test               |
12  +--------------------+
13  5 rows in set (0.00 sec)
```

Jetzt löschen wir sie wieder:

```
 1  mysql> DROP SCHEMA wurstbrot;
 2  mysql> SHOW SCHEMAS;
 3  +--------------------+
 4  | Database           |
 5  +--------------------+
 6  | information_schema |
 7  | mysql              |
 8  | oshop              |
 9  | test               |
10  +--------------------+
11  4 rows in set (0.00 sec)
```

Nun hat MySQL aus dem Unterverzeichnis oshop alle Dateien mit den Endungen .BAK, .DAT, .HSH, .MRG, .MYD, .ISD, .MYI, .db und .frm gelöscht. Ebenso wird dort die Datei db.opt gelöscht.

Abschließend wird das Verzeichnis selbst gelöscht. Sollten in dem Verzeichnis noch andere Dateien liegen – z.B. solche, die durch SELECT ... INTO OUTFILE[1] entstanden sind –, kann das Verzeichnis nicht gelöscht werden. Es erscheint eine entsprechende Fehlermeldung.

```
1  mysql> SELECT * FROM warengruppe INTO OUTFILE 'bla.txt';
2  Query OK, 4 rows affected (0.00 sec)
3
4  mysql> DROP SCHEMA oshop;
5  ERROR 1010 (HY000): Error dropping database (can't rmdir './oshop/', [...]
```

Hinweis: Bevor Sie eine Datenbank löschen, sollten Sie unbedingt eine Sicherheitskopie der Datenbank gemacht haben! Nach dem DROP ist nämlich alles weg! Es erfolgt keine Rückmeldung, und es gibt auch kein *undo*.

■ 8.3 Eine Tabelle ändern

Tabellen müssen sich anpassen lassen. Daher frei nach dem Motto des Zweiten Vatikanischen Konzils: Tabula semper reformanda est.

- Grundkurs
    - Tabelle mit ALTER TABLE ... RENAME umbenennen
    - Spalte mit ALTER TABLE .... ADD hinzufügen
    - Spaltenspezifikation mit ALTER TABLE ... MODIFY ändern
    - Spalten mit ALTER TABLE ... DROP entfernen
- Vertiefendes
    - Umbenennen der Fremdschlüsselverweise
    - Spalten einsortieren
    - Was passiert bei Längenänderungen?
    - Was passiert bei Zeichensatzänderungen?
    - Von Zahl nach Zeichen konvertieren
    - Wertebereich einer Zahl ändern
    - Datum- und Uhrzeitwerte

Die Quelltexte dieses Kapitels stehen in den Dateien mysql/listing05.sql und pg/listing05.sql.

---

[1] Siehe Abschnitt 10.6.1 auf Seite 174

Eine Tabelle kann in folgenden Eigenschaften nachträglich verändert werden:

- Name der Tabelle
- Spaltenspezifikation bzgl. des Namens, des Datentyps und der Zusätze
- Constraints
- Tabellenoptionen

Das ist so ziemlich alles, was eine Tabelle ausmacht. Je umfangreicher eine Tabellenänderung ist, desto eher sollte darüber nachgedacht werden, eine neue Tabelle anzulegen, die Datensätze einzeln zu lesen, umzubauen und in die neue hineinzuschreiben. Dazu später mehr.

Der entscheidende Befehl zum Ändern einer Tabelle ist ALTER TABLE. Da dieser Befehl sehr umfangreich ist, wird er hier anhand von Fallbeispielen eingeführt. Dabei werden nicht alle Varianten des Befehls berücksichtigt.

8.3.1 Wie kann ich den Namen der Tabelle ändern?

MySQL/MariaDB
PostgreSQL
```
ALTER TABLE tabellenname_alt
    RENAME TO tabellenname_neu
;
```

Das Umbenennen ist schnell durchgeführt und überprüft.

```
 1  mysql> SHOW TABLES;
 2  +----------------------+
 3  | Tables_in_oshop      |
 4  +----------------------+
 5  | adresse              |
 6  | artikel              |
 7  [...]
 8  | rechnung_position    |
 9  | warengruppe          |
10  +----------------------+
11  14 rows in set (0.00 sec)
12
13  mysql> ALTER TABLE adresse RENAME TO wurstbrot;
14  Query OK, 0 rows affected (0.05 sec)
15
16  mysql> SHOW TABLES;
17  +----------------------+
18  | Tables_in_oshop      |
19  +----------------------+
20  | artikel              |
21  | artikel_nm_lieferant |
22  [...]
23  | warengruppe          |
24  | wurstbrot            |
25  +----------------------+
26  14 rows in set (0.00 sec)
```

In Zeile 24 können Sie sehen, dass die Tabelle adresse nun wurstbrot heißt.

Stellt sich doch die Frage, was bei einem ALTER TABLE ... RENAME mit den Fremdschlüssel-Constraints passiert?

```
 1  mysql> SHOW CREATE TABLE kunde\G
 2  *************************** 1. row ***************************
 3         Table: kunde
 4  Create Table: CREATE TABLE 'kunde' (
 5    'kunde_id' int(10) unsigned NOT NULL AUTO_INCREMENT,
 6    [..]
 7    CONSTRAINT 'kunde_ibfk_1' FOREIGN KEY ('rechnung_adresse_id') REFERENCES '
        wurstbrot' ('adresse_id') ON UPDATE CASCADE,
 8    CONSTRAINT 'kunde_ibfk_2' FOREIGN KEY ('liefer_adresse_id') REFERENCES '
        wurstbrot' ('adresse_id') ON DELETE SET NULL ON UPDATE CASCADE
 9  ) ENGINE=InnoDB AUTO_INCREMENT=6 DEFAULT CHARSET=utf8 COLLATE=utf8_unicode_ci
10  1 row in set (0.00 sec)
11
12  mysql> ALTER TABLE wurstbrot RENAME TO adresse;
```

Es haben diverse Fremdschlüssel auf eine Tabelle mit dem Namen adresse verwiesen. Eine Tabelle, die Fremdschlüssel auf adresse enthält, ist kunde. In Zeile 7 ist zu sehen, dass die Verweise auf den neuen Namen wurstbrot aktualisiert wurden. Puh :-)

Hinweis: In SQL3 gibt es kein ALTER TABLE ... RENAME TO ...-Befehl. In den verschiedenen RDBMS-Implementierungen finden sich aber entsprechende Anweisungen wie beispielsweise in MSSQL der SP_RENAME.

8.3.2 Wie kann ich eine Spalte hinzufügen?

SQL3
ALTER TABLE *tabellenname*
  ADD [COLUMN] *spaltenspezifikation*
;

MySQL/MariaDB
ALTER TABLE *tabellenname*
  ADD [COLUMN] *spaltenspezifikation* [{FIRST|AFTER} *spaltenname*]
;

Die *spaltenspezifikation* in ALTER TABLE ... ADD entspricht der, die bei einem CREATE TABLE (siehe Abschnitt 5.3 auf Seite 70) möglich ist. Wir wollen in der Tabelle kunde neben Nach- und Vornamen auch einen Firmennamen erfassen können.

Aufgabe 8.2: Wie lautet die Spaltenspezifikation für den Firmennamen? Begründen Sie Ihre Wahl.

Der aktuelle Stand der Tabelle kunde enthält keine Spalte zum Firmennamen. Dies könnten wir uns mit SHOW CREATE TABLE bestätigen lassen. Ein etwas weniger geschwätziger Befehl liefert uns auch alle notwendigen Informationen: DESCRIBE.

8.3 Eine Tabelle ändern

```
 1  mysql> DESCRIBE kunde;
 2  +---------------------+-------------------------+-[...]-+
 3  | Field               | Type                    | [...] |
 4  +---------------------+-------------------------+-[...]-+
 5  | kunde_id            | int(10) unsigned        | [...] |
 6  | nachname            | varchar(255)            | [...] |
 7  | vorname             | varchar(255)            | [...] |
 8  | rechnung_adresse_id | int(10) unsigned        | [...] |
 9  | liefer_adresse_id   | int(10) unsigned        | [...] |
10  | bezahlart           | int(10) unsigned        | [...] |
11  | art                 | enum('unb','prv','gsch')| [...] |
12  | deleted             | tinyint(3) unsigned     | [...] |
13  +---------------------+-------------------------+-[...]-+
14  8 rows in set (0.00 sec)
```

Hinter dem Vornamen wird jetzt die Spalte `firmenname` eingefügt:

```
 1  ALTER TABLE kunde
 2    ADD firmenname VARCHAR(255) NOT NULL DEFAULT '' AFTER vorname
 3  ;
```

In Zeile 8 taucht unser Firmenname auf – genau da, wo wir ihn haben wollten: nach dem Vornamen. Wird weder `FIRST` noch `AFTER` verwendet, wird die neue Spalte hinter der letzten eingefügt.

```
 1  mysql> DESCRIBE kunde;
 2  +---------------------+-------------------------+-[...]-+
 3  | Field               | Type                    | [...] |
 4  +---------------------+-------------------------+-[...]-+
 5  | kunde_id            | int(10) unsigned        | [...] |
 6  | nachname            | varchar(255)            | [...] |
 7  | vorname             | varchar(255)            | [...] |
 8  | firmenname          | varchar(255)            | [...] |
 9  | rechnung_adresse_id | int(10) unsigned        | [...] |
10  | liefer_adresse_id   | int(10) unsigned        | [...] |
11  | bezahlart           | int(10) unsigned        | [...] |
12  | art                 | enum('unb','prv','gsch')| [...] |
13  | deleted             | tinyint(3) unsigned     | [...] |
14  +---------------------+-------------------------+-[...]-+
```

Nachträglich eine neue `NOT NULL`-Spalte hinzuzufügen, kann problematisch sein, wenn die Tabelle nicht leer ist. Was soll denn in die schon angelegten Zeilen hineingeschrieben werden, wenn jetzt eine neue Spalte daher kommt?

MySQL und MariaDB belegen die Spalten mit Standardwerten (siehe Abschnitt 25.1.5 auf Seite 375). Sinnvoller wäre es, sich selbst eigene Standardwerte zu überlegen und diese in die Spaltenspezifikation per `DEFAULT` einzubauen.

Aufgabe 8.3: Verändern Sie die Spaltenspezifikationen in den entsprechenden CREATE TABLE-Anweisungen so, dass den Spalten sinnvolle Standardwerte zugewiesen werden. ∎

8.3.3 Wie kann ich die Spezifikation einer Spalte ändern?

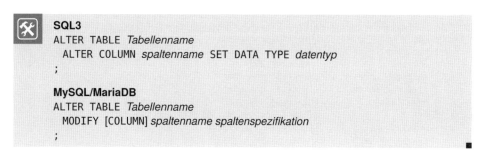

SQL3
ALTER TABLE *Tabellenname*
  ALTER COLUMN *spaltenname* SET DATA TYPE *datentyp*
;

MySQL/MariaDB
ALTER TABLE *Tabellenname*
  MODIFY [COLUMN] *spaltenname spaltenspezifikation*
;

In SQL3 kann nur der Datentyp auf diese Art verändert werden. Für Zusätze wie NOT NULL müssen jeweils eigene ALTER TABLE ... ALTER COLUMN-Varianten verwendet werden.

In MySQL oder MariaDB steht bei ALTER TABLE ... MODIFY hinter dem *spaltenname* die neue Spaltenspezifikation, die genauso wie im CREATE TABLE aufgebaut ist.

Wir haben bisher die Bezahlart über eine ganze Zahl kodiert. Wie bei der Kundenart ist es aber viel aussagekräftiger, einen ENUM zu verwenden. Wir wollen die Bezahlarten per Rechnung, per Bankeinzug und per Nachname anbieten. Hier der aktuelle Zustand der Tabelle kunde:

```
 1  mysql> DESCRIBE kunde\G
 2  *************************** 1. row ***************************
 3  [...]
 4  *************************** 7. row ***************************
 5   Field: bezahlart
 6    Type: int(10)
 7    Null: YES
 8     Key:
 9  Default: 0
10   Extra:
11  *************************** 8. row ***************************
12  [...]
```

Die Spalte bezahlart ist eine vorzeichenlose ganze Zahl mit der 0 als Vorbelegung. Jetzt wird die Spalte angepasst:

```
1  ALTER TABLE kunde
2    MODIFY
3      bezahlart ENUM('rechnung', 'bankeinzug', 'nachname') DEFAULT 'rechnung';
```

Das Ergebnis ist selbsterklärend:

```
 1  mysql> DESCRIBE kunde\G
 2  *************************** 1. row ***************************
 3  [...]
 4  *************************** 7. row ***************************
 5   Field: bezahlart
 6    Type: enum('rechnung','bankeinzug','nachname')
 7    Null: YES
 8     Key:
 9  Default: rechnung
10   Extra:
11  *************************** 8. row ***************************
12  [...]
```

So weit, so einfach. Die Änderung der Spaltenspezifikation ist in vielen Fällen ohne großes Nachdenken möglich. So wird die Änderung von einem VARCHAR(255) auf einen CHAR(50) keine Probleme bereiten, oder?

8.3.4 Zeichenbasierte Spalten in der Länge verändern

Hat die neue Spaltenspezifikation eine geringere Länge als die alte, werden Daten, die nicht in die neue passen, abgeschnitten. Würden wir beispielsweise die Spalte bezeichnung in einer Kopie der Tabelle artikel auf zehn Zeichen begrenzen, so bekämen wir entsprechende Warnungen (siehe Zeile 2):

```
 1  mysql> ALTER TABLE bla MODIFY bezeichnung CHAR(10);
 2  Query OK, 9 rows affected, 6 warnings (0.24 sec)
 3  Records: 9  Duplicates: 0  Warnings: 6
 4
 5  mysql> SHOW WARNINGS;
 6  +---------+------+------------------------------------------------+
 7  | Level   | Code | Message                                        |
 8  +---------+------+------------------------------------------------+
 9  | Warning | 1265 | Data truncated for column 'bezeichnung' at row 1 |
10  [...]
11  +---------+------+------------------------------------------------+
```

Zwar bekomme ich nun eine Warnung (Zeile 2), aber leider zu spät. Sinnvoller wäre es, die Längen der Werte in den Spalten erst zu ermitteln, um dann die maximale Länge besser bestimmen zu können.

```
 1  SELECT MAX(CHAR_LENGTH(bezeichnung)) FROM artikel;
```

Dieser Befehl liefert den Wert 13. Um noch ein wenig Luft nach oben zu haben, wäre die Länge 20 sicherlich ausreichend.

Aufgabe 8.4: Überprüfen Sie auf einer Kopie von Artikel (verwenden Sie CREATE TEMPORARY TABLE ... LIKE und INSERT INTO ... SELECT), ob die Länge 20 ohne Warnungen übernommen wird. ∎

Eine Verlängerung der maximalen Länge einer zeichenbasierenden Spalte ist ohne Datenverlust möglich.

8.3.5 Zeichensatz verändern

Das kann richtig kompliziert werden. Zunächst sollte man sich darüber im Klaren sein, dass es keinen Sinn hat, Zeichensätze wie Kyrillisch (cp1251) nach Arabisch (cp1265) zu konvertieren. Aber die Konvertierungen zwischen latin1, utf8 und cp850 sind schon wahrscheinlich.

Das Konvertieren der Daten sollte m.E. nicht in den Tabellen durch einen SQL-Befehl erfolgen. Ich empfehle, die Daten zu exportieren, sie mit einem Konvertierungsprogramm[2] umzuwandeln und sie in die geänderte Tabelle zu importieren.

Der Vorteil dieses Vorgehens ist, dass Sie jeden einzelnen Schritt unter Kontrolle haben und die Ergebnisse überprüfen können. Lassen Sie den Datenbankserver dies tun, erhalten Sie ggf. Warnungen, aber die Daten sind dann vielleicht schon verfälscht.

8.3.6 Zeichenbasierte Spalten in numerische Spalten verändern

Weil wir eine intensive Auswertung über die örtliche Verteilung unserer Kunden mithilfe der Postleitzahl vornehmen wollen, werden wir in einer Kopie der Tabelle adresse die Postleitzahl in ein numerisches Feld umwandeln. Vergleiche und Sortierungen lassen sich dann erheblich schneller durchführen.

```
mysql> SELECT * FROM wurstbrot;
+------------+------------------+-----+-----+-------+-[...]-+
| adresse_id | strasse          | hnr | lkz | plz   | [...] |
+------------+------------------+-----+-----+-------+-[...]-+
|          1 | Beutelhaldenweg  | 5   | AL  | 67676 | [...] |
|          2 | Beutelhaldenweg  | 1   | AL  | 67676 | [...] |
|          3 | Auf der Feste    | 1   | GO  | 54786 | [...] |
|          4 | Letztes Haus     | 4   | ER  | 87567 | [...] |
+------------+------------------+-----+-----+-------+-[...]-+

mysql> ALTER TABLE wurstbrot MODIFY plz INT;
Query OK, 4 rows affected (0.22 sec)
Records: 4  Duplicates: 0  Warnings: 0

mysql> SELECT * FROM wurstbrot;
+------------+------------------+------+-----+-------+-[...]-+
| adresse_id | strasse          | hnr  | lkz | plz   | [...] |
+------------+------------------+------+-----+-------+-[...]-+
|          1 | Beutelhaldenweg  |    5 | AL  | 67676 | [...] |
|          2 | Beutelhaldenweg  |    1 | AL  | 67676 | [...] |
|          3 | Auf der Feste    |    1 | GO  | 54786 | [...] |
|          4 | Letztes Haus     |    4 | ER  | 87567 | [...] |
+------------+------------------+------+-----+-------+-[...]-+
```

 Hinweis: Die Daten werden hier problemlos automatisch konvertiert, weil es keine führende 0 gibt.

Warnungen gäbe es nur, wenn die ermittelte Zahl nicht in den Zieldatentyp passt. Folgende Anweisung hätte die Warnung 1264 zur Folge:

```
ALTER TABLE wurstbrot MODIFY plz TINYINT;
```

Was aber, wenn die Werte nicht nur numerisch sind? Fügen wir der Kopie von Tabelle adresse besondere Datensätze hinzu:

---

[2] Unter Linux beispielsweise iconv oder recode

```
1   INSERT INTO
2     wurstbrot (strasse, hnr)
3   VALUES
4       ('Grünweg', '11a')
5      ,('Königsstraße', 'b12');
```

Das Ergebnis sind zwei neue Zeilen:

```
 1  mysql> SELECT * FROM wurstbrot;
 2  +------------+------------------+-----+-----+-------+-[...]-+
 3  | adresse_id | strasse          | hnr | lkz | plz   | [...] |
 4  +------------+------------------+-----+-----+-------+-[...]-+
 5  |          1 | Beutelhaldenweg  | 5   | AL  | 67676 | [...] |
 6  |          2 | Beutelhaldenweg  | 1   | AL  | 67676 | [...] |
 7  |          3 | Auf der Feste    | 1   | GO  | 54786 | [...] |
 8  |          4 | Letztes Haus     | 4   | ER  | 87567 | [...] |
 9  |          5 | Grünweg          | 11a |     |       | [...] |
10  |          6 | Königsstraße     | b12 |     |       | [...] |
11  +------------+------------------+-----+-----+-------+-[...]-+
```

Und jetzt wird die Hausnummer in eine numerische Spalte konvertiert:

```
 1  mysql> ALTER TABLE wurstbrot MODIFY hnr INT;
 2  Query OK, 6 rows affected, 2 warnings (0.12 sec)
 3  Records: 6  Duplicates: 0  Warnings: 2
 4
 5  mysql> SHOW WARNINGS\G
 6  *************************** 1. row ***************************
 7    Level: Warning
 8     Code: 1265
 9  Message: Data truncated for column 'hnr' at row 5
10  *************************** 2. row ***************************
11    Level: Warning
12     Code: 1366
13  Message: Incorrect integer value: 'b12' for column 'hnr' at row 6
```

Und wie sehen jetzt die Daten aus? Die Hausnummer 11 wurde dadurch ermittelt, dass man solange die Zahl konvertierte, bis man auf ein ungültiges Zeichen stieß (Zeile 9).

```
 1  mysql> select * from wurstbrot;
 2  +------------+------------------+------+-----+-------+-[...]-+
 3  | adresse_id | strasse          | hnr  | lkz | plz   | [...] |
 4  +------------+------------------+------+-----+-------+-[...]-+
 5  |          1 | Beutelhaldenweg  |    5 | AL  | 67676 | [...] |
 6  |          2 | Beutelhaldenweg  |    1 | AL  | 67676 | [...] |
 7  |          3 | Auf der Feste    |    1 | GO  | 54786 | [...] |
 8  |          4 | Letztes Haus     |    4 | ER  | 87567 | [...] |
 9  |          5 | Grünweg          |   11 |     |       | [...] |
10  |          6 | Königsstraße     |    0 |     |       | [...] |
11  +------------+------------------+------+-----+-------+-[...]-+
```

Ganz anders bei der b12. Dieser Wert wurde sofort als ungültig erkannt und nicht konvertiert. Das Ergebnis ist in der Zeile 10 zu sehen.

8.3.7 Numerische Spalten im Wertebereich verändern

Wird der Wertebereich bei ganzzahligen Datentypen erweitert (z.B. INT nach BIGINT), ergeben sich keine Probleme.

Negative Werte werden bei einer Änderung in ein UNSIGNED auf 0 gesetzt. Konvertierungen von DOUBLE nach FLOAT oder DECIMAL nach DOUBLE oder FLOAT werden gerundet. Dabei gehen Nachkommastellen verloren, aber nicht der Wert der Zahl als solcher[3].

8.3.8 Datum- oder Zeitspalten verändern

Intern werden Datums- und Zeitangaben als ganzzahlige Werte abgespeichert. Insofern erwarte ich keine Konvertierungsprobleme. Aber *schau'n mer mal*, wie schon der Kaiser sagte:

Legen wir zuerst eine temporäre Tabelle an, fügen einen Testdatensatz ein und konvertieren die Spalte zu BIGINTs. Ich habe diesen Datentyp gewählt, damit die interne Kodierung auch wirklich genug Zahlen für die Konvertierung zur Verfügung hat:

```
CREATE TEMPORARY TABLE wurstbrot
(
  a DATETIME,
  b TIME,
  c YEAR
);

INSERT INTO wurstbrot (a, b, c)
 VALUES ('2012-03-24 14:57:00', '14:57:00', '2012');

ALTER TABLE wurstbrot
  MODIFY a BIGINT,
  MODIFY b BIGINT,
  MODIFY c BIGINT
;
```

Dabei werden Warnungen erzeugt:

```
mysql> SHOW WARNINGS;
+---------+------+----------------------------------------+
| Level   | Code | Message                                |
+---------+------+----------------------------------------+
| Warning | 1265 | Data truncated for column 'a' at row 1 |
| Warning | 1265 | Data truncated for column 'b' at row 1 |
+---------+------+----------------------------------------+
2 rows in set (0.00 sec)

mysql> SELECT * FROM wurstbrot;
+------+------+------+
| a    | b    | c    |
+------+------+------+
| 2012 |   14 | 2012 |
+------+------+------+
1 row in set (0.00 sec)
```

Die Konvertierung des Datentyps YEAR scheint keine Probleme gemacht zu haben. Bei den beiden anderen sieht es nicht so gut aus. Bei DATETIME wurde nur das Jahr und bei TIME nur die Stunden übernommen. Schade :-(.

---

[3] Natürlich lassen sich perverse Beispiele von DECIMALS erstellen, die bei einer Konvertierung nach FLOAT oder INT den Zahlenwert verlieren.

Werden die Werte in einen zeichenbasierten Datentyp konvertiert,

```
ALTER TABLE wurstbrot
  MODIFY a VARCHAR(255),
  MODIFY b VARCHAR(255),
  MODIFY c VARCHAR(255);
```

sieht es so aus:

```
mysql> SELECT * FROM wurstbrot;
+---------------------+----------+------+
| a                   | b        | c    |
+---------------------+----------+------+
| 2012-03-24 14:57:00 | 14:57:00 | 2012 |
+---------------------+----------+------+
```

Die Angaben werden einfach als Zeichenkette dargestellt. Zwar sind jetzt keine Datums- und Zeitoperationen mehr direkt möglich, aber der Wert ist erhalten geblieben, und mit Konvertierungsfunktionen wie DATE() lassen sich diese auch weiterverarbeiten.

8.3.9 Wie kann ich aus einer Tabelle Spalten entfernen?

SQL3
ALTER TABLE *tabellenname*
  DROP COLUMN *spaltenname* [RESTRICT|CASCADE] ;

MySQL/MariaDB
ALTER TABLE *tabellenname*
  DROP [COLUMN] *spaltenname* ;

Mit ALTER TABLE ... DROP werden Spalten aus den Tabellen entfernt. Dabei gehen natürlich auch alle darin enthaltenen Werte verloren.

Aus einer Kopie von Adresse möchte ich diverse Spalten entfernen, da ich sie nicht brauche. Zuerst der aktuelle Zustand:

```
mysql> DESCRIBE wurstbrot;
+------------+---------------------+------+-----+---------+
| Field      | Type                | Null | Key | Default |
+------------+---------------------+------+-----+---------+
| adresse_id | int(10) unsigned    | NO   | PRI | NULL    |
| strasse    | varchar(255)        | NO   |     |         |
| hnr        | varchar(255)        | NO   |     |         |
| lkz        | char(2)             | NO   |     |         |
| plz        | char(5)             | NO   |     |         |
| ort        | varchar(255)        | NO   |     |         |
| deleted    | tinyint(3) unsigned | NO   |     | 0       |
+------------+---------------------+------+-----+---------+
```

Und weg damit:

```
ALTER TABLE wurstbrot
  DROP deleted,
  DROP strasse,
  DROP ort;
```

Hinweis: Sie erhalten keine Warnung oder Rückfrage. Die Spalten und ihre Inhalte sind ... weg!

Nur nochmal nachschauen, ob die Spalten wirklich entfernt wurden:

```
mysql> DESCRIBE wurstbrot;
+------------+------------------+------+-----+---------+----------------+
| Field      | Type             | Null | Key | Default | Extra          |
+------------+------------------+------+-----+---------+----------------+
| adresse_id | int(10) unsigned | NO   | PRI | NULL    | auto_increment |
| hnr        | varchar(255)     | NO   |     |         |                |
| lkz        | char(2)          | NO   |     |         |                |
| plz        | char(5)          | NO   |     |         |                |
+------------+------------------+------+-----+---------+----------------+
```

In SQL3 hat man die Möglichkeit, mithilfe der Optionen `RESTRICT` und `CASCADE` zu steuern, was mit Daten passieren soll, welche mit den zu löschenden Spalten – beispielsweise über einen Constraint – verknüpft sind. Bei `RESTRICT` – der Default – wird das Löschen verweigert, und bei `CASCADE` werden alle verknüpften Daten ebenfalls gelöscht. MySQL und MariaDB verhalten sich wie die Option `RESTRICT`.

■ 8.4 Eine Tabelle löschen

 Requiescat in pace. Eine Tabelle weniger.

- Grundkurs: Tabelle mit DROP TABLE löschen
- Vertiefendes
  - Löschreihenfolge bei Constraints
  - CASCADE und RESTRICT

Wie das Löschen der Datenbank (siehe Seite 121) ist auch Löschen von Tabellen mit `DROP TABLE` einfach.

 SQL3
```
DROP TABLE tabellenname [RESTRICT|CASCADE]
;
```

MySQL/MariaDB
```
DROP TABLE [IF EXISTS] tabellenname [RESTRICT|CASCADE]
;
```

 Hinweis: Die Tabellen werden ohne Rückfrage oder Warnung endgültig entfernt. Es gibt kein Undo, um die Tabellen wieder herzustellen.

8.4.1 Einfach löschen

Schauen wir uns an, was wir an Tabellen haben:

```
 1  mysql> SHOW TABLES;
 2  +-----------------------+
 3  | Tables_in_oshop       |
 4  +-----------------------+
 5  | adresse               |
 6  | artikel               |
 7  | artikel_nm_lieferant  |
 8  | artikel_nm_warengruppe|
 9  | bank                  |
10  | bankverbindung        |
11  | bestellung            |
12  | bestellung_position   |
13  | bild                  |
14  | kunde                 |
15  | lieferant             |
16  | rechnung              |
17  | rechnung_position     |
18  | warengruppe           |
19  +-----------------------+
20  14 rows in set (0.00 sec)
```

Jetzt löschen wir nicht nur eine, sondern gleich mehrere Tabellen.

```
 1  mysql> DROP TABLE
 2      >  rechnung_position, rechnung, bestellung_position,bestellung
 3      >  ;
 4
 5  mysql> SHOW TABLES;
 6  +-----------------------+
 7  | Tables_in_oshop       |
 8  +-----------------------+
 9  | adresse               |
10  | artikel               |
11  | artikel_nm_lieferant  |
12  | artikel_nm_warengruppe|
13  | bank                  |
14  | bankverbindung        |
15  | bild                  |
16  | kunde                 |
17  | lieferant             |
18  | warengruppe           |
19  +-----------------------+
20  10 rows in set (0.00 sec)
```

Was passiert eigentlich mit den Indizes der entsprechenden Tabellen? Diese werden mit gelöscht. Durch das Löschen einer Tabelle werden alle damit verbundenen Indizes, Constraints etc. gelöscht.

8.4.2 Was bedeuten die Optionen CASCADE und RESTRICT?

Aufgabe 8.5: Was für eine Fehlermeldung erwarte ich, wenn die Tabellen in folgender Reihenfolge zu löschen versucht werden: rechnung, rechnung_position?

Besteht ein Constraint zwischen zwei Tabellen – z.B. eine Primär-/Fremdschlüsselbeziehung –, wird dieser verletzt, wenn man beispielsweise die Primärschlüsseltabelle löscht.

Wird die Option `RESTRICT` angegeben, scheitert der Löschversuch. Wird die Option `CASCADE` angegeben, werden alle Tabellen, die durch einen Constraint mit der zu löschenden verbunden sind, auch gelöscht. Das ist **sehr** bedenklich. Betrachten wir das Löschen der Tabelle kunde. Ein Löschen mit der Option `CASCADE` ließe[4] nur noch folgende Tabellen übrig:

```
mysql> SHOW TABLES;
+----------------------+
| Tables_in_oshop      |
+----------------------+
| adresse              |
| artikel              |
| artikel_nm_lieferant |
| artikel_nm_warengruppe |
| bank                 |
| lieferant            |
| warengruppe          |
+----------------------+
7 rows in set (0.00 sec)
```

---

[4] In MySQL und MariaDB sind diese Optionen nicht implementiert, führen aber zu keiner Fehlermeldung.

9 Werte in Tabellen verändern

9.1 WHERE-Klausel

Mit WHERE nur die Zeilen auswählen, die betroffen sind.

- Grundkurs
  - Bedingung und Wahrheitswerte
  - Verknüpfung von Teilbedingungen
- Vertiefendes: Groß- und Kleinschreibung

Die Quelltexte dieses Kapitels stehen in den Dateien mysql/listing06.sql und pg/listing06.sql.

Wir werden in den nachfolgenden Kapiteln Befehle kennenlernen, die Tabelleninhalte auswerten, verändern und löschen. Diese Befehle werden mal auf alle Zeilen der Tabelle angewendet, mal auf eine Teilmenge.

Damit SQL unterscheiden kann, auf welche Teilmenge der Befehl eingeschränkt wird, müssen wir für die Zeilen Bedingungen formulieren können.

Definition 32: Bedingung
Eine *Bedingung* (engl: condition) ist eine Frage, die der Computer mit TRUE oder FALSE beantworten muss.

In SQL[1] kann ein boolescher Ausdruck auch noch einen dritten Wert annehmen: UNKNOWN. Dieser tritt in der Regel auf, wenn wir mit NULL-Werten vergleichen.

Für die Befehle UPDATE (siehe Abschnitt 9.2 auf Seite 139), DELETE (siehe Abschnitt 9.3 auf Seite 143) und SELECT (siehe Kapitel IV auf Seite 149) werden die Bedingungen durch das Schlüsselwort WHERE eingeleitet.

---

[1] Der Datentyp BOOL ist eigentlich nur ein anderer Ausdruck für ein TINYINT mit der Domäne 0 (=FALSE) und 1 (=TRUE).

SQL3
MySQL/MariaDB
{UPDATE | DELETE | SELECT} *befehlsinhalt*
  WHERE
    bedingung
;

Definition 33: WHERE-Klausel
Die *WHERE-Klausel* schränkt die voranstehende Operation auf die Zeilen ein, für welche die Bedingung TRUE ist.

9.1.1 Wie formuliert man eine einfache Bedingung?

Es gibt zwei *sehr* einfache Bedingungen.

```
1   SELECT * FROM artikel WHERE TRUE;
2   SELECT * FROM artikel WHERE FALSE;
```

Aufgabe 9.1: Der Befehl SELECT liefert mir den Inhalt einer Tabelle. Welche Ausgabe erwarte ich bei Zeile 1 und welche bei 2? Verwenden Sie in Ihrer Begründung die Definition 33.

So triviale Bedingungen kommen normalerweise nicht vor. Vielmehr wollen wir Bedingungen bauen, die die inhaltlichen Eigenschaften einer Zeile untersucht: Ist delete auch mit 0 gefüllt? Ist der Kunde volljährig? Kommen die Kunden aus einem bestimmten Postleitzahlenbereich? etc.

Dazu muss man Spalteninhalte miteinander oder gegen Konstanten oder Ausdrücke vergleichen. Eine Liste der in SQL möglichen Vergleichsoperatoren finden Sie in Abschnitt 25.3.1 auf Seite 382.

Aufgabe 9.2: Führen Sie folgende Befehle aus und interpretieren Sie die Ergebnisse:
```
SELECT * FROM artikel WHERE artikel_id =  3010;
SELECT * FROM artikel WHERE artikel_id != 3010;
SELECT * FROM artikel WHERE einzelpreis <  5.0;
SELECT * FROM artikel WHERE einzelpreis <= 5.0;
SELECT * FROM artikel WHERE einzelpreis >  5.0;
SELECT * FROM artikel WHERE einzelpreis >= 5.0;
SELECT * FROM artikel WHERE einzelpreis BETWEEN 1.00 AND 15.00;
SELECT * FROM artikel WHERE einzelpreis NOT BETWEEN 1.00 AND 15.00;
SELECT * FROM artikel WHERE artikel_id IN (3001, 7856, 9015);
SELECT * FROM artikel WHERE artikel_id NOT IN (3001, 7856, 9015);
SELECT * FROM artikel WHERE bezeichnung LIKE 'Tinte%';
SELECT * FROM artikel WHERE bezeichnung = 'Tinte%';
SELECT * FROM kunde   WHERE liefer_adresse_id =  NULL;
SELECT * FROM kunde   WHERE liefer_adresse_id IS NULL;
SELECT * FROM kunde   WHERE liefer_adresse_id IS NOT NULL;
```

Aufgabe 9.3: Ermitteln Sie die passende WHERE-Klausel zum SELECT für folgende Anforderungen:

a) Geben Sie den Kunden mit dem Namen 'Beutlin' aus.
b) Geben Sie alle Kunden, die nicht 'Beutlin' heißen, aus.
c) Geben Sie alle Kunden mit einer Kundennummer kleiner als 4 aus.
d) Geben Sie alle Kunden mit einer Kundennummer größer oder gleich 4 aus.
e) Geben Sie alle Kunden mit einer Kundennummer von 2 bis 4 aus.
f) Geben Sie alle Kunden mit einer Kundennummer kleiner 2 oder größer 4 aus.
g) Geben Sie alle Kunden, deren Nachname ein 'n' enthalten, aus.

9.1.2 Wird zwischen Groß- und Kleinschreibung unterschieden?

Ein Versuch sagt mehr als 1000 Worte[2]:

```
mysql> CREATE TEMPORARY TABLE wurstbrot (
    ->  name VARCHAR(255)
    -> );

mysql> INSERT INTO wurstbrot VALUES
    ->   ('Jaqueline')
    ->  ,('Kevin')
    ->  ,('kevin')
    ->  ,('jaqueline');

mysql> SELECT * FROM wurstbrot WHERE name = 'kevin';
+-------+
| name  |
+-------+
| Kevin |
| kevin |
+-------+
```

Offensichtlich wird in MySQL und MariaDB standardmäßig nicht zwischen Groß- und Kleinschreibung unterschieden[3]. Möchte man zwischen Groß- und Kleinschreibung unterscheiden, was beispielsweise bei Passwortinhalten[4] notwendig wäre, so muss der Zusatz **BINARY** verwendet werden.

```
mysql> DROP TABLE wurstbrot;

mysql> CREATE TEMPORARY TABLE wurstbrot (
    ->  name VARCHAR(255) BINARY
    -> );

mysql> INSERT INTO wurstbrot VALUES
```

---
[2] Dabei ist ein Quelltext auch nur ein Haufen Worte. Darüber sollte man mal nachdenken …
[3] In PostgreSQL allerdings schon. Dort hätte man schreiben müssen:
SELECT * FROM wurstbrot WHERE LOWER(name) = 'kevin';.
[4] Die natürlich NIE NIE NIE klartextlich abgespeichert werden.

```
 8      ->   ('Jaqueline')
 9      ->  ,('Kevin')
10      ->  ,('kevin')
11      ->  ,('jaqueline');
12
13 mysql> SELECT * FROM wurstbrot WHERE name = 'kevin';
14 +-------+
15 | name  |
16 +-------+
17 | kevin |
18 +-------+
```

 Hinweis: In SQL3 gibt es keine Möglichkeit, zwischen Groß- und Kleinschreibung zu unterscheiden.

9.1.3 Wie formuliert man eine zusammengesetzte Bedingung?

Oft sind die fachlichen Anforderungen, die für die Operation zutreffen müssen, aus mehreren Bedingungen zusammengesetzt: Bochumer Kunden mit mehr als 10 Bestellungen im letzten Jahr, nicht gelöschte Bestellpositionen mit einer Menge von 0 usw.

Teilbedingungen müssen daher zu Gesamtbedingungen zusammengesetzt werden. Eine Liste der verfügbaren Verknüpfungsoperatoren finden Sie in Abschnitt 25.3.2 auf Seite 384.

 Aufgabe 9.4: Führen Sie folgende Befehle aus und interpretieren Sie die Ergebnisse:

```
SELECT * FROM artikel
  WHERE
    waehrung = 'EUR' AND einzelpreis > 10.0;

SELECT * FROM artikel
  WHERE
    waehrung = 'USD' OR einzelpreis <= 10.0;

SELECT * FROM artikel
  WHERE
    waehrung != 'EUR';

SELECT * FROM kunde
  WHERE
    rechnung_adresse_id IS NULL XOR liefer_adresse_id IS NOT NULL;
```

Um die Ausführungsreihenfolge festzulegen und die Übersichtlichkeit zu erhöhen, werden Klammerungen verwendet. Verwenden Sie auch dann die Klammern, wenn die Ausführungsreihenfolge klar ist.

 Aufgabe 9.5: Führen Sie folgende Befehle aus und interpretieren Sie die Ergebnisse:

```
SELECT * FROM artikel
```

```
    WHERE
       artikel_id > 3006 AND einzelpreis > 10.0 OR waehrung = 'EUR';

    SELECT * FROM artikel
    WHERE
       (artikel_id > 3006 AND einzelpreis > 10.0) OR (waehrung = 'EUR');

    SELECT * FROM artikel
    WHERE
       (artikel_id > 3006) AND (einzelpreis > 10.0 OR waehrung = 'EUR');
```

Aufgabe 9.6: Ermitteln Sie die passende WHERE-Klausel zum SELECT für folgende Anforderungen:

a) Geben Sie alle Kunden, die 'Beutlin' heißen oder eine Lieferadresse haben, aus.

b) Geben Sie alle Kunden mit dem Nachnamen 'Beutlin' und dem Vornamen 'Frodo' aus.

c) Geben Sie alle Kunden, die entweder eine Lieferadresse haben oder Geschäftskunden sind, aus.

∎

Der Aufbau der WHERE-Klausel kann beliebig kompliziert werden. Wir haben jetzt nur die einfachen Grundgerüste kennengelernt. So wird der Inhalt der Werteliste bei dem Operator IN oft durch eigene SELECTs[5] ermittelt. Auch der obere und untere Wert beim Operator BETWEEN wird meist dynamisch aus Tabelleninhalten berechnet.

Freuen wir uns also auf viel kompliziertere WHERE-Klauseln ;-).

9.2 Tabelleninhalte verändern

 Alles ändert sich, nichts bleibt, wie es ist.

- Grundkurs
  - Stammdaten und Bewegungsdaten
  - Einfache Wertzuweisung mit UPDATE
  - Werte berechnen
- Vertiefendes
  - LOW_PRIORITY
  - IGNORE

∎

---

[5] Siehe Unterabfragen in Abschnitt 13 auf Seite 219

Die Quelltexte dieses Kapitels stehen in den Dateien mysql/listing06.sql und pg/listing06.sql.

Wir haben Tabelleninhalte mit INSERT INTO oder LOAD DATA INFILE erstellt. Viele Tabelleninhalte werden selten bis nie verändert, andere häufiger.

Definition 34: Stammdaten/Bewegungsdaten
Tabellen, deren Inhalte eine geringe Änderungswahrscheinlichkeit aufweisen und in den Geschäftsprozessen eine nicht triviale Bedeutung haben, heißen *Stammdaten*.

Tabellen, deren Inhalte eine hohe Änderungswahrscheinlichkeit besitzen und in den Geschäftsprozessen eine nicht triviale Bedeutung haben, heißen *Bewegungsdaten*.

In unserem Beispiel oshop würde ich die Tabellen wie folgt kategorisieren:

Tabelle 9.1 Stamm- und Bewegungsdaten im oshop

Stammdaten	Bewegungsdaten
adresse	bestellung
artikel	bestellung_position
artikel_nm_warengruppen	lagerbestand
artikel_nm_lieferant	rechnung
bank	rechnung_position
bankverbindung	
kunde	
bild	
lieferant	
warengruppe	

Wir werden in den Bewegungsdaten mit dem Befehl UPDATE Änderungen vornehmen:

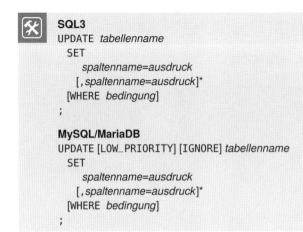

SQL3
UPDATE *tabellenname*
   SET
      spaltenname=ausdruck
      [,*spaltenname=ausdruck*]*
   [WHERE *bedingung*]
;

MySQL/MariaDB
UPDATE [LOW_PRIORITY] [IGNORE] *tabellenname*
   SET
      spaltenname=ausdruck
      [,*spaltenname=ausdruck*]*
   [WHERE *bedingung*]
;

9.2.1 Szenario 1: Einfache Wertzuweisung

Der Kunde ändert die Mengenangabe in einer Bestellung. In der Bestellung 1 sollen zwei anstelle von einem Spaten aufgegeben werden.

Die Daten in der Tabelle `bestellung_position` sind folgende:

```
mysql> SELECT * FROM bestellung_position;
+---------------+-------------+------------+-----------+---------+
| bestellung_id | position_nr | artikel_id | menge     | deleted |
+---------------+-------------+------------+-----------+---------+
[...]
|             1 |           3 |       9015 |  1.000000 |       0 |
[...]
+---------------+-------------+------------+-----------+---------+
```

In der Zeile 6 befindet sich der zu ändernde Datensatz. Um den Datensatz eindeutig zu identifizieren, eignet sich am besten der Primärschlüssel.

Aufgabe 9.7: Wie bekommt man heraus, welche Spalten den Primärschlüssel einer Tabelle bilden?

```
mysql> UPDATE bestellung_position
    -> SET menge = 2
    -> WHERE bestellung_id = 1 AND position_nr = 3;

mysql> SELECT * FROM bestellung_position;
+---------------+-------------+------------+-----------+---------+
| bestellung_id | position_nr | artikel_id | menge     | deleted |
+---------------+-------------+------------+-----------+---------+
[...]
|             1 |           3 |       9015 |  2.000000 |       0 |
[...]
+---------------+-------------+------------+-----------+---------+
```

In der Zeile 10 kann der geänderte Wert überprüft werden.

9.2.2 Szenario 2: Berechnete Werte

Die Preise sollen pauschal um 1% erhöht werden.

```
mysql> SELECT * FROM artikel;
+------------+----------------+-------------+----------+---------+
| artikel_id | bezeichnung    | einzelpreis | waehrung | deleted |
+------------+----------------+-------------+----------+---------+
|       3001 | Papier (100)   |    2.300000 | EUR      |       0 |
|       3005 | Tinte (gold)   |   55.700000 | EUR      |       0 |
|       3006 | Tinte (rot)    |    6.200000 | EUR      |       0 |
|       3007 | Tinte (blau)   |    4.130000 | EUR      |       0 |
|       3010 | Feder          |    5.000000 | EUR      |       0 |
|       7856 | Silberwiebel   |    0.510000 | EUR      |       0 |
|       7863 | Tulpenzwiebel  |    3.390000 | EUR      |       0 |
|       9010 | Schaufel       |   14.950000 | USD      |       0 |
|       9015 | Spaten         |   19.900000 | EUR      |       0 |
+------------+----------------+-------------+----------+---------+
```

Jetzt werden die Preise aktualisiert. Da alle Preise aktualisiert werden sollen, kann auf eine WHERE-Klausel verzichtet werden.

```
1  UPDATE artikel SET einzelpreis = einzelpreis + einzelpreis / 100.0;
```

Wir haben hier erstmalig die *rechnerischen* Fähigkeiten von SQL kennengelernt. Eine Liste der mathematischen Operationen finden Sie in Abschnitt 25.2.1 auf Seite 377 und von mathematischen Funktionen in Abschnitt 25.2.2 auf Seite 377.

```
 1  mysql> SELECT * FROM artikel;
 2  +------------+----------------+--------------+----------+---------+
 3  | artikel_id | bezeichnung    | einzelpreis  | waehrung | deleted |
 4  +------------+----------------+--------------+----------+---------+
 5  |       3001 | Papier (100)   |     2.323000 | EUR      |       0 |
 6  |       3005 | Tinte (gold)   |    56.257000 | EUR      |       0 |
 7  |       3006 | Tinte (rot)    |     6.262000 | EUR      |       0 |
 8  |       3007 | Tinte (blau)   |     4.171300 | EUR      |       0 |
 9  |       3010 | Feder          |     5.050000 | EUR      |       0 |
10  |       7856 | Silberwiebel   |     0.515100 | EUR      |       0 |
11  |       7863 | Tulpenzwiebel  |     3.423900 | EUR      |       0 |
12  |       9010 | Schaufel       |    15.099500 | USD      |       0 |
13  |       9015 | Spaten         |    20.099000 | EUR      |       0 |
14  +------------+----------------+--------------+----------+---------+
```

Wir haben es nun mit sehr unschönen Preisen zu tun. Besser wäre ein Runden auf die zweite Stelle hinter dem Komma.

```
1  UPDATE artikel SET einzelpreis = ROUND(einzelpreis, 2);
```

Aufgabe 9.8: Schauen Sie sich die Preise an, und ermitteln Sie die Rundungsregeln. ∎

9.2.3 Szenario 3: Gebastelte Zeichenketten

Für den Briefverkehr soll eine Anrede verwendet werden. In der Tabelle kunde müssen wir diese Spalte zuerst einfügen.

```
1  ALTER TABLE kunde ADD anrede VARCHAR(255) AFTER nachname;
```

Jetzt können wir aus dem Nachnamen eine Anrede generieren. Da wir keine Unterscheidungsmöglichkeit für Männer und Frauen haben, muss diese Anrede neutral gehalten sein. Dabei sollen alle Datensätze ausgespart werden, für die kein Nachname erfasst ist.

```
1  UPDATE kunde
2    SET anrede = CONCAT('Sehr geehrte/r Frau/Herr ', nachname)
3    WHERE nachname <> '';
```

Aufgabe 9.9: Betrachten Sie das Ergebnis, und überlegen Sie sich die Funktionsweise von CONCAT(). ∎

9.2.4 Was bedeutet die Option LOW_PRIORITY?

Ein Update kann recht lange dauern. Entweder weil es auf einer großen Datenmenge arbeitet, oder weil es schwer zu berechnen ist. In beiden Fällen würden konkurrierende Zugriffe auf die Tabelle ausgebremst oder gar blockiert werden.

Mit der Option `LOW_PRIORITY` wird der `UPDATE` solange verzögert, bis keine Verbindung mehr auf der Tabelle arbeitet.

9.2.5 Was bedeutet die Option IGNORE?

Eine Aktualisierung der Daten bricht ab, sobald ein Fehler auftritt. Man könnte beispielsweise allen Zeilen den gleichen Primärschlüssel zuweisen wollen oder in einem Fremdschlüssel einen Wert eintragen, der einem Constraint widerspricht.

Will man, dass das Aktualisieren aber weitergehen soll, gibt man die Option `IGNORE` an. Dubletten in Schlüsselspalten werden dabei nicht angelegt.

■ 9.3 Tabelleninhalte löschen

Die verbotene Frucht. Fluch und Segen des Löschens von Daten.

- Grundkurs
  - Löschen mit DELETE
  - Tabellen mit einem Schlag leeren
- Vertiefendes
  - Constraints
  - AUTO_INCREMENT
  - LOW_PRIORITY
  - QUICK
  - IGNORE

Die Quelltexte dieses Kapitels stehen in den Dateien `mysql/listing06.sql` und `pg/listing06.sql`.

Wir wollen eine Bestellposition löschen. Schauen wir uns vorher den Bestand an Bestellpositionen an:

```
1  mysql> SELECT * FROM bestellung_position;
2  +---------------+-------------+------------+------------+---------+
3  | bestellung_id | position_nr | artikel_id | menge      | deleted |
4  +---------------+-------------+------------+------------+---------+
5  |             1 |           1 |       7856 |  30.000000 |       0 |
```

```
 6 |              1 |             2 |    7863 |  50.000000 |       0 |
 7 |              1 |             3 |    9015 |   1.000000 |       0 |
 8 |              2 |             1 |    7856 |  10.000000 |       0 |
 9 |              2 |             2 |    9010 |   5.000000 |       0 |
10 |              3 |             1 |    7856 |  10.000000 |       0 |
11 |              3 |             2 |    7863 |  10.000000 |       0 |
12 |              4 |             1 |    3006 |   1.000000 |       0 |
13 |              4 |             2 |    3010 |   4.000000 |       0 |
14 |              5 |             1 |    3001 | 100.000000 |       0 |
15 |              5 |             2 |    3010 |   5.000000 |       0 |
16 |              5 |             3 |    3006 |   1.000000 |       0 |
17 |              5 |             4 |    3005 |   4.000000 |       0 |
18 +----------------+---------------+---------+------------+---------+
```

Der Befehl DELETE ist einfach. Das Komplizierteste an ihm ist die WHERE-Klausel.

> **SQL3**
> DELETE FROM *tabellenname*
>   [WHERE *bedingung*]
> ;
>
> **MySQL/MariaDB**
> DELETE FROM [LOW_PRIORITY] [QUICK] [IGNORE] *tabellenname*
>   [WHERE *bedingung*]
> ;

Löschen wir die Positionen der Bestellung 1:

```
1  DELETE FROM bestellung_position WHERE bestellung_id = 1;
```

Das Ergebnis ist wie erwartet:

```
 1  mysql> SELECT * FROM bestellung_position;
 2  +----------------+-------------+-----------+------------+---------+
 3  | bestellung_id  | position_nr | artikel_id| menge      | deleted |
 4  +----------------+-------------+-----------+------------+---------+
 5  |              2 |           1 |      7856 |  10.000000 |       0 |
 6  |              2 |           2 |      9010 |   5.000000 |       0 |
 7  |              3 |           1 |      7856 |  10.000000 |       0 |
 8  |              3 |           2 |      7863 |  10.000000 |       0 |
 9  |              4 |           1 |      3006 |   1.000000 |       0 |
10  |              4 |           2 |      3010 |   4.000000 |       0 |
11  |              5 |           1 |      3001 | 100.000000 |       0 |
12  |              5 |           2 |      3010 |   5.000000 |       0 |
13  |              5 |           3 |      3006 |   1.000000 |       0 |
14  |              5 |           4 |      3005 |   4.000000 |       0 |
15  +----------------+-------------+-----------+------------+---------+
```

Bitte beachten Sie, dass drei Zeilen aus der Tabelle gelöscht werden.

> **Hinweis:** Die Daten werden ohne Rückfrage gelöscht! Nach der Drei-Schichten-Architektur (siehe Seite 78) wird das Löschen durch andere Schichten der Anwendung plausibilisiert.

9.3.1 Und was passiert bei Constraints?

Können Sie sich noch an die Lösch- und Änderungsweitergabe erinnern (siehe Seite 83)? Wäre unsere Tabellen mit Löschweitergabe erstellt worden, würde Folgendes passieren:

```
mysql> DELETE FROM kunde WHERE kunde_id = 1;
Query OK, 1 row affected (0.02 sec)

mysql> SELECT * FROM bestellung;
+---------------+----------+------------+----------------------+-[...]-+
| bestellung_id | kunde_id | adresse_id | datum                | [...] |
+---------------+----------+------------+----------------------+-[...]-+
|             5 |        2 |          2 | 2012-04-01 13:11:00  | [...] |
|             6 |        2 |          2 | 2012-03-23 16:11:00  | [...] |
+---------------+----------+------------+----------------------+-[...]-+
2 rows in set (0.00 sec)

mysql> SELECT * FROM bestellung_position;
+---------------+-------------+------------+-------------+---------+
| bestellung_id | position_nr | artikel_id | menge       | deleted |
+---------------+-------------+------------+-------------+---------+
|             5 |           1 |       3001 | 100.000000  |       0 |
|             5 |           2 |       3010 |   5.000000  |       0 |
|             5 |           3 |       3006 |   1.000000  |       0 |
|             5 |           4 |       3005 |   4.000000  |       0 |
+---------------+-------------+------------+-------------+---------+
4 rows in set (0.00 sec)
```

Bitte beachten Sie, dass in Zeile 2 nur ein Hinweis auf eine gelöschte Zeile erscheint. Ebenso erscheint keine Warnung. Ein anschließender Blick in die Tabelle `bestellung` zeigt mir, dass alle Bestellungen des Kunden 1 ebenfalls gelöscht wurden (Zeile 4ff). Und nicht nur das: In der Tabelle `bestellung_position` sind alle Positionen der Bestellung gelöscht worden.

Jetzt sind unsere Tabellen aber nicht mit `ON DELETE CASCADE`, sondern `ON DELETE RESTRICT` erstellt worden. Der Löschversuch wird daher zurückgewiesen:

```
mysql> DELETE FROM kunde WHERE kunde_id = 1;
ERROR 1451 (23000): Cannot delete or update a parent row: a foreign key
       constraint fails ('oshop'.'bestellung', CONSTRAINT 'bestellung_ibfk_1'
       FOREIGN KEY ('kunde_id') REFERENCES 'kunde' ('kunde_id'))
```

9.3.2 Was passiert mit dem AUTO_INCREMENT?

Ein immer wieder vorgetragenes Missverständnis: Der `AUTO_INCREMENT` nimmt als neuen Wert $id_{neu} = Max(id_{alt}) + 1$ an. Man könnte sogar annehmen, dass Lücken in der Zahlenfolge aufgefüllt werden.

Schauen wir uns das an einem Beispiel an:

```
mysql> SELECT kunde_id, nachname FROM kunde;
+----------+----------+
| kunde_id | nachname |
+----------+----------+
|        3 | Beutlin  |
|        2 | Beutlin  |
```

```
 7 |        5 | Earendilionn |
 8 |        1 | Gamdschie    |
 9 |        4 | Telcontar    |
10 +----------+--------------+
11
12 mysql> DELETE FROM kunde WHERE kunde_id IN (3,5);
13
14 mysql> INSERT INTO
15     >   kunde (nachname, vorname)
16     >   VALUES ('Eichenschild', 'Thorin')
17     > ;
18
19 mysql> SELECT kunde_id, nachname FROM kunde;
20 +----------+--------------+
21 | kunde_id | nachname     |
22 +----------+--------------+
23 |        3 | Beutlin      |
24 |        2 | Beutlin      |
25 |        5 | Earendilionn |
26 |        6 | Eichenschild |
27 |        1 | Gamdschie    |
28 |        4 | Telcontar    |
29 +----------+--------------+
```

Es werden somit keine Lücken gefüllt oder die obige $Max()$-Formel verwendet. Die Tabellen müssen sich irgendwo den zuletzt erzeugten oder nächsten AUTO_INCREMENT-Wert merken. Und tatsächlich: Mit SHOW CREATE TABLE kriegt man heraus, welchen Wert der nächste AUTO_INCREMENT liefern wird (siehe Zeile 7).

```
1 mysql> SHOW CREATE TABLE kunde\G
2 *************************** 1. row ***************************
3        Table: kunde
4 Create Table: CREATE TABLE 'kunde' (
5   'kunde_id' int(10) unsigned NOT NULL AUTO_INCREMENT,
6 [...]
7 ) ENGINE=InnoDB AUTO_INCREMENT=7 DEFAULT CHARSET=utf8 COLLATE=utf8_unicode_ci
```

 Hinweis: Dies bedeutet auch, dass ein Löschen des gesamten Inhalts nicht dazu führt, dass wieder mit 1 angefangen wird.

9.3.3 Was bedeutet LOW_PRIORITY?

Ein Löschvorgang kann recht lange dauern. Entweder weil er auf einer großen Datenmenge arbeitet oder weil er eine schwer auszuwertende WHERE-Klausel hat. In beiden Fällen würden konkurrierende Zugriffe auf die Tabelle ausgebremst oder gar blockiert werden.

Mit der Option LOW_PRIORITY wird der Löschvorgang solange verzögert, bis keine Verbindung mehr auf der Tabelle arbeitet.

9.3.4 Was bedeutet QUICK?

Das Löschen von Datensätzen kann die Reorganisation von Indizes auslösen, was recht langsam ist. Bei MyISAM-Tabellen kann die Option `QUICK` das Löschen so organisieren, dass es schneller ist.

9.3.5 Was bedeutet IGNORE?

Ein Löschen der Daten bricht ab, sobald ein Fehler auftritt. So könnte durch eine Löschoperation ein Constraint verletzt werden. Will man, dass das Löschen weitergehen soll, gibt man die Option `IGNORE` an.

9.3.6 Wie kann man eine Tabelle komplett leeren?

Dazu gibt es zwei Möglichkeiten. Die erste ist ein `DELETE` ohne WHERE-Klausel. Da die WHERE-Klausel eine Einschränkung darstellt, bedeutet das Fehlen der WHERE-Klausel, dass das Löschen ohne Einschränkung erfolgt[6]:

```
DELETE FROM bestellung_position;
```

Damit wird die Tabelle aber nicht wieder in den *Startzustand* versetzt. Hierfür gibt es eine Alternative:

SQL3
TRUNCATE TABLE *tabellenname*
;

MySQL/MariaDB
TRUNCATE *tabellenname*
;

```
TRUNCATE bestellung_position;
```

Außer in der InnoDB-Engine wird die Tabelle komplett gelöscht und wieder neu erzeugt. Dies ist in der Regel sehr viel schneller, als jede Zeile einzeln zu löschen, wie es die InnoDB u.U. tut. Bei jeder Engine in MySQL und MariaDB wird der Zähler vom `AUTO_INCREMENT` wieder auf 1 gesetzt.

Wie bei `DELETE` werden – sofern die Engine es unterstützt – bei einem `TRUNCATE` die Constraints überprüft.

Hinweis: Bei einem TRUNCATE werden die Tabelleninhalte ohne Rückfrage endgültig gelöscht.

---
[6] Aha!

TEIL IV

Datenbank auswerten

10 Einfache Auswertungen

 Wie, SQL ist kein WRITE ONLY-Baustein? Wie wir die Daten wieder auslesen können.

- Grundkurs
  - Konstanten
  - Mathematische Operatoren
  - Auswahl von Spalten
  - Verwendung der WHERE-Klausel
  - Sortieren mit ORDER BY
  - Sortierreihenfolge mit ASC und DESC
  - Groß- und Kleinschreibung bei der Sortierung
  - Sortieren von Datum- und Uhrzeitwerten
  - Mehrfachausgabe mit DISTINCT unterbinden
  - Teilergebnisse mit LIMIT
- Vertiefendes
  - Operatorenpriorität
  - Zufallszahlen
  - Variablen
  - Collations
  - Einfluss von Indizes auf Sortierung
  - EXPLAIN
  - Einfluss von Indizes auf DISTINCT
  - Daten exportieren mit SELECT ... INTO OUTFILE
  - Binäre Daten auslesen

Der Befehl SELECT ist das Herz von SQL. Alle anderen Befehle haben natürlich ihre Berechtigung, aber SELECT stellt mir die Daten aufbereitet zur Verfügung. Dabei kann der SELECT sowohl Säbel als auch Florett sein. Von kleinen trivialen Auswertungen bis zu mehrseitigen Analysen ist mit diesem Wunderkind alles möglich. Für mich als Programmierer ist es schon sehr erstaunlich, dass 90% der Programmierarbeit mit Varianten eines Befehls erfolgen – und eben genau das macht die Eleganz und den Reiz der SQL-Programmierung aus.

Die Quelltexte dieses Kapitels stehen in den Dateien `mysql/listing07.sql` und `pg/listing07.sql`.
Es werden die Dateien `perfIndexOrderBy01.sql` und `blz_20120305.csv` verwendet.

10.1 Ausdrücke

SQL3
MySQL/MariaDB
SELECT *ausdruck*
;

10.1.1 Konstanten

Der einfachste Ausdruck ist eine Konstante. Dies kann eine numerische oder eine zeichenbasierte Konstante sein.

Definition 35: Konstante
Eine *Konstante* ist ein Ausdruck, der zur Compilezeit festgelegt wird und zur Laufzeit seinen Wert nicht verändern kann.

Was heißen jetzt schon wieder zur Laufzeit und Compilezeit? Der Quelltext – hier SQL-Quelltext – wird durch einen Compiler zu einem ausführbaren Code[1] umgewandelt. Zur Compilezeit bedeutet also, dass der Wert während dieser Umwandlung festgelegt wird. Laufzeit ist der Zeitraum, wo das Programm – der SQL-Befehl – verarbeitet wird. Bei einer Konstanten kann also während der Ausführung des Befehls keine Veränderung vorgenommen werden.

Beispiel: Wir wollen in einem SQL-Skript auf der Konsole angeben, bei welchem Bearbeitungsschritt wir gerade sind.

```
1  mysql> SELECT 5, 'Beginn der Auswertung';
2  +---+-----------------------+
3  | 5 | Beginn der Auswertung |
4  +---+-----------------------+
5  | 5 | Beginn der Auswertung |
6  +---+-----------------------+
```

Sowohl die 5 als auch die Zeichenkette `Beginn der Auswertung` sind Konstanten, da sie während der Laufzeit nicht verändert werden. Konstanten sind schwer zu erklären und super einfach zu verwenden.

---
[1] Wobei SQL-Quelltext anders als beispielsweise ein C-Programm nicht in eine EXE-Datei umgewandelt wird. Aber die SQL-Befehle werden in ein Format gebracht, welches von einer Laufzeitumgebung bzw. einem Interpreter ausgeführt werden kann.

10.1.2 Wie kann man Berechnungen vornehmen?

Man kann mit SQL auch rechnen. Eine Übersicht der mathematischen Operatoren finden Sie in Abschnitt 25.2.1 auf Seite 377.

```
1  mysql> SELECT -5, 9 + 4, 9 - 4, 9 * 4, 9 / 4, 9 DIV 4, 9 % 4, 9 MOD 4;
2  +----+-------+-------+-------+--------+---------+-------+---------+
3  | -5 | 9 + 4 | 9 - 4 | 9 * 4 | 9 / 4  | 9 DIV 4 | 9 % 4 | 9 MOD 4 |
4  +----+-------+-------+-------+--------+---------+-------+---------+
5  | -5 |    13 |     5 |    36 | 2.2500 |       2 |     1 |       1 |
6  +----+-------+-------+-------+--------+---------+-------+---------+
```

Das unäre Minus setzt das Vorzeichen der nachfolgenden Zahl. Dieser Operator hat die höchste Ausführungspriorität, er wird deshalb vor allen anderen ausgeführt. Natürlich dürfen anstelle von Konstanten als Operanden auch Spaltennamen oder Variablen verwendet werden.[2]

Definition 36: Operatorenpriorität
Unter der *Operatorenpriorität* oder *Operatorenrangfolge* versteht man die Festlegung darüber, welche Operation in einer Anweisung vor anderen ausgeführt wird. Haben zwei Operatoren die gleiche *Operatorenpriorität*, so werden sie von links nach rechts ausgeführt.

Die Reihenfolge der Auswertung kann durch Klammern festgelegt werden. Da die Operatorenpriorität nicht von jedem auswendig gewusst wird und der besseren Lesbarkeit wegen, empfehle ich immer zu klammern. Hier ein Beispiel:

```
1  mysql> SELECT 3 * 4 DIV 3, (3 * 4) DIV 3, 3 * (4 DIV 3);
2  +-------------+---------------+----------------+
3  | 3 * 4 DIV 3 | (3 * 4) DIV 3 | 3 * (4 DIV 3)  |
4  +-------------+---------------+----------------+
5  |           4 |             4 |              3 |
6  +-------------+---------------+----------------+
```

Neben den einfachen mathematischen Operatoren gibt es eine Vielzahl von mathematischen Funktionen. In Abschnitt 25.2.2 auf Seite 377 finden Sie die Funktionen und ihre Bedeutung[3]. Bei der Verwendung von mathematischen Operatoren oder Funktionen ist aber auf den Wertebereich zu achten.

```
1  mysql> SELECT 9 / 0, 9 * NULL, SQRT(-5);
2  +-------+----------++---------+
3  | 9 / 0 | 9 * NULL | SQRT(-5) |
4  +-------+----------+----------+
5  | NULL  |     NULL |     NULL |
6  +-------+----------+----------+
```

Hinweis: In MySQL oder MariaDB liefert ein Funktionsparameter, der nicht im Definitionsbereich liegt, das Ergebnis NULL. Bei anderen Systemen wie beispielsweise PostgreSQL wird die Verarbeitung mit einer Fehlermeldung abgebrochen.

---

[2] In PostgreSQL ergibt 9/4 das gleiche Ergebnis wie DIV(9,4). Sind die Werte der Division Integer, wird die ganzzahlige Division genommen. Ein 9.0/4.0 bringt das gewünschte Ergebnis.

[3] Ergänzende Beispiele finden Sie unter [HLD+12].

10.1.3 Wie ermittelt man Zufallszahlen?

Die Funktion zur Ermittlung von Zufallszahlen ist RAND() mit einem Wertebereich von [0.0, 1.0[. Dieser Funktion kann ein sogenannter *seed* mitgegeben werden.

Die Berechnung von Zufallszahlen ist nicht wirklich dem Zufall überlassen. Vielmehr muss man sich das Ganze als einen riesigen Kreis vorstellen. Auf dem Kreis liegen die Zufallszahlen, und jede hat einen Vorgänger und einen Nachfolger. Ruft man RAND() oft genug auf, so würde sich der Kreis schließen und sich die Zahlenfolge wiederholen.

Die Qualität eines Zufallszahlengenerators ergibt sich aus der Größe dieses Kreises (ab wann sich die Zahlenfolge wiederholt), der Häufigkeitsverteilung der Zahlen auf dem Kreis und der Vorhersagbarkeit der nächsten Zahl. Wer sich näher damit beschäftigen möchte, dem sei das epochale Werk von Donald E. Knuth [Knu81] empfohlen.

Der seed legt indirekt den Startpunkt auf diesem Kreis fest. Wird der gleiche seed verwendet, erhält man das gleiche Ergebnis.

```
mysql> SELECT RAND(1);
+--------------------+
| RAND(1)            |
+--------------------+
| 0.40540353712197724 |
+--------------------+

mysql> SELECT RAND(1);
+--------------------+
| RAND(1)            |
+--------------------+
| 0.40540353712197724 |
+--------------------+

mysql> SELECT RAND(1) FROM artikel;
+--------------------+
| RAND(1)            |
+--------------------+
| 0.40540353712197724 |
|  0.8716141803857071 |
|  0.1418603212962489 |
| 0.09445909605776807 |
| 0.04671454713373868 |
|  0.9501954782290342 |
|      0.6108337804776 |
|  0.2035824984345422 |
| 0.18541118147355615 |
+--------------------+
```

Der Verweis auf die Artikeltabelle ist nur notwendig, damit mehrere Zufallszahlen in einer Anweisung generiert werden.

 Aufgabe 10.1: Würde man den Befehl noch mal ausführen, kämen dann die gleichen oder andere Zufallszahlen?

```
FLOOR(a + RAND() * (b - a))
```

Möchte man Zufallszahlen erzeugen, die in dem Intervall $[a, b[$, für $a \leq b$, liegen, empfiehlt das MySQL-Handbuch (MariaDB analog) obigen Ausdruck.

10.1.4 Wie steckt man das Berechnungsergebnis in eine Variable?

In MySQL oder MariaDB werden Variablen, die außerhalb von gekapselten Anweisungen liegen[4], mit einem Klammeraffen @ gekennzeichnet. Mit SELECT ... INTO kann man Ergebnisse in eine Variable schreiben. Die Variablen lassen sich in späteren Berechnungen und Bedingungen weiterverwenden:

```
1  mysql> SELECT POWER(2,8) INTO @x;
2
3  mysql> SELECT @x - 1;
4  +--------+
5  | @x - 1 |
6  +--------+
7  |    255 |
8  +--------+
```

Aber:

```
1  mysql> SELECT einzelpreis FROM artikel INTO @y;
2  ERROR 1172 (42000): Result consisted of more than one row
```

 Aufgabe 10.2: Interpretieren Sie die Fehlermeldung. Überlegen Sie sich, was SELECT liefert und worin Sie das Ergebnis abspeichern wollen.

Man kann Variablen auch direkt mit einem Wert versehen:

```
1  mysql> SET @artnr=3010;
2
3  mysql> SELECT * FROM artikel WHERE artikel_id=@artnr;
4  +------------+-------------+-------------+----------+---------+
5  | artikel_id | bezeichnung | einzelpreis | waehrung | deleted |
6  +------------+-------------+-------------+----------+---------+
7  |       3010 | Feder       |    5.050000 | EUR      |       0 |
8  +------------+-------------+-------------+----------+---------+
```

Variablen sind immer dann sehr hilfreich, wenn Informationen von einem SQL-Befehl an den anderen weitergereicht werden müssen. So könnte man in einem SELECT eine bestimmte Bestellung ermitteln und in einem zweiten die Positionen zu genau dieser Bestellung und in einem dritten Befehl vielleicht die Lieferadresse der Bestellung. Bei den letzten beiden SELECT-Anweisungen würde man in der WHERE-Klausel die bestellung_id auf Gleichheit mit dem Variablenwert testen.

---

[4] Siehe Kapitel V auf Seite 283

10.2 Zeilen- und Spaltenwahl

SQL3
MySQL/MariaDB
SELECT
  {*|spaltenliste|ausdruck}
  FROM tabellenname
  [WHERE bedingung]
;

Um den Inhalt einer Tabelle – z.B. `artikel` – komplett auszugeben, haben wir in den vorangegangenen Abschnitten eine einfache Version des SELECTs verwendet:

```
1  SELECT * FROM artikel;
```

Der * steht hier als Platzhalter für alle Spalten einer Tabelle. Folgender Befehl hätte das gleiche Ergebnis:

```
1  SELECT
2    artikel_id, bezeichnung, einzelpreis, waehrung, deleted
3    FROM artikel;
```

Diese *spaltenliste* kann sehr flexibel zusammengesetzt werden:

- Die Reihenfolge der Spalten kann beliebig sein.
  OK: `deleted, bezeichnung, einzelpreis, artikel_id, waehrung`

- Die Spalten können mehrfach vorkommen.
  OK: `deleted, artikel_id, deleted`

- Es muss aber mindestens eine Spalte angegeben werden.
  NOT OK: `SELECT FROM artikel`

- Es können Konstanten und Ausdrücke vorkommen.
  OK: `RAND(), deleted, bezeichnung, artikel_id + 5000`

Eine weitere schöne Sache ist, dass man den Spaltennamen oder Ausdrücken neue *Namen* – einen Alias – zuweisen kann, wobei das Schlüsselwort AS optional ist:

```
1   mysql> SELECT
2       -> artikel_id + 10000 AS Unsinn, deleted AS Löschkennzeichen
3       -> FROM artikel;
4   +--------+------------------+
5   | Unsinn | Löschkennzeichen |
6   +--------+------------------+
7   | 13010  | deleted          |
8   [...]
9   | 17863  | deleted          |
10  +--------+------------------+
```

In Zeile 5 werden nicht mehr die ursprünglichen Spaltennamen oder Ausdrücke als Überschriften verwendet. Der neue Name sollte selbsterklärend oder eine sinnvolle Abkürzung sein. Diese Namensvergabe wird uns noch häufiger begegnen.

Zur Auswahl der Zeilen wird wie beim UPDATE und DELETE die WHERE-Klausel verwendet. Dabei entsteht leicht die Annahme, dass die Spalten, die in der WHERE-Klausel stehen, auch in der *spaltenliste* vorkommen müssen[5]. Hier ein Gegenbeispiel:

```
mysql> SELECT
    -> artikel_id, bezeichnung
    -> FROM artikel
    -> WHERE einzelpreis BETWEEN 10 AND 100;
+------------+--------------+
| artikel_id | bezeichnung  |
+------------+--------------+
|       3005 | Tinte (gold) |
|       9010 | Schaufel     |
|       9015 | Spaten       |
+------------+--------------+
```

Weitere Informationen zur Zeilenauswahl finden Sie in der Besprechung der WHERE-Klausel in Abschnitt 9.1 auf Seite 135.

10.3 Sortierung

SQL3
MySQL/MariaDB
SELECT
  {*|spaltenliste|ausdruck}
  FROM tabellenname
  [WHERE bedingung]
  [ORDER BY spaltenname [ASC|DESC] [,spaltenname [ASC|DESC]]*]
;

Die Ausgabe von Daten in einer fachlich oder ergonomisch sinnvollen Reihenfolge ist eine oft gestellte Forderung an eine Auswertung. Beispiele: Kunden nach Umsatz absteigend, Artikelpreise nach Einzelpreis aufsteigend, Namenslisten nach Nach- und Vorname etc. Die entsprechende Option heißt ORDER BY.

Geben wir die Artikel nach Einzelpreis aufsteigend aus:

```
mysql> SELECT
    -> artikel_id, bezeichnung, einzelpreis
    -> FROM artikel
    -> ORDER BY einzelpreis ASC;
+------------+--------------+-------------+
| artikel_id | bezeichnung  | einzelpreis |
+------------+--------------+-------------+
|       7856 | Silberzwiebel |    0.520000 |
|       3001 | Papier (100) |    2.320000 |
|       7863 | Tulpenzwiebel |    3.420000 |
```

---

[5] Vermutlich entsteht der Fehler dadurch, dass man bei der imperativen Programmierung immer die Datenobjekte angeben muss, mit denen man gerade arbeiten will.

```
11 |        3007 | Tinte (blau)  |     4.170000 |
12 |        3010 | Feder         |     5.050000 |
13 |        3006 | Tinte (rot)   |     6.260000 |
14 |        9010 | Schaufel      |    15.100000 |
15 |        9015 | Spaten        |    20.100000 |
16 |        3005 | Tinte (gold)  |    56.260000 |
17 +--------------+---------------+--------------+
```

Das Schlüsselwort `ASC` sortiert die Daten aufsteigend, `DESC` absteigend. Wird keine der beiden Angaben gemacht, werden die Daten aufsteigend sortiert.

 Aufgabe 10.3: Führen Sie den Befehl einmal ohne ASC und anschließend mit einem DESC aus. Vergleichen Sie die Ergebnisse mit dem obigen. ∎

Die Sortierung kann auch nach mehreren Spalten erfolgen:

```
 1  mysql> SELECT
 2      -> nachname, vorname
 3      -> FROM kunde
 4      -> ORDER BY nachname, vorname
 5      -> ;
 6  +------------+---------+
 7  | nachname   | vorname |
 8  +------------+---------+
 9  | Beutlin    | Bilbo   |
10  | Beutlin    | Frodo   |
11  | Elrond     |         |
12  | Gamdschie  | Samweis |
13  | Telcontar  | Elessar |
14  | Thorin     |         |
15  +------------+---------+
```

Bitte beachten Sie, dass die Liste in erster Priorität nach dem Nachnamen sortiert ist. Nur dort, wo im Nachnamen der gleiche Wert steht, wird nach Vorname sortiert. Deshalb steht der `Bilbo` vor dem `Frodo`. Die Sortierreihenfolge ist aber für beide Spalten unabhängig einstellbar:

```
 1  mysql> SELECT
 2      -> nachname, vorname
 3      -> FROM kunde
 4      -> ORDER BY nachname DESC, vorname ASC
 5      -> ;
 6  +------------+---------+
 7  | nachname   | vorname |
 8  +------------+---------+
 9  | Thorin     |         |
10  | Telcontar  | Elessar |
11  | Gamdschie  | Samweis |
12  | Elrond     |         |
13  | Beutlin    | Bilbo   |
14  | Beutlin    | Frodo   |
15  +------------+---------+
```

Die Liste wird jetzt nach dem Nachnamen absteigend sortiert, aber die Vornamen wiederum aufsteigend[6].

---

[6] Ich habe hier das Schlüsselwort ASC nur des besseren Verständnisses wegen angegeben.

Hinweis: Ein gerne gemachter Fehler bei folgender Aufgabenstellung: *Geben Sie die Namensliste für Nach- und Vorname absteigend sortiert aus.* Häufig wird folgende Lösung angeboten:

```
SELECT
    nachname, vorname
FROM kunde
ORDER BY nachname, vorname DESC;
```

Diese Lösung ist aber falsch, da sich das DESC hier nur auf die letzte Spalte auswirkt und der Nachname aufsteigend sortiert wird. Denken Sie daran, dass ASC immer dann verwendet wird, wenn man für diese Spalte keine Angaben macht.

Würde man für die Spaltennamen Aliase verwenden, kann man diese in die ORDER BY-Klausel einsetzen.

```
1  SELECT nachname n, vorname v FROM kunde ORDER BY n DESC, v DESC;
```

Die ORDER BY-Klausel kann anstelle des Spaltennamens oder eines Alias auch eine Zahl enthalten. Die Zahl ergibt sich aus einer 1 basierenden Indizierung der *spaltenliste*:

```
1  --       1          2
2  SELECT nachname, vorname FROM kunde ORDER BY 1 DESC, 2 ASC;
```

Und so haben wir auch das Kommentarzeichen - - für einzeilige Kommentare eingeführt (Zeile 1). Bitte beachten Sie, dass ein Leerzeichen nach den zwei Strichen stehen muss.

10.3.1 Was muss bei der Sortierung von Texten beachtet werden?

Zunächst stellt sich die Frage, wann eine Zeichenkette größer als eine andere ist. Denn jede Sortierung basiert auf einer Festlegung darüber, wie eine Reihenfolge ermittelt werden kann. In der Informatik verwendet man dazu den Begriff der *Ordnung*:

Definition 37: Ordnung
Eine Menge M mit endlich vielen Elementen ist *wohlgeordnet*, wenn sie folgende Eigenschaften erfüllt:

- Trichotomie
  Für die Elemente $a, b \in M$ gilt immer genau eine der folgenden Aussagen:
  $a = b$, $a < b$ oder $a > b$
- Transitivität
  Für die Elemente $a, b, c \in M$ gilt, wenn $a \leq b$ und $b \leq c$, dann muss $a \leq c$ sein.
- Minimumexistenz
  Es gibt ein $m \in M$, für welches gilt, dass für alle $x \in M$ $m \leq x$ ist.

Wann immer eine Menge wohlgeordnet ist, kann man die Menge sortieren. Machen wir uns die Definition 37 anhand der natürlichen Zahlen klar[7].

---
[7] Ich weiß selber, dass das hier kein mathematischer Beweis ist :-(.

- Trichotomie: Für zwei Zahlen muss gelten, dass sie entweder gleich oder unterschiedlich sind. Wenn sie unterschiedlich sind, muss eine der beiden die kleinere sein.
- Transitivität: Wenn 5 < 10 und 10 < 12 ist, dann ist auch 5 < 12.
- Minimumexistenz: Wir behaupten, dass 0 die gesuchte Zahl ist.

Wie ist das aber jetzt mit den Texten? Oft bekomme ich die Antwort, dass man nach der Länge des Textes sortieren kann. Und ja, das wäre möglich:

- Trichotomie: Die Längen zweier Texte sind entweder gleich oder unterschiedlich. Wenn sie unterschiedlich sind, muss ein Text der kürzere sein.
- Transitivität: Wenn ein Text kürzer als ein zweiter ist und der zweite kürzer als ein dritter Text ist, dann muss der erste auch kürzer als der dritte sein.
- Minimumexistenz: Wir behaupten, dass dies der leere Text mit einer Länge 0 ist.

Aber wer braucht das? Textsortierungen werden in der Regel als alphabetische Sortierungen betrachtet. Und jetzt fängt es an, kompliziert zu werden. Was ist ein Alphabet und wer legt die Reihenfolge fest? Es hat mich beispielsweise immer erstaunt, dass wir in Deutschland als Kinder ein Alphabet lernen, in dem die Umlaute und das ß nicht vorkommen. Schließlich sind diese Buchstaben ja keine Unfälle, sondern genauso wichtig und elementar wie ein X.

Eine textliche Sortierung verlangt somit, dass es eine Festschreibung über die Reihenfolge der gültigen Zeichen gibt. Historisch hat man die ASCII-Zeichenfolge mit ihrem Nummerncode verwendet. Was zu folgendem unglücklichen Ergebnis führt:

```
 1  mysql> SET NAMES cp850;
 2
 3  mysql> CREATE TEMPORARY TABLE wurstbrot (
 4      ->   name VARCHAR(255) CHARACTER SET 'cp850'
 5      -> );
 6
 7  mysql> INSERT INTO wurstbrot
 8      ->   VALUES
 9      ->    ('winfried')
10      ->   ,('achim')
11      ->   ,('olga')
12      ->   ,('zechine')
13      ->   ,('ägidius')
14      -> ;
15
16  mysql> SELECT * FROM wurstbrot ORDER BY name;
17  +----------+
18  | name     |
19  +----------+
20  | achim    |
21  | olga     |
22  | winfried |
23  | zechine  |
24  | ägidius  |
25  +----------+
```

In Zeile 1 wird durch `SET NAMES` sichergestellt, dass die Konsoleneingabe in der hier gewünschten Kodierung zum Server geschickt wird. Zeile 4 erstellt eine Spalte mit dem `CHARACTER SET cp850`. Übrigens sehen Sie hier ein Beispiel dafür, dass Sie innerhalb einer Tabelle für Textspalten unterschiedliche Zeichensätze verwenden können (zum Thema Zeichensätze siehe Seite 66).

In Zeile 13 wird ein Name mit einem Umlaut eingefügt, der nach einer Sortierung in Zeile 24 ganz an das Ende gestellt wird. Warum? Der ASCII hat in den ersten 128 Zeichen nur die Buchstaben für das amerikanische Alphabet. Länderspezifische Sonderzeichen haben demnach einen Code > 127. Wird jetzt dieser Code als Basis der Sortierung verwendet, landen die Umlaute immer ganz am Ende.

Es war also nötig, eine von der Zeichenkodierung unabhängige Spezifikation für die Sortierung zu entwickeln. Das Ergebnis dieser Bemühungen sind die Collations (siehe Seite 68). Im Prinzip wird dabei jedem Zeichen oder sogar einer Zeichenkombination eine eindeutige Nummer zugewiesen. Anhand dieser Nummer kann dann die Sortierung erfolgen. Da es für utf8 nur eine Sortierung gibt, muss diese nicht weiter angegeben werden:

```
mysql> SET NAMES utf8;

mysql> CREATE TEMPORARY TABLE wurstbrot (
    -> name VARCHAR(255) CHARACTER SET 'utf8'
    -> );

mysql> INSERT INTO wurstbrot
    -> VALUES
    ->    ('winfried')
    ->   ,('achim')
    ->   ,('olga')
    ->   ,('zechine')
    ->   ,('ägidius')
    -> ;

mysql> SELECT * FROM wurstbrot ORDER BY name;
+----------+
| name     |
+----------+
| achim    |
| ägidius  |
| olga     |
| winfried |
| zechine  |
+----------+
```

Wenn Sie eine Sortierung auf zeichenbasierten Spalten machen, sollten Sie unbedingt auf den eingestellten Zeichensatz und die entsprechende Sortierung achten. So ist es beispielsweise unter Windows bis *Windows 10* nicht möglich, Unicode-Zeichen über den MySQL-Client einzugeben, da der Windows-COMMAND kein Unicode verarbeiten kann. Die Verarbeitung kann dann zu unerwünschten Resultaten führen.

Verwenden Sie dann lieber den Query-Browser der Workbench oder noch besser: Schreiben Sie in einer Sprache Ihrer Wahl (C#, PHP, Perl ...) einen eigenen Query-Browser. Sie glauben gar nicht, wie lehrreich das ist!

10.3.2 Wird zwischen Groß- und Kleinschreibung unterschieden?

Ändern wir das obige Beispiel ein wenig ab, um diese Frage zu beantworten. Zuerst die Testdaten:

```
mysql> CREATE TEMPORARY TABLE wurstbrot (name VARCHAR(255));
```

```
 3  mysql> INSERT INTO wurstbrot
 4      ->   VALUES
 5      ->    ('winfried')
 6      ->   ,('achim')
 7      ->   ,('olga')
 8      ->   ,('Olga')
 9      ->   ,('zechine');
```

Jetzt einmal aufsteigend und einmal absteigend sortiert.

```
 1  mysql> SELECT * FROM wurstbrot ORDER BY name;
 2  +----------+
 3  | name     |
 4  +----------+
 5  | achim    |
 6  | Olga     |
 7  | olga     |
 8  | winfried |
 9  | zechine  |
10  +----------+
11
12  mysql> SELECT * FROM wurstbrot ORDER BY name DESC;
13  +----------+
14  | name     |
15  +----------+
16  | zechine  |
17  | winfried |
18  | Olga     |
19  | olga     |
20  | achim    |
21  +----------+
```

In beiden Sortierreihenfolgen erscheint die große Olga vor der kleinen. Würde zwischen Groß- und Kleinschreibung unterschieden, müsste die große Olga entweder als erste Zeile oder als letzte Zeile oder mal vor und mal nach der kleinen Olga erscheinen, aber nicht in jedem Fall gleich.

Möchte man zwischen Groß- und Kleinschreibung einen Unterschied machen, muss die zeichenbasierte Spalte mit BINARY als Zusatz deklariert sein (siehe Zeile 1).

```
 1  mysql> CREATE TEMPORARY TABLE wurstbrot (name VARCHAR(255) BINARY);
 2
 3  mysql> INSERT INTO wurstbrot
 4      ->   VALUES
 5      ->     ('winfried')
 6      ->   ,('achim')
 7      ->   ,('olga')
 8      ->   ,('Olga')
 9      ->   ,('zechine');
10
11  mysql> SELECT * FROM wurstbrot ORDER BY name;
12  +----------+
13  | name     |
14  +----------+
15  | Olga     |
16  | achim    |
17  | olga     |
18  | winfried |
19  | zechine  |
20  +----------+
```

```
mysql> SELECT * FROM wurstbrot ORDER BY name DESC;
+----------+
| name     |
+----------+
| zechine  |
| winfried |
| olga     |
| achim    |
| Olga     |
+----------+
```

Wie erwartet, wird die große Olga jetzt anders einsortiert.

Hinweis: In SQL3 gibt es keine Möglichkeit, zwischen Groß- und Kleinschreibung zu unterscheiden.

10.3.3 Wie werden Datums- und Uhrzeitwerte sortiert?

Datums- und Uhrzeitwerte werden nach ihrem Alter sortiert. Das älteste Datum, die älteste Uhrzeit kommt als Erstes, das jüngste Datum bzw. die jüngste Uhrzeit als Letztes.

```
mysql> SELECT
    -> bestellung_id, datum
    -> FROM bestellung
    -> ORDER BY datum;

+---------------+---------------------+
| bestellung_id | datum               |
+---------------+---------------------+
|             1 | 2011-01-15 16:43:00 |
|             2 | 2011-01-16 09:15:00 |
|             3 | 2011-01-16 09:16:00 |
|             6 | 2012-03-23 16:11:00 |
|             4 | 2012-03-24 17:41:00 |
|             5 | 2012-04-01 13:11:00 |
+---------------+---------------------+
```

Hinweis: Der aktuelle Zeitpunkt bleibt dabei völlig unberücksichtigt. So kann ein in der Zukunft liegendes Datum das älteste sein, wenn alle anderen noch weiter in der Zukunft liegen.

Die Uhrzeit wird mit 00:00:00 Uhr beginnend sortiert. Die späteste Uhrzeit kommt als Letztes:

```
mysql> SELECT
    -> bestellung_id, TIME(datum) Uhrzeit
    -> FROM bestellung
    -> ORDER BY uhrzeit;
+---------------+----------+
| bestellung_id | Uhrzeit  |
+---------------+----------+
|             2 | 09:15:00 |
```

```
 9 |                      3 | 09:16:00 |
10 |                      5 | 13:11:00 |
11 |                      6 | 16:11:00 |
12 |                      1 | 16:43:00 |
13 |                      4 | 17:41:00 |
14 +-----------------------+----------+
```

 Aufgabe 10.4: Ermitteln Sie die Bestellung, die als Letztes – bezogen auf Datum und Uhrzeit – aufgeben wurde.

10.3.4 Wie kann man das Sortieren beschleunigen?

Grundsätzlich gibt es zwei Methoden, wie die Sortierung vorgenommen wird:

- **Index**: Die zu sortierenden Felder sind in der gewünschten Reihenfolge in einem Index. SQL braucht dann nur die Vorsortierung des Index auszugeben, was sehr schnell geht.
- **Filesort**[8]: Die zu sortierenden Felder werden mithilfe integrierter Sortierroutinen wie gefordert geordnet.

Damit wir überhaupt einen Unterschied feststellen können, bauen wir eine Tabelle auf, die tausend Datensätze hat. Laden Sie das Experiment in Abschnitt 26.6 auf Seite 419 und führen Sie Folgendes aus (kann ein paar Minuten dauern):

```
1  mysql> CALL datenerzeugen(1000);
```

Um herauszufinden, welche der beiden Methoden verwendet wird, kann man in MySQL den Befehl EXPLAIN verwenden. Dieser sehr hilfreiche Befehl beschreibt den Ausführungsplan eines Befehls.

```
 1  mysql> EXPLAIN
 2      -> SELECT * FROM name_mit ORDER BY nachname, vorname\G
 3  *************************** 1. row ***************************
 4             id: 1
 5    select_type: SIMPLE
 6          table: name_mit
 7           type: index
 8  possible_keys: NULL
 9            key: idx_namemit_nnvn
10        key_len: 1536
11            ref: NULL
12           rows: 1141
13          Extra: Using index
14
15  mysql> EXPLAIN
16      -> SELECT * FROM name_ohne ORDER BY nachname, vorname\G
17  *************************** 1. row ***************************
18             id: 1
19    select_type: SIMPLE
20          table: name_ohne
21           type: ALL
```

---

[8] Die Daten werden nicht zwingend in Dateien sortiert. Bis zu einer bestimmten Datenmenge kann das auch im RAM geschehen.

```
22         possible_keys: NULL
23                   key: NULL
24               key_len: NULL
25                   ref: NULL
26                  rows: 853
27                 Extra: Using filesort
```

In Zeile 13 wird angezeigt, dass hier ein passender Index für das `ORDER BY` gefunden wurde und dieser verwendet wird. Etwas anders sagt Zeile 27: Ein Filesort wird benötigt. Im gleichen Listing gibt es ein Experiment zur Performancemessung, welches dem Bild 10.1 zu Grunde liegt.

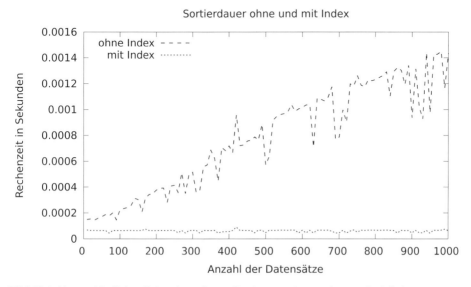

Bild 10.1 Unterschiedlicher Zeitverbrauch von Sortieroperationen ohne und mit Index

Es fällt auf, dass der Zeitverbrauch ohne Index deutlich ansteigt und der mit Index nahezu gleich bleibt[9]. Das nahezu lineare Wachstum der Sortierdauer ohne Index stimmt nicht ganz. Ich vermute, dass es sich um einen Performanceverbrauch der Größenordnung $O(n \log(n))$ handelt. Dies ist das durchschnittliche Zeitverhalten eines guten Sortieralgorithmus wie Quicksort. Das fast konstante Zeitverhalten mit Index ergibt sich aus der Tatsache, dass die Daten schon sortiert vorliegen und nur ein *look up* erfolgt.

Es lohnt sich, beim Erzeugen der Indizes (siehe Abschnitt 6.1 auf Seite 89) sehr genau den Bedarf zu planen und beim Formulieren der `ORDER BY`-Klausel gut aufzupassen, denn leider verliert man sehr schnell die Möglichkeit, den Index zu verwenden.

```
1  mysql> EXPLAIN
2      -> SELECT * FROM name_mit ORDER BY nachname\G
3  *************************** 1. row ***************************
4              id: 1
5     select_type: SIMPLE
6           table: name_mit
7  [...]
```

---

[9] Der genaue Versuchsaufbau kann in Abschnitt 26.6 auf Seite 419 nachgelesen werden.

```
 8           Extra: Using index
 9
10 EXPLAIN EXTENDED
11     -> SELECT * FROM name_mit ORDER BY nachname DESC, vorname DESC\G
12 *************************** 1. row ***************************
13            id: 1
14   select_type: SIMPLE
15         table: name_mit
16 [...]
17         Extra: Using index
```

Das erste Beispiel kann den Index verwenden (Zeile 8), obwohl nur ein Teil des Index in der ORDER BY-Klausel vorkommt. Auch das zweite Beispiel benutzt den Index, obwohl beide Spalten in unterschiedlicher Reihenfolge gebraucht werden.

```
1 mysql> EXPLAIN
2     -> SELECT * FROM name_mit ORDER BY id, nachname \G
3 *************************** 1. row ***************************
4            id: 1
5   select_type: SIMPLE
6         table: name_mit
7 [...]
8         Extra: Using index; Using filesort
```

Zuerst wird ein Index verwendet (Zeile 8), weil die id als Primärschlüssel automatisch einen Index hat. Anschließend wird ein Filesort benötigt, obwohl auf nachname ein Index liegt. Man kann also nicht zwei Indizes kombinieren[10].

```
 1 mysql> EXPLAIN EXTENDED
 2     -> SELECT * FROM name_mit ORDER BY vorname, nachname\G
 3 *************************** 1. row ***************************
 4            id: 1
 5   select_type: SIMPLE
 6         table: name_mit
 7    partitions: NULL
 8          type: index
 9 [...]
10         Extra: Using index; Using filesort
```

Beim letzten Beispiel wird der Vorname mit dem Filesort sortiert. Innerhalb einer Gruppe gleicher Vornamen kann der Index auf Nachname benutzt werden.

Was auch interessant ist, dass bei kleinen Datenmengen trotz Index der Filesort verwendet wird. Vermutlich kann dieser bei kleinen Datenmengen sehr schnell im RAM durchgeführt werden. Als Beispiel sei hier die Tabelle kunde mit nur fünf Datensätzen genannt:

```
 1 mysql> EXPLAIN
 2     -> SELECT * FROM kunde ORDER BY nachname, vorname\G
 3 *************************** 1. row ***************************
 4            id: 1
 5   select_type: SIMPLE
 6         table: kunde
 7    partitions: NULL
 8          type: ALL
 9 [...]
10         Extra: Using filesort
```

---

[10] Natürlich ist Ihnen aufgefallen, dass es völlig sinnlos ist, auch noch nach dem Nachnamen zu sortieren. Wie, es ist Ihnen nicht aufgefallen? Warum ist es denn sinnlos?

10.4 Mehrfachausgaben unterbinden

> **SQL3**
> **MySQL/MariaDB**
> SELECT [DISTINCT]
>   {*|spaltenliste|ausdruck}
>   FROM tabellenname
>   [WHERE bedingung]
>   [ORDER BY spaltenname [ASC|DESC] [,spaltenname [ASC|DESC]]*]
> ;

Wenn wir wissen wollen, in welchen Städten wir Adressen haben, so können wir jetzt schon eine entsprechende Auswertung programmieren:

```
mysql> SELECT
    -> ort FROM adresse ORDER BY ort;
+--------------+
| ort          |
+--------------+
| Bochum       |
| Bochum       |
| Bruchtal     |
| Hobbingen    |
| Hobbingen    |
| Lugburz      |
| Minas Tirith |
+--------------+
```

Das `ORDER BY` ist dringend nötig, da wir sonst nicht erkennen würden, welche Orte mehrfach vorkommen. Bei unserem Datenbestand ist das noch sehr übersichtlich. Stellen wir uns einen Adressbestand von mehreren Hundert Adressen vor, so wäre der obige `SELECT` sicherlich nicht verwendbar. Und warum nicht? Weil er mich mit vielen überflüssigen Informationen zuschüttet.

Hier hilft eine Option des `SELECT`s, der `DISTINCT`:

```
mysql> SELECT DISTINCT
    -> ort FROM adresse ORDER BY ort;
+--------------+
| ort          |
+--------------+
| Bochum       |
| Bruchtal     |
| Hobbingen    |
| Lugburz      |
| Minas Tirith |
+--------------+
```

Nun werden die Orte nur einmal angezeigt.

Der `DISTINCT` vergleicht *nicht* die komplette Zeile, sondern nur die Inhalte, der in *spaltenliste* angegebenen Spalten oder Ausdrücke, wie dieses Beispiel zeigt:

```
mysql> SELECT DISTINCT
    -> nachname
```

```
 3        -> FROM kunde
 4        -> ORDER BY nachname;
 5   +-----------+
 6   | nachname  |
 7   +-----------+
 8   | Beutlin   |
 9   | Elrond    |
10   | Gamdschie |
11   | Telcontar |
12   | Thorin    |
13   +-----------+
14
15   mysql> SELECT DISTINCT
16        -> nachname, vorname
17        -> FROM kunde
18        -> ORDER BY nachname, vorname;
19   +-----------+---------+
20   | nachname  | vorname |
21   +-----------+---------+
22   | Beutlin   | Bilbo   |
23   | Beutlin   | Frodo   |
24   | Elrond    |         |
25   | Gamdschie | Samweis |
26   | Telcontar | Elessar |
27   | Thorin    |         |
28   +-----------+---------+
```

Hinweis: Ein DISTINCT, der Schlüsselspaltenwerte unverändert auswählt, ist zwar schnell, aber sinnlos.

Aufgabe 10.5: Begründen Sie diesen Hinweis mithilfe der Definition 6 auf Seite 17.

10.4.1 Fallstudie: Datenimport von Bankdaten

Unsere Tabelle bank ist bisher leer. Unter der Quelle [Bun16] gibt es eine Möglichkeit, die Banken mit einer deutschen Bankleitzahl in CSV-Format herunterzuladen. Ziel ist es, diese Daten für den Aufbau unserer bank-Tabelle zu verwenden.

Ein Blick in die Datei zeigt uns, welche Informationen uns hier angeboten werden. Für uns sind folgende Informationen interessant: Bankleitzahl und Bezeichnung. Die anderen Informationen sind sicherlich nicht unwichtig, werden hier aber nicht weiter berücksichtigt. Wir wollen diese Daten importieren, auswerten, vorbereiten und in die Tabelle bank kopieren.

Schritt 1: Importieren

Wir legen dazu eine temporäre Tabelle an, die die gewünschten Informationen aufnehmen kann:

```
1   CREATE TEMPORARY TABLE bank_import (
2     bankleitzahl   CHAR(8),
```

```
3   bezeichnung      VARCHAR(255)
4  );
```

Nun werden die Daten mithilfe von `LOAD DATA INFILE` importiert (siehe Abschnitt 7.1 auf Seite 101):

```
1  LOAD DATA LOCAL INFILE 'blz_20120305.csv'
2   INTO TABLE bank_import
3   FIELDS
4    TERMINATED BY ';'
5   LINES
6    TERMINATED BY '\n'
7   IGNORE 1 LINES
8   (bankleitzahl, @dummy, bezeichnung);
```

Die `@dummy`-Variable wird dazu verwendet, die nicht benötigten Informationen beim Einlesen zu ignorieren. Die Warnungen weisen darauf hin, dass nach der Spalte `bezeichnung` Daten einfach abgeschnitten werden. Das ist aber in Ordnung, denn schließlich brauchen wir diese nicht.

Schritt 2: Auswerten

Aus dem Import wissen wir, dass in der Tabelle 19574 Zeilen sind. Wie viele davon sind unterschiedliche Banken?

```
1  SELECT DISTINCT * FROM bank_import;
```

Wir erhalten 8927 unterschiedliche Zeilen. Unterscheiden die sich auch in der Bankleitzahl oder kommt die mehrfach vor?

```
1  SELECT DISTINCT bankleitzahl FROM bank_import;
```

Nun sind es nur noch 4120. Haben die alle die gleiche Bezeichnung?

```
1  SELECT DISTINCT bankleitzahl, bezeichnung FROM bank_import;
```

Leider nein, es sind jetzt wieder 6106 verschiedene Einträge. Somit kommen für eine Bankleitzahl ggf. mehrere Bezeichnungen in Frage. So kann die Bankleitzahl nicht als Schlüssel verwendet werden. Muss denn die Bankleitzahl der Schlüssel sein? Können wir nicht die Tabelle `bank` und `bankverbindung` so umbauen, dass mit einer laufenden Nummer als Primärschlüssel gearbeitet wird?

Klar, geht das. Also ran an den nächsten Schritt:

Schritt 3: Vorbereiten

Unter der Annahme, dass beide Tabellen noch leer sind, müssen wir die Tabelle `bankverbindung` so präparieren, dass die Constraints keine Schwierigkeiten mehr machen. Alle Fremdschlüssel und Indizes werden deshalb gelöscht.

```
1  ALTER TABLE bankverbindung
2   DROP FOREIGN KEY bankverbindung_ibfk_1,
3   DROP FOREIGN KEY bankverbindung_ibfk_2,
4   DROP INDEX idx_bankverbindung_bankid_kontonummer,
5   DROP PRIMARY KEY
6  ;
```

Nun wird die Tabelle bank umgebaut. Da das Löschen eines Primärschlüssels und das Anlegen eines neuen Primärschlüssels nicht mit *einem* ALTER TABLE möglich ist, müssen hier *zwei* programmiert werden. Zusätzlich wird jetzt eine neue Spalte mit dem Namen blz hinzugefügt. Der Optik wegen wird diese direkt nach dem Primärschlüssel einsortiert.

```
1  ALTER TABLE bank
2    DROP PRIMARY KEY
3  ;
4
5  ALTER TABLE bank
6    MODIFY bank_id INT UNSIGNED AUTO_INCREMENT PRIMARY KEY,
7    ADD    blz     CHAR(12) NOT NULL DEFAULT '' AFTER bank_id
8  ;
```

Und zum Schluss werden die Indizes und Schlüssel in der Tabelle bankverbindung wieder hergestellt:

```
1  ALTER TABLE bankverbindung
2    MODIFY bank_id INT UNSIGNED,
3    ADD PRIMARY KEY(kunde_id, bankverbindung_nr),
4    ADD INDEX idx_bankverbindung_bankid_kontonummer (bank_id, kontonummer),
5    ADD FOREIGN KEY (kunde_id)
6      REFERENCES kunde(kunde_id)
7      ON UPDATE RESTRICT
8      ON DELETE RESTRICT,
9    ADD FOREIGN KEY (bank_id)
10     REFERENCES bank(bank_id)
11     ON UPDATE RESTRICT
12     ON DELETE RESTRICT
13 ;
```

Schritt 4: Kopieren

Und auf zum letzten Schritt:

```
1  INSERT INTO bank (blz, bankname)
2    SELECT DISTINCT bankleitzahl, bezeichnung FROM bank_import
3  ;
4
5  CREATE INDEX idx_bank_blzbankname
6    ON bank (blz, bankname)
7  ;
```

Zum einem haben wir den DISTINCT für Untersuchungen verwendet. Auch wenn wir hier nur an der Anzahl interessiert waren[11], lieferte er uns doch eine entscheidende Information. Ohne den Test auf Dubletten hätte wir 19574 anstelle von 6106 Zeilen in die Tabelle bank importiert. Na, wenn sich das nicht gelohnt hat!

Zum anderen wurde der DISTINCT aktiv dafür verwendet, beim Import nur die einmaligen Datensätze zu verwenden.

---

[11] Was wir mit COUNT(*) etwas bequemer hätten haben können (siehe Abschnitt 25.2.3 auf Seite 380).

10.4.2 Was ist beim DISTINCT bzgl. der Performance zu beachten?

Im Prinzip das Gleiche wie beim ORDER BY (siehe Abschnitt 10.3 auf Seite 157). Das Ermitteln von Dubletten kann bei sortierten Listen erheblich schneller ablaufen als bei nicht sortierten. Liegt ein Index auf den DISTINCT-Spalten, kann der Zugriff direkt über den Index abgearbeitet werden.

Wie oben bereits angesprochen, ist es aber sinnlos, auf Indizes mit der Eigenschaft UNIQUE einen DISTINCT abzusetzen.

10.5 Ergebnismenge ausschneiden

MySQL/MariaDB
```
SELECT [DISTINCT]
    {*|spaltenliste|ausdruck}
    FROM tabellenname
    [WHERE bedingung]
    [ORDER BY spaltenname [ASC|DESC] [,spaltenname [ASC|DESC]]*]
    [LIMIT [offset,] anzahl]
;
```

Unter der Überschrift *Befehle, die man nicht im MySQL-Client ausführen sollte:*

```
SELECT * FROM bank;
```

Wie sinnlos, über 6000 Datensätze an sich vorbeiziehen zu sehen. In MySQL gibt es eine einfache Möglichkeit, die Ausgabemenge zu beschränken: LIMIT.

10.5.1 Wie kann man sich die ersten n Datensätze ausschneiden?

Wir wollen uns die ersten drei Zeilen der Tabelle bank anschauen:

```
mysql> SELECT
    -> blz, bankname
    -> FROM bank
    -> LIMIT 3;

+----------+-------------------------------------------------+
| blz      | bankname                                        |
+----------+-------------------------------------------------+
| 10000000 | Bundesbank                                      |
| 10010010 | Postbank                                        |
| 10010111 | SEB                                             |
+----------+-------------------------------------------------+
```

Durch die Angabe *anzahl* hinter dem Schlüsselwort LIMIT werden nur die ersten drei Datensätze ausgegeben. Dabei werden ggf. vorhandene ORDER BY-Klauseln berücksichtigt.

Gerade in Zusammenarbeit mit dem ORDER BY lassen sich häufige vorkommende Auswertungen erstellen. Wann immer man das erste oder letzte Element einer Liste braucht, wird mit `LIMIT 1` gearbeitet, z.B. der Kunde mit dem höchsten bzw. geringsten Umsatz oder der teuerste bzw. billigste Artikel oder die Bank mit der höchsten Bankleitzahl:

```
mysql> SELECT
    ->    blz, bankname
    ->    FROM bank
    ->    ORDER BY blz DESC
    ->    LIMIT 1;

+----------+----------------------------+
| blz      | bankname                   |
+----------+----------------------------+
| 87096214 | Volksbank Chemnitz (Gf P2) |
+----------+----------------------------+
```

Beschränkt man die Ausgabemenge nicht nur auf eine Zeile, sondern auch auf eine Spalte, lässt sich das Ergebnis in eine Variable schreiben, um es beispielsweise weiter verarbeiten zu können:

```
mysql> SELECT
    ->    blz
    ->    FROM bank
    ->    ORDER BY blz DESC
    ->    LIMIT 1
    ->    INTO @blzmin;
mysql> SELECT
    ->    bankname
    ->    FROM bank
    ->    WHERE blz = @blzmin;

+----------------------------+
| bankname                   |
+----------------------------+
| Volksbank Chemnitz         |
| Volksbank Chemnitz (Gf P2) |
+----------------------------+
```

10.5.2 Wie kann man Teilmengen mittendrin ausschneiden?

Besonders bei Online-Anwendungen werden größere Datenmengen seitenweise z.B. in 20er Paketen ausgegeben. Dazu muss aus der Ergebnismenge 20 Zeilen ab einem bestimmten *offset* ausgeschnitten werden. Wir wandeln das Beispiel so ab, dass immer nur 2 Zeilen ausgeschnitten werden:

```
mysql> SELECT blz, bankname FROM bank LIMIT 1, 2;
+----------+----------+
| blz      | bankname |
+----------+----------+
| 10010010 | Postbank |
| 10010111 | SEB      |
+----------+----------+
```

Aufgabe 10.6: Was ist hier falsch? Bitte vergleichen Sie das Ergebnis mit der Ausgabe bei `LIMIT 3`.

Der *offset* ist ein 0 basierender Zähler. So ergeben folgende Befehle das gleiche Ergebnis:

```
mysql> SELECT blz, bankname FROM bank LIMIT 1;
+----------+------------+
| blz      | bankname   |
+----------+------------+
| 10000000 | Bundesbank |
+----------+------------+

mysql> SELECT blz, bankname FROM bank LIMIT 0, 1;
+----------+------------+
| blz      | bankname   |
+----------+------------+
| 10000000 | Bundesbank |
+----------+------------+
```

Aufgabe 10.7: Geben Sie die Bankleitzahl und den Banknamen der Zeilen 1000 und 1005 aus. Vergleichen Sie die Ergebnisse:

```
+----------+------------------------------------------+
| blz      | bankname                                 |
+----------+------------------------------------------+
| 28062560 | Volksbank Lohne-Mühlen (Gf P2)           |
| 28062740 | Volksbank Bookholzberg-Lemwerder         |
| 28062740 | Volksbank Bookholzberg-Lemwerder (Gf P2) |
| 28062913 | Volksbank Bösel                          |
| 28062913 | Volksbank Bösel (Gf P2)                  |
+----------+------------------------------------------+
```
∎

Hinweis: Leider ergibt der Quelltext unten Fehlermeldungen, da im MySQL- oder MariaDB-Client LIMIT nur Konstanten akzeptiert werden. Aber was wird hier versucht?
∎

```
SET @offset=0;
SET @anzahl=2;
SELECT blz, bankname FROM bank ORDER BY blz, bankname LIMIT '@offset', '
    @anzahl';
SELECT @offset + @anzahl INTO @offset;
SELECT blz, bankname FROM bank ORDER BY blz, bankname LIMIT @offset, @anzahl;
SELECT @offset + @anzahl INTO @offset;
```

Hinweis: LIMIT ist kein Standard-SQL, sondern kommt so z.B. in MySQL, MariaDB und PostgreSQL vor. Wobei PostgreSQL eine etwas andere Syntax hat: LIMIT 2 OFFSET 0 anstelle von beispielsweise LIMIT 0,2. Andere Systeme haben aber andere Lösungen dafür: siehe [Wik15b].
∎

10.6 Ergebnisse exportieren

10.6.1 Wie legt man eine Exportdatei auf dem Server an?

MySQL/MariaDB
SELECT [DISTINCT] {*|spaltenliste|ausdruck}
  FROM tabellenname
  [WHERE bedingung]
  [ORDER BY spaltenname [ASC|DESC] [,spaltenname [ASC|DESC]]*]
  [LIMIT [offset,] anzahl]
  [INTO OUTFILE 'dateiname' exportoptionen]
;
exportoptionen: siehe Optionen zum LOAD DATA INFILE auf Seite 105

Wir haben in Abschnitt 7.1 auf Seite 101 gesehen, wie man Daten per LOAD DATA INFILE in eine Tabelle importieren kann. Es gibt auch eine entsprechende Variante des SELECTs, der Daten in CSV-Format exportiert.

Wenn wir beispielsweise Bankdaten wieder in ein neutrales Datenaustauschformat bringen möchten, würde man eine CSV-Datei INTO OUTFILE wie folgt erzeugen:

```
 1  SELECT
 2    blz Bankleitzahl, bankname Bankname
 3    INTO OUTFILE 'bank.csv'
 4    FIELDS
 5      TERMINATED BY ';'
 6      ENCLOSED BY '"'
 7    LINES
 8      TERMINATED BY '\r\n'
 9    FROM
10      bank
11    ORDER BY
12      Bankleitzahl, Bankname;
```

Es wird die Datei bank.csv auf dem Server mit folgendem Inhalt erstellt:

```
1  "10000000";"Bundesbank"
2  "10010010";"Postbank"
3  "10010111";"SEB"
4  "10010222";"The Royal Bank of Scotland, Niederlassung Deutschland"
5  [...]
```

Hinweis: Die Datei wird in dem Verzeichnis angelegt, wo die Tabellen vom Server angelegt werden; bei mir ist das /var/lib/mysql/oshop. Deshalb darf die Datei keine schon bestehende Datei überschreiben. Alles andere wäre eine gewaltige Sicherheitslücke. Der Dateiname 'bank.frm' hätte beispielsweise die Datei überschrieben, die die Daten der Tabelle bank enthält!

Auch kann nicht nur der Dateiname angegeben werden, sondern auch das Verzeichnis. Es ist bei der Installation sicherzustellen, dass der SQL-Server nicht außerhalb seines Datenverzeichnisses Dateien anlegen darf. Man stelle sich nur einen Dateinamen wie /home/ich/meineWichtigeDatei.txt vor.

10.6.2 Wie legt man eine Exportdatei auf dem Client an?

Grundsätzlich ist das keine so gute Idee, die CSV-Datei auf dem Server anzulegen. Man kann den MySQL-Client aber gut dafür verwenden, eine lokale Datei anzulegen:

```
1   ralf@localhost:~/> mysql -D oshop -e "SELECT blz, bankname FROM bank;" > bank.txt
```

Nun ist eine lokale Datei erstellt worden. Diese ist nicht so frei konfigurierbar erstellt wie bei einem `INTO OUTFILE`, aber mit gängigen Importassistenten oder Programmen wie awk lässt sich eine neutrale CSV-Datei erstellen.

Wenn Sie den `SELECT` – oder noch weitere SQL-Befehle – in eine Datei packen, so lässt sich das Ganze noch weiter vereinfachen[12]:

```
1   ralf@localhost:~/> mysql -D oshop < befehle.sql > bank.txt
```

10.6.3 Wie liest man binäre Daten aus?

In Abschnitt 7.2.4 auf Seite 112 haben wir Bilder in die Tabelle `bild` eingefügt. Diese Daten wollen wir nun wieder auslesen und in Bilddateien auf dem Client ablegen. Auch hier möchte ich dazu einen C#-Client verwenden.

Zunächst werden ein paar benötigte Objekte gebastelt. Mit `dlg` wird das Verzeichnis ausgewählt, in welches die Bilder abgespeichert werden sollen. Die `MySqlCommand`- und `MySqlConnection`-Objekte sollten noch aus dem Obigen klar sein. Da wir nun Daten empfangen wollen, brauchen wir einen Container, der diese Daten aufnimmt: der `MySqlDataReader`. Die restlichen Objekte sollten ebenfalls in ihrer Bedeutung bekannt sein.

Listing 10.1 HauptfensterSelect.cs, Teil 1

```
18      private void bttnBild_Click(object sender, EventArgs e) {
19          FolderBrowserDialog dlg = new FolderBrowserDialog();
20          MySqlConnection MySqlConn = new MySqlConnection();
21          MySqlCommand MySqlCmd = new MySqlCommand();
22          MySqlDataReader MySqlData;
23
24          string strSelect;
25          Int32 iDateigroesse;
26          byte[] binBilddaten;
27          FileStream streamDatei;
28          string strDateiname;
```

Nun werden die Verbindungsparameter angegeben. Bitte beachten Sie, dass Sie ggf. andere Werte eintragen müssen. Besonders die Angabe `server` muss überprüft werden.

Listing 10.2 HauptfensterSelect.cs, Teil 2

```
30          MySqlConn.ConnectionString = "server=10.0.2.2";
31          MySqlConn.ConnectionString += ";uid=root";
32          MySqlConn.ConnectionString += ";pwd=";
```

---

[12] Das klappt übrigens auch in der COMMAND-Box unter Windows.

```
33          MySqlConn.ConnectionString += ";database=oshop;charset=utf8";
```

Mit diesem SELECT werden alle relevanten Bilddaten ausgewählt.

Listing 10.3 HauptfensterSelect.cs, Teil 3

```
35          strSelect = "SELECT bild, dateiname, dateigroesse FROM bild";
```

Nur wenn ein Verzeichnis ausgewählt wurde, soll das Auslesen der Daten begonnen werden.

Listing 10.4 HauptfensterSelect.cs, Teil 4

```
37          if (dlg.ShowDialog() != DialogResult.OK) {
38             return;
39          } // if Ende
```

Jetzt wird versucht, eine Verbindung zum Server herzustellen und den SELECT auszuführen. Man könnte hier ggf. noch eine Warnung einbauen, falls keine Daten gefunden wurden.

Listing 10.5 HauptfensterSelect.cs, Teil 5

```
41          try {
42             MySqlConn.Open();
43
44             MySqlCmd.Connection = MySqlConn;
45             MySqlCmd.CommandText = strSelect;
46             MySqlData = MySqlCmd.ExecuteReader();
```

Solange Daten vom `MySqlDataReader`-Objekt gefunden werden, läuft die `while`-Schleife. Durch Methoden des `MySqlDataReader`-Objekts wie `GetOrdinal()` und `GetString()` werden die Ergebnisse der Auswahl mit SELECT in passende C#-Variablen kopiert. Dabei wird bei jedem Schleifendurchlauf eine entsprechende Datei im ausgewählten Verzeichnis angelegt, und die Binärdaten werden mit `Write()` dort hineingeschrieben.

Listing 10.6 HauptfensterSelect.cs, Teil 6

```
48          while (MySqlData.Read()) {
49             iDateigroesse = MySqlData.GetInt32(MySqlData.GetOrdinal("
                  dateigroesse"));
50             binBilddaten = new byte[iDateigroesse];
51             MySqlData.GetBytes(MySqlData.GetOrdinal("bild"), 0, binBilddaten, 0,
                  iDateigroesse);
52
53             strDateiname = dlg.SelectedPath + Path.DirectorySeparatorChar +
                  MySqlData.GetString("dateiname");
54             streamDatei = new FileStream(Path.GetFullPath(strDateiname),
                  FileMode.OpenOrCreate, FileAccess.Write);
55             streamDatei.Write(binBilddaten, 0, iDateigroesse);
56             streamDatei.Close();
57             lbDateien.Items.Insert(0, Path.GetFullPath(strDateiname));
58          } // while Ende
```

Zum Schluss noch alle offenen Verbindungen schließen.

Listing 10.7 HauptfensterSelect.cs, Teil 7

```
60          MySqlData.Close();
61          MySqlConn.Close();
62        } // try Ende
```

Verbleibt nur noch das Auffangen der Ausnahmen, und alles ist gut.

Listing 10.8 HauptfensterSelect.cs, Teil 8

```
63        catch (Exception ex) {
64          MessageBox.Show(ex.Message, "Error", MessageBoxButtons.OK,
              MessageBoxIcon.Error);
65        } // catch Ende
```

11 Tabellen verbinden

Daten für Auswertungen verbinden.

- Grundkurs
  - Kartesisches Produkt, CROSS JOIN
  - INNER JOIN mit zwei und mehr Tabellen
  - LEFT und RIGHT OUTER JOIN
- Vertiefendes
  - Abkürzung mit USING
  - NATURAL JOIN
  - JOIN als Datenquelle
  - Verknüpfung über Nichtschlüsselspalten
  - EQUI JOIN
  - OUTER JOIN und referentielle Integrität
  - SELF JOIN
  - Common Table Expression (WITH)
  - Einfluss von Indizes auf JOIN

Spätestens jetzt sind wir im nichttrivialen Bereich von SELECT angekommen. Daten aus mehreren Tabellen zusammenzuführen, ist Alltagsgeschäft und wird von vielen DBMS-Tools unterstützt. Trotzdem muss man das Handwerk dahinter verstehen, denn jeder DB-Designer muss wissen, wie die Daten später wieder zusammengebastelt werden müssen. Ohne den Aufwand zu kennen, lässt sich kein seriöses ER-Modell erstellen[1].

Die Quelltexte dieses Kapitels stehen in den Dateien mysql/listing08.sql und pg/listing08.sql.

---

[1] So, wie wir es in den ersten Kapiteln getan haben ;-).

11.1 Heiße Liebe: Primär-/Fremdschlüsselpaare

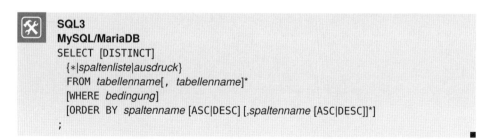

```
SQL3
MySQL/MariaDB
SELECT [DISTINCT]
    {*|spaltenliste|ausdruck}
    FROM tabellenname[, tabellenname]*
    [WHERE bedingung]
    [ORDER BY spaltenname [ASC|DESC] [,spaltenname [ASC|DESC]]*]
;
```

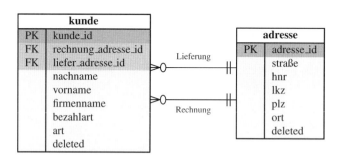

Bild 11.1 ER-Modell: kunde und adresse

Die bisher durchgeführten Auswertungen fanden immer auf *einer* Tabelle statt. Wenn wir uns die ER-Modelle für den Online-Shop anschauen, erkennen wir, dass oft inhaltlich zusammenhängende Informationen auf mehrere Tabellen verteilt sind.[2]

So stehen beispielsweise die Adressdaten eines Kunden in einer anderen Tabelle als sein Name. Für ein Rechnungsschreiben werden beide Informationen wieder miteinander zu verknüpfen sein. Eine Variante des SELECTs erlaubt die Verwendung mehrerer Tabellen in einem SELECT. Wollen wir mal schauen, was dabei herauskommt:

```
 1  mysql> SELECT
 2      -> kunde_id, nachname, vorname, rechnung_adresse_id, adresse_id
 3      -> FROM
 4      ->   kunde, adresse
 5      -> ;
 6  +----------+--------------+----------+---------------------+------------+
 7  | kunde_id | nachname     | vorname  | rechnung_adresse_id | adresse_id |
 8  +----------+--------------+----------+---------------------+------------+
 9  |        1 | Gamdschie    | Samweis  |                   1 |          1 |
10  |        2 | Beutlin      | Frodo    |                   2 |          1 |
11  |        3 | Beutlin      | Bilbo    |                   2 |          1 |
12  |        4 | Telcontar    | Elessar  |                   3 |          1 |
13  |        5 | Earendilionn | Elrond   |                   4 |          1 |
14  |        6 | Eichenschild | Thorin   |                NULL |          1 |
15  |        1 | Gamdschie    | Samweis  |                   1 |          2 |
```

---
[2] Dies ist gerade der entscheidende Unterschied zu objektorientierten Datenbanken oder NoSQL.

```
16 |          2 | Beutlin       | Frodo   |                    2 |          2 |
17 |          3 | Beutlin       | Bilbo   |                    2 |          2 |
18 |          4 | Telcontar     | Elessar |                    3 |          2 |
19 |          5 | Earendilionn  | Elrond  |                    4 |          2 |
20 |          6 | Eichenschild  | Thorin  |                 NULL |          2 |
21 |          1 | Gamdschie     | Samweis |                    1 |          3 |
22 |          2 | Beutlin       | Frodo   |                    2 |          3 |
23 |          3 | Beutlin       | Bilbo   |                    2 |          3 |
24 |          4 | Telcontar     | Elessar |                    3 |          3 |
25 |          5 | Earendilionn  | Elrond  |                    4 |          3 |
26 |          6 | Eichenschild  | Thorin  |                 NULL |          3 |
27 |          1 | Gamdschie     | Samweis |                    1 |          4 |
28 |          2 | Beutlin       | Frodo   |                    2 |          4 |
29 |          3 | Beutlin       | Bilbo   |                    2 |          4 |
30 |          4 | Telcontar     | Elessar |                    3 |          4 |
31 |          5 | Earendilionn  | Elrond  |                    4 |          4 |
32 |          6 | Eichenschild  | Thorin  |                 NULL |          4 |
33 |          1 | Gamdschie     | Samweis |                    1 |          5 |
34 |          2 | Beutlin       | Frodo   |                    2 |          5 |
35 |          3 | Beutlin       | Bilbo   |                    2 |          5 |
36 |          4 | Telcontar     | Elessar |                    3 |          5 |
37 |          5 | Earendilionn  | Elrond  |                    4 |          5 |
38 |          6 | Eichenschild  | Thorin  |                 NULL |          5 |
39 |          1 | Gamdschie     | Samweis |                    1 |         10 |
40 |          2 | Beutlin       | Frodo   |                    2 |         10 |
41 |          3 | Beutlin       | Bilbo   |                    2 |         10 |
42 |          4 | Telcontar     | Elessar |                    3 |         10 |
43 |          5 | Earendilionn  | Elrond  |                    4 |         10 |
44 |          6 | Eichenschild  | Thorin  |                 NULL |         10 |
45 |          1 | Gamdschie     | Samweis |                    1 |         11 |
46 |          2 | Beutlin       | Frodo   |                    2 |         11 |
47 |          3 | Beutlin       | Bilbo   |                    2 |         11 |
48 |          4 | Telcontar     | Elessar |                    3 |         11 |
49 |          5 | Earendilionn  | Elrond  |                    4 |         11 |
50 |          6 | Eichenschild  | Thorin  |                 NULL |         11 |
51 +------------+---------------+---------+----------------------+------------+
52 42 rows in set (0.00 sec)
```

In Zeile 4 werden zwei Tabellen hinter dem FROM angegeben. Das ist neu; bisher stand hier immer nur *die eine* Tabelle.

Im Ergebnis werden mir 42 Zeilen einer *neuen* Tabelle angezeigt. Aber wie sind diese Zeilen gebildet worden? Es fällt auf, dass die kunde_id sich nach dem Schema 1, 2, 3, 4, 5, 6 wiederholt. Ebenso interessant ist, dass die adresse_id mit jeweils sechs gleichen Werten auftaucht.

Betrachtet man nur die Werte von kunde_id und adresse_id, so hat man Datenpaare, die wie folgt aufgebaut sind: Jede Adresse ist mit allen Kunden kombiniert worden. Adresse 1 mit Kunde 1 bis 6, Adresse 2 mit Kunde 1 bis 6 usw. Da es sechs Kunden und sieben Adressen gibt, erhalten wir 42 Kombinationen, das *Kartesische Produkt*.

Definition 38: Kartesisches Produkt
Seien A und B zwei endliche Mengen, $a \in A$ und $b \in B$, dann ist die Menge aller unterschiedlichen Paare (a, b) das *Kartesische Produkt* K der Mengen A und B. ∎

Diese Definition lässt $A = B$ zu. Wenn n die Anzahl der Elemente in A ist und m die Anzahl der Elemente in B, dann hat K $n \times m$ viele Elemente.

Definition 39: CROSS JOIN
Das Kartesische Produkt zweier Mengen wird auch *CROSS JOIN* oder *Kreuzprodukt* genannt.

Toll, ein Kartesisches Produkt[3], ja und?

Aufgabe 11.1: Betrachten Sie genau die Zahlenpaare `rechnung_adresse_id` und `adresse_id`. Formulieren Sie eine WHERE-Klausel, die genau die Zeilen übrig lässt, die zu einem Kunden die richtige Adressnummer angeben.

In den Zeilen 9, 16, 17, 24 und 31 stehen jeweils die gleichen Werte. Ausformuliert bedeutet dies: Im Fremdschlüssel `rechnung_adresse_id` steht der gleiche Wert wie in `adresse_id`. Das sind genau die Elemente des Kartesischen Produkts, die eine gültige Verknüpfung zwischen den beiden Tabellen darstellen. Die WHERE-Klausel sollte somit nur diese Zeilen übrig lassen:

```
 1  mysql> SELECT
 2      ->     kunde_id, nachname, vorname, rechnung_adresse_id, adresse_id
 3      -> FROM
 4      ->     kunde, adresse
 5      -> WHERE
 6      ->     rechnung_adresse_id = adresse_id
 7      -> ;
 8  +----------+--------------+---------+---------------------+------------+
 9  | kunde_id | nachname     | vorname | rechnung_adresse_id | adresse_id |
10  +----------+--------------+---------+---------------------+------------+
11  |        1 | Gamdschie    | Samweis |                   1 |          1 |
12  |        2 | Beutlin      | Frodo   |                   2 |          2 |
13  |        3 | Beutlin      | Bilbo   |                   2 |          2 |
14  |        4 | Telcontar    | Elessar |                   3 |          3 |
15  |        5 | Earendilionn | Elrond  |                   4 |          4 |
16  +----------+--------------+---------+---------------------+------------+
17  5 rows in set (0.00 sec)
```

Aufgabe 11.2: Was ist mit den Adressen mit den Primärschlüsselwerten 5, 10 und 11 passiert? Wie kann man das inhaltlich interpretieren? Und was ist mit dem Kunden *Thorin Eichenschild*?

Die Reduzierung des Kartesischen Produkts auf die Zeilen mit passenden Schlüsselpaaren ist schon ein `INNER JOIN`. Was uns nun noch fehlt, ist ein *richtiger* Befehl dazu.

---

[3] Wird von den Azubis gerne *Orgienjoin* genannt.

11.2 INNER JOIN zwischen zwei Tabellen

Definition 40: INNER JOIN
Der *INNER JOIN* zweier Tabellen ist die Teilmenge des kartesischen Produkts, für welche gilt, dass die Fremdschlüsselwerte zu den Primärschlüsselwerten passen.

Die Formulierung über das Kartesische Produkt mit der passenden WHERE-Klausel ist für die Programmierung ein wenig sperrig. Stellen Sie sich vor, dass die Ergebnismenge weitere Bedingungen erfüllen muss oder keine echten Tabellen verwendet werden, sondern Unterabfragen[4]. Deshalb gibt es eine eigene Syntax für den INNER JOIN:

SQL3
MySQL/MariaDB
SELECT [DISTINCT]
  {*|*spaltenliste*|*ausdruck*}*
  FROM
    tabellenname$_{fk}$ INNER JOIN *tabellenname*$_{pk}$
      ON *tabellenname*$_{fk}$.*fk* = *tabellenname*$_{pk}$.*pk*
  [WHERE *bedingung*]
  [ORDER BY *spaltenname* [ASC|DESC] [,*spaltenname* [ASC|DESC]]*]
;

Der obige Befehl sähe umgebaut so aus:

```
1  SELECT
2    kunde_id, nachname, vorname, rechnung_adresse_id, adresse_id
3  FROM
4    kunde INNER JOIN adresse ON rechnung_adresse_id = adresse_id;
```

Aufgabe 11.3: Bauen Sie den letzten Befehl so um, dass folgende Ausgabe erzeugt wird:

```
+--------------+---------+------------------+-----+--------------+
| nachname     | vorname | strasse          | hnr | ort          |
+--------------+---------+------------------+-----+--------------+
| Gamdschie    | Samweis | Beutelhaldenweg  | 5   | Hobbingen    |
| Beutlin      | Frodo   | Beutelhaldenweg  | 1   | Hobbingen    |
| Beutlin      | Bilbo   | Beutelhaldenweg  | 1   | Hobbingen    |
| Telcontar    | Elessar | Auf der Feste    | 1   | Minas Tirith |
| Earendilionn | Elrond  | Letztes Haus     | 4   | Bruchtal     |
+--------------+---------+------------------+-----+--------------+
```

---

[4] Siehe Kapitel 13 auf Seite 219

11.2.1 Bauanleitung für einen INNER JOIN

Die Programmierung eines `INNER JOIN` fällt meinen Schülerinnen und Schülern oft schwer. Deshalb will ich hier ein wenig ausführlicher beschreiben, wie man einen `INNER JOIN` zusammenbauen kann. Die passende Aufgabe: Wir wollen zu einer Bankverbindung die Bankleitzahl und den Banknamen wissen.

1. **Ermitteln der beteiligten Tabellen:** In unserem Fall sind es die Tabellen `bankverbindung` und `bank`. Schreiben Sie sich diese Tabellen auf: eine auf die linke Seite vom Blatt und eine auf die rechte Seite.

2. **Ermitteln der Primär- und Fremdschlüssel:** Schreiben Sie unter den Tabellennamen jeweils den Primärschlüssel und alle vorkommenden Fremdschlüssel.

bankverbindung	bank
kunde_id	bank_id
bankverbindung_id	
bank_id	

3. **Fremdschlüssel festlegen:** In einer der Tabellen muss ein Fremdschlüssel vorkommen, der auf die andere Tabelle zeigt. Wenn Sie beim Design alles richtig gemacht haben und die Namenskonvention beachten, finden Sie diesen sehr schnell. Es kommen zwei Fremdschlüssel infrage: `kunde_id` und `bank_id`. Da eine der Tabellen bank heißt und wir der Namenskonvention gefolgt sind, muss es `bank_id` sein. Markieren Sie den Fremdschlüssel z.B. mit einem Textmarker.

bankverbindung	bank
kunde_id	bank_id
bankverbindung_id	
bank_id	

4. **Primärschlüssel festlegen:** Jetzt markieren Sie in der gleichen Farbe in der anderen Tabelle den dazugehörigen Primärschlüssel. Hier ist es die Spalte `bank_id`

bankverbindung	bank
kunde_id	**bank_id**
bankverbindung_id	
bank_id	

5. **Schablone benutzen:** Jetzt schreiben Sie auf das Blatt die Schablone für den `INNER JOIN`. Das Ganze sollte jetzt so aussehen:

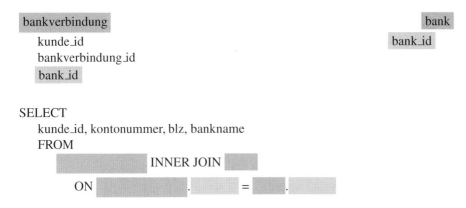

6. **Fremdschlüsseltabelle eintragen:** Fügen Sie links vom INNER JOIN den Tabellennamen für die Tabelle mit dem markierten Fremdschlüssel ein.

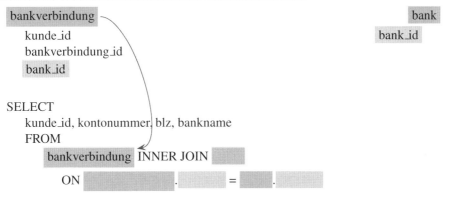

7. **Primärschlüsseltabelle eintragen:** Fügen Sie rechts vom INNER JOIN den Tabellenname für die Tabelle mit dem markierten Primärschlüssel ein.

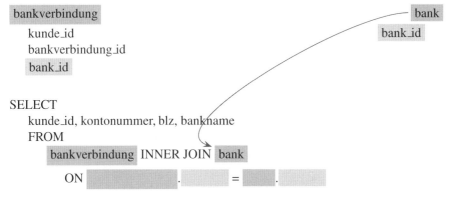

8. **Fremdschlüssel eintragen:** Fügen Sie zwischen dem ON und dem Gleichheitszeichen den Namen der Fremdschlüsseltabelle, einen Punkt und den Namen des Fremdschlüssels ein.

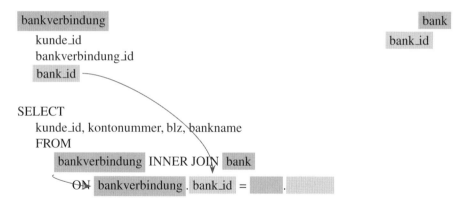

9. **Primärschlüssel eintragen:** Fügen Sie nach dem = den Namen der Primärschlüsseltabelle, einen Punkt und den Namen des Primärschlüssels ein.

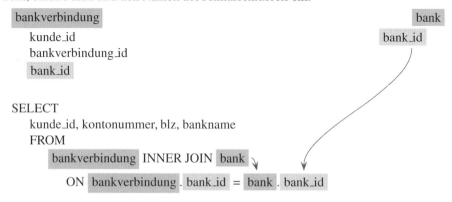

10. **Fertig!**

```
 1  mysql> SELECT
 2      ->   kunde_id, kontonummer, blz, bankname
 3      ->  FROM
 4      ->    bankverbindung INNER JOIN bank
 5      ->      ON bankverbindung.bank_id = bank.bank_id
 6      -> ;
 7  +----------+-------------+----------+---------------+
 8  | kunde_id | kontonummer | blz      | bankname      |
 9  +----------+-------------+----------+---------------+
10  |        1 |  1111111111 | 10010010 | Postbank      |
11  |        1 |  1111111112 | 10010010 | Postbank      |
12  |        2 |  2222222221 | 10060198 | Pax-Bank      |
13  |        3 |  3333333331 | 10060198 | Pax-Bank      |
14  |        4 |  4444444441 | 12070000 | Deutsche Bank |
15  |        5 |  5555555551 | 12070000 | Deutsche Bank |
16  +----------+-------------+----------+---------------+
```

Ein zweites Beispiel: Zu einem Kunden werden die Kontonummern ausgegeben.

1. **Ermitteln der beteiligten Tabellen**: Es sind kunde und bankverbindung.
2. **Ermitteln der Primär- und Fremdschlüssel:** In der Tabelle bankverbindung gibt es den zusammengesetzten Primärschlüssel mit kunde_id und bankverbindung_nr und den Fremdschlüssel bank_id. In der Tabelle kunde gibt es den Primärschlüssel

kunde_id und die beiden Fremdschlüssel rechnung_adresse_id und liefer_adresse_id.

3. **Fremdschlüssel festlegen:** Da wir die Namenskonvention beachtet haben, brauchen wir nur nach einem Fremdschlüssel suchen, der so wie die andere Tabelle heißt. Dies ist in unserem Fall kunde_id.
4. **Primärschlüssel festlegen:** Jetzt wird die Spalte kunde_id in der Tabelle kunde markiert.
5. **Schablone benutzen:** Jetzt schreiben Sie auf das Blatt die Schablone für den INNER JOIN.
6. **Fremdschlüsseltabelle eintragen:** Fügen Sie links vom INNER JOIN den Tabellennamen für die Tabelle mit dem markierten Fremdschlüssel ein.
7. **Primärschlüsseltabelle eintragen:** Fügen Sie an die passende Stelle den Tabellennamen für die Tabelle mit dem markierten Primärschlüssel ein.
8. **Fremdschlüssel eintragen:** Fügen Sie an die passende Stelle den Spaltennamen des markierten Fremdschlüssels ein.
9. **Primärschlüssel eintragen:** Fügen Sie an die passende Stelle den Spaltennamen des markierten Primärschlüssels ein.
10. **Fertig!**

```
mysql> SELECT
    ->    nachname, vorname, kontonummer
    -> FROM
    ->    bankverbindung b INNER JOIN kunde k ON b.kunde_id = k.kunde_id;
+-------------+---------+-------------+
| nachname    | vorname | kontonummer |
+-------------+---------+-------------+
| Gamdschie   | Samweis | 1111111111  |
| Gamdschie   | Samweis | 1111111112  |
| Beutlin     | Frodo   | 2222222221  |
| Beutlin     | Bilbo   | 3333333331  |
| Telcontar   | Elessar | 4444444441  |
| Earendilionn| Elrond  | 5555555551  |
+-------------+---------+-------------+
```

Haben Sie gesehen, dass in Zeile 4 die Tabellennamen durch Aliase ersetzt wurden?

Aufgabe 11.4: Geben Sie zu allen Kunden den Namen und die Rechnungsadresse aus.

Aufgabe 11.5: Geben Sie zu allen Kunden den Namen und die Lieferadresse aus. Interpretieren Sie das Ergebnis.

Aufgabe 11.6: Geben Sie zu jedem Kunden den Namen und die Bestellungen nach Kundennamen und Bestelldatum sortiert aus. Die letzte Bestellung des Kunden soll zuerst erscheinen.

Aufgabe 11.7: Geben Sie zu jeder Bestellung die Kundennummer, das Bestelldatum und die Positionen aus. Die Sortierung soll nach Kundennummer, Bestellnummer und Position erfolgen.

Aufgabe 11.8: Geben Sie zu jeder Position den Artikelnamen aus. Es soll nach Artikelname sortiert werden.

11.2.2 Abkürzende Schreibweisen

SQL3
MySQL/MariaDB
SELECT [DISTINCT]
 {*|spaltenliste|ausdruck}
 FROM
   tabellenname$_{fk}$ {INNER|NATURAL} JOIN tabellenname$_{pk}$
   [{ON tabellenname$_{fk}$.fk = tabellenname$_{pk}$.pk|USING(spaltenname)}]
 [WHERE bedingung]
 [ORDER BY spaltenname [ASC|DESC] [,spaltenname [ASC|DESC]]*]
 ;

Falls der Name des Fremdschlüssels genau der gleiche ist wie der des Primärschlüssels, kann man die ON-Klausel durch eine kürzere Variante mit USING ersetzen:

```
1  SELECT
2    kunde_id, kontonummer, blz, bankname
3  FROM
4    bankverbindung INNER JOIN bank USING (bank_id)
5  ;
```

Bei den Fremdschlüsseln, die anders als die Primärschlüssel heißen, wie beispielsweise rechnung_adresse_id, ist eine solche Abkürzung nicht möglich.

Aufgabe 11.9: Bauen Sie Ihre Lösungen zu den Aufgaben um, wenn ein USING möglich ist.

Sind die Fremdschlüssel-/Primärschlüsselspalten die einzigen Spalten, die in beiden Tabellen gleich sind und die Verknüpfung definieren, spricht man von einem NATURAL JOIN.

Definition 41: NATURAL JOIN
Werden zwei Tabellen über die Spalten verknüpft, die den gleichen Namen und Inhalt haben, spricht man von einem *NATURAL JOIN*.

```
1  SELECT
2    kunde_id, kontonummer, blz, bankname
3  FROM
4    bankverbindung NATURAL JOIN bank
5  ;
```

Hinweis: Bitte beachten Sie, dass bei unseren Tabellen in einem NATURAL JOIN auch die Spalte deleted in die Verknüpfung mit einfließt.

11.2.3 Als Datenquelle für temporäre Tabellen

Wir haben oben die Bankverbindung zu einem Kunden ermittelt. Annahme: Wir wollen jetzt viele Auswertungen der Kunden inklusive der Bankverbindung machen, dann müssen jedes Mal im entsprechenden SELECT die Informationen mit INNER JOIN verknüpft werden.

Obwohl INNER JOIN-Anweisungen durch passend gewählte Indizes sehr beschleunigt werden, entsteht trotzdem eine Rechnerlast auf dem Server, die jedes Mal das gleiche – oder fast das gleiche – Ergebnis liefert[5].

Da es plausibel ist anzunehmen, dass sich die Kundenstammdaten (siehe Definition 34) für einen gewissen Auswertungszeitraum nicht ändern, könnte man statt dessen das Ergebnis des INNER JOIN in eine (temporäre) Tabelle ablegen und mit dieser weiterarbeiten.

Als Beispiel wollen wir die Kundendaten mit Rechnungsanschrift und allen Bestellungen ausgeben und danach die Kundendaten mit Rechnungsanschrift mit allen Bankverbindungen.

In beiden Fällen werden die Kundendaten mit Rechnungsanschrift benötigt. Das können wir schon:

```
SELECT
  k.kunde_id, k.nachname, k.vorname, a.strasse, a.hnr, a.plz, a.ort
FROM
  kunde k INNER JOIN adresse a
    ON k.rechnung_adresse_id = a.adresse_id
;
```

Sie bemerken bitte, dass hier abkürzende Alias (Zeile 4) verwendet werden. Das ist gerade bei Verknüpfungen sehr beliebt, da hier oft zwischen den Tabellen unterschieden werden muss. Diese Abfrage wird jetzt in eine Variante des CREATE TABLE eingebaut.

MySQL/MariaDB
CREATE [TEMPORARY] TABLE [IF NOT EXISTS] *tabellenname*
  SELECT *auswahl*
  ;

```
mysql> CREATE TEMPORARY TABLE tmp_kadresse
    ->   SELECT
    ->     k.kunde_id, k.nachname, k.vorname, a.strasse, a.hnr, a.plz, a.ort
    ->   FROM
    ->     kunde k INNER JOIN adresse a
    ->       ON k.rechnung_adresse_id = a.adresse_id;

Query OK, 5 rows affected (0.09 sec)
Records: 5  Duplicates: 0  Warnings: 0

mysql> SELECT kunde_id, nachname, ort FROM tmp_kadresse;
+----------+--------------+---------------+
| kunde_id | nachname     | ort           |
```

---

[5] Wobei davon auszugehen ist, dass exakt gleiche Ergebnisse durch eine Cache-Strategie beschleunigt zur Verfügung gestellt werden können.

```
14  +----------+--------------+---------------+
15  |        1 | Gamdschie    | Hobbingen     |
16  |        2 | Beutlin      | Hobbingen     |
17  |        3 | Beutlin      | Hobbingen     |
18  |        4 | Telcontar    | Minas Tirith  |
19  |        5 | Earendilionn | Bruchtal      |
20  +----------+--------------+---------------+
```

Jetzt zur ersten Auswertung: Alle Kunden mit Adressdaten und ihren Bestellungen:

```
1  mysql> SELECT
2      ->   t.kunde_id, t.nachname, t.ort, b.bestellung_id, DATE(b.datum)
3      -> FROM
4      ->   bestellung b INNER JOIN tmp_kadresse t USING (kunde_id);
5
6  +----------+-----------+-----------+----------------+---------------+
7  | kunde_id | nachname  | ort       | bestellung_id  | DATE(b.datum) |
8  +----------+-----------+-----------+----------------+---------------+
9  |        1 | Gamdschie | Hobbingen |              1 | 2012-03-24    |
10 |        2 | Beutlin   | Hobbingen |              2 | 2012-03-23    |
11 +----------+-----------+-----------+----------------+---------------+
```

Aufgabe 11.10: Erzeugen Sie mit der Spaltenliste t.*, b.bestellung_id, datum eine neue temporäre Tabelle und verknüpfen Sie diese mit den Positionen der Bestellungen. Achten Sie auf eine sinnvolle Sortierung.

Jetzt zur zweiten Auswertung: Alle Kunden mit Adressdaten und allen Bankverbindungen. Das wollen wir jetzt besonders schön machen. Zuerst eine temporäre Tabelle für die Bankleitzahl und den Banknamen, und dann werden diese beiden temporären Tabellen wieder verknüpft. Und weil wir es jetzt können, wird am Ende noch eine temporäre Tabelle gebaut.

```
1  mysql> CREATE TEMPORARY TABLE tmp_kbank
2      ->  SELECT
3      ->    bv.kunde_id, bv.bankverbindung_nr, bv.kontonummer,
4      ->    bv.iban, ba.blz, ba.bankname
5      ->  FROM
6      ->    bankverbindung bv INNER JOIN bank ba USING (bank_id);
7
8  mysql> CREATE TEMPORARY TABLE tmp_kbankeinzug
9      ->  SELECT
10     ->    ka.*, kb.bankverbindung_nr, kb.kontonummer,
11     ->    kb.iban, kb.blz, kb.bankname
12     ->  FROM
13     ->    tmp_kadresse ka INNER JOIN tmp_kbank kb USING(kunde_id);
14
15 mysql> SELECT kunde_id, nachname, ort, bankname FROM tmp_kbankeinzug;
16
17 +----------+--------------+---------------+---------------+
18 | kunde_id | nachname     | ort           | bankname      |
19 +----------+--------------+---------------+---------------+
20 |        1 | Gamdschie    | Hobbingen     | Postbank      |
21 |        1 | Gamdschie    | Hobbingen     | Postbank      |
22 |        2 | Beutlin      | Hobbingen     | Pax-Bank      |
23 |        3 | Beutlin      | Hobbingen     | Pax-Bank      |
24 |        4 | Telcontar    | Minas Tirith  | Deutsche Bank |
25 |        5 | Earendilionn | Bruchtal      | Deutsche Bank |
26 +----------+--------------+---------------+---------------+
```

Das Zusammenspiel der tatsächlichen und temporären Tabellen sei hier in einer Baumstruktur dargestellt. Die Blätter[6] sind die Ursprungstabellen. Zwei davon werden in jeweils eine temporäre Tabelle mit INNER JOIN zusammengefasst. Die beiden neu erzeugten temporären Tabellen werden wiederum in eine temporäre Tabelle vereinigt.

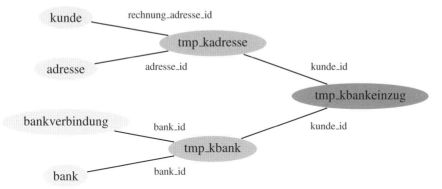

Jede der Tabellen kann nun unabhängig voneinander verwendet werden, da die Datensätze in den temporären Tabellen keine Verweise auf die ursprünglichen Datensätze sind, sondern Kopien. Diese *Unabhängigkeit* ist sehr wichtig, wenn man mit vielen konkurrierenden Zugriffen auf die Tabellen kunde etc. rechnet.

Bei der Betrachtung von Transaktionen (siehe Kapitel 18 auf Seite 289) werden wir noch sehen, dass Tabellen für Operationen gesperrt werden. Durch die temporären Tabellen kann aber auf der Tabelle kunde gearbeitet werden, während Auswertungen auf tmp_kadresse stattfinden.

> **Hinweis:** Ich habe oben erwähnt, dass es sich um Stammdaten handelt und somit während der Auswertungen eine geringe Änderungswahrscheinlichkeit besteht. Bei Bewegungsdaten ist das Verfahren genau abzuwägen. Vielleicht lassen sich ja Änderungen auf eine gewisse Uhrzeit festmachen, und die Auswertungen passieren außerhalb dieses Zeitfensters.

11.2.4 Ist Ihnen was aufgefallen?

Beim Bau der letzten temporären Tabelle gab es keinen Primärschlüssel!

```
1  mysql> DESCRIBE tmp_kadresse;
2  +----------+------------------+------+-----+---------+-------+
3  | Field    | Type             | Null | Key | Default | Extra |
4  +----------+------------------+------+-----+---------+-------+
5  | kunde_id | int(10) unsigned | NO   |     | 0       |       |
6  | nachname | varchar(255)     | NO   |     |         |       |
7  | vorname  | varchar(255)     | NO   |     |         |       |
8  | strasse  | varchar(255)     | NO   |     |         |       |
9  | hnr      | varchar(255)     | NO   |     |         |       |
```

---
[6] die Knoten ganz links

```
10  | plz              | char(5)          | NO   |     |         |       |
11  | ort              | varchar(255)     | NO   |     |         |       |
12  +-----------------+------------------+------+-----+---------+-------+
13
14  mysql> DESCRIBE tmp_kbank;
15  +-------------------+------------------+------+-----+---------+-------+
16  | Field             | Type             | Null | Key | Default | Extra |
17  +-------------------+------------------+------+-----+---------+-------+
18  | kunde_id          | int(10) unsigned | NO   |     | 0       |       |
19  | bankverbindung_nr | int(10) unsigned | NO   |     | 0       |       |
20  | kontonummer       | char(25)         | NO   |     |         |       |
21  | iban              | char(34)         | NO   |     |         |       |
22  | blz               | char(12)         | NO   |     |         |       |
23  | bankname          | varchar(255)     | NO   |     |         |       |
24  +-------------------+------------------+------+-----+---------+-------+
```

Und tatsächlich: Für einen INNER JOIN ist es nicht nötig, Primär-/Fremdschlüsselpaare zu bilden. Dem Befehl ist es völlig egal, was bei einem INNER JOIN in der ON- oder USING-Klausel steht. Es wird nur die Verträglichkeit der Datentypen untersucht.

Natürlich erfolgt die überwiegende Anzahl der Verknüpfungen auf Primär-/Fremdschlüsselpaaren. Aber hier haben wir ein Beispiel dafür, dass auch die Verknüpfung über Nichtschlüsselspalten[7] sinnvoll sein kann.

Es geht sogar noch weiter. Bei der ON-Klausel ist das Gleichheitszeichen nicht zwingend vorgeschrieben:

```
1   mysql> SELECT
2       ->    k.kunde_id, k.vorname, a.strasse, a.hnr, a.plz, a.ort
3       ->  FROM
4       ->    kunde k INNER JOIN adresse a
5       ->    ON k.rechnung_adresse_id <= a.adresse_id;
6   +----------+---------+------------------+-----+-------+--------------+
7   | kunde_id | vorname | strasse          | hnr | plz   | ort          |
8   +----------+---------+------------------+-----+-------+--------------+
9   |        1 | Samweis | Beutelhaldenweg  | 5   | 67676 | Hobbingen    |
10  |        1 | Samweis | Beutelhaldenweg  | 1   | 67676 | Hobbingen    |
11  |        2 | Frodo   | Beutelhaldenweg  | 1   | 67676 | Hobbingen    |
12  |        3 | Bilbo   | Beutelhaldenweg  | 1   | 67676 | Hobbingen    |
13  |        1 | Samweis | Auf der Feste    | 1   | 54786 | Minas Tirith |
14  |        2 | Frodo   | Auf der Feste    | 1   | 54786 | Minas Tirith |
15  |        3 | Bilbo   | Auf der Feste    | 1   | 54786 | Minas Tirith |
16  |        4 | Elessar | Auf der Feste    | 1   | 54786 | Minas Tirith |
17  |        1 | Samweis | Letztes Haus     | 4   | 87567 | Bruchtal     |
18  |        2 | Frodo   | Letztes Haus     | 4   | 87567 | Bruchtal     |
19  |        3 | Bilbo   | Letztes Haus     | 4   | 87567 | Bruchtal     |
20  [...]
21  |        2 | Frodo   | Baradur          | 1   | 62519 | Lugburz      |
22  |        3 | Bilbo   | Baradur          | 1   | 62519 | Lugburz      |
23  |        4 | Elessar | Baradur          | 1   | 62519 | Lugburz      |
24  |        5 | Elrond  | Baradur          | 1   | 62519 | Lugburz      |
25  |        1 | Samweis | Hochstrasse      | 4a  | 44879 | Bochum       |
26  |        2 | Frodo   | Hochstrasse      | 4a  | 44879 | Bochum       |
27  |        3 | Bilbo   | Hochstrasse      | 4a  | 44879 | Bochum       |
28  |        4 | Elessar | Hochstrasse      | 4a  | 44879 | Bochum       |
29  |        5 | Elrond  | Hochstrasse      | 4a  | 44879 | Bochum       |
```

---

[7] Immerhin sind es Fremdschlüssel.

```
30 |         1 | Samweis | Industriegebiet | 8   | 44878 | Bochum       |
31 |         2 | Frodo   | Industriegebiet | 8   | 44878 | Bochum       |
32 |         3 | Bilbo   | Industriegebiet | 8   | 44878 | Bochum       |
33 |         4 | Elessar | Industriegebiet | 8   | 44878 | Bochum       |
34 |         5 | Elrond  | Industriegebiet | 8   | 44878 | Bochum       |
35 +-----------+---------+-----------------+-----+-------+--------------+
36 28 rows in set (0.00 sec)
```

In Zeile 5 ist anstelle des = ein <= verwendet worden. Ich kann mir zwar keine vernünftige Anwendung dafür ausdenken, will aber nicht bestreiten, dass es sie irgendwo gibt.

Wird aber die Verknüpfung über die Gleichheit hergestellt, hat das Ganze einen schönen Namen:

Definition 42: EQUI JOIN
Wird bei INNER JOIN auf die Gleichheit von Fremdschlüsselwert und Primärschlüsselwert getestet, spricht man von einem *EQUI JOIN*.

Sie haben sicher bei der Definition 40 auf Seite 183 bemerkt, dass nur allgemein von *passen* gesprochen wird. Was immer dieses *passen* auch bedeutet. Der Test auf Gleichheit ist aber so gängig, dass der Begriff INNER JOIN synonym für EQUI JOIN verwendet wird.

Hinweis: Lassen Sie sich nicht verwirren. Erstmal nach Primär-/ Fremdschlüsselpaaren suchen und diese mit = verknüpfen. In den absolut meisten Fällen sind Sie auf der sicheren Seite. Erst, wenn das so überhaupt nicht klappen sollte, denken Sie über Alternativen nach.

11.3 INNER JOIN über mehr als zwei Tabellen

Eine Möglichkeit, mehr als zwei Tabellen zu verknüpfen, haben Sie oben auf Seite 189 kennengelernt. Die Verwendung von temporären Tabellen bietet sich aber nur bei Stammdaten an oder wenn die Änderungen unerheblich für das Gesamtergebnis sind.

Trotzdem können wir aus der Episode mit den temporären Tabellen eine wichtige Schlussfolgerung ziehen: Das Ergebnis eines INNER JOINs ist wieder eine Tabelle. Wie kann ich damit die Beschränkung umgehen, dass der INNER JOIN nur zwei Tabellen verknüpfen kann?

Betrachten wir dazu den Klassiker für die Verknüpfung von mehr als zwei Tabellen: das Auflösen einer *n:m*-Verknüpfung (siehe Abschnitt 2.2.4 auf Seite 29). Wir haben eine *n:m*-Verknüpfung zwischen den Tabellen artikel und warengruppe.

Unser erster Versuch besteht darin, wie oben beschrieben vorzugehen, indem wir zwei *1:n*-Verknüpfungen erstellen:

1. **Ermitteln der beteiligten Tabellen**: artikel_nm_warengruppe und artikel.

2. **Ermitteln der Primär- und Fremdschlüssel:** In der Tabelle artikel_nm_warengruppe gibt es keine *echten* Primärschlüssel, aber die beiden Fremdschlüssel warengruppe_id und artikel_id. In der Tabelle artikel gibt es nur den Primärschlüssel artikel_id.
3. **Fremdschlüssel festlegen:** Laut Namenskonvention muss artikel_id in der Tabelle artikel_nm_warengruppe der gesuchte Fremdschlüssel sein.
4. **Primärschlüssel festlegen:** Wir markieren artikel_id in artikel.
5. **Schablone benutzen:** Jetzt schreiben Sie auf das Blatt die Schablone für den INNER JOIN.
6. **Fremdschlüsseltabelle eintragen:** Fügen Sie links vom INNER JOIN den Tabellennamen für die Tabelle mit dem markierten Fremdschlüssel ein.
7. **Primärschlüsseltabelle eintragen:** Fügen Sie an die passende Stelle den Tabellennamen für die Tabelle mit dem markierten Primärschlüssel ein.
8. **Fremdschlüssel eintragen:** Fügen Sie an die passende Stelle den Spaltennamen des markierten Fremdschlüssels ein.
9. **Primärschlüssel eintragen:** Fügen Sie an die passende Stelle den Spaltennamen des markierten Primärschlüssels ein.
10. **Fertig!**

```
 1  mysql> SELECT
 2      -> a.bezeichnung, nm.warengruppe_id
 3      -> FROM
 4      -> artikel_nm_warengruppe nm NATURAL JOIN artikel a;
 5  +---------------+---------------+
 6  | bezeichnung   | warengruppe_id |
 7  +---------------+---------------+
 8  | Feder         |             1 |
 9  | Papier (100)  |             1 |
10  | Schaufel      |             3 |
11  | Schaufel      |             4 |
12  | Silberzwiebel |             2 |
13  | Silberzwiebel |             3 |
14  | Spaten        |             3 |
15  | Spaten        |             4 |
16  | Tinte (blau)  |             1 |
17  | Tinte (gold)  |             1 |
18  | Tinte (rot)   |             1 |
19  | Tulpenzwiebel |             2 |
20  | Tulpenzwiebel |             3 |
21  +---------------+---------------+
```

Das ganze Prozedere mit den Tabellen artikel_nm_warengruppe und warengruppe führt zu einer zweiten Verknüpfung:

```
 1  mysql> SELECT
 2      -> w.bezeichnung, nm.artikel_id
 3      -> FROM
 4      -> artikel_nm_warengruppe nm NATURAL JOIN warengruppe w;
 5  +---------------+------------+
 6  | bezeichnung   | artikel_id |
 7  +---------------+------------+
 8  | Bürobedarf    |       3001 |
 9  | Bürobedarf    |       3005 |
10  | Bürobedarf    |       3006 |
```

```
11 | Bürobedarf    |    3007 |
12 | Bürobedarf    |    3010 |
13 | Gartenbedarf  |    7856 |
14 | Gartenbedarf  |    7863 |
15 | Gartenbedarf  |    9010 |
16 | Gartenbedarf  |    9015 |
17 | Pflanzen      |    7856 |
18 | Pflanzen      |    7863 |
19 | Werkzeug      |    9010 |
20 | Werkzeug      |    9015 |
21 +---------------+---------+
```

Und jetzt kommt's: Wir nehmen einfach den letzten SELECT, klammern die Verknüpfung und verwenden nicht mehr NATURAL, sondern INNER JOIN:

```
1  SELECT
2    w.bezeichnung, nm.artikel_id
3  FROM
4    (artikel_nm_warengruppe nm INNER JOIN warengruppe w USING(warengruppe_id))
5  ;
```

Der Inhalt der Klammer ist eine (!) Tabelle, und diese könnte der linke Teil einer neuen Verknüpfung sein:

```
1  SELECT
2    w.bezeichnung, a.bezeichnung
3  FROM
4    (artikel_nm_warengruppe nm INNER JOIN warengruppe w USING (warengruppe_id))
5                    INNER JOIN artikel a USING(artikel_id)
6  ;
```

Und eine weitere gute Nachricht ist, dass man die Klammern nicht braucht; sie dienten nur dem besseren Verständnis:

```
1  SELECT
2    w.bezeichnung Warengruppe, a.bezeichnung Artikel
3  FROM
4    artikel_nm_warengruppe nm INNER JOIN warengruppe w USING (warengruppe_id)
5                    INNER JOIN artikel a USING(artikel_id)
6  ;
```

Dieser SELECT liefert das gewünschte Ergebnis:

```
1  +---------------+----------------+
2  | Warengruppe   | Artikel        |
3  +---------------+----------------+
4  | Bürobedarf    | Papier (100)   |
5  | Bürobedarf    | Tinte (gold)   |
6  | Bürobedarf    | Tinte (rot)    |
7  | Bürobedarf    | Tinte (blau)   |
8  | Bürobedarf    | Feder          |
9  | Gartenbedarf  | Silberwiebel   |
10 | Gartenbedarf  | Tulpenzwiebel  |
11 | Gartenbedarf  | Schaufel       |
12 | Gartenbedarf  | Spaten         |
13 | Pflanzen      | Silberwiebel   |
14 | Pflanzen      | Tulpenzwiebel  |
15 | Werkzeug      | Schaufel       |
16 | Werkzeug      | Spaten         |
17 +---------------+----------------+
```

Die Spezifikation des SELECT lässt sich somit erweitern:

SQL3
MySQL/MariaDB
```
SELECT [DISTINCT]
  {*|spaltenliste|ausdruck}
  FROM
    tabname [{INNER|NATURAL} JOIN tabname
      [{ON tabname.spaltenname = tabname.spaltenname|USING(spaltenname)}]]*
  [WHERE bedingung]
  [ORDER BY spaltenname [ASC|DESC] [,spaltenname [ASC|DESC]]*]
;
```

Der Abschnitt rechts vom ersten *tabname* kann beliebig oft wiederholt werden, wobei beliebig auch bedeuten kann, dass er gar nicht vorkommt. Es wäre dann ein normaler SELECT.

Aufgabe 11.11: Warum konnte beim letzten SELECT kein NATURAL JOIN verwendet werden?

Aufgabe 11.12: Erweitern Sie diesen SELECT um die Positionen, in denen der Artikel vorkommt.

Aufgabe 11.13: Erweitern Sie das Ergebnis der letzten Aufgabe um die Daten der Bestellung.

Aufgabe 11.14: Erweitern Sie das Ergebnis der letzten Aufgabe um die Daten des Kunden.

Aufgabe 11.15: Erweitern Sie das Ergebnis der letzten Aufgabe um die Rechnungsadresse des Kunden.

■ 11.4 Es muss nicht immer heiße Liebe sein: OUTER JOIN

Wir wollen die Kunden mit ihren ggf. vorhandenen Bestellungen wissen:

```
 1  mysql> SELECT
 2      ->   k.kunde_id, k.nachname, k.vorname, b.datum
 3      -> FROM
 4      ->   bestellung b INNER JOIN kunde k USING (kunde_id)
 5      -> ORDER BY
 6      ->   k.nachname, k.vorname;
 7  +----------+-----------+---------+---------------------+
 8  | kunde_id | nachname  | vorname | datum               |
 9  +----------+-----------+---------+---------------------+
10  |        2 | Beutlin   | Frodo   | 2012-03-23 16:11:00 |
11  |        1 | Gamdschie | Samweis | 2012-03-24 17:41:00 |
12  +----------+-----------+---------+---------------------+
```

Aufgabe 11.16: Es werden zwar alle Bestellungen ausgegeben, aber nicht alle Kunden. Warum?

Möchte man aber alle Kunden sehen, auch wenn diese keine Bestellungen aufgegeben haben, kann man keinen `INNER JOIN` verwenden; dazu wird ein `OUTER JOIN`, hier ein `RIGHT OUTER JOIN`, notwendig sein.

```
mysql> SELECT
    ->   k.kunde_id, k.nachname, k.vorname, b.datum
    -> FROM
    ->   bestellung b RIGHT OUTER JOIN kunde k USING (kunde_id)
    -> ORDER BY
    ->   k.nachname, k.vorname;
+----------+--------------+---------+---------------------+
| kunde_id | nachname     | vorname | datum               |
+----------+--------------+---------+---------------------+
|        3 | Beutlin      | Bilbo   | NULL                |
|        2 | Beutlin      | Frodo   | 2012-03-23 16:11:00 |
|        5 | Earendilionn | Elrond  | NULL                |
|        6 | Eichenschild | Thorin  | NULL                |
|        1 | Gamdschie    | Samweis | 2012-03-24 17:41:00 |
|        4 | Telcontar    | Elessar | NULL                |
+----------+--------------+---------+---------------------+
```

Zuerst fällt auf, dass nicht zwei, sondern sechs Zeilen ausgegeben werden, denn jetzt werden auch die Kunden angezeigt, für die keine Bestellungen vorliegen (Zeilen 10, 12, 13 und 15). Da SQL nicht weiß, was es in den entsprechenden Spalten an Werten eintragen soll, wird hier `NULL` verwendet.

Definition 43: OUTER JOIN
Der *OUTER JOIN* zweier Tabellen ist der INNER JOIN dieser beiden Tabellen, der um folgende Zeilen erweitert wird: Zeilen der rechten (*RIGHT OUTER JOIN*) oder linken (*LEFT OUTER JOIN*) Tabelle, für welche keine passenden Paarung gefunden wurde.

Wird der INNER JOIN um Zeilen aus der linken und der rechten Tabelle erweitert, spricht man von einem *FULL OUTER JOIN*.

Keine Sorge, die Sache ist komplizierter zu erklären als zu benutzen. Betrachten wir noch einmal obiges Beispiel. Der `INNER JOIN` liefert uns nur die Zeilen, für welche ein passendes Primär-/Fremdschlüsselpaar gefunden wird. Der `RIGHT JOIN` in Zeile 4 erweitert jetzt das Ergebnis des `INNER JOIN`s. Um welche Zeilen? Laut Definition 43 um die Zeilen der rechts vom `JOIN` stehenden Tabelle, für die keine passenden Primär-/Fremdschlüsselpaare gefunden werden. Und tatsächlich, es sind dies die Kunden ohne Bestellung; für diese Primärschlüsselwerte kann kein passender Fremdschlüsselwert und `bestellung` gefunden werden.

Und das mit dem LEFT und RIGHT ist einfach nur banal. Bei LEFT wird um die Zeilen der Tabelle, die links vom Wort `JOIN` steht, erweitert. Bei RIGHT um die Tabelle, die rechts vom Wort `JOIN` steht. Vertauscht man die beiden Tabellennamen und macht aus RIGHT ein LEFT, kommt genau das gleiche Ergebnis heraus:

```
1  SELECT
2    k.kunde_id, k.nachname, k.vorname, b.datum
3  FROM
4    kunde k LEFT OUTER JOIN bestellung b USING (kunde_id)
5  ORDER BY
6    k.nachname, k.vorname
7  ;
```

Ein `LEFT OUTER JOIN` oder `RIGHT OUTER JOIN` wird immer dann verwendet, wenn nicht nur die Zeilen einer Tabelle interessant sind, für die es eine Paarung gibt. Nehmen Sie beispielsweise eine Liste von Vertretern und die von den Vertretern abgeschlossenen Verträge. Wollte man nun die Anzahl der abgeschlossenen Verträge pro Vertreter wissen, würde ein `INNER JOIN` alle Vertreter unterdrücken, die noch keinen Vertrag abgeschlossen haben. In einer Übersichtsauswertung wäre dies sicherlich fehlerhaft.

Wir haben eine neue Variante des SELECTs[8]:

> **SQL3**
> SELECT [DISTINCT]
>   {*|spaltenliste|ausdruck}
>   FROM
>   tabname [[RIGHT OUTER|LEFT OUTER|FULL OUTER|INNER|NATURAL] JOIN tabname
>   [{ON tabname.spaltenname = tabname.spaltenname|USING(spaltenname)}]]*
>   [WHERE bedingung]
>   [ORDER BY spaltenname [ASC|DESC] [,spaltenname [ASC|DESC]]*]
>   ;

MySQL und MariaDB kennen keinen `FULL OUTER JOIN`. Wie man diesen simulieren kann, kommt später. Bei beiden ist das Schlüsselwort `OUTER` optional, und es gilt: Wird nur `JOIN` angegeben, wird ein `INNER JOIN` verwendet.

> **MySQL/MariaDB**
> SELECT [DISTINCT]
>   {*|spaltenliste|ausdruck}
>   FROM
>   tabname [[RIGHT [OUTER]|LEFT [OUTER]|INNER|NATURAL] JOIN tabname
>   [{ON tabname.spaltenname = tabname.spaltenname|USING(spaltenname)}]]*
>   [WHERE bedingung]
>   [ORDER BY spaltenname [ASC|DESC] [,spaltenname [ASC|DESC]]*]
>   [LIMIT [offset,] anzahl]
>   [INTO OUTFILE 'dateiname' exportoptionen]
>   ;

Ein weiteres Beispiel: Wir möchten die Lieferanten und ihre Artikel wissen[9].

```
1  mysql> SELECT
2      -> l.lieferant_id, l.firmenname, a.artikel_id, a.bezeichnung
```

---

[8] JUBEL!
[9] In der Datei `listing08.sql` werden diese angelegt.

```
  3    ->  FROM
  4    ->    artikel_nm_lieferant nm INNER JOIN artikel a   USING(artikel_id)
  5    ->                             INNER JOIN lieferant l USING(lieferant_id)
  6    ->  ORDER BY
  7    ->    firmenname;
  8  +--------------+--------------------------+------------+----------------+
  9  | lieferant_id | firmenname               | artikel_id | bezeichnung    |
 10  +--------------+--------------------------+------------+----------------+
 11  |            3 | Bürohengst GmbH          |       3001 | Papier (100)   |
 12  |            3 | Bürohengst GmbH          |       3005 | Tinte (gold)   |
 13  |            3 | Bürohengst GmbH          |       3006 | Tinte (rot)    |
 14  |            3 | Bürohengst GmbH          |       3007 | Tinte (blau)   |
 15  |            3 | Bürohengst GmbH          |       3010 | Feder          |
 16  |            1 | Gartenbedarf AllesGrün   |       7856 | Silberwiebel   |
 17  |            1 | Gartenbedarf AllesGrün   |       7863 | Tulpenzwiebel  |
 18  |            1 | Gartenbedarf AllesGrün   |       9010 | Schaufel       |
 19  |            1 | Gartenbedarf AllesGrün   |       9015 | Spaten         |
 20  +--------------+--------------------------+------------+----------------+
```

Altes Problem: Wir sehen nur die Lieferanten, die aktuell Ware liefern. Wir wollen aber alle Lieferanten ausgegeben bekommen:

```
  1  mysql> SELECT
  2    ->    l.lieferant_id, l.firmenname, a.artikel_id, a.bezeichnung
  3    ->  FROM
  4    ->    artikel_nm_lieferant nm INNER JOIN artikel a   USING(artikel_id)
  5    ->                            RIGHT JOIN lieferant l USING(lieferant_id)
  6    ->  ORDER BY
  7    ->    firmenname;
  8  +--------------+--------------------------+------------+----------------+
  9  | lieferant_id | firmenname               | artikel_id | bezeichnung    |
 10  +--------------+--------------------------+------------+----------------+
 11  |            3 | Bürohengst GmbH          |       3001 | Papier (100)   |
 12  |            3 | Bürohengst GmbH          |       3005 | Tinte (gold)   |
 13  |            3 | Bürohengst GmbH          |       3006 | Tinte (rot)    |
 14  |            3 | Bürohengst GmbH          |       3007 | Tinte (blau)   |
 15  |            3 | Bürohengst GmbH          |       3010 | Feder          |
 16  |            1 | Gartenbedarf AllesGrün   |       7856 | Silberwiebel   |
 17  |            1 | Gartenbedarf AllesGrün   |       7863 | Tulpenzwiebel  |
 18  |            1 | Gartenbedarf AllesGrün   |       9010 | Schaufel       |
 19  |            1 | Gartenbedarf AllesGrün   |       9015 | Spaten         |
 20  |            2 | Office International     |       NULL | NULL           |
 21  +--------------+--------------------------+------------+----------------+
```

In Zeile 20 wird jetzt die Firma ausgegeben, welche keinen Artikel beliefert.

Umgekehrt kann der OUTER JOIN dafür verwendet werden, gerade die Datensätze herauszufiltern, für welche keine passenden Paarungen gefunden werden. Wir wollen alle Lieferanten wissen, die keine Ware liefern:

```
  1  mysql> SELECT l.firmenname
  2    ->  FROM
  3    ->    artikel_nm_lieferant nm INNER JOIN artikel a USING(artikel_id)
  4    ->                            RIGHT JOIN lieferant l USING(lieferant_id)
  5    ->  WHERE artikel_id IS NULL;
  6  +----------------------+
  7  | firmenname           |
  8  +----------------------+
  9  | Office International |
 10  +----------------------+
```

Durch das IS NULL in Zeile 5 werden alle Zeilen aus der Ergebnismenge entfernt, die eine Artikelnummer haben. Übrig bleiben die, für welche keine Artikelnummer gefunden wird.

Ein weiteres Beispiel für diese Verwendung ist, wenn man die Kunden ohne Bestellungen wissen möchte.

```
mysql> SELECT k.kunde_id, k.nachname, k.vorname
    ->  FROM
    ->    bestellung b RIGHT JOIN kunde k USING(kunde_id)
    ->  WHERE b.bestellung_id IS NULL;
+----------+---------------+----------+
| kunde_id | nachname      | vorname  |
+----------+---------------+----------+
|        3 | Beutlin       | Bilbo    |
|        5 | Earendilionn  | Elrond   |
|        6 | Eichenschild  | Thorin   |
|        4 | Telcontar     | Elessar  |
+----------+---------------+----------+
```

Aufgabe 11.17: Welche Kunden haben keine eigene Lieferadresse?

Aufgabe 11.18: Welcher Artikel ist noch nie bestellt worden?

Hinweis: Ist der OUTER JOIN Teil einer Kette von JOINs, muss man darauf achten, dass in der Kette das Ergebnis des OUTER JOINs nicht wieder durch einen INNER JOIN verloren geht.

Aufgabe 11.19: Warum verschwindet hier die Firma Office International?

```
SELECT DISTINCT l.firmenname
  FROM
  artikel_nm_lieferant nm INNER JOIN artikel a USING(artikel_id)
                          RIGHT JOIN lieferant l USING(lieferant_id)
                          INNER JOIN bestellung_position USING(artikel_id)
;
```

Aufgabe 11.20: Unter der Annahme, dass Sie keine Constraints verwenden: Wie kann man mit einem OUTER JOIN verletzte referentielle Integritäten (siehe Definition 20 auf Seite 33) ermitteln?

Zum Schluss noch ein Beispiel für die FULL OUTER JOIN-Syntax, wie sie in PostgreSQL angewendet werden kann:

```
oshop=# SELECT
oshop-#    kunde_id, nachname, vorname, bestellung_id, datum
oshop-#  FROM
oshop-#    bestellung FULL OUTER JOIN kunde USING(kunde_id)
oshop-# ;

 kunde_id |   nachname    | vorname  | bestellung_id |        datum
----------+---------------+----------+---------------+---------------------
        1 | Gamdschie     | Samweis  |             1 | 2012-03-24 17:41:00
        2 | Beutlin       | Frodo    |             2 | 2012-03-23 16:11:00
```

```
11          5 | Earendilionn | Elrond   |          |
12          4 | Telcontar    | Elessar  |          |
13          3 | Beutlin      | Bilbo    |          |
14 (5 Zeilen)
```

Mangels fachlich sinnvollem Beispiel ist dies hier das gleiche Ergebnis wie bei einem `RIGHT OUTER JOIN`.

11.5 Narzissmus pur: SELF JOIN

Wir wollen den Kunden die Möglichkeit bieten, in einem Forum Beiträge zu formulieren. Mit unseren bisherigen Tabellen ist das nicht möglich. Ein kurzes Brainstorming zeigt uns, dass wir eine Tabelle mit Anmeldedaten und eine Tabelle mit Beiträgen brauchen (siehe ER-Modell in Bild 11.2).

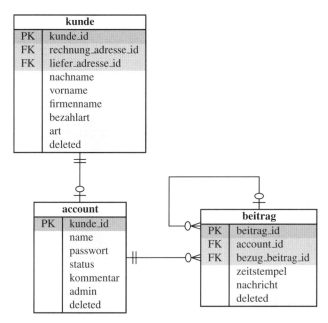

Bild 11.2 ER-Modell: Kundenforum

Zunächst die einfachen Dinge: Jeder Kunde kann einen Account haben, muss er aber nicht. Umgekehrt muss aber ein Account auf einen Kunden zeigen. Wir haben also eine *1:1*-Verknüpfung.

Jeder Account kann mehrere Beiträge erfassen, muss er aber nicht. Ein Beitrag hingegen muss auf genau einen Account verweisen: eine *1:n*-Verknüpfung.

In Foren ist es üblich, dass man auf Beiträge antworten kann. Dazu muss ein Beitrag wissen, auf welchen anderen Beitrag er sich bezieht. Deshalb gibt es in der Tabelle `beitrag` den Fremdschlüssel `bezug_beitrag_id`. In diesen Fremdschlüssel trage ich den Wert von `beitrag_id` ein, den die ursprüngliche Nachricht hat.

Aus Sicht der Tabelle ist der Fremdschlüssel `bezug_beitrag_id` ein Fremdschlüssel, der auf eigene Datensätze verweist. Eine solche Verknüpfung nennt man SELF JOIN.

Definition 44: SELF JOIN
Enthält eine Tabelle einen Fremdschlüssel, der Primärschlüsselwerte der eigenen Tabelle enthält, so nennt man diese Art der Verknüpfung *SELF JOIN*.

Bitte beachten Sie, dass ein SELF JOIN auch ein `INNER JOIN`, `OUTER JOIN` oder `CROSS JOIN` sein kann!

In Bild 11.2 auf der vorherigen Seite können Sie sehen, wie man einen SELF JOIN sofort erkennt. Er verweist eben auf sich selbst.

Aufgabe 11.21: Erstellen Sie zu den beiden Tabellen `account` und `beitrag` passende CREATE TABLE- und ggf. CREATE INDEX-Befehle. Füllen Sie die beiden Tabellen mit passenden Inhalten. Beachten Sie dabei folgende Hinweise:

- account: Der Primärschlüssel `kunde_id` hat keinen eigenen Zähler.
- account: Der Inhalt der Spalte `name` muss den Schlüsseleigenschaften genügen.
- account: Der Status kann zwei Werte haben: `aktiv` und `gesperrt`.
- account: Der Kommentar muss einen umfangreichen Text aufnehmen können.
- account: Die Spalte `admin` ist vom Typ BOOL.
- beitrag: Die Spalte `account_id` ist der Fremdschlüssel auf die Spalte `kunde_id` in der Tabelle `account`.
- beitrag: Der Selbstbezug soll den Default 1 haben. Wir werden sicherstellen müssen, dass es eine leere Nachricht mit dem Primärschlüsselwert 1 geben wird. Auf diesen werden alle Nachrichten verweisen, die keine Antworten auf eine andere Nachricht sind.
- beitrag: Der Nachrichtentext muss genügend Platz für längere Texte haben.
- beitrag: Auf eine Thread-Verwaltung wird hier verzichtet.

Nun stehen uns Testdaten zur Verfügung[10], deren Nachrichtentexte ich aus Platzmangel auf 20 Stellen in der Ausgabe begrenze:

```
mysql> SELECT
    ->   kunde_id, name, status, admin
    -> FROM
    ->   account;
+----------+-------+---------+-------+
| kunde_id | name  | status  | admin |
+----------+-------+---------+-------+
|        1 | admin | aktiv   |     1 |
|        2 | frodo | aktiv   |     0 |
|        3 | bilbo | aktiv   |     0 |
|        5 | elle  | aktiv   |     0 |
+----------+-------+---------+-------+
```

---
[10] Die entsprechenden Befehle stehen in `listing08.sql`.

```
mysql> SELECT
    -> beitrag_id, account_id, bezug_beitrag_id, LEFT(nachricht, 20)
    -> FROM
    -> beitrag;
+------------+------------+------------------+----------------------+
| beitrag_id | account_id | bezug_beitrag_id | LEFT(nachricht, 20)  |
+------------+------------+------------------+----------------------+
|          1 |          1 |                1 |                      |
|          2 |          2 |                1 | Der Lieferservice is |
|          3 |          3 |                2 | Das finde ich auch.  |
|          4 |          4 |                5 |                2 | Aber ein wenig langs |
|          5 |          5 |                2 |                4 | Finde ich nicht.     |
|          6 |          6 |                5 |                1 | Angebot könnte besse |
+------------+------------+------------------+----------------------+
```

Jetzt kommt der SELF JOIN: Wir wollen die Antworten auf Nachricht 2 wissen:

```
mysql> SELECT nachricht
    -> FROM
    ->   beitrag INNER JOIN beitrag
    ->     ON bezug_beitrag_id = beitrag_id
    -> WHERE
    ->   beitrag_id = 2;
ERROR 1066 (42000): Not unique table/alias: 'beitrag'
```

Die Fehlermeldung in Zeile 7 besagt, dass die Tabelle `beitrag` nicht eindeutig ist. Klar, die Tabelle kommt in der Verknüpfung ja auch zweimal vor. Für SQL ist das ein Problem. Dieses wird besonders in Zeile 4 deutlich. Wenn er die beiden Spalteninhalte vergleichen soll, ist unklar, ob mit `beitrag_id` jetzt die Spalte der linken oder rechten Tabelle `beitrag` gemeint ist.

Spätestens jetzt ist die Vergabe eines Alias kein *nice to have* mehr, sondern ein *must be*. Indem man der Tabelle jeweils einen eindeutigen Alias – links `ant` für `beitrag` in der Rolle einer Antwort und rechts `orig` für `beitrag` in der Rolle der Originalnachricht – gibt und diesen bei der Angabe der Spalten auch verwendet, sind alle Unklarheiten beseitigt.

```
mysql> SELECT ant.nachricht 'Antwort'
    -> FROM
    ->   beitrag ant INNER JOIN beitrag orig
    ->     ON ant.bezug_beitrag_id = orig.beitrag_id
    -> WHERE
    ->   orig.beitrag_id = 2;
+------------------------+
| Antwort                |
+------------------------+
| Das finde ich auch.    |
| Aber ein wenig langsam.|
+------------------------+
```

Es sei bemerkt, dass es keinen eigenen Befehl `SELF JOIN` gibt. Man verwendet dazu einfach einen `INNER JOIN` oder eine andere `JOIN`-Variante, die auf beiden Seiten die gleiche Tabelle stehen hat.

In MySQL und MariaDB können die Antworten nicht rekursiv ermittelt werden. So können beispielsweise alle direkten und indirekten Antworten auf Nachricht 2 nur durch Konstrukte wie STORED PROCEDURES oder eine Programmierung im Client in C#, PHP usw. ermittelt werden. In PostgreSQL, MS-SQL, DB2 und weiteren Systemen wird mithilfe der *common table expression* eine virtuelle Ergebnismenge (Tabelle) aufgebaut, die sich auch selbst als Datenquelle verwenden kann. Hier ein Quelltextbeispiel mit `WITH RECURSIVE` in PostgreSQL:

```
 1  oshop=# WITH RECURSIVE ant_auf AS
 2  oshop-# (
 3  oshop(#   -- nicht rekursiver Teil
 4  oshop(#   SELECT * FROM beitrag WHERE bezug_beitrag_id = 2
 5  oshop(#   UNION ALL
 6  oshop(#   -- rekursiver Teil
 7  oshop(#   SELECT ant.*
 8  oshop(#     FROM
 9  oshop(#       beitrag ant INNER JOIN ant_auf orig
10  oshop(#         ON ant.bezug_beitrag_id = orig.beitrag_id
11  oshop(# )
12  oshop-# SELECT beitrag_id, bezug_beitrag_id, nachricht FROM ant_auf;
13
14   beitrag_id | bezug_beitrag_id |       nachricht
15  ------------+------------------+-------------------------
16            3 |                2 | Das finde ich auch.
17            4 |                2 | Aber ein wenig langsam.
18            5 |                4 | Finde ich nicht.
19  (3 Zeilen)
```

Ihnen fällt sicherlich auf, dass nun auch der Beitrag 5 als indirekte Antwort auf Beitrag 2 ausgegeben wird.

■ 11.6 Eine Verknüpfung beschleunigen

Sind die Daten auf mehrere Tabellen verteilt, kann eine Verknüpfung mithilfe von Indizes beschleunigt werden. Ein Primärschlüssel hat automatisch einen passenden Index. Das Gleiche gilt für Fremdschlüssel, wenn sie denn durch `FOREIGN KEY ... REFERENCES` deklariert sind.

Anders sieht es bei Verknüpfungen aus, die nicht über indizierte Spalten durchgeführt werden. Denken Sie beispielsweise an den Zusammenbau der letzten temporären Tabelle auf Seite 191. Beide verwendeten die Spalte `kunde_id`, aber diese war in den temporären Tabellen nicht als Primär- oder Fremdschlüssel deklariert. Eine Verknüpfung über diese beiden Spalten kann somit sehr teuer werden.

Grundsätzlich ist aber der Zusammenbau von Daten aus verschiedenen Tabellen teurer als das Auslesen der Daten aus einer Tabelle. Mit temporären Tabellen – wie oben beschrieben – kann man übliche Verbindungen vorbauen, damit diese nicht jedes Mal neu erstellt werden müssen. Eine weitere Möglichkeit sind redundante Daten.

Redundante Daten sind nach Definition 11 auf Seite 20 Daten, die mehrfach im System abgespeichert sind. Grundsätzlich versucht man, redundante Daten zu vermeiden. Neben dem Speicherplatzverbrauch muss man Daten an vielen Orten aktualisieren, was fehlerträchtig ist.

Aber redundante Daten können auch sinnvoll sein. Wir könnten die Tabelle `kunde` um die Spalten für die Rechnungs- und Lieferadresse erweitern. Ebenso um zwei Spalten, die mir markieren, ob die beiden Adressen noch aktuell sind.

```
1  ALTER TABLE kunde
2    ADD r_strasse VARCHAR(255),
3    ADD r_ort VARCHAR(255),
4    ADD r_aktuell BOOL NOT NULL DEFAULT TRUE,
5    ADD l_strasse VARCHAR(255),
6    ADD l_ort VARCHAR(255),
7    ADD l_aktuell BOOL NOT NULL DEFAULT TRUE
8  ;
```

Straße und Ort sollen Zusammenbauten der Spalten `strasse` mit `hnr` und `lkz` mit `plz` mit `ort` sein[11]. In periodischen Abständen werden die Daten aus der Adresstabelle in die Kundentabelle kopiert.

```
1  mysql> UPDATE kunde INNER JOIN adresse ON rechnung_adresse_id = adresse_id
2      ->   SET
3      ->     r_strasse = CONCAT(strasse, ' ', hnr),
4      ->     r_ort = CONCAT(lkz, '-', plz, ' ', ort),
5      ->     r_aktuell = TRUE;
6
7  mysql> SELECT
8      ->   kunde_id, r_strasse, r_ort, r_aktuell
9      ->   FROM kunde;
10
11 +----------+--------------------+------------------------+-----------+
12 | kunde_id | r_strasse          | r_ort                  | r_aktuell |
13 +----------+--------------------+------------------------+-----------+
14 |        1 | Beutelhaldenweg 5  | AL-67676 Hobbingen     |         1 |
15 |        2 | Beutelhaldenweg 1  | AL-67676 Hobbingen     |         1 |
16 |        3 | Beutelhaldenweg 1  | AL-67676 Hobbingen     |         1 |
17 |        4 | Auf der Feste 1    | GO-54786 Minas Tirith  |         1 |
18 |        5 | Letztes Haus 4     | ER-87567 Bruchtal      |         1 |
19 |        6 | NULL               | NULL                   |         1 |
20 +----------+--------------------+------------------------+-----------+
```

Das ist scharf, oder? Der `INNER JOIN` wird gar nicht in einem `SELECT` verwendet, sondern in einem `UPDATE`! Erinnern Sie sich? Das Ergebnis einer Verknüpfung ist wieder eine Tabelle. Deshalb können Sie an vielen Stellen, wo in der SQL-Referenz der Tabellenname steht, eine Verknüpfung einsetzen.

Aufgabe 11.22: Lässt sich beim UPDATE eine geschickte WHERE-Klausel einbauen?

Aufgabe 11.23: Erweitern Sie das UPDATE so, dass gleichzeitig auch die Lieferadresse gesetzt wird. Vorsicht beim zweiten JOIN und der WHERE-Klausel!

Jetzt wird jedes Mal, wenn sich eine Adresse innerhalb der Periode ändert, die Spalte `r_aktuell` oder `l_aktuell` auf `FALSE` gesetzt. Dies könnte man beispielsweise mit einem Trigger erreichen[12]. Mithilfe eines Events[13] wird jetzt in periodischen Abständen nachgeschaut, ob sich die Adressdaten geändert haben. Falls ja, werden die redundanten Daten neu aufgebaut. Falls man die Änderung sofort in den redundanten Daten ändern will, kann man dies ebenfalls im Trigger machen.

---

[11] Eine von mir willkürlich gefällte Designentscheidung, um eine bessere Übersicht zu haben
[12] Siehe Kapitel 21 auf Seite 333
[13] Siehe Kapitel 22 auf Seite 341

12 Differenzierte Auswertungen

Auswertungen mithilfe von Aggregatfunktionen erstellen.

- Grundkurs
  - Einfache Statistik mit COUNT, SUM, AVG, MIN und MAX
  - Tabellen mit GROUP BY in Gruppen zerlegen
  - Aggregatfunktionen auf Gruppen anwenden
  - Gruppenergebnisse mit HAVING aussortieren
- Vertiefendes
  - Aggregatfunktionen
  - Gruppieren nach Ausdrücken
  - Gruppieren nach mehr als einer Spalte
  - Einfluss von Indizes auf Gruppierungen

Die Quelltexte dieses Kapitels stehen in den Dateien mysql/listing09.sql und pg/listing09.sql.

12.1 Statistisches mit Aggregatfunktionen

Die Daten, die bisher aus einem SELECT kamen, sind immer Originaldaten gewesen. Soll heißen, es wurden nur Texte oder Zahlen angezeigt, die in den Tabellen so abgelegt waren.

Mithilfe von Aggregatfunktionen werden nun Auswertungen über die Daten erstellt. Eine Übersicht der verfügbaren Aggregatfunktionen finden Sie im Anhang 25.2.3 auf Seite 380. Der *ausdruck* im Anhang 25.2.3 ist meist ein Spaltenname oder eine mathematische Kombination aus Spaltennamen.

Die wichtigsten Aggregatfunktionen sind: MIN(), MAX(), SUM(), COUNT() und AVG(). Mit MIN() und MAX() lassen sich der minimale und maximale Wert einer Liste ermitteln. SUM() addiert die Werte einer Liste auf, und COUNT() zählt die Anzahl von Werten. Mit AVG() wird das arithmetische Mittel einer Werteliste berechnet.

Diese Funktionen lassen sich überall da einbauen, wo man mit Werten arbeitet. Beim `SELECT` beispielsweise in der Spaltenliste oder beim `WHERE` in den Vergleichen usw. Wir wollen mal die meisten Aggregatfunktionen an unseren Daten ausprobieren:

Was ist der durchschnittliche Preis unserer Artikel?

Der Artikelpreis steht in der Spalte `einzelpreis`. Da dieser mit der Option `NOT NULL` erstellt wurde, erwarten wir keine Schwierigkeiten.

```
1  SELECT AVG(einzelpreis) FROM artikel;
2  +------------------+
3  | AVG(einzelpreis) |
4  +------------------+
5  |      12.5777777778 |
6  +------------------+
```

Wie viele Zeilen hat eine Tabelle?

Wir verwenden hier die Tabelle kunde, es könnte aber auf diese Art und Weise von jeder beliebigen Tabelle die Anzahl der Zeilen ermittelt werden[1].

```
1  SELECT COUNT(*) FROM kunde;
2  +----------+
3  | COUNT(*) |
4  +----------+
5  |        6 |
6  +----------+
```

Wie viele Kunden haben eine eigene Lieferadresse?

Da der Inhalt des Fremdschlüssels `liefer_adresse_id` den Wert `NULL` hat, wenn keine eigene Lieferadresse erfasst ist, kann über diese Spalte die Anzahl ermittelt werden.

```
1  SELECT COUNT(liefer_adresse_id) FROM kunde;
2  +--------------------------+
3  | COUNT(liefer_adresse_id) |
4  +--------------------------+
5  |                        1 |
6  +--------------------------+
```

Wie viele unterschiedliche Rechnungsadressen gibt es?

Die Tabelle kunde hat in der Spalte `rechnung_adresse_id` die Fremdschlüsselwerte zu den Rechnungsadressen abgelegt. Die Anzahl unterschiedlicher Werte liefert mir das gewünschte Ergebnis.

---

[1] Bei nicht transaktionsfähigen Engines wie MyISAM wird die Anzahl der Zeilen in den Infos über die Tabelle vom System mitgepflegt. Es müssen also nicht alle Zeilen gezählt werden, um die Anzahl zu ermitteln. Bei transaktionsfähigen Engines wie InnoDB können in offenen Transaktionen unterschiedlich viele Zeilen der Tabelle parallel vorhanden sein (Näheres siehe Kapitel 18 auf Seite 289). Die Anzahl der Zeilen muss daher aktiv ermittelt werden und kann in jeder Sitzung unterschiedlich sein, weil jede Sitzung Zeilen hinzugefügt oder gelöscht haben kann, die in anderen Sitzungen noch nicht sichtbar sind.

```
1  SELECT COUNT(DISTINCT(rechnung_adresse_id)) FROM kunde;
2  +--------------------------------------+
3  | COUNT(DISTINCT(rechnung_adresse_id)) |
4  +--------------------------------------+
5  |                                    4 |
6  +--------------------------------------+
```

Was ist unser teuerster und unser billigster Artikel?

Die Tabelle `artikel` enthält in der Spalte `einzelpreis` unsere Preise.

```
1  SELECT MAX(einzelpreis), MIN(einzelpreis) FROM artikel;
2  +------------------+------------------+
3  | MAX(einzelpreis) | MIN(einzelpreis) |
4  +------------------+------------------+
5  |        56.260000 |         0.520000 |
6  +------------------+------------------+
```

Wie viele Einzelartikel sind bestellt worden?

Die Bestellmenge steht in der Tabelle `bestellung_position` in der Spalte `menge`.

```
1  SELECT SUM(menge) FROM bestellung_position;
2  +------------+
3  | SUM(menge) |
4  +------------+
5  |  96.000000 |
6  +------------+
```

Wie hoch ist das Bestellvolumen?

Hier werden zwei Tabellen zur Auswertung benötigt: `bestellung_position` und `artikel`. Bilden Sie zuerst den `INNER JOIN` wie auf Seite 184 beschrieben.

```
1  mysql> SELECT
2      ->   bp.menge, a.einzelpreis
3      -> FROM
4      ->   bestellung_position bp INNER JOIN artikel a USING(artikel_id);
5  +-----------+-------------+
6  | menge     | einzelpreis |
7  +-----------+-------------+
8  | 30.000000 |    0.520000 |
9  | 50.000000 |    3.420000 |
10 |  1.000000 |   20.100000 |
11 | 10.000000 |    0.520000 |
12 |  5.000000 |   15.100000 |
13 +-----------+-------------+
```

Der Wert einer Position lässt sich nun einfach dadurch ermitteln, dass die beiden Werte `menge` und `einzelpreis` miteinander multipliziert werden:

```
1  mysql> SELECT
2      ->   bp.menge * a.einzelpreis 'Positionswert'
3      -> FROM
4      ->   bestellung_position bp INNER JOIN artikel a USING(artikel_id);
5  +---------------+
6  | Positionswert |
7  +---------------+
```

```
 8 |   15.600000000000 |
 9 |  171.000000000000 |
10 |   20.100000000000 |
11 |    5.200000000000 |
12 |   75.500000000000 |
13 +-------------------+
```

Zum Schluss werden die Positionswerte summiert.

```
1  SELECT
2    SUM(bp.menge * a.einzelpreis)
3  FROM
4    bestellung_position bp INNER JOIN artikel a USING(artikel_id);
5  +-------------------------------+
6  | SUM(bp.menge * a.einzelpreis) |
7  +-------------------------------+
8  |              287.400000000000 |
9  +-------------------------------+
```

Wir haben hier ein Beispiel dafür, dass als Parameter einer Aggregatfunktion nicht nur Spaltennamen, sondern auch Ausdrücke vorkommen können.

Aufgabe 12.1: Hier ein paar Übungsausgaben. Für die Übungsausgaben habe ich in `listing09.sql` noch einen Lagerbestand aufgebaut.

a) Ergänzen Sie das ER-Modell in Bild 3.2 auf Seite 43 um die Lagerverwaltung in `listing09.sql`.

b) Ermitteln Sie die durchschnittliche Bestellmenge.

c) Ermitteln Sie die Anzahl der Artikel mit der Währung USD.

d) Ermitteln Sie die Anzahl der Privatkunden.

e) Ermitteln Sie die Anzahl der Kunden, die noch keine Bestellung aufgegeben haben.

f) Was ist unsere kleinste und was unsere größte Bestellmenge?

g) Ermitteln Sie, wie viele ml Tinte noch auf Lager sind.

h) Ermitteln Sie den Wert des Lagers.

■ 12.2 Tabelle in Gruppen zerlegen

Die Aggregatfunktionen liefern uns bis jetzt ihre Ergebnisse bezogen auf die ganze Tabelle, also eine Zahl. Es kommt aber viel häufiger vor, dass man die Auswertung pro Kunde, pro Postleitzahl, pro Bestellung, pro Artikel etc. vornehmen möchte, z.B. Anzahl der Bestellpositionen pro Artikel. Wir brauchen ein Werkzeug, was die Anwendung von Aggregatfunktionen auf Teiltabellen (Gruppen) ermöglicht.

> **SQL3**
> **MySQL/MariaDB**
> SELECT [DISTINCT]
>   {*|spaltenliste|ausdruck}
>   FROM
>   from_ausdruck
>   [WHERE bedingung]
>   [GROUP BY spaltenliste|ausdruck]
>   [ORDER BY spaltenname [ASC|DESC] [,spaltenname [ASC|DESC]]*]
> ;

Wie viele Positionen pro Bestellungen gibt es?

Da es irgendwas mit *Anzahl* zu tun hat, ist COUNT() unser Mann[2].

```
mysql> SELECT COUNT(*) FROM bestellung_position;
+----------+
| COUNT(*) |
+----------+
|        5 |
+----------+
```

Jetzt wissen wir die Anzahl der Positionen überhaupt. Wir wollen aber wissen, wie viele es pro Bestellung sind. Wir müssen also ein GROUP BY einfügen. Aber was steht in *spaltenliste* hinter dem GROUP BY? Die Spalte, die bestimmt, zu welcher Gruppe die Zeile gehört. In unserem Fall der Fremdschlüssel auf die Tabelle bestellung.

```
mysql> SELECT
    -> bestellung_id Bestellnummer, COUNT(*) 'Anzahl der Positionen'
    -> FROM
    ->   bestellung_position
    -> GROUP BY
    ->   bestellung_id;
+---------------+-----------------------+
| Bestellnummer | Anzahl der Positionen |
+---------------+-----------------------+
|             1 |                     3 |
|             2 |                     2 |
+---------------+-----------------------+
```

Nochmal: Schauen wir uns die erste Version an, so wird die Aggregatfunktion COUNT(*) auf die gesamte Tabelle angewendet. In der zweiten Version weisen wir an, dass die Tabelle in Gruppen zerlegt wird. Als Unterscheidungsmerkmal wird in Zeile 6 die Spalte bestellung_id angegeben. Das bedeutet, dass alle Zeilen, die in dieser Spalte den gleichen Wert stehen haben, zur gleichen Gruppe gehören. Daher gibt es jetzt 5 Gruppen, für jede bestellung_id eine.

Ist eine Tabelle in Gruppen zerlegt worden, so werden die Aggregatfunktionen immer pro Gruppe ausgeführt. In unserem Fall bedeutet das, dass pro Bestellung COUNT(*) die Zeilen in bestellung_position zählt.

---

[2] unsere Frau

Hinweis: In Zeile 2 wird ein Alias mit Leerzeichen verwendet. Deshalb muss um den Alias eine Stringbegrenzung erfolgen. Die *normalen* Hochkomma ' oder Gänsefüßchen " können nicht verwendet werden, da an dieser Stelle auch Stringkonstanten stehen könnten. Als neues Zeichen wird auch ein Hochkomma ' verwendet, aber das auf der Taste links neben dem Backspace.

Wir wollen wissen, wie oft ein Artikel bestellt wurde

Dabei soll der Artikelname mit ausgegeben werden. Zuerst wenden wir bzgl. der beiden Tabellen `bestellung_position` und `artikel` das auf Seite 184 beschriebene Verfahren an, um den Artikelname zu erfahren.

```
mysql> SELECT a.bezeichnung, bp.menge
    -> FROM
    ->   bestellung_position bp INNER JOIN artikel a USING (artikel_id);
+--------------+-----------+
| bezeichnung  | menge     |
+--------------+-----------+
| Silberzwiebel| 30.000000 |
| Tulpenzwiebel| 50.000000 |
| Spaten       |  1.000000 |
| Silberzwiebel| 10.000000 |
| Schaufel     |  5.000000 |
+--------------+-----------+
```

Jetzt heißt es herauszufinden, nach welcher Spalte die Gruppen gebildet werden sollen. Da hilft ein Tipp: Wenn die Aufgabenstellung Formulierungen wie *pro Artikel* oder *für jeden Kunden* enthält, dann sind dies in der Regel die Gruppierungsmerkmale. In unserem Beispiel wird demnach nach der Spalte `artikel_id` gruppiert. Die Aggregatfunktion, um die Anzahl der Artikel zu ermitteln, ist hier `SUM()` und nicht `COUNT()`, da pro Zeile mehr als ein Artikel verkauft wird.

```
mysql> SELECT
    ->   a.bezeichnung 'Artikelname', SUM(bp.menge) 'Anzahl bestellter Artikel'
    -> FROM
    ->   bestellung_position bp INNER JOIN artikel a USING (artikel_id)
    -> GROUP BY
    ->   artikel_id;
+--------------+---------------------------+
| Artikelname  | Anzahl bestellter Artikel |
+--------------+---------------------------+
| Silberzwiebel|                 40.000000 |
| Tulpenzwiebel|                 50.000000 |
| Schaufel     |                  5.000000 |
| Spaten       |                  1.000000 |
+--------------+---------------------------+
```

Jetzt ist es aber so, dass hier die Artikel, die in keiner Bestellung vorkommen, gar nicht aufgeführt werden. Ein `RIGHT OUTER JOIN` könnte helfen:

```
mysql> SELECT
    ->   a.bezeichnung 'Artikelname', SUM(bp.menge) 'Anzahl bestellter Artikel'
    -> FROM
    ->   bestellung_position bp RIGHT JOIN artikel a USING (artikel_id)
    -> GROUP BY
    ->   artikel_id;
```

```
 7  +---------------+---------------------------+
 8  | Artikelname   | Anzahl bestellter Artikel |
 9  +---------------+---------------------------+
10  | Papier (100)  |                      NULL |
11  | Tinte (gold)  |                      NULL |
12  | Tinte (rot)   |                      NULL |
13  | Tinte (blau)  |                      NULL |
14  | Feder         |                      NULL |
15  | Silberzwiebel |                 40.000000 |
16  | Tulpenzwiebel |                 50.000000 |
17  | Schaufel      |                  5.000000 |
18  | Spaten        |                  1.000000 |
19  +---------------+---------------------------+
```

Wie Sie die Ausgabe NULL in eine schöne Ausgabe verwandeln können, erfahren Sie in Kapitel 15 auf Seite 255. Ach was, ich kann mich nicht beherrschen:

```
 1  mysql> SELECT
 2      ->   a.bezeichnung 'Artikelname',
 3      ->   CASE
 4      ->     WHEN SUM(bp.menge) IS NULL THEN 0
 5      ->     ELSE SUM(bp.menge)
 6      ->   END AS 'Anzahl bestellter Artikel'
 7      -> FROM
 8      ->   bestellung_position bp RIGHT JOIN artikel a USING (artikel_id)
 9      -> GROUP BY
10      ->   artikel_id
11      -> ;
12  +---------------+---------------------------+
13  | Artikelname   | Anzahl bestellter Artikel |
14  +---------------+---------------------------+
15  | Papier (100)  |                         0 |
16  | Tinte (gold)  |                         0 |
17  | Tinte (rot)   |                         0 |
18  | Tinte (blau)  |                         0 |
19  | Feder         |                         0 |
20  | Silberzwiebel |                 40.000000 |
21  | Tulpenzwiebel |                 50.000000 |
22  | Schaufel      |                  5.000000 |
23  | Spaten        |                  1.000000 |
24  +---------------+---------------------------+
```

Mit dem CASE kann man eine Fallunterscheidung auf Werte vornehmen und die Ausgabe danach anpassen. Den Rest erzähle ich Ihnen wirklich erst später ;-).

Hinweis: In einigen Systemen, wie beispielsweise PostgreSQL muss das Gruppierungsmerkmal in der Spaltenliste hinter dem SELECT auftauchen (siehe Zeile 10):

```
 1  oshop=# SELECT
 2  oshop-#   a.bezeichnung Artikelname,
 3  oshop-#   CASE
 4  oshop-#     WHEN SUM(bp.menge) IS NULL THEN 0
 5  oshop-#     ELSE SUM(bp.menge)
 6  oshop-#   END AS Anzahl_bestellter_Artikel
 7  oshop-# FROM
 8  oshop-#   bestellung_position bp RIGHT JOIN artikel a USING (artikel_id)
 9  oshop-# GROUP BY
10  oshop-#   a.bezeichnung;
```

12.3 Gruppenergebnisse filtern

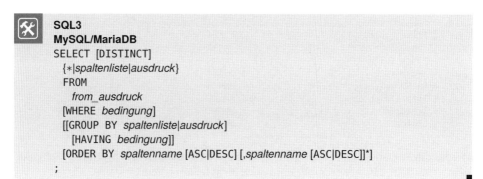

SQL3
MySQL/MariaDB
```
SELECT [DISTINCT]
  {*|spaltenliste|ausdruck}
FROM
  from_ausdruck
[WHERE bedingung]
[[GROUP BY spaltenliste|ausdruck]
  [HAVING bedingung]]
[ORDER BY spaltenname [ASC|DESC] [,spaltenname [ASC|DESC]]*]
;
```

Wir wollen nur solche Artikel sehen, die mehr als zehn Mal verkauft wurden. Intuitiv wollen wir dazu die WHERE-Klausel verwenden, müssen aber festzustellen, dass das nicht geht.

```
1  mysql> SELECT
2      -> a.bezeichnung 'Artikelname', SUM(bp.menge) 'Anzahl bestellter Artikel'
3      -> FROM
4      ->   bestellung_position bp INNER JOIN artikel a USING (artikel_id)
5      -> WHERE
6      ->   SUM(bp.menge) > 10
7      -> GROUP BY
8      ->   artikel_id;
9  ERROR 1111 (HY000): Invalid use of group function
```

Die Definition 33 auf Seite 136 sagt aus, dass die Operation auf die Zeilen eingeschränkt wird, für welche die Bedingung TRUE ergibt. Das Problem ist aber, dass wir gar nicht die Zeilen beschränken wollen, die in die Berechnungen einfließen, sondern die Ergebnisse, die aus der Berechnungen herausfließen. Dazu wird ein HAVING gebraucht.

Definition 45: HAVING
Durch ein *HAVING* werden die Ergebnisse eines GROUP BY verworfen, für welche die Bedingung nicht TRUE ergibt.

```
1  mysql> SELECT
2      -> a.bezeichnung 'Artikelname', SUM(bp.menge) 'Anzahl bestellter Artikel'
3      -> FROM
4      ->   bestellung_position bp INNER JOIN artikel a USING (artikel_id)
5      -> GROUP BY
6      ->   artikel_id
7      -> HAVING
8      ->   SUM(bp.menge) > 10;
9  +---------------+---------------------------+
10 | Artikelname   | Anzahl bestellter Artikel |
11 +---------------+---------------------------+
12 | Silberzwiebel |                 40.000000 |
13 | Tulpenzwiebel |                 50.000000 |
14 +---------------+---------------------------+
```

In Zeile 7 wird der HAVING verwendet. Der Bau der Bedingung kann die gleichen Vergleichsoperatoren (siehe Anhang 25.3.1 auf Seite 382) und Verknüpfungsoperatoren (siehe Anhang 25.3.2 auf Seite 384) verwenden wie das WHERE.

Um den Unterschied zwischen WHERE und HAVING zu verdeutlichen, wird die obige Auswertung um solche Zeilen eingeschränkt, deren Artikelname mit Silber beginnen.

```
mysql> SELECT
    -> a.bezeichnung 'Artikelname', SUM(bp.menge) 'Anzahl bestellter Artikel'
    -> FROM
    ->  bestellung_position bp INNER JOIN artikel a USING (artikel_id)
    -> WHERE
    ->  a.bezeichnung LIKE 'Silberl%'
    -> GROUP BY
    ->  artikel_id
    -> HAVING
    ->  SUM(bp.menge) > 10;
+---------------+---------------------------+
| Artikelname   | Anzahl bestellter Artikel |
+---------------+---------------------------+
| Silberzwiebel |                 40.000000 |
+---------------+---------------------------+
```

Die WHERE-Klausel lässt nur Artikel zu, die Zwiebeln sind. Deshalb steht das WHERE auch vor dem GROUP BY. Erst nach diesem Filter, werden die restlichen Daten gruppiert und ausgewertet. Die Berechnungsergebnisse selbst werden dann noch mit dem HAVING weiter gefiltert.

12.4 Noch Fragen?

12.4.1 Kann ich nach Ausdrücken gruppieren?

In der syntaktischen Beschreibung von GROUP BY auf Seite 214 steht *spaltenliste*, aber es können auch Ausdrücke verwendet werden.

Beispiel: Nach [Wik16b] steht die erste Ziffer der Bankleitzahl für das Clearinggebiet. Wir wollen wissen, wie viele Bankleitzahlen pro Clearinggebiet in der Tabelle bank sind.

```
mysql> SELECT
    -> SUBSTRING(blz, 1, 1) 'Clearinggebiet', COUNT(*) 'Anzahl'
    -> FROM
    ->  bank
    -> GROUP BY
    ->  'Clearinggebiet'
    -> ORDER BY 'Anzahl' DESC;
+----------------+--------+
| Clearinggebiet | Anzahl |
+----------------+--------+
| 7              |   1249 |
| 5              |   1193 |
| 6              |   1100 |
| 2              |    989 |
| 4              |    556 |
| 3              |    527 |
```

```
17  | 8              |    287 |
18  | 1              |    205 |
19  +----------------+--------+
```

Um das Clearinggebiet zu ermitteln, verwende ich in Zeile 2 die Funktion `SUBSTRING()`. Diese schneidet mir aus einer Zeichenkette einen Abschnitt heraus. Der erste Buchstabe der Zeichenkette hat den Index 1. Als letzter Parameter der Funktion wird die Länge des Abschnitts festgelegt, hier ebenfalls 1.

Dadurch, dass ich den Alias `Clearinggebiet` vergeben habe, kann ich überall dort, wo der Ausdruck `SUBSTRING(blz, 1, 1)` gebraucht wird, den Alias verwenden. So auch in Zeile 6 beim `GROUP BY`.

Aufgabe 12.2: Wie viele Banken gibt es pro Bankengruppe (4. Ziffer der Bankleitzahl)?

12.4.2 Kann ich nach mehr als einer Spalte gruppieren?

In der syntaktischen Beschreibung von `GROUP BY` auf Seite 214 steht hinter dem `GROUP BY` das Wort *spaltenliste*. Wir können Gruppen also auch über mehrere Elemente definieren. Bisher waren es einfache Spalten wie die `artikel_id`.

Beipiel: Wir wollen die Anzahl der Bestellungen pro Jahr und Monat wissen[3]:

```
 1  mysql> SELECT
 2      ->   CONCAT(YEAR(datum), '/', MONTHNAME(datum)) 'Monat', COUNT(*) 'Anzahl'
 3      ->   FROM bestellung
 4      ->   GROUP BY
 5      ->     YEAR(datum), MONTH(datum)
 6      ->   ORDER BY
 7      ->     YEAR(datum) DESC, MONTH(datum) DESC;
 8  +--------------+--------+
 9  | Monat        | Anzahl |
10  +--------------+--------+
11  | 2012/April   |      1 |
12  | 2012/March   |      2 |
13  | 2011/January |      3 |
14  +--------------+--------+
```

Der entscheidende Teil ist die Zeile 5. Die Gruppierung wird zuerst nach dem Jahr vorgenommen, anschließend nach dem Monat. Die Funktion `YEAR()` liefert mir aus einer Datumsangabe die vierstellige Darstellung des Jahrs als Zahl; `MONTH()` liefert die ein- oder zweistellige Darstellung des Monats als Zahl. Beide Funktionen verwende ich in Zeile 7, um die Ausgabe nach dem Datum sinnvoll zu ordnen. Eine Übersicht mit vielen guten Beispiel finden Sie unter [HLD[+]16a].

Der Optik wegen habe ich in Zeile 2 die Angaben ein wenig komprimiert. Mit der Funktion `CONCAT()` werden Zeichenketten zu einer neuen Zeichenkette verklebt. Hier wird die Jahresangabe durch einen Slash mit dem Monatsnamen (`MONTHNAME()`) zu einer Ausgabe verbunden. Der Inhalt der Spalte `Monat` enthält das Resultat.

---

[3] Ich habe dazu in `listing09.sql` die Bestellungen um Daten erweitert.

Aufgabe 12.3: Wie viele Banken gibt es pro Clearinggebiet und Bankengruppe (4. Stelle der Bankleitzahl)?

12.4.3 Wie kann ich GROUP BY beschleunigen?

Bei der Ausführung eines GROUP BY muss für jeden Datensatz entschieden werden, zu welcher Gruppe er gehört. Dazu müssen die Spalten und Ausdrücke ausgewertet werden. Wie bei der Sortierung (siehe Kapitel 10.3 ab Seite 157) können Indizes diesen Vorgang erheblich beschleunigen.

Umgekehrt sind GROUP BY-Operationen, die keine Indexunterstützung haben, recht teuer. Besonders, wenn die Gruppierung über Ausdrücke erfolgt, muss der Ausdruck ausgewertet werden, was oft mit erheblicher Rechenleistung verbunden ist, da die Tabelle sequentiell durchlaufen werden muss. Schauen wir uns beispielsweise diesen Befehl an:

```
mysql> EXPLAIN
    -> SELECT
    ->   SUBSTRING(blz, 1, 1) 'Clearinggebiet', COUNT(*) 'Anzahl'
    -> FROM
    ->   bank
    -> GROUP BY
    ->   'Clearinggebiet'
    -> ORDER BY
    ->   'Anzahl' DESC\G
*************************** 1. row ***************************
           id: 1
  select_type: SIMPLE
        table: bank
   partitions: NULL
         type: index
possible_keys: NULL
          key: idx_bank_blzbankname
      key_len: 803
          ref: NULL
         rows: 5890
     filtered: 100.00
        Extra: Using index; Using temporary; Using filesort
```

Unter der Überschrift Extra in Zeile 22 wird angegeben, wie der Befehl ausgeführt wird. Da ich auf die Bankleitzahl einen Index gesetzt hatte, wird dieser verwendet. Nun verwende ich ein Gruppierungsmerkmal, welches zugegeben sinnlos ist, aber keinen Index verwenden kann:

```
mysql> EXPLAIN
    -> SELECT
    ->   CONCAT(lkz, SUBSTRING(blz, 6, 3)) 'Sinnlos', COUNT(*) 'Anzahl'
    -> FROM
    ->   bank
    -> GROUP BY
    ->   'Sinnlos'
    -> ORDER BY
    ->   'Sinnlos'\G
*************************** 1. row ***************************
           id: 1
```

```
12    select_type: SIMPLE
13           table: bank
14      partitions: NULL
15            type: ALL
16   possible_keys: NULL
17             key: NULL
18         key_len: NULL
19             ref: NULL
20            rows: 5890
21        filtered: 100.00
22           Extra: Using temporary; Using filesort
```

Hier teilt mir MySQL mit, dass es eine temporäre Tabelle aufbauen muss und deren Inhalt mit Filesort sortiert. Keine Rede mehr davon, dass irgendwelche Indizes verwendet werden könnten.

Werden Gruppierungen nicht über Indizes unterstützt und Sie erwarten einen häufigen Zugriff auf nicht kleine Mengen, so sollten – falls möglich – entsprechende Indizes eingerichtet werden. Die Argumente für oder gegen das Anlegen von Indizes sind in Tabelle 6.1 auf Seite 98 zusammengefasst.

Falls die Gruppierungen nicht permanent gebraucht werden und zum Zeitpunkt der Auswertung nicht oder nur mit wenigen Änderungen der Daten zu rechnen ist, bietet sich das Anlegen einer (temporären) Tabelle an.

■ 12.5   Haben Sie keine Aufgaben für mich?

Aufgabe 12.4: Klar, hab' ich:

a) Ermitteln Sie pro Bankleitzahl die Anzahl der Banknamen. Sortieren Sie das Ergebnis nach Bankleitzahl.

b) Ermitteln Sie pro Adresse die Anzahl der Verwendungen als Rechnungsanschrift. Die nicht verwendeten Adressen sollen auch angezeigt werden. Diese haben die Anzahl 0. Sortieren Sie nach der Anzahl absteigend.

c) Geben Sie pro Warengruppe die Anzahl der Artikel aus. Es sollen auch die Warengruppen angezeigt werden, denen keine Artikel angehören.

d) Geben Sie pro Lieferant die Anzahl der gelieferten Artikel aus. Lieferanten, die keine Artikel liefern, sollen ebenfalls angezeigt werden.

e) Geben Sie den Lagerbestand pro Warengruppe aus. Sortieren Sie die Ausgabe nach Lagerbestand absteigend.

f) Geben Sie die Kundennamen aus, die mehr als eine Bestellung abgegeben haben.

g) Geben Sie für jeden Kundennamen die durchschnittliche Anzahl der Bestellungen aus.

h) Geben Sie pro Kunde die durchschnittliche Menge an bestellten Artikeln aus. Die Ausgabe soll nach dem Durchschnitt aufsteigend sortiert werden.

i) Geben Sie den Wert der teuersten Einzelposition aus.

j) Geben Sie den durchschnittlichen Wert einer Einzelposition aus.

k) Ermitteln Sie, welche Artikel bestellt sind, deren Mindestmenge im Lager unterschritten ist.

13 Auswertungen mit Unterabfragen

Und wenn Du denkst es, es geht nicht mehr, dann kommt ein SUBSELECT daher.

- Vertiefendes
  - Warum eine Unterabfrage?
  - Korrelierende und nicht korrelierende Unterabfrage
  - Skalare Unterabfrage
  - Listenunterabfrage
  - Tabellenunterabfrage
  - IN(), ALL() und ANY()
  - EXISTS
  - Ablaufplan einer Unterabfrage

Die Quelltexte des Kapitels stehen in den Dateien mysql/listing10.sql und pg/listing10.sql.
Sie benötigen ebenfalls die Datei kunden01.csv.

Unterabfragen gehören definitiv nicht mehr zu einem Grundkurs. Sie sind das Tor zu richtig schweren Auswertungen, da es jetzt möglich ist, in *einer* Abfrage *beliebig viele* Zwischenabfragen durchzuführen und weiterzuverwerten.

■ 13.1 Das Problem und die Lösung

Betrachten wir folgende Aufgabenstellung: Wir wollen den Umsatz pro Kunde wissen.

Schritt 1: Die Umsätze müssen sich aus den Bestellungen ergeben. Also ermitteln wir zuerst den Umsatz pro Bestellung. Dazu wird ein INNER JOIN zu der Tabelle artikel gebraucht, da dort der Preis abgelegt ist.

```
1  mysql> SELECT
2      -> bp.bestellung_id, SUM(bp.menge * a.einzelpreis) 'Bestellwert'
```

```
 3      ->   FROM
 4      ->     bestellung_position bp INNER JOIN artikel a USING(artikel_id)
 5      ->   GROUP BY
 6      ->     bp.bestellung_id
 7      -> ;
 8  +---------------+-------------------+
 9  | bestellung_id | Bestellwert       |
10  +---------------+-------------------+
11  |             1 |    206.700000000000 |
12  |             2 |     80.700000000000 |
13  |             3 |     39.400000000000 |
14  |             4 |     26.460000000000 |
15  |             5 |    488.550000000000 |
16  +---------------+-------------------+
```

Schritt 2: Den Bestellungen den Kunden zuordnen. Dazu müssen Verknüpfungen zwischen den Tabellen bestellung und kunde geknüpft werden:

```
 1  mysql> SELECT
 2      ->   k.nachname, k.vorname, SUM(bp.menge * a.einzelpreis) 'Bestellwert'
 3      ->   FROM
 4      ->     bestellung_position bp INNER JOIN artikel a    USING(artikel_id)
 5      ->                            INNER JOIN bestellung b USING(bestellung_id)
 6      ->                            INNER JOIN kunde k      USING(kunde_id)
 7      ->   GROUP BY
 8      ->     bp.bestellung_id
 9      -> ;
10  +-----------+---------+-------------------+
11  | nachname  | vorname | Bestellwert       |
12  +-----------+---------+-------------------+
13  | Gamdschie | Samweis |    206.700000000000 |
14  | Beutlin   | Frodo   |     80.700000000000 |
15  | Gamdschie | Samweis |     39.400000000000 |
16  | Gamdschie | Samweis |     26.460000000000 |
17  | Gamdschie | Samweis |    488.550000000000 |
18  +-----------+---------+-------------------+
```

Schritt 3: Wir müssen wiederum eine Gruppierung vornehmen, und zwar pro Kunde. Und für jeden Kunden die Aggregatfunktion SUM(Bestellwert) ausführen. Aber wie soll das hier funktionieren?

Eine Möglichkeit wären die schon weiter oben (siehe Seite 5.3.8) vorgestellten temporären Tabellen.

```
 1  mysql> CREATE TEMPORARY TABLE tmp_bestellwert
 2      ->   SELECT
 3      ->     k.nachname, k.vorname, SUM(bp.menge * a.einzelpreis) 'bestellwert'
 4      ->   FROM
 5      ->     bestellung_position bp INNER JOIN artikel a USING(artikel_id)
 6      ->                            INNER JOIN bestellung b USING(bestellung_id)
 7      ->                            INNER JOIN kunde k USING(kunde_id)
 8      ->   GROUP BY
 9      ->     bp.bestellung_id
10      -> ;
11  Query OK, 5 rows affected (0.07 sec)
12  Records: 5  Duplicates: 0  Warnings: 0
13
14  mysql> SELECT * FROM tmp_bestellwert;
15  +-----------+---------+-------------------+
16  | nachname  | vorname | bestellwert       |
```

```
17  +-----------+---------+------------------+
18  | Gamdschie | Samweis |    206.700000000000 |
19  | Beutlin   | Frodo   |     80.700000000000 |
20  | Gamdschie | Samweis |     39.400000000000 |
21  | Gamdschie | Samweis |     26.460000000000 |
22  | Gamdschie | Samweis |    488.550000000000 |
23  +-----------+---------+------------------+
24  5 rows in set (0.00 sec)
25
26  mysql> SELECT
27      -> nachname, vorname, SUM(bestellwert) 'Umsatz'
28      -> FROM tmp_bestellwert
29      -> GROUP BY nachname, vorname
30      -> ;
31  +-----------+---------+------------------+
32  | nachname  | vorname | Umsatz           |
33  +-----------+---------+------------------+
34  | Beutlin   | Frodo   |     80.700000000000 |
35  | Gamdschie | Samweis |    761.110000000000 |
36  +-----------+---------+------------------+
```

Natürlich hat diese Lösung einen gewissen Charme. Besonders der Aspekt, dass man die Bestellwertdaten ggf. mehrfach auswerten kann. Aber es geht auch anders. Man kann die Abfrage von Zeile 2 bis 9 in Zeile 28 als Unterabfrage einbauen.

```
 1  mysql> SELECT
 2      -> bw.nachname, bw.vorname, SUM(bw.bestellwert) 'Umsatz'
 3      -> FROM
 4      -> (
 5      ->   SELECT
 6      ->     k.nachname, k.vorname, SUM(bp.menge * a.einzelpreis) 'bestellwert'
 7      ->   FROM
 8      ->     bestellung_position bp INNER JOIN artikel a USING(artikel_id)
 9      ->                            INNER JOIN bestellung b USING(bestellung_id)
10      ->                            INNER JOIN kunde k USING(kunde_id)
11      ->   GROUP BY
12      ->     bp.bestellung_id
13      -> ) AS 'bw'
14      -> GROUP BY nachname, vorname
15      -> ;
16  +-----------+---------+------------------+
17  | nachname  | vorname | Umsatz           |
18  +-----------+---------+------------------+
19  | Beutlin   | Frodo   |     80.700000000000 |
20  | Gamdschie | Samweis |    761.110000000000 |
21  +-----------+---------+------------------+
```

Die Zeilen 4 bis 13 stellen eine Unterabfrage dar. In der Regel werden diese durch Klammerung besonders kenntlich gemacht; meist ist die Klammerung sogar aus syntaktischen Gründen zwingend. In Zeile 13 haben wir dem Ergebnis noch einen Namen verpasst: bw. Dies erlaubt es uns, gezielt auf die Spalten der *neuen* Tabelle zuzugreifen, und verhindert Fehlermeldungen über mehrdeutige Spalten- oder Tabellennamen.

Definition 46: Unterabfrage
Kommt innerhalb eines SELECT, UPDATE, INSERT oder DELETE ein weiterer SELECT oder JOIN vor, so nennt man diesen eine *Unterabfrage* oder auch *SUBSELECT*.

> Unterabfragen können wiederum Unterabfragen enthalten.
> Die Anweisung, die die Unterabfrage enthält, wird *Hauptanweisung* oder *Oberanweisung* genannt.

Warum nennt man die *Oberanweisung* nicht *Oberabfrage*? Weil es auch ein `INSERT`, `UPDATE` oder `DELETE` sein kann, der sich einer Unterabfrage bedient. Ein Beispiel für eine solche Unterabfrage haben wir schon auf Seite 205 kennengelernt. Hier wurde eine Unterabfrage innerhalb eines `UPDATE`s verwendet.

Wir wollen uns nun mit verschiedenen Typen von Unterabfragen beschäftigen. Diese unterscheiden sich hinsichtlich der Komplexität und der Verflechtung mit der Oberanweisung.

13.2 Nicht korrelierende Unterabfrage

Definition 47: Korrelierende Unterabfrage
Kann eine Unterabfrage für sich alleine ausgeführt werden, so handelt es sich um eine *nicht korrelierende Unterabfrage*. Benötigt die Unterabfrage Ausdrücke oder Spalten der Oberanweisung, so handelt es sich um eine *korrelierende Unterabfrage*.

13.2.1 Skalarunterabfrage

13.2.1.1 Beispiel 1: Banken mit höchster BLZ

Fangen wir mit einem einfachen Beispiel an. Aus dem Import der Bankdaten wissen wir, dass es zu jeder Bankleitzahl mehrere Banknamen geben kann. Wir wollen die Banknamen der Bank wissen, die die höchste Bankleitzahl hat.

Schritt 1 – Unterabfrage ermitteln: Die Unterabfrage soll mir die höchste Bankleitzahl liefern.

```
mysql> SELECT MAX(blz) FROM bank;
+----------+
| MAX(blz) |
+----------+
| 87096214 |
+----------+
```

Schritt 2 – Bau der Oberanweisung ohne Unterabfrage: Die Oberanweisung will mir abhängig von einer `WHERE`-Klausel Banknamen ausgeben.

```
mysql> SELECT bankname FROM bank WHERE blz = '37010050';
+----------+
| bankname |
+----------+
| Postbank |
+----------+
```

13.2 Nicht korrelierende Unterabfrage

Schritt 3 – Einbau der Unterabfrage in die Oberanweisung: Jetzt wird im Vergleich die Konstante in Zeile 1 geklammert und durch die Unterabfrage ersetzt.

```
 1  mysql> SELECT bankname
 2      ->   FROM bank
 3      ->   WHERE blz =
 4      ->   (
 5      ->       SELECT MAX(blz)
 6      ->        FROM bank
 7      ->   )
 8      -> ;
 9  +---------------------------+
10  | bankname                  |
11  +---------------------------+
12  | Volksbank Chemnitz        |
13  | Volksbank Chemnitz (Gf P2)|
14  +---------------------------+
```

Aufgabe 13.1: Führen Sie mal einen EXPLAIN aus und interpretieren Sie die Ausgabe. ∎

13.2.1.2 Beispiel 2: Überdurchschnittlich teure Artikel

Wir wollen alle Artikel ermitteln, die einen überdurchschnittlichen Einzelpreis haben.

Schritt 1 – Unterabfrage ermitteln: Wir brauchen den durchschnittlichen Einzelpreis, um damit vergleichen zu können. Diesen können wir einfach ermitteln:

```
1  mysql> SELECT
2      ->   AVG(einzelpreis) AS 'durchschnittspreis'
3      ->   FROM artikel;
4  +--------------------+
5  | durchschnittspreis |
6  +--------------------+
7  |       12.5777777778|
8  +--------------------+
```

Da wir diesen SELECT ausführen können, handelt es sich nach Definition 47 auf der vorherigen Seite um eine nicht korrelierende Abfrage. Unsere Unterabfrage liefert eine sehr einfache Tabelle zurück, nämlich eine mit einer Zeile und einer Spalte. Eine solche Unterabfrage hat einen schönen Namen:

Definition 48: Skalarunterabfrage
Liefert die Unterabfrage eine Tabelle mit nur einer Zeile und nur einer Spalte – also einen einzigen Wert –, so nennt man diese *Skalarunterabfrage*. ∎

Schritt 2 – Bau der Oberanweisung ohne Unterabfrage: Wie muss denn die Oberanweisung aussehen? Letztlich ein einfaches SELECT mit einer WHERE-Klausel. Als Platzhalter für die Unterabfrage verwende ich hier eine willkürliche Zahl (siehe Zeile 4).

```
1  SELECT *
2    FROM artikel
3    WHERE
4      einzelpreis > 30;
```

Schritt 3 – Einbau der Unterabfrage in die Oberanweisung: In der Zeile 4 steht eine 30 als Platzhalter für die Unterabfrage. Zuerst wird um die 30 ein Klammerpaar gesetzt und dann der SELECT aus Schritt 1 dort hineinkopiert. Etwas verschönert sieht das Ergebnis so aus:

```
mysql> SELECT *
    -> FROM artikel
    -> WHERE
    ->   einzelpreis > (
    ->          SELECT
    ->              AVG(einzelpreis) AS 'durchschnittspreis'
    ->          FROM artikel
    ->   )
    -> ;
+------------+--------------+-------------+----------+---------+
| artikel_id | bezeichnung  | einzelpreis | waehrung | deleted |
+------------+--------------+-------------+----------+---------+
|       3005 | Tinte (gold) |   56.260000 | EUR      |       0 |
|       9010 | Schaufel     |   15.100000 | USD      |       0 |
|       9015 | Spaten       |   20.100000 | EUR      |       0 |
+------------+--------------+-------------+----------+---------+
```

Der Vorteil gegenüber temporären Tabellen liegt auf der Hand. Wird durch ein INSERT, DELETE oder UPDATE der Durchschnittswert der Preise verändert, so muss die temporäre Tabelle komplett neu gebildet werden. Bei Unterabfragen wird erst zum Zeitpunkt der Ausführung die Unterabfrage ausgeführt und enthält damit automatisch[1] den aktuellen Wert.

13.2.1.3 Beispiel 3: Überdurchschnittlich wertvolle Bestellungen

Auch Skalarunterabfragen können kompliziert werden: wenn wir beispielsweise wissen wollen, welche Bestellungen einen überdurchschnittlichen Auftragswert haben.

Schritt 1 – Unterabfrage ermitteln: Zuerst müssen wir den Auftragswert ermitteln. Das haben wir schon auf oben auf Seite 219 gemacht.

```
SELECT
  bp.bestellung_id, SUM(bp.menge * a.einzelpreis) 'bestellwert'
FROM
  bestellung_position bp INNER JOIN artikel a USING(artikel_id)
GROUP BY
  bp.bestellung_id
;
```

Davon müssen wir jetzt den Durchschnitt ermitteln:

```
mysql> SELECT AVG(bw.bestellwert)
    -> FROM (
    ->      SELECT
    ->          bp.bestellung_id, SUM(bp.menge * a.einzelpreis) 'bestellwert'
    ->      FROM
    ->          bestellung_position bp INNER JOIN artikel a USING(artikel_id)
    ->      GROUP BY
    ->          bp.bestellung_id
    ->      ) AS 'bw'
    -> ;
+---------------------+
```

---

[1] Hier sind Nebenläufigkeiten bei Transaktionen zu berücksichtigen. Davon später in Kapitel 18 auf Seite 289 mehr.

```
12  | AVG(bw.bestellwert) |
13  +----------------------+
14  | 168.3620000000000000 |
15  +----------------------+
```

Jetzt haben wir eine Abfrage, die uns den durchschnittlichen Bestellwert angibt. Falls Sie den Alias bw in Zeile 9 vergessen haben sollten, bekommen Sie folgende schöne Fehlermeldungen:

```
1  ERROR 1248 (42000): Every derived table must have its own alias
```

Warum schön? Weil sie noch mal verdeutlicht, dass das Ergebnis eines SELECTs immer eine Tabelle ist.

Schritt 2 – Bau der Oberanweisung ohne Unterabfrage: Ich baue zuerst eine Version mit einem Platzhalter:

```
1  SELECT
2    bp1.bestellung_id, SUM(bp1.menge * a1.einzelpreis) 'bestellwert1'
3  FROM
4    bestellung_position bp1 INNER JOIN artikel a1 USING(artikel_id)
5  GROUP BY
6    bp1.bestellung_id
7  HAVING 'bestellwert1' > 100;
```

Da wir das Ergebnis eines GROUP BY einschränken wollen, muss in Zeile 7 das HAVING verwendet werden. In derselben Zeile steht auch der Platzhalter, der gleich umgebaut wird. Die Nummerierung mit a1 usw. habe ich nur für später eingebaut (siehe unten).

Schritt 3 – Einbau der Unterabfrage in die Oberanweisung: Anstelle der Konstante 100 wird jetzt in Klammern die Unterabfrage eingesetzt.

```
1   mysql> SELECT
2       ->   bp1.bestellung_id, SUM(bp1.menge * a1.einzelpreis) 'bwert1'
3       -> FROM
4       ->   bestellung_position bp1 INNER JOIN artikel a1 USING(artikel_id)
5       -> GROUP BY
6       ->   bp1.bestellung_id
7       -> HAVING
8       ->   'bwert1' >
9       ->   (
10      ->     SELECT AVG(bw.bwert2)
11      ->     FROM
12      ->     (
13      ->      SELECT
14      ->        bp2.bestellung_id, SUM(bp2.menge * a2.einzelpreis) 'bwert2'
15      ->      FROM
16      ->        bestellung_position bp2 INNER JOIN artikel a2
17      ->          USING(artikel_id)
18      ->      GROUP BY
19      ->        bp2.bestellung_id
20      ->     ) AS 'bw'
21      ->   )
22      -> ;
23  +---------------+-------------------+
24  | bestellung_id | bwert1            |
25  +---------------+-------------------+
26  |             1 | 206.700000000000  |
27  |             5 | 488.550000000000  |
28  +---------------+-------------------+
```

13.2.2 Listenunterabfrage

13.2.2.1 Beispiel 1: IN()

Es gibt nicht nur Skalarunterabfragen. Sie könnten auch *mehrere* Zeilen in *einer* Spalte zurückliefern.

Definition 49: Listenunterabfragen
Liefert die Unterabfrage eine Tabelle mit mehreren Zeilen und nur einer Spalte, so bezeichne ich dies als *Listenunterabfrage*.

Das Ergebnis kann dann natürlich nicht einfach mit dem Gleichheitsoperator in Bedingungen verwendet werden. Vielmehr brauchen wir Vergleichsoperatoren, die mit Mengen arbeiten. Ich habe dabei die Operatoren IN, ALL und ANY im Blick[2].

Wir wollen alle Rechnungen[3], für die es auch eine Bestellung gibt.

Aufgabe 13.2: Erweitern Sie das ER-Model in Bild 3.2 auf Seite 43 um das Rechnungswesen.

Schritt 1 – Unterabfrage ermitteln: Die Unterabfrage muss mir die Primärschlüsselwerte der Bestellungen ermitteln:

```
mysql> SELECT bestellung_id FROM bestellung;
+---------------+
| bestellung_id |
+---------------+
|             1 |
|             3 |
|             4 |
|             5 |
|             2 |
|             6 |
+---------------+
```

Schritt 2 – Bau der Oberanweisung ohne Unterabfrage: Die Oberanweisung soll die Primärschlüsselwerte von rechnung ausgeben, die in einer IN-Liste enthalten sind.

```
SELECT rechnung_id
 FROM rechnung
 WHERE bestellung_id IN (1, 2, 3)
;
```

Schritt 3 – Einbau der Unterabfrage in die Oberanweisung: Die Liste im IN() ist oben eine Liste von Konstanten. Diese soll nun durch die Unterabfrage ersetzt werden:

```
mysql> SELECT rechnung_id
    ->   FROM rechnung
    ->   WHERE bestellung_id IN
    ->   (
    ->     SELECT bestellung_id FROM bestellung
```

---

[2] In Abschnitt 25.3.1 auf Seite 382 finden Sie eine entsprechende Übersicht.
[3] In listing10.sql wird der Datenbestand entsprechend erweitert.

```
 6     -> )
 7     -> ;
 8  +-------------+
 9  | rechnung_id |
10  +-------------+
11  |           1 |
12  |           2 |
13  |           3 |
14  |           4 |
15  |           5 |
16  |           6 |
17  +-------------+
```

 Aufgabe 13.3: Bauen Sie das Beispiel so um, dass Sie gerade die Rechnungen ermitteln, zu denen es keine Bestellungen gibt. ∎

13.2.2.2 Beispiel 2: ALL()

Wir wollen wissen, ob der Gartenbedarf unsere teuersten Artikel enthält. Anders: Welche Artikel sind teurer als die des Gartenbedarfs? Das IN() hilft uns hier nicht weiter. Was wir brauchen, ist ein Prädikat, welches uns mitteilt, ob ein Wert kleiner oder gleich oder größer als alle Elemente einer Liste ist. Das macht der ALL().

Dem ALL() geht immer ein Vergleichsoperator (siehe Abschnitt 25.3.1 auf Seite 382) voran: menge <= ALL([...]); dieser kann mit NOT verbunden werden.

Schritt 1 – Unterabfrage ermitteln: Die Unterabfrage ermittelt uns alle Preise der Gartenbedarfsartikel:

```
 1
 2  mysql> SELECT a.einzelpreis
 3      -> FROM
 4      ->   artikel_nm_warengruppe INNER JOIN artikel a USING(artikel_id)
 5      ->                          INNER JOIN warengruppe w USING(warengruppe_id)
 6      -> WHERE
 7      ->   w.bezeichnung = 'Gartenbedarf';
 8  +-------------+
 9  | einzelpreis |
10  +-------------+
11  |    0.520000 |
12  |    3.420000 |
13  |   15.100000 |
14  |   20.100000 |
15  +-------------+
```

Schritt 2 – Bau der Oberanweisung ohne Unterabfrage: Die Oberanweisung muss alle Artikelpreise ermitteln:

```
1  SELECT
2    a.bezeichnung, a.einzelpreis
3  FROM
4    artikel a
5  WHERE
6    a.einzelpreis > ALL(SELECT 10)
7  ;
```

Leider kann ich in Zeile 6 nicht so etwas schreiben wie (100, 200, 300), da hier explizit eine Unterabfrage erwartet wird.

Schritt 3 – Einbau der Unterabfrage in die Oberanweisung: Die Unterabfrage wird jetzt zwischen das Klammerpaar des ALL() eingefügt.

```
mysql> SELECT
    -> a.bezeichnung, a.einzelpreis
    -> FROM
    ->   artikel a
    -> WHERE
    ->   a.einzelpreis > ALL
    ->   (
    ->     SELECT a.einzelpreis
    ->     FROM
    ->       artikel_nm_warengruppe INNER JOIN artikel a USING(artikel_id)
    ->                              INNER JOIN warengruppe w USING(warengruppe_id)
    ->     WHERE
    ->       w.bezeichnung = 'Gartenbedarf'
    ->   )
    -> ;
+--------------+--------------+
| bezeichnung  | einzelpreis  |
+--------------+--------------+
| Tinte (gold) |    56.260000 |
+--------------+--------------+
```

13.2.2.3 Beispiel 3: ALL()

Die Beutlins haben einige Rechnungen. Es wäre doch interessant zu wissen, ob es irgendeinen Kunden gibt, der mehr Umsatz gemacht hat als die Beutlins.

Schritt 1 – Unterabfrage ermitteln: Die Unterabfrage muss uns die Summe aller Rechnungssummen der Beutlins liefern. Ermitteln wir zuerst die Rechnungssummen:

```
mysql> SELECT
    -> rechnung_id, kunde_id, SUM(einzelpreis*menge) AS 'umsatz'
    -> FROM
    ->   rechnung_position INNER JOIN artikel  USING(artikel_id)
    ->                     INNER JOIN rechnung USING(rechnung_id)
    -> GROUP BY
    ->   rechnung_id
    -> ;
+-------------+----------+--------------------+
| rechnung_id | kunde_id | umsatz             |
+-------------+----------+--------------------+
|           1 |        1 |     206.700000000000 |
|           2 |        2 |      80.700000000000 |
|           3 |        1 |      39.400000000000 |
|           4 |        1 |      26.460000000000 |
|           5 |        1 |     488.550000000000 |
|           7 |        3 |      67.860000000000 |
|           8 |        3 |      47.990000000000 |
|          10 |        5 |      87.350000000000 |
|          11 |        5 |    1125.200000000000 |
+-------------+----------+--------------------+
```

Die Aufnahme der kunde_id (Zeile 2) wäre hier noch nicht nötig. Da ich die Kundennummer aber später noch brauche, muss ich zur Rechnung auch die Kundennummer ermitteln. Dazu erfolgt ein INNER JOIN auf die Tabelle rechnung (Zeile 5).

Als Nächstes müssen diese Rechnungssummen pro Kunde zu einer Umsatzsumme addiert werden.

```
mysql> SELECT SUM(umsatz) AS 'umsatzsumme'
    -> FROM
    -> (
    ->   SELECT
    ->     rechnung_id, kunde_id, SUM(einzelpreis*menge) AS 'umsatz'
    ->   FROM
    ->     rechnung_position INNER JOIN artikel USING(artikel_id)
    ->                       INNER JOIN rechnung USING(rechnung_id)
    ->   GROUP BY
    ->     rechnung_id
    -> ) AS 'ksum'
    -> GROUP BY
    ->   kunde_id
    -> ;
+-------------------+
| umsatzsumme       |
+-------------------+
|   761.110000000000 |
|    80.700000000000 |
|   115.850000000000 |
|  1212.550000000000 |
+-------------------+
```

Als Letztes erfolgt die Einschränkung auf die Beutlins (Zeile 10).

```
mysql> SELECT SUM(umsatz) AS 'umsatzsumme'
    -> FROM
    -> (
    ->   SELECT
    ->     rechnung_id, kunde_id, SUM(einzelpreis*menge) AS 'umsatz'
    ->   FROM
    ->     rechnung_position INNER JOIN artikel USING(artikel_id)
    ->                       INNER JOIN rechnung USING(rechnung_id)
    ->                       INNER JOIN kunde USING(kunde_id)
    ->   WHERE nachname = 'beutlin'
    ->   GROUP BY
    ->     rechnung_id
    -> ) AS 'ksum'
    -> GROUP BY
    ->   kunde_id
    -> ;
+-------------------+
| umsatzsumme       |
+-------------------+
|    80.700000000000 |
|   115.850000000000 |
+-------------------+
```

Für eine Unterabfrage nicht schlecht, was?

Schritt 2 – Bau der Oberanweisung ohne Unterabfrage: Die Oberanweisung muss mir eine Liste von Kundennummern zurückliefern, deren Umsatzsummen alle größer sind als der Inhalt von der ALL()-Liste. Die Oberanweisung sieht in weiten Teilen wie die Unterabfrage aus:

```
SELECT kunde_id, SUM(umsatz) AS 'umsatzsumme'
FROM
(
 SELECT
   rechnung_id, kunde_id, SUM(einzelpreis*menge) AS 'umsatz'
   FROM
    rechnung_position INNER JOIN artikel USING(artikel_id)
                      INNER JOIN rechnung USING(rechnung_id)
   GROUP BY
    rechnung_id
) AS 'ksum'
GROUP BY
 kunde_id
HAVING umsatzsumme > ALL (SELECT 100)
;
```

Schritt 3 – Einbau der Unterabfrage in die Oberanweisung: Um die Sache noch schöner zu machen, habe ich den Kundennamen noch *drangejoint*.

```
mysql> SELECT kunde_id, kunde.nachname, kunde.vorname, SUM(umsatz) AS '
    umsatzsumme'
    -> FROM
    -> (
    ->  SELECT
    ->   rechnung_id, kunde_id, SUM(einzelpreis*menge) AS 'umsatz'
    ->   FROM
    ->    rechnung_position INNER JOIN artikel USING(artikel_id)
    ->                      INNER JOIN rechnung USING(rechnung_id)
    ->   GROUP BY
    ->    rechnung_id
    -> ) AS 'ksum'
    ->  INNER JOIN kunde USING (kunde_id)
    -> GROUP BY
    ->  kunde_id
    -> HAVING umsatzsumme > ALL
    -> (
    ->   SELECT SUM(umsatz) AS 'umsatzsumme'
    ->   FROM
    ->   (
    ->    SELECT
    ->     rechnung_id, kunde_id, SUM(einzelpreis*menge) AS 'umsatz'
    ->     FROM
    ->      rechnung_position INNER JOIN artikel USING(artikel_id)
    ->                        INNER JOIN rechnung USING(rechnung_id)
    ->                        INNER JOIN kunde USING(kunde_id)
    ->     WHERE nachname = 'beutlin'
    ->     GROUP BY
    ->      rechnung_id
    ->   ) AS 'ksum'
    ->   GROUP BY
    ->    kunde_id
    -> )
    -> ;

+----------+----------+---------+-------------+
| kunde_id | nachname | vorname | umsatzsumme |
+----------+----------+---------+-------------+
```

```
38 |            1 | Gamdschie   | Samweis |    761.110000000000 |
39 |            5 | Earendilionn | Elrond  |   1212.550000000000 |
40 +--------------+--------------+---------+---------------------+
```

Schön, gell?

13.2.2.4 Beispiel 4: ANY()

Wir wollen alle Artikel wissen, die teurer sind als irgendein Artikel der Warengruppe Bürobedarf. Im Gegensatz zu ALL() liefert das ANY() schon dann ein TRUE, wenn mindestens einer der Vergleiche mit den Listenelementen stimmt.

Schritt 1 – Unterabfrage ermitteln: Die Unterabfrage muss mir alle Artikelpreise der Warengruppe Bürobedarf liefern.

```
 1  mysql> SELECT a.einzelpreis
 2      -> FROM
 3      ->   artikel_nm_warengruppe INNER JOIN artikel a USING(artikel_id)
 4      ->                          INNER JOIN warengruppe w USING(warengruppe_id)
 5      -> WHERE
 6      ->   w.bezeichnung = 'Bürobedarf'
 7      -> ;
 8  +-------------+
 9  | einzelpreis |
10  +-------------+
11  |    2.320000 |
12  |   56.260000 |
13  |    6.260000 |
14  |    4.170000 |
15  |    5.050000 |
16  +-------------+
```

Schritt 2 – Bau der Oberanweisung ohne Unterabfrage: Die Oberanweisung muss alle Artikel mit ihren Preisen ausgeben:

```
1  SELECT
2    a.bezeichnung, a.einzelpreis
3  FROM
4    artikel a
5  WHERE
6    a.einzelpreis > ANY(SELECT 10)
7  ;
```

Schritt 3 – Einbau der Unterabfrage in die Oberanweisung: Anstelle des SELECT 10 wird jetzt die Unterabfrage eingebaut.

```
 1  mysql> SELECT
 2      ->   a.bezeichnung, a.einzelpreis
 3      -> FROM
 4      ->   artikel a
 5      -> WHERE
 6      ->   a.einzelpreis > ANY
 7      ->   (
 8      ->     SELECT a.einzelpreis
 9      ->     FROM
10      ->       artikel_nm_warengruppe INNER JOIN artikel a
11      ->                               USING(artikel_id)
12      ->                              INNER JOIN warengruppe w
13      ->                               USING(warengruppe_id)
```

```
14           ->        WHERE
15           ->          w.bezeichnung = 'Bürobedarf'
16           ->      )
17           -> ;
18     +---------------+-------------+
19     | bezeichnung   | einzelpreis |
20     +---------------+-------------+
21     | Tinte (gold)  |   56.260000 |
22     | Tinte (rot)   |    6.260000 |
23     | Tinte (blau)  |    4.170000 |
24     | Feder         |    5.050000 |
25     | Tulpenzwiebel |    3.420000 |
26     | Schaufel      |   15.100000 |
27     | Spaten        |   20.100000 |
28     +---------------+-------------+
```

Die Ausgabe ergibt sich daraus, dass es ausreicht, dass der Artikel größer als einer der Preise in der Warengruppe *Bürobedarf* ist. So ist die Tulpenzwiebel beispielsweise teurer als Papier und taucht deshalb hier auf.

Ärgerlich ist, dass hier die Artikel der Warengruppe `Bürobedarf` auch auftauchen. Hier hilft nur eine zweite Unterabfrage in den Zeilen 6-14:

```
 1    mysql> SELECT
 2        -> a.bezeichnung, a.einzelpreis
 3        -> FROM
 4        ->  artikel a
 5        -> WHERE
 6        ->  a.artikel_id NOT IN
 7        ->  (
 8        ->    SELECT
 9        ->      artikel_id
10        ->    FROM
11        ->      artikel_nm_warengruppe nm  INNER JOIN warengruppe w
12        ->                                 USING(warengruppe_id)
13        ->    WHERE w.bezeichnung = 'Bürobedarf'
14        ->  )
15        -> AND
16        ->  a.einzelpreis > ANY
17        ->  (
18        ->    SELECT a.einzelpreis
19        ->    FROM
20        ->      artikel_nm_warengruppe nm INNER JOIN artikel a
21        ->                                USING(artikel_id)
22        ->                                INNER JOIN warengruppe w
23        ->                                USING(warengruppe_id)
24        ->    WHERE
25        ->      w.bezeichnung = 'Bürobedarf'
26        ->  );
27    +---------------+-------------+
28    | bezeichnung   | einzelpreis |
29    +---------------+-------------+
30    | Tulpenzwiebel |    3.420000 |
31    | Schaufel      |   15.100000 |
32    | Spaten        |   20.100000 |
33    +---------------+-------------+
```

13.2.3 Also, der Unterschied zwischen IN(), ALL() und ANY() ist mir nicht ganz klar!

- **IN()** Diese Abfrage prüft, ob ein Wert in der Liste enthalten ist. Falls er enthalten ist, liefert sie TRUE, sonst FALSE. Beispiele:

    [...] 5 IN (1, 2, 3, 4, 5)   [...] 7 IN (1, 2, 3, 4, 5)
    ⇒ TRUE   ⇒ FALSE

    Ein besonderer Fall entsteht, wenn NULL ins Spiel kommt:

    [...] 5 IN (1, NULL, 3, 4, 5)   [...] 7 IN (1, NULL, 3, 4, 5)
    ⇒ TRUE   ⇒ NULL

    [...] NULL IN (1, 2, 3, 4, 5)
    ⇒ NULL

- **ALL()** Diese Abfrage prüft, ob ein Wert bezüglich eines Vergleichsoperators für alle Werte der Liste TRUE ergibt. Nur dann wird der Gesamtausdruck auch TRUE. Beispiele[4]:

    [...] 1 <= ALL (1, 2, 3, 4, 5)   [...] 5 <= ALL (1, 2, 3, 4, 5)
    ⇒ TRUE   ⇒ FALSE

    Taucht in der Liste ein NULL auf, wird immer das Ergebnis auf NULL gesetzt, wenn nicht schon einer der Vergleiche ein FALSE liefert:

    [...] 1 <> ALL (1, 2, 3, 4, NULL) [...] 1 <> ALL (NULL, 2, 3, 4, 5)
    ⇒ FALSE   ⇒ NULL

- **ANY()** Diese Abfrage prüft, ob ein Wert bezüglich eines Vergleichsoperators für mindestens einen Wert der Liste TRUE ergibt. Der Gesamtausdruck wird dann auch TRUE.

    [...] 1 <= ANY (1, 2, 3, 4, 5)   [...] 7 <= ANY (1, 2, 3, 4, 5)
    ⇒ TRUE   ⇒ FALSE

    Auch hier ist der Fall NULL zu betrachten. Ergibt der Vergleich mit irgendeinem der Listenelemente TRUE, reicht das aus. Wird kein passender Vergleich gefunden und es kommt ein NULL vor, ist das Ergebnis auch NULL:

    [...] 1 >= ANY (1, 2, 3, 4, NULL) [...] 1 >= ANY (NULL, 2, 3, 4, 5)
    ⇒ TRUE   ⇒ NULL

13.2.4 Gibt es einen Unterschied zwischen NOT IN() und <> ALL()?

Nein, siehe [HLD[+]16b].

13.2.5 Tabellenunterabfrage

Unterabfragen können nicht nur auf *einer* Spalte arbeiten wie bei der Skalar- und der Listenunterabfrage, sondern auch mit Tabellen, die mehrere Spalten enthalten.

---

[4] Die Beispiele sind eine Verkürzung von beispielsweise SELECT 5 <= ALL (SELECT 1 UNION SELECT 2 UNION SELECT 3 UNION SELECT 4 UNION SELECT 5).

Definition 50: Tabellenunterabfragen
Liefert die Unterabfrage eine Tabelle mit mehreren Spalten, so bezeichne ich diese als *Tabellenunterabfrage*.

Es fällt mir sehr schwer, ein einigermaßen sinnvolles Beispiel zu konstruieren. Also lasse ich es und zeige den Effekt anhand einer konstruierten Situation. Wieder wollen wir wissen, welcher Kunde – aber diesmal mit Namen – im Jahr 2011 und 2012 Rechnungen hatte.

```
 1  mysql> SELECT DISTINCT k.nachname, k.vorname
 2      ->   FROM rechnung r INNER JOIN kunde k USING(kunde_id)
 3      ->   WHERE
 4      ->    YEAR(r.datum) = '2011' AND (k.nachname, k.vorname) IN
 5      ->    (
 6      ->      SELECT
 7      ->        k.nachname, k.vorname
 8      ->      FROM
 9      ->        rechnung r INNER JOIN kunde k USING(kunde_id)
10      ->      WHERE YEAR(r.datum) = '2012'
11      ->    )
12      -> ;
13  +-----------+---------+
14  | nachname  | vorname |
15  +-----------+---------+
16  | Gamdschie | Samweis |
17  +-----------+---------+
```

In Zeile 4 geschieht etwas ganz Neues. Bisher haben wir immer nur skalare Werte miteinander verglichen. Hier werden zwei Listen miteinander verglichen. Auf der linken und der rechten Seite vom IN stehen Listen mit je zwei Spalten.

Hinweis: Beim Vergleich mit Tabellenunterabfragen muss man darauf achten, dass die Anzahl der Spalten auf der rechten und linken Seite der Vergleichsoperation gleich ist.

■ 13.3 Korrelierende Unterabfrage

In Definition 47 auf Seite 222 wurden solche Unterabfragen eingeführt, die unabhängig von der Oberanweisung sind. Es gibt auch welche, die sich auf die Oberabfrage beziehen und deshalb nicht unabhängig von der Oberanweisung ausgeführt werden können.

13.3.1 Beispiel 1: Rechnungen mit vielen Positionen

Ich möchte alle Rechnungen mit mindestens drei Positionen.

```
1  mysql> SELECT rechnung_id
2      ->   FROM rechnung r
3      ->   WHERE
4      ->   (
```

```
 5        ->      SELECT
 6        ->        COUNT(position_nr)
 7        ->        FROM rechnung_position rp
 8        ->        WHERE rp.rechnung_id = r.rechnung_id
 9        ->      ) >= 3
10        -> ;
11    +-------------+
12    | rechnung_id |
13    +-------------+
14    |           1 |
15    |           5 |
16    +-------------+
```

In der WHERE-Klausel der Unterabfrage wird in Zeile 8 mit der Rechnungsnummer der Oberanweisung (Zeile 1) verglichen[5].

Da die Unterabfrage jetzt von einem Spalteninhalt der Oberanweisung abhängt, wird sie nicht einmal ausgeführt, sondern für jeden Spalteninhalt der Oberanweisung neu. In unserem Fall wird für jede Rechnungsnummer – also 11-mal – die Anzahl der Rechnungspositionen berechnet.

 Hinweis: Weil die korrelierende Unterabfrage mehrfach ausgeführt wird, ist sie ein Performancerisiko. ∎

13.3.2 Beispiel 2: EXISTS

Ich möchte alle Rechnungen, zu denen es eine Bestellung gibt. Hier kann der EXISTS-Operator helfen, da er überprüft, ob das Ergebnis eines SELECTs überhaupt eine Zeile zurückliefert.

```
 1  mysql> SELECT rechnung_id
 2      ->   FROM rechnung r
 3      ->   WHERE
 4      ->     EXISTS
 5      ->     (
 6      ->       SELECT bestellung_id
 7      ->         FROM bestellung b
 8      ->         WHERE b.bestellung_id = r.bestellung_id
 9      ->     )
10      -> ;
11  +-------------+
12  | rechnung_id |
13  +-------------+
14  |           1 |
15  |           2 |
16  |           3 |
17  |           4 |
18  |           5 |
19  |           6 |
20  +-------------+
```

---

[5] Genau diese Verknüpfung zwischen der Oberanweisung und der Unterabfrage ist die *Korrelation*, die dieser Abfrage den Namen gegeben hat.

13.4 Fallstudie Datenimport

Ein anderer Online-Shop hat pleite gemacht. Sie haben im Rahmen einer Kundenübernahme die Kunden- und Adressdaten des Shops als CSV-Datei[6] erhalten.

```
nachname;vorname;strasse;hnr;plz;ort;ktnr;blz;
Brandybock;Gormadoc;Brandyschloss;1;BL;57990;Bockenburg;9999999991;28063253
Starrkopf;Malva;Brandyschloss;1;BL;57990;Bockenburg;9999999992;28063253
Brandybock;Madoc;Brandyschloss;1;BL;57990;Bockenburg;9999999993;28063253
Goldwert;Hanna;Brandyschloss;1;BL;57990;Bockenburg;9999999994;28063253
Brandybock;Marmamadoc;Brandyschloss;1a;BL;57990;Bockenburg;9999999995;28063253
Bolger;Adaldrida;Brandyschloss;1a;BL;57990;Bockenburg;9999999996;28063253
Brandybock;Gorbadoc;Brandyschloss;1;BL;57990;Bockenburg;9999999997;28063253
Tuk;Mirabella;Brandyschloss;1;BL;57990;Bockenburg;9999999998;28063253
Brandybock;Rorimac;Brandyschloss;1a;BL;57990;Bockenburg;9999999911;28063253
Guld;Menegilda;Brandyschloss;1a;BL;57990;Bockenburg;9999999912;28063253
Brandybock;Saradoc;Brandyschloss;1a;BL;57990;Bockenburg;9999999913;28063253
Tuk;Esmeralda;Brandyschloss;1a;BL;57990;Bockenburg;9999999914;28063253
Brandybock;Meriadoc;Brandyschloss;1;BL;57990;Bockenburg;9999999915;28063253
Brandybock;Merimac;Bocklandstraße;4;BL;57996;Krickloch;8888888816;44550045
Lochner;Rufus;Maggots Weg;2;BL;57980;Maggots Hof;7777777717;72160818
Tuk;Peregrin;Stockstraße;1;AL;45689;Buckelstadt;6666666618;44550045
Gamdschie;Samweis;Beutelhaldenweg;5;AL;67676;Hobbingen;1111111111;10010010
```

Schritt 1 Daten importieren: Um die Daten auswerten und umbauen zu können, erstelle ich eine temporäre Tabelle, die die Daten erstmal unverändert importieren kann.

```
 1  CREATE TEMPORARY TABLE tmp_import
 2  (
 3   nachname  VARCHAR(255),
 4   vorname   VARCHAR(255),
 5   strasse   VARCHAR(255),
 6   hnr       VARCHAR(255),
 7   lkz       VARCHAR(255),
 8   plz       VARCHAR(255),
 9   ort       VARCHAR(255),
10   ktnr      VARCHAR(255),
11   blz       VARCHAR(255)
12  );
13
14  LOAD DATA LOCAL INFILE 'kunden01.csv'
15    INTO TABLE tmp_import
16    FIELDS
17      TERMINATED BY ';'
18    LINES
19      TERMINATED BY '\n'
20    IGNORE 1 LINES
21    (nachname, vorname, strasse, hnr, lkz, plz, ort, ktnr, blz)
22  ;
```

Aufgabe 13.4: Überprüfen Sie, dass keine Warnung vorkommt, und schauen Sie nach, ob die Daten genauso in der Tabelle angekommen sind, wie Sie es sich vorgestellt haben.

---

[6] Die Daten sind in der Datei kunden01.sql.

Schritt 2 Kunden ermitteln: Wir wollen jetzt alle neuen Kunden anhand ihres Namens identifizieren. Diese neuen Kunden sollen gleich in die Kundentabelle eingefügt werden.

```
1  INSERT INTO kunde (nachname, vorname)
2   SELECT DISTINCT nachname, vorname
3    FROM tmp_import tmp
4    WHERE
5      (tmp.vorname, tmp.nachname) NOT IN
6      (
7        SELECT vorname, nachname FROM kunde
8      )
9  ;
```

In der Zeile 2 werden alle unterschiedlichen Namen ermittelt. Das `DISTINCT` soll verhindern, dass mehrfach vorkommende Namen mehrfach übernommen werden. In unserem Fall eine unnötige Vorsichtsmaßnahmen.

Durch das `NOT IN` in der Zeile 5 wird ermittelt, ob der Name nicht schon in Tabelle `kunde` vorhanden ist.

Aufgabe 13.5: Welcher Kunde ist aussortiert worden? Erstellen Sie dazu ein passendes SELECT.

Aufgabe 13.6: Handelt es sich in Zeile 5 um eine skalare Unterabfrage, eine Listenunterabfrage oder Tabellenunterabfrage?

Aufgabe 13.7: Handelt es sich in Zeile 7 um eine korrelierende oder nicht korrelierende Unterabfrage?

Schritt 3 Adressen ermitteln: Wie bei den Kunden muss hier überprüft werden, ob die Adresse schon vorhanden ist. Schließlich will ich keine sinnlosen Dubletten[7].

```
1  INSERT INTO adresse (strasse, hnr, lkz, plz, ort)
2   SELECT DISTINCT strasse, hnr, lkz, plz, ort
3    FROM tmp_import tmp
4    WHERE
5      (tmp.strasse, tmp.hnr, tmp.lkz, tmp.plz, tmp.ort) NOT IN
6      (
7        SELECT strasse, hnr, lkz, plz, ort
8          FROM adresse
9      )
10 ;
```

Schritt 4 Einbau der Fremdschlüssel in die Importtabelle: Wir haben jetzt die neuen Kunden- und Adressdaten eingefügt. Es fehlen aber die Verknüpfungen. Dazu könnte man jetzt verschiedene Wege gehen, aber ich möchte hier die Unterabfragen verwenden, die hier sehr effektiv sind.

Zunächst muss die Importtabelle um die Fremdschlüssel erweitert werden:

```
1  ALTER TABLE tmp_import ADD kunde_id    INT UNSIGNED,
2                         ADD adresse_id  INT UNSIGNED,
3                         ADD bank_id     CHAR(12);
```

---

[7] Obwohl man das hier diskutieren kann. Zwei Personen können die gleiche Adresse haben, und trotzdem würde man diese nicht als *eine* Adresse im System abspeichern.

Sind die Spalten angelegt worden, wird jetzt für jeden Datensatz der Importtabelle der Fremdschlüssel ermittelt und eingetragen.

```
 1  UPDATE tmp_import t SET
 2    t.kunde_id =
 3      (
 4        SELECT kunde_id
 5          FROM kunde k
 6          WHERE t.vorname = k.vorname AND t.nachname = k.nachname
 7      ),
 8    t.adresse_id =
 9      (
10        SELECT adresse_id
11          FROM adresse a
12          WHERE
13            t.strasse = a.strasse
14            AND t.hnr = a.hnr
15            AND t.plz = a.plz
16            AND t.ort = a.ort
17      ),
18    t.bank_id =
19      (
20        SELECT bank_id FROM bank WHERE t.blz = bank.blz LIMIT 1
21      )
22  ;
```

In der Zeile 2 wird für jede Zeile die ermittelte Kundennummer eingetragen, in Zeile 8 die ermittelte Adressnummer und in Zeile 18 die ermittelte bank_id.

 Aufgabe 13.8: Handelt es sich in den Zeilen 2, 8 und 18 um korrelierende oder nicht korrelierende Abfragen? ■

Schritt 5 Bankverbindung ermitteln: Jetzt können wir die Bankverbindungen in die entsprechende Tabelle eintragen.

```
 1  INSERT INTO
 2    bankverbindung (kunde_id, bankverbindung_nr, bank_id, kontonummer, iban)
 3  SELECT DISTINCT kunde_id, 1, bank_id, ktnr, CONCAT(blz, ktnr)
 4    FROM tmp_import tmp
 5    WHERE
 6      (tmp.kunde_id, 1, tmp.bank_id, tmp.ktnr) NOT IN
 7      (
 8        SELECT kunde_id, 1, bank_id, kontonummer
 9          FROM bankverbindung
10      );
```

Schritt 6 Einbau des Fremdschlüssels auf die Bankverbindung: Die Bankverbindung ist jetzt auch bekannt. Da der erste Teile des Primärschlüssels die Kundennummer ist und wir annehmen können, dass jeder der neuen Kunden nur eine Bankverbindung hat, brauchen wir nur eine 1 in die Spalte bankverbindung_nr eintragen.

```
1  ALTER TABLE tmp_import
2    ADD bankverbindung_nr INT UNSIGNED NOT NULL DEFAULT 1;
```

Schritt 7 Abschluss: Wir haben die neuen Kunden angelegt, wir haben die neuen Adressen angelegt, wir haben die neuen Bankverbindungen angelegt. Die Bankverbindungen waren schnell über die Kundennummer und die Bankverbindungsnummer mit dem Kunden verknüpft (Schritt 6). Bleibt noch, die Kunden mit der Adresse zu verknüpfen. Es stehen zwei Möglichkeit offen: die Rechnungs- oder Lieferadresse. Wir entscheiden uns für die Rechnungsadresse:

```
1  UPDATE kunde k SET
2    k.rechnung_adresse_id =
3    (SELECT adresse_id FROM tmp_import tmp WHERE tmp.kunde_id = k.kunde_id);
```

 Aufgabe 13.9: Ist Zeile 2 in Schritt 7 eine korrelierende oder nicht korrelierende Unterabfrage? ■

Zum Abschluss überprüfen wir, ob der Import geklappt hat, was natürlich nur wegen der wenigen Daten möglich ist (schließlich ist der Shop ja pleite gegangen).

```
 1  mysql> SELECT kunde_id, nachname, vorname, strasse, ort
 2      ->   FROM
 3      ->   kunde LEFT JOIN adresse ON kunde.rechnung_adresse_id = adresse_id;
 4  +----------+--------------+------------+------------------+----------------+
 5  | kunde_id | nachname     | vorname    | strasse          | ort            |
 6  +----------+--------------+------------+------------------+----------------+
 7  |        1 | Gamdschie    | Samweis    | Beutelhaldenweg  | Hobbingen      |
 8  |        2 | Beutlin      | Frodo      | NULL             | NULL           |
 9  |        3 | Beutlin      | Bilbo      | NULL             | NULL           |
10  |        4 | Telcontar    | Elessar    | NULL             | NULL           |
11  |        5 | Earendilionn | Elrond     | NULL             | NULL           |
12  |        6 | Eichenschild | Thorin     | NULL             | NULL           |
13  |        7 | Brandybock   | Gormadoc   | Brandyschloss    | Bockenburg     |
14  |        8 | Starrkopf    | Malva      | Brandyschloss    | Bockenburg     |
15  |        9 | Brandybock   | Madoc      | Brandyschloss    | Bockenburg     |
16  |       10 | Goldwert     | Hanna      | Brandyschloss    | Bockenburg     |
17  |       11 | Brandybock   | Marmamadoc | Brandyschloss    | Bockenburg     |
18  |       12 | Bolger       | Adaldrida  | Brandyschloss    | Bockenburg     |
19  |       13 | Brandybock   | Gorbadoc   | Brandyschloss    | Bockenburg     |
20  |       14 | Tuk          | Mirabella  | Brandyschloss    | Bockenburg     |
21  |       15 | Brandybock   | Rorimac    | Brandyschloss    | Bockenburg     |
22  |       16 | Guld         | Menegilda  | Brandyschloss    | Bockenburg     |
23  |       17 | Brandybock   | Saradoc    | Brandyschloss    | Bockenburg     |
24  |       18 | Tuk          | Esmeralda  | Brandyschloss    | Bockenburg     |
25  |       19 | Brandybock   | Meriadoc   | Brandyschloss    | Bockenburg     |
26  |       20 | Brandybock   | Merimac    | Bocklandstraße   | Krickloch      |
27  |       21 | Lochner      | Rufus      | Maggots Weg      | Maggots Hof    |
28  |       22 | Tuk          | Peregrin   | Stockstraße      | Buckelstadt    |
29  +----------+--------------+------------+------------------+----------------+
```

■ 13.5 Wie ticken Unterabfragen intern?

Zu Beispiel 3: Schauen wir uns den EXPLAIN dazu (siehe Seite 224) an:

```
1  mysql> SELECT
2      ->   bp1.bestellung_id, SUM(bp1.menge * a1.einzelpreis) 'bwert1'
3      ->   FROM
```

```
   4    ->      bestellung_position bp1 INNER JOIN artikel a1 USING(artikel_id)
   5    ->      GROUP BY
   6    ->        bp1.bestellung_id
   7    ->      HAVING
   8    ->        'bwert1' >
   9    ->        (
  10    ->          SELECT AVG(bw.bwert2)
  11    ->          FROM
  12    ->          (
  13    ->            SELECT
  14    ->              bp2.bestellung_id, SUM(bp2.menge * a2.einzelpreis) 'bwert2'
  15    ->            FROM
  16    ->              bestellung_position bp2 INNER JOIN artikel a2
  17    ->                USING(artikel_id)
  18    ->            GROUP BY
  19    ->              bp2.bestellung_id
  20    ->          ) AS 'bw'
  21    ->        )
  22    -> ;
  23   +---------------+-------------------+
  24   | bestellung_id | bwert1            |
  25   +---------------+-------------------+
  26   |             1 |    206.700000000000 |
  27   |             5 |    488.550000000000 |
  28   +---------------+-------------------+
  29
  30   mysql> EXPLAIN /wie oben/\G
  31   *************************** 1. row ***************************
  32              id: 1
  33     select_type: PRIMARY
  34           table: bp1
  35            type: index
  36   possible_keys: artikel_id
  37             key: PRIMARY
  38         key_len: 8
  39             ref: NULL
  40            rows: 13
  41           Extra:
  42   *************************** 2. row ***************************
  43              id: 1
  44     select_type: PRIMARY
  45           table: a1
  46            type: eq_ref
  47   possible_keys: PRIMARY
  48             key: PRIMARY
  49         key_len: 4
  50             ref: oshop.bp1.artikel_id
  51            rows: 1
  52           Extra:
  53   *************************** 3. row ***************************
  54              id: 2
  55     select_type: SUBQUERY
  56           table: <derived3>
  57            type: ALL
  58   possible_keys: NULL
  59             key: NULL
  60         key_len: NULL
  61             ref: NULL
  62            rows: 5
```

```
63              Extra:
64  *************************** 4. row ***************************
65             id: 3
66    select_type: DERIVED
67          table: bp2
68           type: index
69  possible_keys: artikel_id
70            key: PRIMARY
71        key_len: 8
72            ref: NULL
73           rows: 13
74          Extra:
75  *************************** 5. row ***************************
76             id: 3
77    select_type: DERIVED
78          table: a2
79           type: eq_ref
80  possible_keys: PRIMARY
81            key: PRIMARY
82        key_len: 4
83            ref: oshop.bp2.artikel_id
84           rows: 1
85          Extra:
```

Das ist schon etwas beeindruckend, oder? Immer noch eine nicht korrelierende Skalarunterabfrage und trotzdem schon schön umfangreich; so lieben wir es.

Zunächst `1. row` und `2. row`. Beide haben die `id: 1` (siehe Zeilen 32 und 43). Das bedeutet, dass beide Ausgaben zum gleichen `SELECT` gehören. Schaut man sich an, auf welche Tabellen sich dieser `SELECT` bezieht (Zeile 34 und 45), so muss es sich um den `SELECT` handeln, der sich oben zwischen den Zeilen 1 und 4 befindet. Dies wird ebenfalls durch die Angabe `PRIMARY` in den Zeilen 33 und 44 bestätigt. Die Angaben in `1. row` und `2. row` beschreiben somit die Art und Weise, wie der `INNER JOIN` zwischen den beiden Tabellen organisiert wird. Verwendet wird die Spalte `artikel_id` (Zeilen 36 und 50) und die damit verbundenen Indizes (Primärschlüssel: Zeilen 48, Fremdschlüssel 36).

Jetzt `3. row`. Mit der `id: 2` wird mir angezeigt, dass es ein neuer `SELECT` sein muss. Unter `type` (Zeile 55) wird mir `SUBQUERY` mitgeteilt, dass dieser `SELECT` eine Unterabfrage außerhalb einer `FROM`-Klausel ist. Damit kann nur der `SELECT` oben ab Zeile 10 gemeint sein, denn der `SELECT` oben ab Zeile 13 ist innerhalb einer `FROM`-Klausel. Der Tabellenname `<derived3>` sagt mir aber spontan gar nichts. Die 3 ist aber schon ein Hinweis, denn die nächsten beiden Zeilen haben die `id: 3`. Fazit: Die `3. row` ist eine Unterabfrage auf die Tabelle, die durch den `SELECT` mit der `id: 3` entsteht.

Zum Schluss `4. row` und `5. row`. Beide gehören zum gleichen `SELECT`, da sie die gleiche `id: 3` haben. Durch den `select_type` `DERIVED` (Zeile 66) wird mir mitgeteilt, dass MySQL die Unterabfrage vorab ausführt und das Ergebnis in eine – unsichtbare – temporäre Tabelle abspeichert. Die restlichen Angaben entsprechen denen von `1. row` und `2. row`, da hier der gleiche `INNER JOIN` ausgeführt wird.

Beispiel 4: Auch bei Beispiel 4 lohnt sich ein Blick ins Innere:

```
1  mysql> EXPLAIN
2      -> SELECT rechnung_id
3      ->   FROM rechnung
4      ->  WHERE bestellung_id IN
5      ->  (
```

```
 6    ->      SELECT bestellung_id FROM bestellung
 7    ->      )\G
 8 *************************** 1. row ***************************
 9            id: 1
10   select_type: PRIMARY
11         table: rechnung
12          type: ALL
13 possible_keys: NULL
14           key: NULL
15       key_len: NULL
16           ref: NULL
17          rows: 11
18         Extra: Using where
19 *************************** 2. row ***************************
20            id: 2
21   select_type: DEPENDENT SUBQUERY
22         table: bestellung
23          type: unique_subquery
24 possible_keys: PRIMARY
25           key: PRIMARY
26       key_len: 4
27           ref: func
28          rows: 1
29         Extra: Using index
```

Sie erkennen, dass der MySQL-/MariaDB-Optimierer die Abfrage bzgl. interner Optimierstrategien umbaut. Ich möchte hier auf eine nähere Erklärung verzichten, da ich nur eine Ahnung darüber vermitteln wollte, dass Abfragen ggf. umgebaut werden und deshalb das EXPLAIN manchmal Angaben macht, die man auf den ersten Blick nicht versteht.

MySQL oder MariaDB führt den ersten SELECT aus und wendet auf das Ergebnis eine WHERE-Klausel an (siehe Zeile 29). Der zweite SELECT kann einen Primärschlüsselindex verwenden und liefert deshalb eine sortierte Liste zurück. Das ist für die Performance sehr wichtig, da dann innerhalb der Liste im IN() mit binärer Suche gearbeitet werden kann. Bei langen Listen ist dies eine erhebliche Zeitersparnis. Alternativ muss die ganze Liste im IN() sequenziell durchsucht werden.

Warum er eine korrelierende Abfrage (Zeile 21) mit einer Referenz auf eine Funktion (Zeile 27) ausgibt, kann man erst verstehen, wenn man sich das Ergebnis des EXPLAIN EXTENDED anschaut:

```
 1 mysql> EXPLAIN EXTENDED
 2    ->     SELECT rechnung_id
 3    ->     FROM rechnung
 4    ->     WHERE bestellung_id IN
 5    ->     (
 6    ->       SELECT bestellung_id FROM bestellung
 7    ->     )\G
 8 *************************** 1. row ***************************
 9 [...]
10 *************************** 2. row ***************************
11 [...]
12 mysql> SHOW WARNINGS\G
13 *************************** 1. row ***************************
14   Level: Note
15    Code: 1003
16 Message:
17 select 'oshop'.'rechnung'.'rechnung_id' AS 'rechnung_id'
```

```
18  from 'oshop'.'rechnung'
19  where
20   <in_optimizer>
21   ('oshop'.'rechnung'.'bestellung_id',<exists>
22    (<primary_index_lookup>
23     (<cache>('oshop'.'rechnung'.'bestellung_id') in bestellung on PRIMARY
24    )
25   )
26  )
```

13.6 Aufgaben

Aufgabe 13.10: Geben Sie den Kunden mit der kleinsten Postleitzahl aus.

Aufgabe 13.11: Geben Sie die jüngste Bestellung aus.

Aufgabe 13.12: Geben Sie den Lieferanten mit den meisten Artikel an.

Aufgabe 13.13: Ermitteln Sie die Bankleitzahlen mit den meisten Banken.

Aufgabe 13.14: Geben Sie das Clearinggebiet (1. Stelle der Bankleitzahl) aus, welches die wenigsten Banken hat.

Aufgabe 13.15: Ermitteln Sie alle Bestellungen, in denen Artikel vorkommen, die ihre Mindestmenge auf dem Lager unterschritten haben.

Aufgabe 13.16: Geben Sie alle Kundennamen aus, die eine Rechnung im Mahn- oder Inkassoverfahren haben.

Aufgabe 13.17: Geben Sie alle Artikel aus, die in der Warengruppe Gartenbedarf und in der Warengruppe Pflanzen sind.

Aufgabe 13.18: Gibt es Kunden, die nur in 2011 Rechnungen hatten?

Aufgabe 13.19: Geben Sie alle Rechnungen aus, die keine Artikel der Warengruppe Gartenbedarf haben.

Aufgabe 13.20: Ermitteln Sie alle Rechnungen, zu denen es keine Bestellungen gibt.

14 Mengenoperationen

Haben Sie die Mengenlehre in der Grundschule auch so gehasst? Ich hoffe, das hat sich gelegt.

- Grundkurs
  - Auswertungen vereinigen mit UNION
  - Schnittmenge mit INTERSECT
  - Differenzmenge mit EXCEPT
- Vertiefendes
  - ALL und DISTINCT
  - Simulation von INTERSECT
  - Simulation von EXCEPT

Die Quelltexte des Kapitels stehen in den Dateien mysql/listing11.sql und pg/listing11.sql.

14.1 Die Vereinigung mit UNION

Wir möchten alle verwendeten Adressen ausgeben. Unser erster Ansatz dürfte wie folgt aussehen:

```
 1  mysql> SELECT
 2      ->   strasse, hnr, lkz, plz, ort
 3      -> FROM
 4      ->    kunde INNER JOIN adresse ON rechnung_adresse_id = adresse_id
 5      -> ;
 6  +------------------+-----+-----+-------+-------------+
 7  | strasse          | hnr | lkz | plz   | ort         |
 8  +------------------+-----+-----+-------+-------------+
 9  | Beutelhaldenweg  | 5   | AL  | 67676 | Hobbingen   |
10  | Brandyschloss    | 1   | BL  | 57990 | Bockenburg  |
11  | Brandyschloss    | 1   | BL  | 57990 | Bockenburg  |
12  [...]
13  | Bocklandstraße   | 4   | BL  | 57996 | Krickloch   |
```

```
14 | Maggots Weg      | 2   | BL  | 57980 | Maggots Hof   |
15 | Stockstraße      | 1   | AL  | 45689 | Buckelstadt   |
16 +------------------+-----+-----+-------+---------------+
17 17 rows in set (0.00 sec)
```

In der Ausgabe fehlen aber die Adressen der Lieferanten. Ein zweiter `INNER JOIN` liefert mir zwar diese Adressen,

```
1 mysql> SELECT
2     -> strasse, hnr, lkz, plz, ort
3     -> FROM
4     ->   lieferant INNER JOIN adresse USING(adresse_id)
5     -> ;
6 +------------------+-----+-----+-------+--------+
7 | strasse          | hnr | lkz | plz   | ort    |
8 +------------------+-----+-----+-------+--------+
9 | Hochstrasse      | 4a  | DE  | 44879 | Bochum |
10 | Industriegebiet | 8   | DE  | 44878 | Bochum |
11 | Industriegebiet | 8   | DE  | 44878 | Bochum |
12 +------------------+-----+-----+-------+--------+
```

aber ich möchte *alle* in *einer* Ausgabe haben. Hier hilft ein `UNION`:

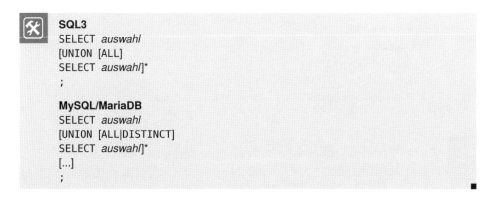

Bei SQL3 kann die Option `DISTINCT` zwar nicht angegeben werden, ist aber – wie bei MySQL und MariaDB – der Default. Mit dieser neuen Möglichkeit versuchen wir es noch einmal:

```
1  mysql> SELECT
2      -> strasse, hnr, lkz, plz, ort
3      -> FROM
4      ->  kunde INNER JOIN adresse ON rechnung_adresse_id = adresse_id
5      -> UNION
6      -> SELECT
7      -> strasse, hnr, lkz, plz, ort
8      -> FROM
9      ->   lieferant INNER JOIN adresse USING(adresse_id)
10     -> ;
11 +------------------+-----+-----+-------+-------------+
12 | strasse          | hnr | lkz | plz   | ort         |
13 +------------------+-----+-----+-------+-------------+
14 | Beutelhaldenweg  | 5   | AL  | 67676 | Hobbingen   |
15 | Brandyschloss    | 1   | BL  | 57990 | Bockenburg  |
16 | Brandyschloss    | 1a  | BL  | 57990 | Bockenburg  |
17 | Bocklandstraße   | 4   | BL  | 57996 | Krickloch   |
```

```
18 | Maggots Weg     | 2  | BL | 57980 | Maggots Hof  |
19 | Stockstraße     | 1  | AL | 45689 | Buckelstadt  |
20 | Hochstrasse     | 4a | DE | 44879 | Bochum       |
21 | Industriegebiet | 8  | DE | 44878 | Bochum       |
22 +-----------------+----+----+-------+--------------+
```

Aufgabe 14.1: Mit der Option ALL erhalte ich folgende Ausgabe:

```
+-----------------+-----+-----+-------+--------------+
| strasse         | hnr | lkz | plz   | ort          |
+-----------------+-----+-----+-------+--------------+
| Beutelhaldenweg | 5   | AL  | 67676 | Hobbingen    |
| Brandyschloss   | 1   | BL  | 57990 | Bockenburg   |
| Brandyschloss   | 1   | BL  | 57990 | Bockenburg   |
| Brandyschloss   | 1   | BL  | 57990 | Bockenburg   |
| Brandyschloss   | 1   | BL  | 57990 | Bockenburg   |
| Brandyschloss   | 1   | BL  | 57990 | Bockenburg   |
| Brandyschloss   | 1   | BL  | 57990 | Bockenburg   |
| Brandyschloss   | 1a  | BL  | 57990 | Bockenburg   |
| Brandyschloss   | 1a  | BL  | 57990 | Bockenburg   |
| Brandyschloss   | 1a  | BL  | 57990 | Bockenburg   |
| Brandyschloss   | 1a  | BL  | 57990 | Bockenburg   |
| Brandyschloss   | 1a  | BL  | 57990 | Bockenburg   |
| Brandyschloss   | 1a  | BL  | 57990 | Bockenburg   |
| Bocklandstraße  | 4   | BL  | 57996 | Krickloch    |
| Maggots Weg     | 2   | BL  | 57980 | Maggots Hof  |
| Stockstraße     | 1   | AL  | 45689 | Buckelstadt  |
| Hochstrasse     | 4a  | DE  | 44879 | Bochum       |
| Industriegebiet | 8   | DE  | 44878 | Bochum       |
| Industriegebiet | 8   | DE  | 44878 | Bochum       |
+-----------------+-----+-----+-------+--------------+
```

Welche Bedeutung haben die Optionen DISTINCT und ALL?

Es gibt folgende Szenarien, die der UNION hauptsächlich abarbeitet:

1. Zwischen zwei Tabellen bestehen zwei Verknüpfungen. Denken Sie beispielsweise an die Tabellen verein und spielpaarung. In der Tabelle spielpaarung würde mit zwei Fremdschlüsseln auf die Tabelle verein verwiesen werden: heimmannschaft und gastmannschaft. Möchte ich jetzt wissen, wie viele Tore eine Mannschaft geschossen hat, wird ein Teil des UNION über die heimmannschaft und der zweite über die gastmannschaft sein[1].

2. Eine Tabelle wird über den gleichen Primärschlüssel mit zwei verschiedenen Tabellen verknüpft. Das ist das Szenario, was wir oben beschrieben haben. Die Tabelle adresse wird einmal mit lieferant und einmal mit kunde verknüpft.

3. Tabellen werden aufgeteilt, aber es werden Auswertungen über alle Daten benötigt. Eine Analyse der Datenzugriffe könnte ergeben, dass bestimmte Datensätze über einen Zeitraum von einem Monat oft und danach nur noch selten verwendet werden. Es ist sinnvoll, diese Tabelle – besonders, wenn sie groß und performancerelevant ist – in mehrere Tabellen aufzuteilen. In der einen stehen die Daten mit häufigem Zugriff und in der

---

[1] Das Aufsummieren der Tore selbst erfolgt über SUM(). Mehr dazu in Abschnitt 12.1 auf Seite 207.

anderen die mit seltenem. Für Auswertungen müssen diese Tabellen wieder vereinigt werden. Eine temporäre Tabelle oder ein UNION wäre dann eine gute Wahl.

4. Hinzufügen von *dummy*-Zeilen z.B. für Listboxen auf der Oberfläche. Oft werden die Inhalte einer Listbox direkt aus einer Tabelle ermittelt. Denken Sie beispielsweise an unsere Kundenart oder die Bankleitzahl. Ein SELECT DISTINCT mit ORDER BY, und schon hat man alle verwendbaren Alternativen. Die Vorbelegung der Listbox soll aber ein Text wie `Bitte auswählen!` sein. Diesen Text müsste man mit einem UNION dem eigentlichen SELECT anfügen.

Hinweis: Sie müssen darauf achten, dass beide SELECTs des UNIONs die gleichen Spalten in der gleichen Reihenfolge zurückliefern. Wenn dies nicht der Fall ist, erhält man meistens diese Fehlermeldung:

```
ERROR 1222 (21000):
  The used SELECT statements have a different number of columns
```

■ 14.2 Die Schnittmenge

Manchmal braucht man die Zeilen, die auch in einer anderen Tabelle vorkommen. Man nennt dies die Schnittmenge zweier Tabellen. MySQL und MariaDB kennen keinen entsprechenden Operator, aber man kann das Verhalten mit einer Unterabfrage emulieren.

14.2.1 Mit INTERSECT

SQL3
SELECT *auswahl*
[INTERSECT [ALL]
SELECT *auswahl*]*
;

Ich möchte Folgendes wissen: Welche Kunden haben sowohl 2011 als auch 2012 eine Rechnung erhalten (Beispiel in PostgreSQL ausgeführt)?

```
 1  oshop=# SELECT kunde_id FROM rechnung
 2  oshop-#   WHERE EXTRACT(ISOYEAR FROM datum) = '2011'
 3  oshop-# INTERSECT
 4  oshop-# SELECT kunde_id FROM rechnung
 5  oshop-#   WHERE EXTRACT(ISOYEAR FROM datum) = '2012'
 6  oshop-# ;
 7
 8   kunde_id
 9  ----------
10          1
11  (1 Zeile)
```

Wie bei UNION werden Dubletten hier unterdrückt. Mit INTERSECT ALL würden ggf. vorhandene Dubletten ausgegeben werden. Die Anforderungen an die einzelnen SELECTs sind wie bei einem UNION. Alle SELECTs müssen die gleiche Anzahl von Spalten mit den gleichen Reihenfolgen von Datentypen haben.

14.2.2 Mit Unterabfragen

In MySQL und MariaDB muss dies mittels einer Unterabfrage emuliert werden.

Schritt 1 – Unterabfrage ermitteln: Wir brauchen alle Kundennummern, die im Jahr 2011 eine Rechnung hatten:

Natürlich haben Sie sofort und im Kopf folgende Lösung gebaut:

```
1  SELECT kunde_id
2    FROM rechnung
3    WHERE YEAR(datum) = '2011' AND YEAR(datum) = '2012';
```

Aufgabe 14.2: Warum ist das keine Lösung, auch nicht mit OR? Verwenden Sie die Definition 33 auf Seite 136.

Nein, wir brauchen Mengenoperationen, daher also Schritt 1:

```
1  SELECT kunde_id FROM rechnung WHERE YEAR(datum) = '2011';
```

Schritt 2 – Bau der Oberanweisung ohne Unterabfrage: Die sieht fast gleich aus. Nur dass hier mit AND das *Enthaltensein* in einer Liste verknüpft wird. Die Werte 1, 2, 3 sind hier nur willkürlich, um den Befehl ausprobieren zu können.

Ein weiterer Punkt ist das DISTINCT. Es verhindert die Mehrfachausgabe von Kundennummern, schließlich könnte ein Kunde ja mehrfach in beiden Jahren etwas gekauft haben.

```
1  SELECT DISTINCT kunde_id
2    FROM rechnung
3    WHERE YEAR(datum) = '2012' AND kunde_id IN (1, 2, 3);
```

Schritt 3 – Einbau der Unterabfrage in die Oberanweisung: In das Klammerpaar von IN() wird jetzt die Unterabfrage eingebaut.

```
 1  mysql> SELECT DISTINCT kunde_id
 2      ->   FROM rechnung
 3      ->   WHERE
 4      ->     YEAR(datum) = '2012' AND kunde_id IN
 5      ->     (
 6      ->       SELECT kunde_id FROM rechnung WHERE YEAR(datum) = '2011'
 7      ->     )
 8      -> ;
 9  +----------+
10  | kunde_id |
11  +----------+
12  |        1 |
13  +----------+
```

In Bild 14.1 auf der nächsten Seite ist der Umbau grafisch dargestellt.

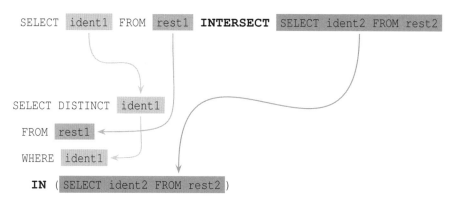

Bild 14.1 Umbau von INTERSECT in MySQL und MariaDB

Aufgabe 14.3: Was muss man hier weglassen, um einen INTERSECT ALL zu emulieren?

Aufgabe 14.4: Ermitteln Sie alle Adressen, die sowohl Rechnungs- als Lieferadresse sind.

■ 14.3 Die Differenzmenge

Die Zeilen, die in einer, aber nicht in einer anderen Tabelle vorkommen, nennt man die Differenzmenge zweier Tabellen. MySQL und MariaDB kennen keinen entsprechenden Operator, aber man kann das Verhalten mit einer Unterabfrage emulieren.

Anders als bei der Vereinigung oder dem Durchschnitt zweier Tabellen ist hier die Reihenfolge der Tabellen wichtig. Es ist ein Unterschied, ob Sie den Inhalt der Tabelle A von der der Tabelle B abziehen oder umgekehrt. Ziehen Sie von allen Hauptstädten der Welt die europäischen ab, erhalten Sie alle außereuropäischen Hauptstädte. Ziehen von allen europäischen Hauptstädten alle Hauptstädte der Welt ab, erhalten Sie eine leere Menge!

14.3.1 Mit EXCEPT

SQL3
SELECT *auswahl*
[EXCEPT [ALL]
SELECT *auswahl*]*
;

Ich möchte Folgendes wissen: Welche Adressen sind keine Lieferadressen (Beispiel in PostgreSQL ausgeführt)?

```
1  oshop=# SELECT strasse, hnr, lkz, plz, ort  FROM adresse
2  oshop-# EXCEPT
3  oshop-# SELECT strasse, hnr, lkz, plz, ort
4  oshop-#  FROM kunde INNER JOIN adresse ON liefer_adresse_id = adresse_id
5  oshop-# ;
6       strasse       | hnr | lkz |    plz    |     ort
7  ------------------+-----+-----+-----------+--------------
8   Hochstrasse      | 4a  | DE  | 44879     | Bochum
9   Stockstraße      | 1   | AL  | 45689     | Buckelstadt
10  Industriegebiet  | 8   | DE  | 44878     | Bochum
11  Brandyschloss    | 1   | BL  | 57990     | Bockenburg
12  Auf der Feste    | 1   | GO  | 54786     | Minas Tirith
13  Bocklandstraße   | 4   | BL  | 57996     | Krickloch
14  Baradur          | 1   | MO  | 62519     | Lugburz
15  Brandyschloss    | 1a  | BL  | 57990     | Bockenburg
16  Beutelhaldenweg  | 5   | AL  | 67676     | Hobbingen
17  Maggots Weg      | 2   | BL  | 57980     | Maggots Hof
18  Letztes Haus     | 4   | ER  | 87567     | Bruchtal
19 (11 Zeilen)
```

Bitte beachten Sie, dass der `Beutelhaldenweg 1` fehlt.

Wie bei `UNION` werden Dubletten hier unterdrückt. Mit `EXCEPT ALL` würden ggf. vorhandene Dubletten ausgegeben werden. Die Anforderungen an die einzelnen `SELECT`s ist wie bei einem `UNION`. Alle `SELECT`s müssen die gleiche Anzahl von Spalten mit den gleichen Reihenfolgen von Datentypen haben.

14.3.2 Mit Unterabfragen

Auch den fehlenden `EXCEPT` kann man in MySQL und MariaDB emulieren. Als Beispiel wollen wir alle Neukunden des Jahres 2012.

Schritt 1 – Unterabfrage ermitteln: Wir brauchen alle Kundennummern, die im Jahr 2011 eine Rechnung hatten:

Natürlich haben Sie wieder sofort und im Kopf folgende Lösung gebaut:

```
1  SELECT kunde_id
2   FROM rechnung
3   WHERE YEAR(datum) <> '2011' AND YEAR(datum) = '2012';
```

Aufgabe 14.5: Warum ist das keine Lösung, auch nicht mit `OR`? Verwenden Sie die Definition 33 auf Seite 136.

Nein, wir brauchen schon eine Mengenoperationen, daher also Schritt 1:

```
1  SELECT kunde_id FROM rechnung WHERE YEAR(datum) = '2011';
```

Schritt 2 – Bau der Oberanweisung ohne Unterabfrage: Die sieht fast gleich aus wie beim `INTERSECT`. Der einzige Unterschied ist das `NOT` vor dem `IN`:

```
1  SELECT DISTINCT kunde_id
2   FROM rechnung
3   WHERE
4    YEAR(datum) = '2012' AND kunde_id NOT IN (1, 2, 3);
```

Schritt 3 – Einbau der Unterabfrage in die Oberanweisung: Wie beim INTERSECT wird die Unterabfrage in die Klammerung des IN() eingefügt.

```
 1  mysql> SELECT DISTINCT kunde_id
 2      ->   FROM rechnung
 3      ->   WHERE
 4      ->     YEAR(datum) = '2012' AND kunde_id NOT IN
 5      ->     (
 6      ->       SELECT kunde_id FROM rechnung WHERE YEAR(datum) = '2011'
 7      ->     )
 8      -> ;
 9  +----------+
10  | kunde_id |
11  +----------+
12  |        2 |
13  |        3 |
14  |        5 |
15  +----------+
```

In Bild 14.2 ist der Umbau grafisch dargestellt.

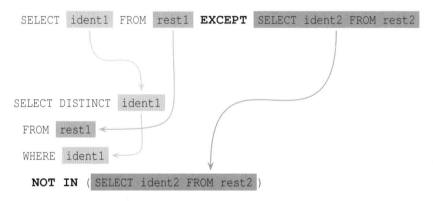

Bild 14.2 Umbau von EXCEPT in MySQL und MariaDB

  Aufgabe 14.6: Was muss man hier weglassen, um den Befehl EXCEPT ALL zu emulieren?

■ 14.4   UNION, INTERSECT und EXCEPT ... versteh' ich nicht!

Ich werde nach einer formalen Definition versuchen, anhand einer Grafik die jeweilige Operation zu verdeutlichen.

Definition 51: UNION
Die Menge aller Zeilen $z \in U$ nennt man *UNION* oder *Vereinigung* von A und B, wenn Folgendes gilt: $U = \{z | z \in A \vee z \in B\}$. Kurzschreibweise: $U = A \cup B$

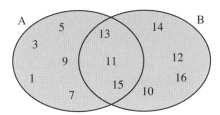

Die Vereinigung liefert mir also alle Zeilen, egal aus welcher Tabelle sie stammen, zurück. In unserem Beispiel wäre $U = \{1, 3, 5, 7, 9, 10, 11, 12, 13, 14, 15, 16\}$. Bei einer Vereinigung kann es vorkommen, dass es Zeilen gibt, die sowohl in der Tabelle A als auch in der Tabelle B enthalten sind. Mit der Option `ALL` werden diese Zeilen mehrfach ausgegeben, ansonsten nicht.

Wenn wir uns jetzt noch einmal die Ergebnisse von Seite 245ff. anschauen, dann sind dies immer alle Zeilen, die durch die `SELECT`s vor und nach dem `UNION` erzeugt wurden.

Definition 52: INTERSECT
Die Menge aller Zeilen $z \in I$ nennt man *INTERSECT* oder *Schnittmenge* von A und B, wenn Folgendes gilt: $I = \{z | z \in A \wedge z \in B\}$. Kurzschreibweise: $I = A \cap B$

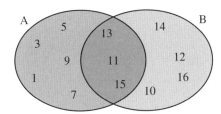

Die Schnittmenge liefert mir nur die Zeilen, die sowohl in der Tabelle A als auch in der Tabelle B vorkommen. In unserem Beispiel wäre $I = \{11, 13, 15\}$. Auch hier können mehrere Zeilen in beiden Tabellen vorkommen. Die Option `ALL` liefert jede Zeile ggf. mehrfach.

Wenn wir uns das Ergebnis auf Seite 248ff. anschauen, kommt dort nur die Zeile vor, die sowohl vor dem `INTERSECT` als auch danach durch die `SELECT`s erzeugt wurde.

Definition 53: EXCEPT
Die Menge aller Zeilen $z \in E$ nennt man *EXCEPT* oder *Differenzmenge* von A ohne B, wenn Folgendes gilt: $E = \{z | z \in A \wedge z \notin B\}$. Kurzschreibweise: $E = A \setminus B$

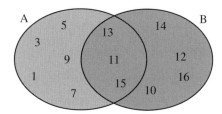

Die Differenzmenge liefert mir nur die Zeilen, die in der Tabelle A, aber nicht in der Tabelle B vorkommen. In unserem Beispiel wäre $E = \{1, 3, 5, 7, 9\}$. Auch hier können mehrere Zeilen in Tabelle A vorkommen. Die Option ALL liefert jede Zeile ggf. mehrfach.

Auf den Seiten 250ff. werden nur die Zeilen ausgegeben, die ausschließlich durch das SELECT vor dem INTERSECT ermittelt wurden.

 Hinweis: Anders als bei UNION und INTERSECT ist die Reihenfolge hier bedeutsam:
$E_1 = A \setminus B = \{1, 3, 4, 7, 9\}$, aber $E_2 = B \setminus A = \{10, 12, 14, 16\}$

Zur Beruhigung möchte ich anmerken, dass der UNION häufiger vorkommt, aber INTERSECT und EXCEPT relativ selten. Natürlich kommt es auf die Anwendung an, aber für *stinknormale* Geschäftsprozesse und Auswertungen braucht man sie fast nie.

15 Bedingungslogik

Fallunterscheidungen fallen einem nur von Fall zu Fall ein!

- Vertiefendes
  - Problem und Lösung
  - CASE mit Test auf Gleichheit
  - CASE mit beliebigen Bedingungen

Die Quelltexte des Kapitels stehen in den Dateien mysql/listing12.sql und pg/listing12.sql.

15.1 Warum ein CASE?

Wir haben zwei Kundenarten: Geschäftskunden und Privatkunden. Diese Information ist in einem ENUM der Tabelle kunde abgelegt:

```
 1  mysql> SELECT kunde_id, nachname, vorname, art FROM kunde;
 2  +----------+--------------+------------+------+
 3  | kunde_id | nachname     | vorname    | art  |
 4  +----------+--------------+------------+------+
 5  |        1 | Gamdschie    | Samweis    | prv  |
 6  |        2 | Beutlin      | Frodo      | prv  |
 7  |        3 | Beutlin      | Bilbo      | prv  |
 8  |        4 | Telcontar    | Elessar    | prv  |
 9  |        5 | Earendilionn | Elrond     | gsch |
10  |        6 | Eichenschild | Thorin     | unb  |
11  [...]
12  |       22 | Tuk          | Peregrin   | unb  |
13  +----------+--------------+------------+------+
14  22 rows in set (0.00 sec)
```

Die abkürzende Schreibweise des ENUM ist nicht selbsterklärend oder präsentabel. Wir wollen, dass die Wörter Privatkunde, Geschäftskunde und Unbekannt ausgegeben werden. Eine Möglichkeit wäre die Anlage einer temporären Tabelle und einer Verknüpfung:

```
mysql> CREATE TEMPORARY TABLE tmp_art
    -> (
    ->   art VARCHAR(255),
    ->   k_art VARCHAR(255)
    -> );

mysql> INSERT INTO tmp_art
    -> VALUES
    ->    ('prv', 'Privatkunde')
    ->   ,('gsch', 'Geschäftskunde')
    ->   ,('unb', 'Unbekannt');

mysql> SELECT kunde_id, nachname, vorname, k_art
    -> FROM
    ->   kunde INNER JOIN tmp_art USING(art);

+----------+---------------+-------------+-----------------+
| kunde_id | nachname      | vorname     | k_art           |
+----------+---------------+-------------+-----------------+
|        1 | Gamdschie     | Samweis     | Privatkunde     |
|        2 | Beutlin       | Frodo       | Privatkunde     |
|        3 | Beutlin       | Bilbo       | Privatkunde     |
|        4 | Telcontar     | Elessar     | Privatkunde     |
|        5 | Earendilionn  | Elrond      | Geschäftskunde  |
|        6 | Eichenschild  | Thorin      | Unbekannt       |
[...]
|       22 | Tuk           | Peregrin    | Unbekannt       |
+----------+---------------+-------------+-----------------+
22 rows in set (0.00 sec)
```

Klappt ja prima, aber geht das nicht einfacher? Klar – mit vielen UNIONs und einer schönen Unterabfrage:

```
mysql> SELECT kunde_id, nachname, vorname, k_art
    -> FROM
    ->   kunde INNER JOIN
    ->   (
    ->     SELECT 'prv' AS art, 'Privatkunde' AS k_art
    ->     UNION
    ->     SELECT 'gsch' AS art, 'Geschäftskunde' AS k_art
    ->     UNION
    ->     SELECT 'unb' AS art, 'Unbekannt' AS k_art
    ->   ) t
    ->   USING(art)
    -> ;

+----------+---------------+-------------+-----------------+
| kunde_id | nachname      | vorname     | k_art           |
+----------+---------------+-------------+-----------------+
|        1 | Gamdschie     | Samweis     | Privatkunde     |
|        2 | Beutlin       | Frodo       | Privatkunde     |
|        3 | Beutlin       | Bilbo       | Privatkunde     |
|        4 | Telcontar     | Elessar     | Privatkunde     |
|        5 | Earendilionn  | Elrond      | Geschäftskunde  |
|        6 | Eichenschild  | Thorin      | Unbekannt       |
[...]
|       22 | Tuk           | Peregrin    | Unbekannt       |
+----------+---------------+-------------+-----------------+
22 rows in set (0.01 sec)
```

Warum soll das einfacher sein? Es muss keine temporäre Tabelle angelegt werden. Auch der separate `INSERT INTO` entfällt. Die Unterabfrage in den Zeilen 4 bis 10 erzeugt durch `UNION` eine *temporäre Tabelle*, die durch die Vergabe der Spaltenalias auch spaltenweise angesprochen werden kann. Der `INNER JOIN` verwendet hier kein Primär-/Fremdschlüsselpaar, sondern die Textgleichheit in der Spalte `art`.

Sie glauben, das war's? Nö ... :

```
 1  mysql> SELECT kunde_id, nachname, vorname,
 2      ->   CASE art
 3      ->     WHEN 'prv'  THEN 'Privatkunde'
 4      ->     WHEN 'gsch' THEN 'Geschäftskunde'
 5      ->     ELSE 'Unbekannt'
 6      ->   END AS k_art
 7      -> FROM
 8      ->   kunde
 9      -> ;
10  +----------+--------------+------------+-----------------+
11  | kunde_id | nachname     | vorname    | k_art           |
12  +----------+--------------+------------+-----------------+
13  |        1 | Gamdschie    | Samweis    | Privatkunde     |
14  |        2 | Beutlin      | Frodo      | Privatkunde     |
15  |        3 | Beutlin      | Bilbo      | Privatkunde     |
16  |        4 | Telcontar    | Elessar    | Privatkunde     |
17  |        5 | Earendilionn | Elrond     | Geschäftskunde  |
18  |        6 | Eichenschild | Thorin     | Unbekannt       |
19  [...]
20  |       22 | Tuk          | Peregrin   | Unbekannt       |
21  +----------+--------------+------------+-----------------+
22  22 rows in set (0.01 sec)
```

In Zeile 2 beginnt eine Fallunterscheidung. Der Inhalt der Spalte `art` wird untersucht, indem er mit einer Textkonstanten verglichen wird. Trifft der Vergleich zu, wird dieser Teil ausgeführt. Trifft keine der Bedingungen zu, wird der `ELSE` in Zeile 5 ausgeführt. Es ist guter Programmierstil, immer einen `ELSE` zu haben, damit die Abfrage robust gegenüber unbekannten Situationen ist.

15.2 Einfacher CASE

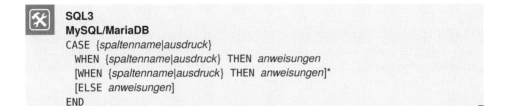

SQL3
MySQL/MariaDB
CASE {*spaltenname|ausdruck*}
  WHEN {*spaltenname|ausdruck*} THEN *anweisungen*
  [WHEN {*spaltenname|ausdruck*} THEN *anweisungen*]*
  [ELSE *anweisungen*]
END

Der {*spaltenname|ausdruck*} hinter dem `CASE` wird immer auf Gleichheit mit dem {*spaltenname|ausdruck*} hinter dem `WHEN` getestet. Unser einführendes Beispiel ist somit ein einfacher `CASE`. Die Spalte `art` wird auf Gleichheit mit der Textkonstanten getestet.

Die Ausgabe der Währungen soll durch das Währungssymbol ersetzt werden:

```
mysql> SELECT artikel_id, bezeichnung,
    ->   CASE waehrung
    ->     WHEN 'EUR' THEN CONCAT(FORMAT(einzelpreis, 2, 'de_DE'),' €')
    ->     WHEN 'USD' THEN CONCAT(FORMAT(einzelpreis, 2, 'de_DE'),' $')
    ->     ELSE '?????'
    ->   END AS preis
    -> FROM artikel
    -> ;
+------------+----------------+----------+
| artikel_id | bezeichnung    | preis    |
+------------+----------------+----------+
|       3001 | Papier (100)   | 2,32 €   |
|       3005 | Tinte (gold)   | 56,26 €  |
|       3006 | Tinte (rot)    | 6,26 €   |
|       3007 | Tinte (blau)   | 4,17 €   |
|       3010 | Feder          | 5,05 €   |
|       7856 | Silberzwiebel  | 0,52 €   |
|       7863 | Tulpenzwiebel  | 3,42 €   |
|       9010 | Schaufel       | 15,10 $  |
|       9015 | Spaten         | 20,10 €  |
+------------+----------------+----------+
```

Die Funktion FORMAT() bastelt mir den Preis ein wenig nach meinem Geschmack um. Der erste Parameter ist die zu formatierende Zahl. Der zweite Parameter gibt die Anzahl der Nachkommastellen an, und der dritte optionale Parameter formatiert Länderspezifisches, und zwar hier das Komma anstelle des Punkts.

Auch bei diesem Beispiel habe ich ein ELSE eingebaut. Was würde eigentlich passieren, wenn es kein solches ELSE gäbe, aber kein passender Eintrag gefunden wird? Probieren wir es aus:

```
mysql> UPDATE artikel SET waehrung = 'XYZ' WHERE artikel_id = 3001;

mysql> SELECT artikel_id, bezeichnung,
    ->   CASE waehrung
    ->     WHEN 'EUR' THEN CONCAT(FORMAT(einzelpreis, 2, 'de_DE'),' €')
    ->     WHEN 'USD' THEN CONCAT(FORMAT(einzelpreis, 2, 'de_DE'),' $')
    ->   END AS preis
    -> FROM artikel ;
+------------+------------------+----------+
| artikel_id | bezeichnung      | preis    |
+------------+------------------+----------+
|       3001 | Papier (100)     | NULL     |
[...]
+------------+------------------+----------+
```

Was hätte auch sonst dort stehen sollen? Einzige Alternative wäre eine Fehlermeldung gewesen. Das Problem ist aber nun, dass es nicht mehr unterscheidbar ist, ob hier schon vorher NULL stand oder nicht. Es ist deshalb immer besser, über das ELSE ein unmissverständliches Signal abzusetzen: *Hier stimmt etwas nicht!*

15.3 SEARCHED CASE

> **SQL3**
> **MySQL**
> CASE
>   WHEN *bedingung* THEN *anweisungen*
>   [WHEN *bedingung* THEN *anweisungen*]*
>   [ELSE *anweisungen*]
> END

Der Unterschied in der Syntax ist nicht so groß, aber die dadurch entstehenden Möglichkeiten. Hinter dem CASE steht nichts. Stattdessen ist die gesamte Abfrage in die *bedingung* hinter dem WHEN verlagert worden. Die Bedingung kann nun beliebig kompliziert sein. Sie kann sogar eigene Unterabfragen enthalten.

Aber erst einmal langsam; wir fangen mit einem einfachen Beispiel an. Wir wollen wissen, ob ein Eintrag in der Tabelle beitrag eine Antwort ist oder nicht.

```
mysql> SELECT beitrag_id,
    ->   CASE
    ->     WHEN bezug_beitrag_id > 1 THEN 'Antwort'
    ->     WHEN bezug_beitrag_id <= 1 THEN 'Keine Antwort'
    ->     ELSE '??????'
    ->   END AS Typ
    -> FROM beitrag
    -> ORDER BY beitrag_id
    -> ;
+------------+---------------+
| beitrag_id | Typ           |
+------------+---------------+
|          1 | Keine Antwort |
|          2 | Keine Antwort |
|          3 | Antwort       |
|          4 | Antwort       |
|          5 | Antwort       |
|          6 | Keine Antwort |
+------------+---------------+
```

Hinter dem CASE fehlt ein Spaltenname oder ein Ausdruck (Zeile 2). Hinter dem WHEN wird als Ersatz für den Test auf Gleichheit eine komplette Bedingung angegeben (Zeile 3).

Jetzt wollen wir das Ganze etwas erweitern. Wir wollen die Nachrichten sehen, und falls es sich um eine Antwort handelt, soll der referenzierte Beitrag angegeben werden. Eine Sonderstellung hat der Beitrag 1. Er dient als Dummy-Referenz für Beiträge, die keine Antworten sind.

```
mysql> SELECT beitrag_id,
    ->   CASE
    ->     WHEN bezug_beitrag_id > 1
    ->     THEN CONCAT(nachricht, ' Antwort auf ', bezug_beitrag_id, ': >',
    ->       (
    ->         SELECT nachricht
    ->         FROM beitrag b2
    ->         WHERE b2.beitrag_id = b1.bezug_beitrag_id
    ->       )
    ->            ) -- Ende CONCAT
```

```
11  ->    WHEN bezug_beitrag_id <= 1 THEN nachricht
12  ->    ELSE '??????'
13  ->  END AS Inhalt
14  ->  FROM beitrag b1
15  ->  WHERE beitrag_id > 1
16  -> ;
17  +------------+-----------------------------------------------------[...]-+
18  | beitrag_id | Inhalt                                                    |
19  +------------+-----------------------------------------------------[...]-+
20  |          2 | Der Lieferservice ist super.                              |
21  |          3 | Das finde ich auch. Antwort auf 2: >Der Lieferserv[...]  |
22  |          4 | Aber ein wenig langsam. Antwort auf 2: >Der Liefer[...]  |
23  |          5 | Finde ich nicht. Antwort auf 4: >Aber ein wenig la[...]  |
24  |          6 | Angebot könnte besser sein.                               |
25  +------------+-----------------------------------------------------[...]-+
```

In Zeile 15 wird der Beitrag 1 ausgefiltert. Der erste Fall in Zeile 4 tritt ein, wenn der Datensatz eine Antwort ist. In der entsprechenden Unterabfrage wird die Nachricht ermittelt, auf die geantwortet wurde. Der zweite Fall in Zeile 11 gibt mir nur den Nachrichtentext der aktuellen Nachricht aus, da er keine Antwort auf irgendeinen anderen Beitrag ist.

Dadurch, dass jeder Fall seine eigene Bedingung hat, kann es vorkommen, dass für mehr als ein WHEN die Bedingung wahr wird. Man stelle sich zum Beispiel vor, dass zweimal die gleiche Bedingung da steht. Stellt sich doch die Frage: Werden dann beide Fälle ausgeführt oder nur der erste?

```
1  SELECT beitrag_id,
2    CASE
3      WHEN bezug_beitrag_id >= 0 THEN 'Antwort'
4      WHEN bezug_beitrag_id >= 1 THEN 'Keine Antwort'
5      ELSE '??????'
6    END AS Typ
7  FROM beitrag
8  ORDER BY beitrag_id
9  ;
```

 Aufgabe 15.1: Überlegen Sie sich vorher, was für eine Ausgabe Sie erwarten. Wie sieht die Ausgabe aus, wenn nach der ersten Bedingung, die TRUE ist, die Fallunterscheidung abbricht, und wie sieht die Ausgabe aus, wenn jede Bedingung geprüft wird?

Der SELECT erzeugt folgende Ausgabe:

```
1   +------------+---------+
2   | beitrag_id | Typ     |
3   +------------+---------+
4   |          1 | Antwort |
5   |          2 | Antwort |
6   |          3 | Antwort |
7   |          4 | Antwort |
8   |          5 | Antwort |
9   |          6 | Antwort |
10  +------------+---------+
```

Bitte denken Sie darüber nach, welche Aufgabe der CASE hat. Der Inhalt *einer* Spaltenausgabe soll festgelegt werden. Würde er *jede* Bedingung, die wahr ist, ausführen, hätte er mehr als einen Inhalt für eine Spalte. Das ist nicht nur fachlich bedenklich, sondern auch nicht in Tabellenform darstellbar.

 Hinweis: Die Fallunterscheidung bricht mit der ersten Bedingung ab, die das Ergebnis TRUE hat.

15.4 Fallbeispiele

15.4.1 Lagerbestand überprüfen

Für jeden Artikel soll ausgegeben werden, ob noch genügend davon im Lager vorhanden ist. Zuerst ein Blick ins Lager:

```
mysql> SELECT * FROM lagerbestand;
+------------+---------------+---------------+---------+
| artikel_id | menge_mindest | menge_aktuell | deleted |
+------------+---------------+---------------+---------+
|       3001 |   1000.000000 |   5000.000000 |       0 |
|       3005 |    200.000000 |    250.000000 |       0 |
|       3006 |    200.000000 |    250.000000 |       0 |
|       3007 |    200.000000 |    149.000000 |       0 |
|       3010 |    100.000000 |      3.000000 |       0 |
|       7856 |    100.000000 |    500.000000 |       0 |
|       7863 |    100.000000 |    400.000000 |       0 |
|       9010 |     10.000000 |     30.000000 |       0 |
|       9015 |     10.000000 |     25.000000 |       0 |
+------------+---------------+---------------+---------+
```

Die Artikelbezeichnung werden wir über einen `INNER JOIN` zur Tabelle `artikel` ermitteln müssen. Ob der Lagerbestand ausreicht, kann anhand der Mengenspalten ermittelt werden. Ist die aktuelle Menge kleiner oder gleich der Mindestmenge, dann muss der Artikel nachbestellt werden, ansonsten nicht.

```
mysql> SELECT a.bezeichnung,
    ->   CASE
    ->     WHEN l.menge_aktuell <= l.menge_mindest
    ->       THEN 'Artikel nachbestellen'
    ->       ELSE 'Bestand ausreichend'
    ->   END AS lagerstand
    -> FROM lagerbestand l INNER JOIN artikel a USING(artikel_id)
    -> ORDER BY l.menge_aktuell / l.menge_mindest
    -> ;
+---------------+-----------------------+
| bezeichnung   | lagerstand            |
+---------------+-----------------------+
| Feder         | Artikel nachbestellen |
| Tinte (blau)  | Artikel nachbestellen |
| Tinte (gold)  | Bestand ausreichend   |
| Tinte (rot)   | Bestand ausreichend   |
| Spaten        | Bestand ausreichend   |
| Schaufel      | Bestand ausreichend   |
| Tulpenzwiebel | Bestand ausreichend   |
```

```
20 | Papier (100)   | Bestand ausreichend |
21 | Silberzwiebel  | Bestand ausreichend |
22 +----------------+---------------------+
```

Die Sortierung hat sich am Bedarf orientiert. Der Artikel, der am meisten die Mindestmenge unterschreitet, steht oben.

15.4.2 Kundengruppen ermitteln

Wir wollen unseren Kunden unterschiedliche Rabatte einräumen. Wer weniger als zwei Rechnungen hat, gilt als *Kleinkunde*, wer drei hat, als *Guter Kunde* und wer mehr als drei hat, als *Premiumkunde*.

```
 1  mysql> SELECT DISTINCT k.kunde_id, k.nachname, k.vorname,
 2      ->    CASE
 3      ->      WHEN 3 <
 4      ->      (
 5      ->        SELECT COUNT(rechnung_id) FROM rechnung r
 6      ->        WHERE r.kunde_id = k.kunde_id
 7      ->      ) THEN 'Premiumkunde'
 8      ->      WHEN 2 <
 9      ->      (
10      ->        SELECT COUNT(rechnung_id) FROM rechnung r
11      ->        WHERE r.kunde_id = k.kunde_id
12      ->      ) THEN 'Guter Kunde'
13      ->      ELSE 'Kleinkunde'
14      ->    END kundenart
15      ->  FROM
16      ->    rechnung r RIGHT OUTER JOIN kunde k USING(kunde_id)
17      ->  ;
18  +-----------+--------------+-------------+--------------+
19  | kunde_id  | nachname     | vorname     | kundenart    |
20  +-----------+--------------+-------------+--------------+
21  |        3  | Beutlin      | Bilbo       | Kleinkunde   |
22  |        2  | Beutlin      | Frodo       | Kleinkunde   |
23  |       12  | Bolger       | Adaldrida   | Kleinkunde   |
24  |       13  | Brandybock   | Gorbadoc    | Kleinkunde   |
25  |        7  | Brandybock   | Gormadoc    | Kleinkunde   |
26  |        9  | Brandybock   | Madoc       | Kleinkunde   |
27  |       11  | Brandybock   | Marmamadoc  | Kleinkunde   |
28  |       19  | Brandybock   | Meriadoc    | Kleinkunde   |
29  |       20  | Brandybock   | Merimac     | Kleinkunde   |
30  |       15  | Brandybock   | Rorimac     | Kleinkunde   |
31  |       17  | Brandybock   | Saradoc     | Kleinkunde   |
32  |        5  | Earendilionn | Elrond      | Guter Kunde  |
33  |        6  | Eichenschild | Thorin      | Kleinkunde   |
34  |        1  | Gamdschie    | Samweis     | Premiumkunde |
35  |       10  | Goldwert     | Hanna       | Kleinkunde   |
36  |       16  | Guld         | Menegilda   | Kleinkunde   |
37  |       21  | Lochner      | Rufus       | Kleinkunde   |
38  |        8  | Starrkopf    | Malva       | Kleinkunde   |
39  |        4  | Telcontar    | Elessar     | Kleinkunde   |
40  |       18  | Tuk          | Esmeralda   | Kleinkunde   |
41  |       14  | Tuk          | Mirabella   | Kleinkunde   |
42  |       22  | Tuk          | Peregrin    | Kleinkunde   |
43  +-----------+--------------+-------------+--------------+
```

Aufgabe 15.2: Sind die beiden Unterabfragen in den Zeilen 4 und 9 korrelierende oder nicht korrelierende Unterabfragen?

Die Unterabfragen ermitteln die Anzahl der Rechnungen, die ein Kunde hat. Da es sich um eine skalare Unterabfrage handelt, kann das Ergebnis direkt mit einer Zahl verglichen werden. Falls keine der beiden Bedingungen zutrifft, muss es sich um einen Kleinkunden handeln.

Aufgabe 15.3: Warum wird hier ein RIGHT OUTER JOIN verwendet? Was will ich damit erreichen?

Wenn man so recht darüber nachdenkt, ist eine Kategorisierung nach den Rechnungsbeträgen sinnvoller, als nach der Anzahl der Rechnungen zu gehen.

```
 1  mysql> SELECT k.kunde_id, k.nachname, k.vorname,
 2      ->     (
 3      ->      SELECT SUM(a.einzelpreis * rp.menge)
 4      ->      FROM rechnung r INNER JOIN rechnung_position rp
 5      ->                 USING (rechnung_id)
 6      ->                 INNER JOIN artikel a
 7      ->                 USING (artikel_id)
 8      ->      WHERE r.kunde_id = k.kunde_id
 9      ->     ) rechnungswert,
10      ->     CASE
11      ->     WHEN
12      ->       kunde_id NOT IN (SELECT kunde_id FROM rechnung)
13      ->         THEN 'Kleinkunde'
14      ->     WHEN
15      ->     (
16      ->      SELECT SUM(a.einzelpreis * rp.menge) rechnungswert
17      ->      FROM rechnung r  INNER JOIN rechnung_position rp
18      ->                 USING (rechnung_id)
19      ->                 INNER JOIN artikel a
20      ->                 USING (artikel_id)
21      ->      WHERE r.kunde_id = k.kunde_id
22      ->     ) BETWEEN 0 AND 300 THEN 'Kleinkunde'
23      ->     WHEN
24      ->     (
25      ->      SELECT SUM(a.einzelpreis * rp.menge) rechnungswert
26      ->      FROM rechnung r INNER JOIN rechnung_position rp
27      ->                 USING (rechnung_id)
28      ->                 INNER JOIN artikel a
29      ->                 USING (artikel_id)
30      ->      WHERE r.kunde_id = k.kunde_id
31      ->     ) BETWEEN 300 AND  1000 THEN 'Guter Kunde'
32      ->     ELSE 'Prämiumkunde'
33      ->     END AS kundenart
34      -> FROM kunde k
35      -> ORDER BY
36      ->     (
37      ->      SELECT SUM(a.einzelpreis * rp.menge) rechnungswert
38      ->      FROM rechnung r INNER JOIN rechnung_position rp
39      ->                 USING (rechnung_id)
40      ->                 INNER JOIN artikel a
41      ->                 USING (artikel_id)
```

```
42          ->     WHERE r.kunde_id = k.kunde_id
43          ->   ) DESC
44          -> ;
45   +-----------+---------------+-------------+---------------------+----------------+
46   |         5 | Earendilionn  | Elrond      |     1212.550000000000 | Prämiumkunde   |
47   |         1 | Gamdschie     | Samweis     |      761.110000000000 | Guter Kunde    |
48   |         3 | Beutlin       | Bilbo       |      115.850000000000 | Kleinkunde     |
49   |         2 | Beutlin       | Frodo       |       80.700000000000 | Kleinkunde     |
50   |         4 | Telcontar     | Elessar     |                  NULL | Kleinkunde     |
51   |         6 | Eichenschild  | Thorin      |                  NULL | Kleinkunde     |
52   |         7 | Brandybock    | Gormadoc    |                  NULL | Kleinkunde     |
53   |         8 | Starrkopf     | Malva       |                  NULL | Kleinkunde     |
54   |         9 | Brandybock    | Madoc       |                  NULL | Kleinkunde     |
55   |        10 | Goldwert      | Hanna       |                  NULL | Kleinkunde     |
56   |        11 | Brandybock    | Marmamadoc  |                  NULL | Kleinkunde     |
57   |        12 | Bolger        | Adaldrida   |                  NULL | Kleinkunde     |
58   |        13 | Brandybock    | Gorbadoc    |                  NULL | Kleinkunde     |
59   |        14 | Tuk           | Mirabella   |                  NULL | Kleinkunde     |
60   |        15 | Brandybock    | Rorimac     |                  NULL | Kleinkunde     |
61   |        16 | Guld          | Menegilda   |                  NULL | Kleinkunde     |
62   |        17 | Brandybock    | Saradoc     |                  NULL | Kleinkunde     |
63   |        18 | Tuk           | Esmeralda   |                  NULL | Kleinkunde     |
64   |        19 | Brandybock    | Meriadoc    |                  NULL | Kleinkunde     |
65   |        20 | Brandybock    | Merimac     |                  NULL | Kleinkunde     |
66   |        21 | Lochner       | Rufus       |                  NULL | Kleinkunde     |
67   |        22 | Tuk           | Peregrin    |                  NULL | Kleinkunde     |
68   +-----------+---------------+-------------+---------------------+----------------+
```

Spätestens jetzt fällt einem auf, dass die Unterabfragen zur Ermittlung der Umsätze immer die gleichen sind (Zeilen 3, 16, 25 und 37). Das war zwar auch schon bei der ersten Variante so, fiel aber nicht ins Gewicht[1]. Eine sinnvolle Maßnahme wäre hier das Vorschalten einer temporären Tabelle.

```
1   mysql> CREATE TEMPORARY TABLE tmp_umsatz
2       -> SELECT kunde_id, SUM(a.einzelpreis * rp.menge) rechnungswert
3       ->   FROM rechnung r INNER JOIN rechnung_position rp USING (rechnung_id)
4       ->                   INNER JOIN artikel a USING (artikel_id)
5       -> GROUP BY kunde_id
6       -> ;
7
8   mysql> SELECT k.kunde_id, k.nachname, k.vorname, tmp.rechnungswert,
9       ->   CASE
10      ->     WHEN
11      ->       tmp.kunde_id IS NULL THEN 'Kleinkunde'
12      ->     WHEN
13      ->       rechnungswert BETWEEN 0 AND 300 THEN 'Kleinkunde'
14      ->     WHEN
15      ->       rechnungswert BETWEEN 300 AND  1000 THEN 'Guter Kunde'
16      ->     ELSE 'Prämiumkunde'
17      ->   END AS kundenart
18      ->   FROM kunde k LEFT JOIN tmp_umsatz tmp USING(kunde_id)
19      -> ORDER BY rechnungswert DESC
20      -> ;
21  +-----------+---------------+-------------+---------------------+----------------+
22  | kunde_id  | nachname      | vorname     | rechnungswert       | kundenart      |
```

---

[1] Ich meine hier natürlich syntaktisch. Vom Laufzeitverhalten will ich erst gar nicht sprechen, werden doch die korrelierenden Unterabfragen n-fach wiederholt.

```
23  +-----------+--------------+-----------+----------------------+---------------+
24  |         5 | Earendilionn | Elrond    |     1212.550000000000 | Prämiumkunde |
25  |         1 | Gamdschie    | Samweis   |      761.110000000000 | Guter Kunde  |
26  |         3 | Beutlin      | Bilbo     |      115.850000000000 | Kleinkunde   |
27  |         2 | Beutlin      | Frodo     |       80.700000000000 | Kleinkunde   |
28  |         7 | Brandybock   | Gormadoc  |                  NULL | Kleinkunde   |
29  [...]
30  |        18 | Tuk          | Esmeralda |                  NULL | Kleinkunde   |
31  +-----------+--------------+-----------+----------------------+---------------+
```

In Zeile 1 wird eine temporäre Tabelle aus einem `SELECT` heraus definiert. Diese Technik haben wir jetzt schon einige Male verwendet, und sie sollte mittlerweile zum Handwerkszeug dazu gehören. Der Inhalt der temporären Tabelle `tmp_umsatz` entspricht genau den oben mehrfach ausgeführten Unterabfragen; sie wird lediglich um die `kunde_id` erweitert, damit man die temporäre Tabelle verknüpfen kann.

Jetzt wird die Auswertung durchgeführt, indem zuerst die Kundentabelle mit der temporären Tabelle verknüpft wird (Zeile 18). Da der Rechnungswert pro Kunde nun schon vorliegt, muss dieser nicht *n*-fach berechnet werden, sondern kann durch eine Verknüpfung sofort in den Bedingungen (Zeilen 10 und 12), der Sortieranweisung (Zeile 19) und der Spaltenausgabe (Zeile 8) verwendet werden.

Aufgabe 15.4: Warum muss in Zeile 18 ein `LEFT OUTER JOIN` verwendet werden? Welcher Datensatz würde in der Ausgabe bei einem `INNER JOIN` fehlen?

Hier hat sich die Anlage einer temporären Tabelle wirklich gelohnt.

15.4.3 Aktive Lieferanten ermitteln

Wir wollen wissen, welche Lieferanten noch aktiv sind und welche nicht. Dazu reicht es aus nachzuschauen, ob der Primärschlüssel des Lieferanten in `artikel_nm_lieferant` vorkommt. Es ist irrelevant, ob der Primärschlüsselwert mehrfach vorkommt, da hier nur zwischen aktiv und inaktiv unterschieden werden soll.

```
 1  mysql> SELECT l.firmenname,
 2      ->   CASE
 3      ->     WHEN
 4      ->       l.lieferant_id IN
 5      ->       (
 6      ->         SELECT lieferant_id FROM artikel_nm_lieferant
 7      ->       ) THEN 'aktiv'
 8      ->     ELSE 'inaktiv'
 9      ->   END AS status
10      -> FROM lieferant l
11      -> ORDER BY firmenname
12      -> ;
13  +-------------------------+---------+
14  | firmenname              | status  |
15  +-------------------------+---------+
16  | Bürohengst GmbH         | aktiv   |
17  | Gartenbedarf AllesGrün  | aktiv   |
18  | Office International    | inaktiv |
19  +-------------------------+---------+
```

15.4.4 Aufgaben

Aufgabe 15.5: Geben Sie für alle Zeilen in der Tabelle account klartextlich an, ob es sich um einen Administrator handelt oder nicht.

Aufgabe 15.6: Geben Sie für alle Zeilen der Tabelle adresse klartextlich an, in welchem Land die Adresse liegt: AL = Auenland, DE = Deutschland, ER = Eriador, GO = Gondor, MO = Mordor.

Aufgabe 15.7: Es sollen drei Zustände ermittelt werden:

1. Die Mindestmenge ist erreicht oder unterschritten: Artikel sofort nachbestellen.
2. Die aktuelle Menge ist 130 % oder weniger als die Mindestmenge: Artikel bald nachbestellen.
3. Sonst: Bestand ausreichend.

Vergleichen Sie Ihr Ergebnis mit meinem:

```
+---------------+-----------------------------+
| bezeichnung   | lagerstand                  |
+---------------+-----------------------------+
| Feder         | Artikel sofort nachbestellen |
| Tinte (blau)  | Artikel sofort nachbestellen |
| Tinte (gold)  | Artikel bald nachbestellen  |
| Tinte (rot)   | Artikel bald nachbestellen  |
| Spaten        | Bestand ausreichend         |
| Schaufel      | Bestand ausreichend         |
| Tulpenzwiebel | Bestand ausreichend         |
| Papier (100)  | Bestand ausreichend         |
| Silberzwiebel | Bestand ausreichend         |
+---------------+-----------------------------+
```

Aufgabe 15.8: Geben Sie eine Namensliste für Kunden aus, die um die Angabe erweitert wird, ob ein Inkassoverfahren anhängig ist.

Aufgabe 15.9: Geben Sie eine Namensliste für Kunde aus, die angibt, ob er im Forum angemeldet ist.

Aufgabe 15.10: Teilen Sie die Warengruppen danach ein, wie oft diese in Rechnungen vorkommen. Es soll drei Gruppen geben: *oft*, *selten* und *nie*. Ermitteln Sie selbst anhand einer Auswertung mögliche Abgrenzungen.

Aufgabe 15.11: Geben Sie für alle Artikel den Mindestbestand im Lager aus. Falls es diesen Artikel noch nicht im Lager gibt, soll der Text *Keine Lagerdaten vorhanden* ausgegeben werden.

16 Ansichtssache

Frei nach Karl Marx: Die Ansicht bestimmt das Bewusstsein.

- Grundkurs
  - Anlegen einer CREATE VIEW
  - Löschen einer VIEW mit DROP VIEW
  - Ändern mit ALTER VIEW
  - Unterschied zwischen Tabelle und VIEW
- Vertiefendes
  - Verarbeitungsstrategien einer VIEW
  - Ändern mit CREATE OR REPLACE
  - Selektionssicht
  - Verbundsicht

Die Quelltexte des Kapitels stehen in den Dateien mysql/listing13.sql und pg/listing13.sql.

16.1 Was ist eine Ansicht?

Wir haben in den vorangegangenen Kapiteln immer wieder temporäre Tabellen eingesetzt. Manchmal, weil es nicht anders ging, manchmal, um die Komplexität der Auswahl zu verringern, und manchmal, um die Performance zu steigern. Temporäre Tabellen haben die Daten einer Auswahl abgespeichert und anderen Auswertungen zur Verfügung gestellt.

Ein Nachteil temporärer Tabellen ist, dass sie nur für diese Verbindung existieren und danach gelöscht werden. Das ist so, um Namenskonflikte mit anderen Verbindungen zu verhindern. Nun denken Sie sich, dem kann man mit einer Namenskonvention begegnen, zum Beispiel indem der Name der temporären Tabelle die Verbindungsnummer und/oder einen Zeitstempel enthält.

Dann kommt aber der nächste Nachteil: Die Daten veralten im Laufe der Zeit. Eine Analyse muss vorab ergeben, wie lange die Daten einer temporären Tabelle seriöserweise verwendet werden können. Handelt es sich um Bewegungsdaten, ist die Verwendbarkeit einer temporären Tabelle nach einiger Zeit nicht mehr gegeben.[1] Anders ist es bei Stammdaten. Hier kann es sehr wohl sinnvoll sein, langfristige Auswertungen vorrätig zu halten.

Eine Ansicht (VIEW) speichert nicht die Daten einer Auswahl, sondern die Konstruktionsvorschrift einer Auswahl. Ruft man die Ansicht ab, wird die Konstruktionsvorschrift so aufgerufen, als ob diese direkt eingegeben wurde.[2]

16.1.1 Wie wird eine Ansicht angelegt?

```
SQL3
MySQL/MariaDB
CREATE VIEW viewname[(spaltenliste)]
    AS
        SELECT auswahl
    ;
```

Wir wollen beispielsweise eine Adressliste für alle Kunden als Ansicht zur Verfügung stellen.

```
 1  mysql> CREATE VIEW
 2      ->     view_kundenrechnungsadresse (id, nachname, vorname, strasse, ort)
 3      ->   AS
 4      ->     SELECT
 5      ->       kunde_id, nachname, vorname,
 6      ->       CONCAT_WS(' ', strasse, hnr),
 7      ->       CONCAT_WS(' ', lkz, plz, ort)
 8      ->     FROM
 9      ->       kunde INNER JOIN adresse
10      ->         ON rechnung_adresse_id = adresse_id
11      ->     WHERE kunde.deleted = 0
12      -> ;
13
14  mysql> SELECT * FROM view_kundenrechnungsadresse;
15  +----+------------+----------+--------------------+----------------------+
16  | id | nachname   | vorname  | strasse            | ort                  |
17  +----+------------+----------+--------------------+----------------------+
18  |  1 | Gamdschie  | Samweis  | Beutelhaldenweg 5  | AL 67676 Hobbingen   |
19  |  7 | Brandybock | Gormadoc | Brandyschloss 1    | BL 57990 Bockenburg  |
20  [...]
21  | 21 | Lochner    | Rufus    | Maggots Weg 2      | BL 57980 Maggots Hof |
22  | 22 | Tuk        | Peregrin | Stockstraße 1      | AL 45689 Buckelstadt |
23  +----+------------+----------+--------------------+----------------------+
24  17 rows in set (0.00 sec)
```

Ab der Zeile 3 wird angegeben, was für ein SELECT ausgeführt wird, wenn man diese Ansicht abfragt. Der SELECT der Ansicht ist eine eigenständig ausführbare Anweisung[3]. Der

---

[1] Natürlich hängt dies von der Aktualisierungsfrequenz ab. Aber gehen wir mal davon aus, dass unsere Daten wirklich genutzt werden.
[2] Na ja, nicht ganz, aber dazu später mehr ...
[3] Probieren Sie es aus!

SELECT kann genauso einfach oder kompliziert sein wie jeder andere SELECT. Die VIEW kapselt den SELECT, um dann für weitere Auswertungen zur Verfügung zu stehen.

In der Zeile 2 steht hinter dem Schlüsselwort VIEW der *viewname* und anschließend eine *spaltenliste*. Diese Spaltenliste ist nur eine Umbenennung der Spalten aus dem SELECT. Natürlich können hier auch Ausdrücke stehen, die die Spalten aufbereiten, aber meistens stehen hier nur Umbenennungen. In unserem Fall ist das nötig, da wir sonst hässliche Spaltennamen wie CONCAT_WS(' ', strasse, hnr) hätten.

Aufgabe 16.1: Legen Sie eine zweite VIEW namens view_wurstbrot an. Lassen Sie dabei einfach die Spaltenliste weg und führen Sie dann SELECT * FROM view_wurstbrot aus.

In Zeile 11 werden alle als gelöscht markierten Zeilen aussortiert. In unserem Fall ist das Ergebnis das gleiche wie ohne die WHERE-Klausel. Wir erkennen aber hier schon eine wesentliche Anwendung der VIEW. Werden für die Tabellen und deren Standardauswertungen Ansichten erstellt, die immer mit einer WHERE-Klausel auf die deleted-Spalten ausgestattet sind, kann man sich in den weiteren Befehlen diese Abfrage sparen.

Hinweis: Der Name einer Ansicht sollte einer Namenskonvention folgend immer mit dem Präfix view_ beginnen.

In MySQL und MariaDB gibt es kein zu SHOW TABLE analoges SHOW VIEWS. Vielmehr werden die Ansichten fast immer wie Tabellen behandelt. Damit man die Ansichten von den Tabellen unterscheiden kann, ist eine solche Namenskonvention sehr sinnvoll. Ein weiterer Grund ist, dass man mit einer Ansicht eben *nicht* alles wie mit einer Tabelle machen kann. Um es erst gar nicht zu versuchen, sollte schon am Namen erkennbar sein, dass es sich um eine Ansicht handelt. Selbst bei Systemen, die ein Analogon zu SHOW VIEWS haben, wie beispielsweise PostgreSQL mit \dv, empfiehlt sich die Namenskonvention, damit man in einem SELECT unterscheiden kann, ob die Datenquelle eine Tabelle oder eine Ansicht ist.

Hinweis: MySQL und MariaDB haben kein SHOW VIEWS, aber man kann die Ansichten einer Datenbank wie folgt ermitteln:
SHOW FULL TABLES IN *datenbankname* WHERE TABLE_TYPE = 'VIEW';

```
 1  mysql> SHOW TABLES;
 2  +---------------------------+
 3  | Tables_in_oshop           |
 4  +---------------------------+
 5  | account                   |
 6  | adresse                   |
 7  | artikel                   |
 8  [...]
 9  | rechnung_position         |
10  | view_kundenrechnungsadresse |
11  | warengruppe               |
12  +---------------------------+
```

```
13  18 rows in set (0.00 sec)
```

16.1.2 Wie wird eine Ansicht verarbeitet?

In MySQL kann man die Art und Weise, wie eine Ansicht intern verarbeitet wird, festlegen oder festlegen lassen. Schauen wir uns dazu eine erweiterte Version des Befehls an.

> **MySQL/MariaDB**
> ```
> CREATE
>   [ALGORITHM = {UNDEFINED|MERGE|TEMPTABLE}]
>   VIEW viewname[(spaltenliste)]
>   AS
>     SELECT auswahl
> ;
> ```

Die Option `ALGORITHM` bedeutet:

- `MERGED`: Die Auswahl, die hinter der Ansicht steht, wird in den verwendeten Befehl so eingebaut, als ob man ihn direkt dort hinein programmiert hätte. Dies erlaubt es dem internen Optimierer, ggf. den `SELECT` zu berücksichtigen.
- `TEMPTABLE`: Das Ergebnis der Ansicht wird in eine – nicht sichtbare – temporäre Tabelle abgespeichert, und erst dieses Ergebnis wird in der verwendenden Anweisung benutzt.
- `UNDEFINED`: MySQL entscheidet selbst darüber, welche der beiden Varianten verwendet wird. Wird keine Angabe zum Algorithmus gemacht, wird wie bei `UNDEFINED` verfahren.

Als Beispiel nehmen wir eine einfache Ansicht:

```
1  CREATE VIEW view_artikel_aktiv
2    AS
3    SELECT * FROM artikel
4    WHERE deleted = 0;
```

Das entscheidende Kriterium für die Verwendung von `MERGED` ist, ob zwischen den Ergebnissen der Ansicht und dem Rest der Anweisung eine 1 : 1-Verknüpfung hergestellt werden kann. Bei Gruppenbildungen mit `GROUP BY` oder anderen Mengenoperationen (wie beispielsweise `UNION`) geht die direkte Verknüpfung der Datensätze verloren. Mit `EXPLAIN` kann man sich die Entscheidung von MySQL bzw. MariaDB anzeigen lassen:

```
1  mysql> SELECT FLOOR(artikel_id / 1000) gruppe, AVG(einzelpreis)
2      -> FROM view_artikel_aktiv
3      -> GROUP BY gruppe
4      -> ;
5  +--------+------------------+
6  | gruppe | AVG(einzelpreis) |
7  +--------+------------------+
8  |      3 |     14.8120000000 |
9  |      7 |      1.9700000000 |
10 |      9 |     17.6000000000 |
11 +--------+------------------+
```

In diesem Beispiel werden die Durchschnittspreise nach Warengruppen gruppiert ermittelt.

```
mysql> EXPLAIN SELECT wie oben\G
*************************** 1. row ***************************
           id: 1
  select_type: SIMPLE
        table: artikel
   partitions: NULL
         type: ALL
possible_keys: PRIMARY,idx_artikel_bezeichnung
          key: NULL
      key_len: NULL
          ref: NULL
         rows: 9
     filtered: 11.11
        Extra: Using where; Using temporary; Using filesort
```

Unter Extra wird angegeben, dass eine temporäre Tabelle verwendet wurde. Als Alternative schauen wir uns jetzt eine Einschränkung der Datensätze auf einen bestimmten Nummernbereich an:

```
mysql> SELECT artikel_id, bezeichnung FROM
    -> view_artikel_aktiv
    -> WHERE
    ->  artikel_id BETWEEN 7000 AND 9000
    -> ;
+------------+---------------+
| artikel_id | bezeichnung   |
+------------+---------------+
|       7856 | Silberzwiebel |
|       7863 | Tulpenzwiebel |
+------------+---------------+
```

EXPLAIN teilt mir lediglich mit, dass hier die WHERE-Klausel verwendet wird. Die Ansicht wird somit mit der verwendenden Anweisung verschmolzen.

```
mysql> EXPLAIN SELECT wie oben\G
*************************** 1. row ***************************
           id: 1
  select_type: SIMPLE
        table: artikel
   partitions: NULL
         type: range
possible_keys: PRIMARY
          key: PRIMARY
      key_len: 4
          ref: NULL
         rows: 2
     filtered: 11.11
        Extra: Using where
```

Stellt sich doch die Frage, warum man etwas angeben kann, was doch MySQL oder MariaDB eigenständig entscheiden. Na, weil wir den Durchblick haben:

 Hinweis: Wird das Ergebnis einer Ansicht mehrfach verwendet, sollte man ALGORITHM=TEMPTABLE setzen, da diese temporäre Tabelle im Cache gehalten wird und daher wieder verwendet werden kann.

Erzeugen wir uns die gleiche Ansicht, allerdings um die Angabe ALGORITHM=TEMPTABLE erweitert:

```
1  CREATE ALGORITHM=TEMPTABLE VIEW view_artikel_aktiv_tmp
2   AS
3    SELECT * FROM artikel
4    WHERE deleted = 0;
5  ;
```

Führen wir nun zwei Mal einen SELECT mit unterschiedlicher WHERE-Klausel, aber der neuen Ansicht aus:

```
1  SELECT artikel_id, bezeichnung
2   FROM view_artikel_aktiv_tmp
3   WHERE artikel_id BETWEEN 7000 AND 8000
4  ;
5
6  SELECT artikel_id, bezeichnung
7   FROM view_artikel_aktiv_tmp
8   WHERE artikel_id BETWEEN 3000 AND 4000
9  ;
```

Jetzt liegt das Ergebnis der Ansicht in einer unsichtbaren temporären Tabelle im Cache. Ein EXPLAIN auf die letzte Abfrage bestätigt uns, dass dieser Cache-Inhalt verwendet wird.

```
1   mysql> EXPLAIN SELECT wie oben WHERE artikel_id BETWEEN 3000 AND 4000\G
2   *************************** 1. row ***************************
3              id: 1
4     select_type: PRIMARY
5           table: <derived2>
6      partitions: NULL
7            type: ALL
8   possible_keys: NULL
9             key: NULL
10        key_len: NULL
11            ref: NULL
12           rows: 2
13       filtered: 50.00
14          Extra: Using where
15  *************************** 2. row ***************************
16             id: 2
17    select_type: DERIVED
18          table: artikel
19     partitions: NULL
20           type: ALL
21  possible_keys: NULL
22            key: NULL
23        key_len: NULL
24            ref: NULL
25           rows: 9
26       filtered: 11.11
27          Extra: Using where
```

Die temporäre Tabelle wird als Basis für die neue Auswertung mit der veränderten WHERE-Klausel verwendet. Ohne die Angabe ALGORITHM=TEMPTABLE würde hier der gleiche EXPLAIN ausgegeben werden wie bei der Verwendung von view_artikel_aktiv.

16.1.3 Wie wird eine Ansicht gelöscht?

SQL3
MySQL/MariaDB
```
DROP VIEW viewname
;
```

```
 1  mysql> SHOW TABLES;
 2  +----------------------------+
 3  | Tables_in_oshop            |
 4  +----------------------------+
 5  | account                    |
 6  [...]
 7  | rechnung_position          |
 8  | view_artikel_aktiv         |
 9  | view_artikel_aktiv_tmp     |
10  | view_kundenrechnungsadresse|
11  | warengruppe                |
12  +----------------------------+
13  20 rows in set (0.00 sec)
14
15  mysql> DROP VIEW view_artikel_aktiv_tmp;
16
17  mysql> SHOW TABLES;
18  +----------------------------+
19  | Tables_in_oshop            |
20  +----------------------------+
21  | account                    |
22  [...]
23  | rechnung_position          |
24  | view_artikel_aktiv         |
25  | view_kundenrechnungsadresse|
26  | warengruppe                |
27  +----------------------------+
28  19 rows in set (0.00 sec)
```

So weit, so einfach. Was passiert aber, wenn eine Ansicht Teil einer anderen Ansicht ist? Oder was passiert, wenn die Tabelle gelöscht wird, die Teil der Ansicht ist? Fragen über Fragen ...

Bauen wir uns schnell ein Beispiel für die Frage zusammen: *Was passiert, wenn man eine Tabelle löscht, die in einer Ansicht verwendet wird?*

```
 1  mysql> CREATE DATABASE tmp1;
 2  mysql> USE tmp1;
 3  mysql> CREATE TABLE a (i INT);
 4  mysql> CREATE TABLE b (i INT);
 5  mysql> CREATE VIEW ab
 6      ->     AS
 7      ->     SELECT * FROM a INNER JOIN b USING(i)
 8      -> ;
 9
10  mysql> SHOW TABLES;
11  +----------------+
12  | Tables_in_tmp1 |
13  +----------------+
```

```
14  | a               |
15  | ab              |
16  | b               |
17  +-----------------+
18
19  mysql> DROP TABLE a;
20
21  mysql> SHOW TABLES;
22  +-----------------+
23  | Tables_in_tmp1  |
24  +-----------------+
25  | ab              |
26  | b               |
27  +-----------------+
```

Das ist überraschend! Die Ansicht ab ist nicht gelöscht worden. Der Versuch, mit dieser Ansicht zu arbeiten, schlägt allerdings fehl:

```
1  mysql> SELECT * FROM ab;
2  ERROR 1356 (HY000): View 'tmp1.ab' references invalid table(s) or column(s) or
       function(s) or definer/invoker of view lack rights to use them
```

Wenn man vorab klären möchte, ob eine Ansicht einsatzfähig ist, verwenden Sie CHECK TABLE:

```
1  mysql> CHECK TABLE ab\G
2  *************************** 1. row ***************************
3     Table: tmp1.ab
4        Op: check
5  Msg_type: Error
6  Msg_text: Table 'tmp1.a' doesn't exist
7  *************************** 2. row ***************************
8     Table: tmp1.ab
9        Op: check
10 Msg_type: Error
11 Msg_text: View 'tmp1.ab' references invalid table(s) or column(s) or function(
       s) or definer/invoker
12 of view lack rights to use them
13 *************************** 3. row ***************************
14    Table: tmp1.ab
15       Op: check
16 Msg_type: error
17 Msg_text: Corrupt
```

In anderen Systemen werden solche Abhängigkeiten anders behandelt. In PostgreSQL beispielsweise erhält man eine Fehlermeldung:

```
1  tmp1=# \dt
2           Liste der Relationen
3   Schema | Name |   Typ   | Eigentümer
4  --------+------+---------+------------
5   public | a    | Tabelle | postgres
6   public | b    | Tabelle | postgres
7
8  tmp1=# \dv
9           Liste der Relationen
10  Schema | Name |  Typ  | Eigentümer
11 --------+------+-------+------------
12  public | ab   | Sicht | postgres
13
```

```
14
15  tmp1=# DROP TABLE a;
16  FEHLER:  kann Tabelle a nicht löschen, weil andere Objekte davon abhängen
17  DETAIL:  Sicht ab hängt von Tabelle a ab
18  TIP:  Verwenden Sie DROP ... CASCADE, um die abhängigen Objekte ebenfalls zu
19        löschen.
```

Folgen wir dem Hinweis von PostgreSQL und erweitern den `DROP TABLE`:

```
 1  tmp1=# DROP TABLE a CASCADE;
 2  HINWEIS:  Löschvorgang löscht ebenfalls Sicht ab
 3
 4  tmp1=# \dt
 5          Liste der Relationen
 6   Schema | Name |   Typ   | Eigentümer
 7  --------+------+---------+------------
 8   public | b    | Tabelle | postgres
 9  (1 Zeile)
10
11
12  tmp1=# \dv
13  Keine Relationen gefunden.
```

Die Ansicht verschwindet mit, da diese ein abhängiges Objekt von Tabelle a ist. In MySQL und MariaDB wird die Option `CASCADE` ignoriert.

Aufgabe 16.2: Und was ist bei einer Ansicht, die auf einer Ansicht basiert? Bauen Sie einen ähnlichen Versuch auf und interpretieren Sie das Ergebnis.

Das Ergebnis lässt sich schon erahnen und führt zu folgendem Hinweis:

Hinweis: Werden in MySQL oder MariaDB Tabelle oder Ansichten, die in anderen Ansichten verwendet werden, gelöscht, erfolgt kein Weiterreichen dieser Löschoperation an die enthaltenden Ansichten.

16.1.4 Wie wird eine Ansicht geändert?

Tabellen können mit `ALTER TABLE` in fast allen Parametern verändert werden. Analoges gilt auch für die Ansicht. Bis auf den Namen können alle Parameter/Optionen neu bestimmt werden. Es gibt grundsätzlich zwei Syntaxvarianten.

SQL3
MySQL/MariaDB
ALTER VIEW *viewname*
   view_spezifikation ;

In MySQL und MariaDB ist dieser Befehl lediglich ein Synonym für eine erweiterte CREATE VIEW-Syntax:

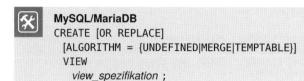

> **MySQL/MariaDB**
> ```
> CREATE [OR REPLACE]
>   [ALGORITHM = {UNDEFINED|MERGE|TEMPTABLE}]
>   VIEW
>     view_spezifikation ;
> ```

Somit wird nicht eine vorhandene Ansicht verändert – wie es bei einem `ALTER TABLE` der Fall ist –, sondern es wird eine neue Ansicht mit den veränderten Parametern geschaffen.

16.2 Anwendungsgebiet: Vereinfachung

Eine wichtige Vereinfachung ist schon erwähnt worden. Wir haben im Rahmen der Diskussion um die Löschweitergabe (siehe Seite 33 und den ersten Hinweis in Kapitel 3 auf Seite 41) die Spalte `deleted` eingeführt. Jetzt wäre es aber extrem nervig, bei jeder Auswertung in die `WHERE`-Klausel ein `AND deleted = 0` einzubauen[4]. Es ist somit eine gute Idee, für die Tabellen entsprechende Ansichten zu erstellen:

```
1  CREATE OR REPLACE
2   ALGORITHM = TEMPTABLE
3   VIEW view_artikel_aktiv
4     AS
5     SELECT * FROM artikel
6       WHERE deleted = 0;
```

Diese Art der Ansicht hat einen Namen:

> **Definition 54: Selektionsansicht**
> Eine Ansicht, deren Aufgabe das Herausfiltern von Zeilen ist, wird *Selektionsansicht* genannt.

Bei der Definition von `view_artikel_aktiv` drängen sich doch sofort Fragen auf:

1. *Warum* `ALGORITHM = TEMPTABLE`*?*
   Die Ansicht ist eine Auswertung der Tabelle `artikel` ohne irgendeine weitere Einschränkung oder Aufbereitung. Mit anderen Worten, es ist recht wahrscheinlich, dass das Ergebnis der Ansicht relativ oft verwendet wird, und zwar jedes Mal dann, wenn auf die bereinigten Artikeldaten zugegriffen wird.

2. *Warum* `SELECT *` *?*
   Unter der Annahme, dass `deleted` nur 0 oder 1 sein kann, haben wir mit `deleted = 0` immer den gleichen Wert in dieser Spalte stehen. Wäre es da nicht besser, diese Spalte gänzlich zu unterdrücken? Dagegen sprechen zwei Argumente: Zum einen müsste jedes Mal, wenn sich die Spalten in der Tabelle `artikel` ändern, die Ansicht angepasst werden. Zum anderen können Ansichten auch in `UPDATE`- Anweisungen verwendet wer-

---
[4] Abgesehen davon muss auch noch die Klammerung oder Auswertungsreihenfolge beachtet werden.

den. Und eine solche Anwendung kann das *Löschen* sein. Da dabei der Spalte deleted der Wert 1 zugewiesen werden muss, sollte diese Spalte sichtbar bleiben.

3. *Ist es wirklich sinnvoll, für alle Tabellen eine solche Ansicht zu erzeugen?*
   Ein Frage wie diese lässt sich nicht mit *Ja* oder *Nein* beantworten. Es ist offen, ob diese Ansichten immer gebraucht werden, aber das Erzeugen ist auch nicht teuer, und dann hat man sie schon mal fertig, wenn man sie braucht.

Aufgabe 16.3: Erstellen Sie für die Tabellen account, adresse, artikel, bank, bankverbindung, beitrag, bestellung, bestellung_position, kunde, lagerbestand, lieferant, rechnung, rechnung_position und warengruppe die entsprechende Selektionsansicht. ∎

Weitere Ansichten ergeben sich in der Regel aus den Anforderungen der Präsentationsschicht. Werden beispielsweise in einer Listbox alle Artikelnummern und -bezeichnungen angezeigt, die noch im Lager ausreichend vorhanden sind, so könnte man aus der Funktionsschicht einen solchen SELECT absetzen. Man hätte dann in der Funktionsschicht einen etwas komplizierteren SELECT, den man dann auch immer dort warten müsste. Anders, wenn eine VIEW vorhanden ist:

```
mysql> CREATE VIEW view_artikel_verfügbar
    -> AS
    ->   SELECT artikel_id, bezeichnung
    ->    FROM artikel INNER JOIN lagerbestand USING(artikel_id)
    ->    WHERE menge_aktuell >= menge_mindest
    ->    ORDER BY artikel_id;

mysql> SELECT * FROM view_artikel_verfügbar;
+------------+----------------+
| artikel_id | bezeichnung    |
+------------+----------------+
|       3001 | Papier (100)   |
|       3005 | Tinte (gold)   |
|       3006 | Tinte (rot)    |
|       7856 | Silberzwiebel  |
|       7863 | Tulpenzwiebel  |
|       9010 | Schaufel       |
|       9015 | Spaten         |
+------------+----------------+
```

Eine weitere, oft gewünschte Vereinfachung ist, dass man die *Standard*verknüpfungen schon vorwegnimmt. Dazu gehören Kunde - Rechnungsadresse, Kunde - Lieferadresse, Kunde - Rechnung, Kunde - Bestellung, Rechnung - Positionen, Bestellung - Positionen, Bankverbindung - Bankname, Lagerbestand - Artikelname.

Fangen wir mit der letzten an:

```
mysql> CREATE VIEW view_lagerbestand_artikelbezeichnung
    -> AS
    ->   SELECT l.*, a.bezeichnung
    ->   FROM
    ->     view_lagerbestand_aktiv l INNER JOIN view_artikel_aktiv a
    ->       USING(artikel_id)
    -> ;
```

```
mysql> SELECT * FROM view_lagerbestand_artikelbezeichnung;
+------------+---------------+---------------+---------+----------------+
| artikel_id | menge_mindest | menge_aktuell | deleted | bezeichnung    |
+------------+---------------+---------------+---------+----------------+
|       3001 |   1000.000000 |   5000.000000 |       0 | Papier (100)   |
|       3005 |    200.000000 |    250.000000 |       0 | Tinte (gold)   |
|       3006 |    200.000000 |    250.000000 |       0 | Tinte (rot)    |
|       3007 |    200.000000 |    149.000000 |       0 | Tinte (blau)   |
|       3010 |    100.000000 |      3.000000 |       0 | Feder          |
|       7856 |    100.000000 |    500.000000 |       0 | Silberzwiebel  |
|       7863 |    100.000000 |    400.000000 |       0 | Tulpenzwiebel  |
|       9010 |     10.000000 |     30.000000 |       0 | Schaufel       |
|       9015 |     10.000000 |     25.000000 |       0 | Spaten         |
+------------+---------------+---------------+---------+----------------+
```

Auch diese Art von Ansicht hat einen Namen:

Definition 55: Verbundansicht
Eine Ansicht, deren Aufgabe die Verknüpfung von Tabellen ist, wird *Verbundansicht* genannt.

Aufgabe 16.4: Erstellen Sie die verbleibenden Verbundansichten der obigen Auflistung.

Ich halte es für eine gute Idee, Auswertungen aus der Funktionsschicht der Anwendung herauszunehmen und in einer Ansicht zu kapseln. In der Anwendung müssen dann nur noch Befehle wie `SELECT * FROM view_xyz WHERE` ... abgesetzt werden. Oft sind in Projekten Entwickler mit unterschiedlichen Skills eingesetzt. Ein guter Java-Programierer muss nicht unbedingt auch ein guter SQL-Programmierer sein.

Ein gewaltiger Vorteil ist auch, dass eine Änderung der Abfrage zu dieser Auswertung – beispielsweise aus Gründen der Performance – keine Änderung im Quelltext der Funktionsschicht zur Folge hätte.

Zum Schluss noch eine kleine Aufgabe zum Selbsttest:

Aufgabe 16.5: Bei der Besprechung darüber, wie man die Ergebnisse einer Verknüpfung wiederverwenden kann, sind wir am Beispiel Bankeinzug (siehe Abschnitt 11.2.3 auf Seite 189) auf eine Hierarchie von Auswertungen gekommen. Bauen Sie diese Hierarchie mithilfe von Ansichten nach. Überprüfen Sie, ob Sie das gleiche Ergebnis bekommen.

16.3 Anwendungsgebiet: Datenschutz

In der Literatur findet man oft einen Hinweis darauf, dass man mithilfe der Ansicht Daten vor den Anwendern verbergen kann. Soll beispielsweise die Bürokraft die Gehaltsangaben eines Mitarbeiters nicht, aber alle anderen Angaben sehen können, so könne man eine entsprechende Ansicht bilden, die die sensiblen Spalten ausblendet.

Definition 56: Projektionsansicht
Eine Ansicht, deren Aufgabe das Herausfiltern von Spalten ist, wird *Projektionsansicht* genannt. ∎

Das Argument halte ich in der so vorgetragenen Form für … . Der Anwender arbeitet gar nicht direkt auf Ebene der Datenbank, sondern auf Ebene der Anwendung. Er kann doch nur sehen und verändern, was die Anwendung zulässt.

Wollte man aber die Idee dahinter verwenden, so müsste man zuerst dem Anwender das `SELECT` auf allen Tabellen verbieten und es ihm nur für die Ansichten wieder erlauben, die Daten für seinen Zuständigkeitsbereich ausgeben; Weiteres in Abschnitt 23.2 auf Seite 350.

■ 16.4 Grenzen einer Ansicht

Die MySQL- und MariaDB-Referenz schränkt Ansichten an vielen Stellen ein[5]. Hier einige davon:

- Es dürfen keine Unterabfragen in der `FROM`-Klausel verwendet werden.

  ```
  mysql> CREATE VIEW v AS SELECT bezeichnung FROM (SELECT * FROM artikel) a;
  ERROR 1349 (HY000): View's SELECT contains a subquery in the FROM clause
  ```

- Es dürfen keine System- oder Benutzervariablen verwendet werden.

  ```
  mysql> SET @b = 3000;
  Query OK, 0 rows affected (0.00 sec)

  mysql> CREATE VIEW v AS SELECT * FROM artikel WHERE artikel_id > @b;
  ERROR 1351 (HY000): View's SELECT contains a variable or parameter
  ```

- Es dürfen keine temporären Tabellen verwendet werden. Auch kann keine temporäre View erzeugt werden.

  ```
  mysql> CREATE TEMPORARY TABLE tmp SELECT * FROM artikel;
  Query OK, 18 rows affected (0.16 sec)
  Records: 18  Duplicates: 0  Warnings: 0

  mysql> CREATE VIEW view_tmp AS SELECT artikel_id FROM tmp;
  ERROR 1352 (HY000): View's SELECT refers to a temporary table 'tmp'
  ```

- Das `ORDER BY` der Ansicht wird vom `ORDER BY` der enthaltenden Anweisung überlagert.

  ```
  mysql> CREATE VIEW view_tmp
      -> AS
      ->   SELECT nachname FROM kunde ORDER BY nachname DESC;

  mysql> SELECT * FROM view_tmp;
  +---------------+
  | nachname      |
  ```

---

[5] Ich kann nicht sagen, ob diese Einschränkungen vom SQL-Sprachstandard oder den technischen Grenzen von MySQL und MariaDB herrühren.

```
 8  +--------------+
 9  | Tuk          |
10  [...]
11  | Beutlin      |
12  +--------------+
13
14  mysql> SELECT * FROM view_tmp ORDER BY nachname;
15  +--------------+
16  | nachname     |
17  +--------------+
18  | Beutlin      |
19  [...]
20  | Tuk          |
21  +--------------+
```

- Nicht jede Ansicht ist veränderbar.

Den letzten Punkt müssen wir uns mal genauer anschauen. Zunächst zwei Beispiele:

```
 1  CREATE VIEW view_tmp_eins
 2    AS
 3      SELECT nachname FROM kunde
 4  ;
 5
 6  CREATE VIEW view_tmp_zwei
 7    AS
 8      SELECT rechnung_id, COUNT(*) anzahl
 9        FROM rechnung_position
10        GROUP BY rechnung_id
11  ;
```

Die erste Ansicht liefert mir einfach nur die Nachnamen der Kunden und die zweite zu jeder Rechnung die Anzahl der Positionen. Und jetzt kommt's:

```
 1  mysql> UPDATE view_tmp_eins
 2      -> SET nachname = 'Streicher'
 3      -> WHERE nachname = 'Telcontar'
 4  ;
 5  Query OK, 1 row affected (0.03 sec)
 6  Rows matched: 1  Changed: 1  Warnings: 0
 7
 8  mysql> UPDATE view_tmp_zwei
 9      -> SET anzahl = 2
10      -> WHERE anzahl > 2;
11  ERROR 1288 (HY000): The target table view_tmp_zwei of the UPDATE is not
         updatable
```

Der erste UPDATE hat tadellos funktioniert. Ein SELECT würde mir das bestätigen. Aber der zweite lieferte eine hässliche Fehlermeldung: Die Ansicht ist nicht *updateable*[6]. Wenn ich der Anzahl einen neuen Wert zuweisen möchte, verkenne ich, dass es überhaupt keine Spalte einer Zeile gibt, in den ich diesen neuen Wert hineinschreiben könnte. Der Wert wird ja durch Nachzählen ermittelt. Würde ich jetzt die Anzahl auf 2 setzen, was sollte er dann tun? Alle Positionen bis auf zwei löschen? Ein UPDATE auf diese Zeile ist also sinnlos.

```
mysql> UPDATE view_tmp_zwei SET rechnung_id = 1 WHERE rechnung_id > 1;
ERROR 1288 (HY000): The target table view_tmp_zwei of the UPDATE is not
    updatable
```

---

[6] engl.: aktualisierbar

Man könnte meinen, dass dieser UPDATE eigentlich klappen müsste, da die rechnung_id das Gruppierungselement ist. Aber auch hier erscheint die Fehlermeldung. Warum? Weil es eben keine 1:1-Verknüpfung mehr zwischen den *Zeilen der Originaltabelle* und den *Zeilen der Ansicht* mehr gibt. Das erscheint als ein sehr formales Argument, weil man sich hier vorstellen könnte, dass die Aktualisierung hätte klappen können[7].

Definition 57: Veränderbare Ansicht
Eine Ansicht kann dann durch INSERT, UPDATE oder DELETE verändert werden, wenn zwischen den Werten der Ansicht und den Ausgangsdaten eine 1:1-Verknüpfung besteht.

Das heißt, dass bei view_tmp_eins auch INSERT- und DELETE-Operationen möglich sind. Zunächst das Einfügen zweier neuer Kundennachnamen:

```
 1  mysql> INSERT INTO view_tmp_eins VALUES ('Wurst'), ('Brot');
 2  Query OK, 2 rows affected (0.04 sec)
 3  Records: 2  Duplicates: 0  Warnings: 0
 4
 5  mysql> SELECT * FROM view_tmp_eins;
 6  +--------------+
 7  | nachname     |
 8  +--------------+
 9  | Beutlin      |
10  [...]
11  | Brot         |
12  [...]
13  | Wurst        |
14  +--------------+
15  24 rows in set (0.00 sec)
```

Die neuen Kunden sind auch tatsächlich in der Tabelle kunde angekommen und nicht in irgendeiner ominösen neuen Tabelle gelandet, wie Sie leicht mit einem SELECT auf kunde bestätigen können. Jetzt wollen wir das Löschen versuchen:

```
 1  mysql> DELETE FROM view_tmp_eins WHERE nachname IN ('Wurst', 'Brot');
 2  Query OK, 2 rows affected (0.04 sec)
```

Auch hier sind die Zeilen in der Tabelle kunde gelöscht worden.

Hinweis: Bei Änderungen in einer veränderbaren Ansicht gelten die gleichen Regeln, als ob Sie die Daten direkt in den Tabellen einfügen, ändern oder löschen. Besonders die Fremdschlüssel- und die NOT NULL-Constraints sind hier zu beachten.

Wann ist eine Ansicht denn nicht mehr veränderbar, also wann geht die geforderte 1:1-Verknüpfung verloren? Diese Frage hat einige einfache und einige kompliziertere Antworten.

- Zunächst ist klar, dass die Ansicht nicht mehr aktualisierbar ist, wenn Aggregatfunktionen (siehe Abschnitt 25.2.3 auf Seite 380) vorkommen.

---
[7] Leider entzieht es sich meiner Kenntnis, ob diese Einschränkung MySQL-/MariaDB-spezifisch ist. In PostgreSQL gibt es auch entsprechende Einschränkungen, die aber anders motiviert sind.

- Enthält eine Ansicht eine Ansicht, die nicht veränderbar ist, ist diese auch nicht veränderbar.
- Nach einem `DISTINCT` (siehe Abschnitt 10.4 auf Seite 167) können einzelne Zeilen nicht mehr der ursprünglichen Tabelle zugeordnet werden; analog das `GROUP BY` (siehe Abschnitt 12.2 auf Seite 210).
- Theoretisch wäre ein `UNION` machbar, aber dazu müsste der Verweis auf die ursprüngliche Tabelle bei einem `UNION` mit verwaltet werden. Somit ist auch dann keine Veränderung mehr möglich.
- Durch die Verwendung einer Unterabfrage (siehe Kapitel 13 auf Seite 219).
- Die Spaltenwerte werden aus Konstanten oder Ausdrücken ermittelt. Bei Konstanten gibt es keine Zeilen geschweige denn Tabellen, die man verändern könnte. Bei Ausdrücken müsste die Eindeutigkeit und Existenz des Inversen des Ausdrucks gegeben sein, was natürlich nicht der Fall ist.

  Aber: Werden bei einem `UPDATE` nur die Spalten verändert, die sich nicht aus einem Ausdruck herleiten oder durch Konstanten bestimmt sind, ist eine Aktualisierung möglich.
- `ALGORITHM=TEMPTABLE` erzeugt von einer Auswertung eine temporäre Tabelle. Diese ist eine Kopie der ursprünglichen Daten. Daher sind Änderungen auf dieser sinnlos und ggf. gefährlich.

Besonders unübersichtlich wird es, wenn man eine Verbundsicht hat. Zunächst muss ein `INNER JOIN` verwendet werden. Grundsätzlich wird die Tabelle bei der Verwendung von `OUTER JOIN` oder `UNION` unveränderbar.

Auf einer Verbundansicht

- sind `INSERT`, `UPDATE` möglich, wenn sich die neuen oder geänderten Spaltenwerte nur auf *eine* Tabelle der Verknüpfung beziehen und keine der obigen Bedingungen verletzt werden.
- ist `DELETE` grundsätzlich nicht möglich.

So viel zu Ansichten.

TEIL V

Anweisungen kapseln

17 Locking

Bitte nicht alle gleichzeitig; immer der Reihe nach.

- Grundkurs
  - Zeilen-, Seiten- und Tabellensperre
  - Deadlock

Die Quelltexte des Kapitels stehen in den Dateien mysql/listing14.sql und pg/listing14.sql.

Eine Datenbank wird in vielen Fällen für Anwendungen, die auf mehreren Clients laufen, entwickelt. Denken Sie an ein Online-Forum, einen Internetshop, ein Zeiterfassungssystem etc. Dabei kommt es oft vor, dass zwei Anwendungen gleichzeitig auf eine Datenbank, eine Tabelle, eine Zeile oder einen Spalteninhalt zugreifen. Tun beide dies nur lesend, hat man kein Problem. Tun es beide oder auch nur eine von ihnen auch schreibend, hat man ein Problem. Konkret: Über eine offene Sitzung unseres Online-Shops werden fünf Spaten bestellt und über eine andere drei Spaten. Kein Problem, oder?

```
 1  mysql> SELECT * FROM lagerbestand  WHERE artikel_id = 9015;
 2  +------------+---------------+---------------+---------+
 3  | artikel_id | menge_mindest | menge_aktuell | deleted |
 4  +------------+---------------+---------------+---------+
 5  |       9015 |     10.000000 |     25.000000 |       0 |
 6  +------------+---------------+---------------+---------+
 7
 8  mysql> UPDATE lagerbestand
 9      -> SET menge_aktuell = menge_aktuell - 5 WHERE artikel_id = 9015;
10
11  mysql> UPDATE lagerbestand
12      -> SET menge_aktuell = menge_aktuell - 3 WHERE artikel_id = 9015;
13
14  mysql> SELECT * FROM lagerbestand  WHERE artikel_id = 9015;
15  +------------+---------------+---------------+---------+
16  | artikel_id | menge_mindest | menge_aktuell | deleted |
17  +------------+---------------+---------------+---------+
18  |       9015 |     10.000000 |     17.000000 |       0 |
19  +------------+---------------+---------------+---------+
```

Dieser Selbstbetrug geht aber davon aus, dass diese beiden Aktualisierungen nacheinander ausgeführt werden. Aber warum sollten die beiden Sitzungen nicht fast gleichzeitig diese Aktualisierungen durchführen?

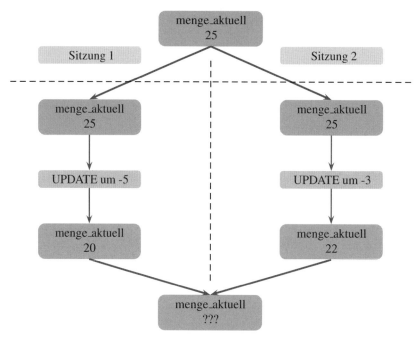

Bild 17.1 Was gilt jetzt?

In Bild 17.1 wird das Phänomen *lost update* verdeutlicht. Beide Sitzungen melden fast gleichzeitig, dass sie eine Aktualisierung des Lagerbestands machen wollen. Beide erhalten den aktuellen Lagerbestand zwecks Veränderung. Beide verändern ihre Bestände und wollen das Ergebnis in die Tabelle zurückschreiben. Egal, wer zuerst wegschreibt, das Ergebnis ist falsch!

Wir brauchen einen Mechanismus, der einer Sitzung sagt, dass sie einen Moment auf die andere warten soll. Diesen Mechanismus nennt man *Sperren*[1]. Derzeit werden drei verschiedene Sperrstrategien verwendet:

- *Tabellensperre (table lock)*: Die gesamte Tabelle ist für die Dauer einer Änderung für andere gesperrt.
- *Seitensperre (page lock)*: Falls nicht die gesamte Tabelle betroffen ist, werden die Daten einer Tabelle in der Regel *seitenweise* eingelesen. Eine Seite hat meist eine Größe von 2 bis 16 KBytes. Alle Zeilen der Tabelle, die in der entsprechenden Seite sind, werden dabei für andere gesperrt. Die Zeilen dieser Seite müssen nicht in der Tabelle hintereinander liegen.

---

[1] engl.: *locking* oder *lock*

- *Zeilensperre (row lock)*: Die einzelne oder die betreffenden Zeilen werden für andere gesperrt.

Hinweis: In MySQL und MariaDB unterstützt die InnoDB bzw. XtraDB die Zeilen- und MyISAM die Tabellensperre.

Normalerweise sollte man das Sperren der Engine bzw. dem Server überlassen. Dort sind Anwendungsregeln definiert, wann welche Sperre einzusetzen ist. Sie können in MySQL oder MariaDB aber auch eine Tabelle explizit mit LOCK TABLES sperren[2]:

MySQL/MariaDB
```
LOCK TABLES
    tabellenname [[AS] alias] sperrtyp[, tabellenname [[AS] alias] sperrtyp]*
;

sperrtyp:
    READ [LOCAL] | [LOW_PRIORITY] WRITE
```

Der *sperrtyp* READ sagt aus, dass ich aus dieser Tabelle etwas lesen möchte. Alle anderen Sitzungen können diese Tabelle ebenfalls noch lesen, ja sogar auch eine READ-Sperre auslösen. Keiner der Sitzungen, auch nicht die, welche diese Sperrung zuerst ausgelöst hat, kann jetzt in die Tabelle schreiben. Wird die Option LOCAL angegeben, können andere Sitzungen neue Datensätze einfügen, sofern diese nicht zu einem Konflikt mit der Leseoperation führen. In MySQL setzt die InnoDB READ mit READ LOCAL gleich.

Der zweite *sperrtyp* WRITE erlaubt es, dass die Sitzung, die die Sperre durchführt, auch in die Tabelle schreiben darf. Alle anderen Sitzungen müssen warten, bis die Sperre wieder aufgehoben wird. Selbst lesende Zugriffe sind jetzt nicht mehr erlaubt. Die Option LOW_PRIORITY kann verwendet werden, wenn der Schreibzugriff lange dauert und die Serverressourcen für Zugriffe auf andere Tabellen gebraucht werden.

Die Sperrung wird mit UNLOCK TABLES aufgehoben.

MySQL/MariaDB
```
UNLOCK TABLES
;
```

Hinweis: Wenn in einer Sitzung eine Tabelle gesperrt wurde, kann nur auf diese zugegriffen werden.

Äh, wie bitte? Das wollen wir uns mal genauer anschauen. Zuerst wird die Tabelle artikel gesperrt (Zeile 1). Eine Auswertung der Tabelle ist problemlos möglich (Zeile 4). Der Ver-

---

[2] Da es keinen SQL3-Standard zum Locking gibt, sind zwar die Strategien vergleichbar, aber die einzelnen Befehle und ihre Parameter oft sehr unterschiedlich. In den PostgreSQL-Varianten der Quelltextlistings habe ich – so weit sinnvoll – die MySQL/MariaDB-Beispiele überführt, um einen syntaktischen Vergleich zu ermöglichen.

such, auf eine andere Tabelle zuzugreifen, schlägt dann aber fehl (Zeile 10). Entweder sperrt man gleich mehrere Tabellen in Zeile 1 oder man gibt die Tabelle wieder frei (Zeile 13).

```
 1  mysql> LOCK TABLES artikel WRITE;
 2  Query OK, 0 rows affected (0.00 sec)
 3
 4  mysql> SELECT COUNT(*) FROM artikel;
 5  +----------+
 6  | COUNT(*) |
 7  +----------+
 8  [...]
 9
10  mysql> SELECT COUNT(*) FROM warengruppe;
11  ERROR 1100 (HY000): Table 'warengruppe' was not locked with LOCK TABLES
12
13  mysql> UNLOCK TABLES;
14  Query OK, 0 rows affected (0.00 sec)
15
16  mysql> SELECT COUNT(*) FROM warengruppe;
17  +----------+
18  | COUNT(*) |
19  +----------+
20  |        5 |
21  +----------+
```

 Hinweis: Zum Locking gehört auch das Problem des *Deadlocks*. Mehr dazu in Abschnitt 18.5 auf Seite 301.

18 Transaktion

Wo zwei oder drei in meinem Server versammelt sind, da ist die Transaktion mitten unter ihnen.

- Grundkurs
  - Was ist eine Transaktion?
  - Dead Lock
  - Start einer Transaktion mit START TRANSACTION
  - Impliziter Start einer Transaktion
  - COMMIT
  - ROLLBACK
- Vertiefendes
  - ACID-Test
  - Isolationsebene READ UNCOMMITTED
  - Isolationsebene READ COMMITTED
  - Isolationsebene REPEATABLE READ
  - Isolationsebene SERIALIZABLE
  - Transaktion aus einem C#-Client heraus

Die Quelltexte des Kapitels stehen in den Dateien `mysql/listing15.sql` und `pg/listing15.sql`.

18.1 Das Problem

Die Auswertungen und Änderungen, die wir bisher durchgeführt haben, sind mehr oder weniger atomar gewesen. Sie standen für sich alleine und hatte kaum Abhängigkeiten mit anderen Aufgaben. Dies ist aber nur der einfache Fall. Oft sind SQL-Anweisungen inhaltlich zusammenhängend und müssen zwingend *ganz oder gar nicht* ausgeführt werden.

Wir legen über eine Oberfläche den neuen Artikel `Säge` an. Gleichzeitig können wir über Checkboxen angeben, dass er zu den Warengruppen `Gartenbedarf` und `Werkzeug` gehört. Wenn wir jetzt auf OK drücken, müssen zwei Dinge passieren: In der Tabelle `artikel` muss der neue Artikel angelegt und in der Tabelle `artikel_nm_warengruppe` müssen die beiden Verknüpfungen erstellt werden.

Beide Anweisungen sollten kein Problem darstellen, oder?

```
mysql> INSERT INTO artikel
    -> (bezeichnung, einzelpreis, waehrung)
    -> VALUES
    -> ('Säge', 17.85, 'EUR')
    -> ;

mysql> INSERT INTO artikel_nm_warengruppe
    -> VALUES
    -> (3, ???)
    -> ,(4, ???)
```

Da ist auf einmal eine Frage aufgetaucht. Da wir im `INSERT` auf die Tabelle `artikel` keine `artikel_id` vorgegeben haben, greift hier der `AUTO_INCREMENT`. Wir wissen aber nicht, welche Nummer dabei vergeben wurde. Wie soll man dann den zweiten `INSERT` ausführen?

Da hilft die MySQL-/MariaDB-Funktion `LAST_INSERT_ID()`. Sie liefert mir den Wert, der zuletzt durch ein `AUTO_INCREMENT` erzeugt wurde.

```
mysql> INSERT INTO artikel
    -> (bezeichnung, einzelpreis, waehrung)
    -> VALUES
    -> ('Säge', 17.85, 'EUR')
    -> ;

mysql> SET @id = LAST_INSERT_ID();

mysql> INSERT INTO artikel_nm_warengruppe
    -> VALUES
    -> (3, @id)
    -> ,(4, @id)
    -> ;
```

Man stelle sich aber mal vor, dass diese Anweisungen nicht *alle* ausgeführt werden. Ursachen kann es viele geben. Wenn wir uns im ersten Befehl vertippt haben, könnte das Ergebnis so aussehen:

```
mysql> INSERT ITO artikel
    -> (bezeichnung, einzelpreis, waehrung)
    -> VALUES
    -> ('Säge', 17.85, 'EUR')
    -> ;
ERROR 1064 (42000): You have an error in your SQL syntax; check the manual
    that corresponds to your MySQL server version for the right syntax to use
    near 'artikel

mysql> SET @id = LAST_INSERT_ID();

mysql>
mysql> INSERT INTO artikel_nm_warengruppe
    -> VALUES
```

```
13        ->    (3, @id)
14        ->   ,(4, @id)
15        ->   ;
16   ERROR 1452 (23000): Cannot add or update a child row: a foreign key constraint
          fails ('oshop'.'artikel_nm_warengruppe', CONSTRAINT '
          artikel_nm_warengruppe_ibfk_2' FOREIGN KEY ('artikel_id') REFERENCES '
          artikel' ('artikel_id'))
```

Ein Haufen Fehlermeldungen, und glücklicherweise verhindert der Constraint, dass unsinnige Werte in die Hilfstabelle eingefügt werden.

Nehmen wir ein anderes Beispiel. Sam Gamdschie hat einen Spaten bestellt, und dieser wird jetzt versendet. Dann müssen zwei Dinge passieren: Erstens muss ein Spaten aus dem Lagerbestand entfernt und zweitens der Status der Bestellung auf `versendet` gesetzt werden.

```
1   UPDATE lagerbestand
2     SET menge_aktuell = menge_aktuell - 1
3     WHERE artikel_id = 9015
4   ;
5
6   UPDATE bestellung SET status = 'versendet' WHERE bestellung_id = 1;
```

Was würde passieren, wenn eine der beiden Anweisungen fehlschlägt und die andere trotzdem ausgeführt wird? In einem Fall hätten wir einen Fehlbestand im Lager, und im anderen Fall würden wir vermutlich die Bestellung noch einmal versenden. Beides bedeutet einen wirtschaftlichen Schaden.

18.2 Was ist eine Transaktion?

Bevor ich auf verschiedene Aspekte der Theorie eingehe, möchte ich den grundsätzlichen Ablauf einer Transaktion verdeutlichen (siehe Bild 18.1 auf der nächsten Seite):

Der Ablauf sieht einigermaßen kompliziert aus, ist er aber nicht. Zuerst muss klargestellt werden, dass eine Transaktion zwar auf dem Server ausgeführt wird, aber durch einen Client[1] gesteuert wird.

- **Phase Transaktionsbeginn**: Der Client baut eine Verbindung auf und sendet den Befehl `START TRANSACTION` an den Server. Dieser richtet daraufhin eine Transaktionsumgebung ein. Was das genau ist, erkläre ich später. Im Prinzip läuft es aber darauf hinaus, dass man zu dem Datenbankzustand zurückkehren kann, der bei `START TRANSACTION` bestand.

- **Phase Transaktionsausführung**: Der Client sendet die erste Anweisung an den Server. Diese ist meist eine datenverändernde, denn bei Transaktionen kommt es in der Regel auf datenverändernde Anweisungen an. Der Server antwortet mit einer Exception oder einem ERROR CODE (EC). Der Client entscheidet anhand der Fehlermeldung[2], ob er weitermachen möchte oder die Verarbeitung abgebrochen werden soll.

---

[1] PHP-Anwendung, .NET-Anwendung etc.
[2] Ich habe hier vereinfachend EC > 0 angenommen. Das ist nicht immer sinnvoll.

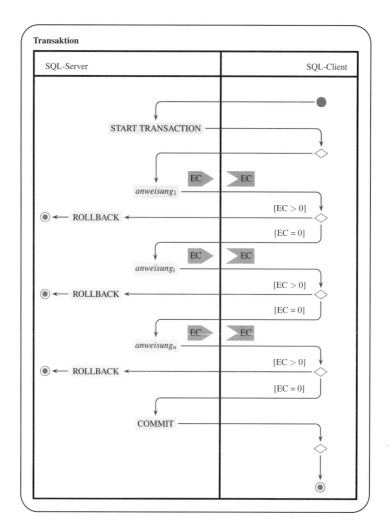

Bild 18.1 Ablauf einer Transaktion

- Will er abbrechen, so sendet er einen ROLLBACK an den Server. Der Server stellt den ursprünglichen Zustand wieder her, und die Transaktion ist beendet.
- Will er nicht abbrechen, so sendet er die nächste Anweisung an den Server.
- **Phase Transaktionsabschluss**: Alle Anweisungen sind wunschgemäß ausgeführt worden. Der Client hat dies überprüft und sendet deshalb ein COMMIT an den Server. Erst jetzt werden die Änderungen tatsächlich in die Tabellen überführt.

Was soll das heißen, erst jetzt werden die Änderungen in die Tabellen überführt? Wo waren sie denn vorher? Das lässt sich nun nicht so einfach beantworten. Hier brauchen wir ein wenig Theorie.

Definition 58: Transaktion
Einen Anweisungsblock, der den ACID-Anforderungen entspricht, nennt man *Transaktion*.

ACID ist die Abkürzung für *Atomicity (Atomarität), Consistency (Konsistenz), Isolation* und *Durability (Dauerhaftigkeit)*.

- *Atomicity (Atomarität)*: Der altgriechische Ursprung des Wortes soll ausdrücken, dass etwas nicht weiter aufteilbar ist[3]. Bzgl. der Transaktionen ist damit gemeint, dass man die Anweisungen der Transaktion nicht aufteilen kann. Entweder werden alle vollständig ausgeführt und umgesetzt oder keine[4]. Durch die Atomarität erscheint eine Transaktion nach außen wie eine Anweisung.
- *Consistency (Konsistenz)*: Die Datenbank ist immer in einem konsistenten Zustand. Wird die Verarbeitung der Transaktion unter- oder abgebrochen, sind die Inhalte der Tabellen immer noch fachlich und technisch integer. Wie wird das hier erreicht? Durch das COMMIT. Würde die Verarbeitung der Transaktion nicht bis zum Ende durchlaufen, erfolgt kein COMMIT. Wenn die Datenbank vor der Transaktion in einem konsistenten Zustand war, so wird sie das nach einen ROLLBACK auch wieder sein. Nicht verhindert werden kann, dass innerhalb der Transaktion durch falsche Programmierung ein nicht konsistenter Zustand erreicht wird.
- *Isolation*: Da die Konsistenz der Datenbank während der Ausführung einer Transaktion nicht garantiert wird, sollten andere auch nicht auf diesem inkonsistenten Zustand arbeiten. Aus diesem Grund sind die Ergebnisse der Anweisungen innerhalb der Transaktion bis zum COMMIT für andere unsichtbar. Wie unsichtbar hier unsichtbar ist, wird mit den sogenannten *Isolationsebenen* (s.u.) festgelegt.
- *Durability (Dauerhaftigkeit)*: Während die Ergebnisse der Anweisungen innerhalb der Transaktion *in der Schwebe sind*, sollten nach einem COMMIT die Änderungen wirklich und tatsächlich abgespeichert sein. Ein Systemabsturz oder Ähnliches sollte das Vorhandensein der Daten nicht mehr gefährden. Auch gibt es verschiedene Grade von Dauerhaftigkeit.

Hinweis: Unterschiede MySQL/MariaDB und SQL3:

- Damit man in MySQL oder MariaDB Transaktionen verwendet kann, muss die Engine transaktionsfähig sein. Die InnoDB bzw. XtraDB ist transaktionsfähig.
- In SQL3 wird eine neue Transaktion implizit nach Abschluss einer Transaktion gestartet.
- In MySQL oder MariaDB wird eine neue Transaktion implizit nach Abschluss einer Transaktion gestartet, wenn der AUTOCOMMIT-Modus ausgeschaltet ist.
- Ist in MySQL oder MariaDB der AUTOCOMMIT-Modus eingeschaltet, wird eine Transaktion mit START TRANSACTION begonnen. Während der Transaktion bleibt der AUTOCOMMIT-Modus bis zu einem COMMIT oder einem ROLLBACK ausgeschaltet.

---

[3] altgr. átomos: das Unzerschneidbare, von á- *un-* und témnein *schneiden*
[4] Mithilfe von *snapshots* lässt sich diese strenge Forderung etwas aufweichen.

18.3 Isolationsebenen

Eine Forderung im ACID war die Isolation. Dabei werden die Zwischenstände einer Transaktion vor anderen Transaktionen bzw. Sessions verborgen, um zu gewährleisten, dass diese immer nur einen konsistenten Datenzustand vorfinden.

Wenn Sie nichts eingestellt haben, wird Ihr Server vermutlich im Modus AUTOCOMMIT laufen. Dass bedeutet, dass jede Anweisung implizit von einem COMMIT abgeschlossen wird. Wir haben es dann mit lauter Transaktionen mit nur einer Anweisung zu tun. Um herauszufinden, ob meine Session im AUTOCOMMIT-Modus läuft, müssen wir den Inhalt der Variable AUTOCOMMIT auslesen:

```
mysql> SHOW VARIABLES LIKE 'AUTOCOMMIT';
+---------------+-------+
| Variable_name | Value |
+---------------+-------+
| autocommit    | ON    |
+---------------+-------+
```

Die Werte ON und 1 haben die gleiche Bedeutung. Um mit den Transaktionen starten zu können, sollte der erste Befehl der Session den AUTOCOMMIT-Modus ausschalten:

```
mysql> SET AUTOCOMMIT = OFF;
Query OK, 0 rows affected (0.00 sec)

mysql> SHOW VARIABLES LIKE 'AUTOCOMMIT';
+---------------+-------+
| Variable_name | Value |
+---------------+-------+
| autocommit    | OFF   |
+---------------+-------+
```

Jetzt gilt, dass wir immer in einer Transaktion sind, bis wir COMMIT oder ROLLBACK anweisen. Allerdings wird dann sofort eine neue Transaktion gestartet. Bei nicht transaktionsfähigen Engines wird der Wert der Variable AUTOCOMMIT ignoriert.

 Hinweis: Es gibt Anweisungen, die implizit eine Transaktion beenden. Dies sind meist Befehle der DDL (siehe Abschnitt 25.4.1 auf Seite 387) wie ALTER TABLE.

Die Isolationsebene wird mit dem Befehl

```
SET SESSION TRANSACTION ISOLATION LEVEL isolationsebene;
```

festgelegt. Derzeit sind 4 Isolationsebenen in SQL spezifiziert: READ UNCOMMITTED, READ COMMITTED, REPEATABLE READ und SERIALIZABLE.

18.3.1 READ UNCOMMITTED

Es handelt sich eigentlich nicht um eine Isolationsebene, da die anderen Transaktionen oder Sessions den Zwischenstand lesen können. Da dabei auch inkonsistente Zustände auftreten können, wird dieser auch *dirty read* genannt.

18.3 Isolationsebenen

SESSION 1	SESSION 2
| ```
 1  SET AUTOCOMMIT = 0;
 2
 3
 4  SELECT artikel_id, menge_aktuell
 5    FROM lagerbestand
 6    WHERE artikel_id = 9015;
 7  +------------+---------------+
 8  | artikel_id | menge_aktuell |
 9  +------------+---------------+
10  |       9015 |     16.000000 |
11  +------------+---------------+
12
13  UPDATE lagerbestand
14    SET menge_aktuell = menge_aktuell - 1
15    WHERE artikel_id = 9015;
16
17  SELECT artikel_id, menge_aktuell
18    FROM lagerbestand
19    WHERE artikel_id = 9015;
20  +------------+---------------+
21  | artikel_id | menge_aktuell |
22  +------------+---------------+
23  |       9015 |     15.000000 |
24  +------------+---------------+
25
26  ROLLBACK;
27
28  SELECT artikel_id, menge_aktuell
29    FROM lagerbestand
30    WHERE artikel_id = 9015;
31  +------------+---------------+
32  | artikel_id | menge_aktuell |
33  +------------+---------------+
34  |       9015 |     16.000000 |
35  +------------+---------------+
``` | ```
 1  SET SESSION TRANSACTION ISOLATION LEVEL
 2    READ UNCOMMITTED;
 3
 4  SELECT artikel_id, menge_aktuell
 5    FROM lagerbestand
 6    WHERE artikel_id = 9015;
 7  +------------+---------------+
 8  | artikel_id | menge_aktuell |
 9  +------------+---------------+
10  |       9015 |     16.000000 |
11  +------------+---------------+
12
13
14
15
16
17  SELECT artikel_id, menge_aktuell
18    FROM lagerbestand
19    WHERE artikel_id = 9015;
20  +------------+---------------+
21  | artikel_id | menge_aktuell |
22  +------------+---------------+
23  |       9015 |     15.000000 |
24  +------------+---------------+
25
26
27
28  SELECT artikel_id, menge_aktuell
29    FROM lagerbestand
30    WHERE artikel_id = 9015;
31  +------------+---------------+
32  | artikel_id | menge_aktuell |
33  +------------+---------------+
34  |       9015 |     16.000000 |
35  +------------+---------------+
``` |

Um dieses Beispiel nachzubauen, sollten Sie zwei Instanzen des MySQL- oder MariaDB-Clients gleichzeitig vor sich haben. In Session 1 wird in der Zeile 1 der AUTOCOMMIT-Modus so eingestellt, dass ich mich automatisch immer in einer Transaktion befinde.

In der gleichen Zeile wird in Session 2 dafür gesorgt, dass diese einen *dirty read* auf die Datenbank durchführen kann. Danach wird überprüft, dass auch in beiden Sessions die gleichen Daten vorliegen.

In Session 1 wird ab Zeile 13 der Lagerbestand der Spaten aktualisiert. Bitte beachten Sie, dass dies in der zweiten Session nicht passiert. In Zeile 17 wird jetzt in beiden Sessions wieder der Lagerbestand überprüft. Beide geben nun das gleiche Ergebnis aus, obwohl in Session 1 noch kein COMMIT erfolgt ist. Session 2 arbeitet also mit inkonsistenten Daten.

An diesem Beispiel können Sie auch den Effekt von `ROLLBACK` beobachten. In Session 1 Zeile 26 wird der `ROLLBACK` angewiesen. Eine anschließende Überprüfung zeigt, dass in beiden Sessions wieder der ursprüngliche Zustand hergestellt wurde.

Es gibt eigentlich keinen guten Grund, das `READ UNCOMMITTED` zu verwenden. In [SZT[+]09], Seite 9, steht, dass ein *dirty read* keinen nennenswerten Performancevorteil bietet und deshalb in der Praxis selten eingesetzt wird.

18.3.2 READ COMMITTED

Bei dieser Isolationsebene werden nur die Daten in einer Transaktion berücksichtigt, die durch andere mit einem `COMMIT` bestätigt wurden.

SESSION 1

```
 1  SET AUTOCOMMIT = 0;
 2
 3
 4  SELECT artikel_id, menge_aktuell
 5    FROM lagerbestand
 6    WHERE artikel_id = 9015;
 7  +------------+----------------+
 8  | artikel_id | menge_aktuell  |
 9  +------------+----------------+
10  |       9015 |      16.000000 |
11  +------------+----------------+
12
13  UPDATE lagerbestand
14    SET menge_aktuell = menge_aktuell - 1
15    WHERE artikel_id = 9015;
16
17  SELECT artikel_id, menge_aktuell
18    FROM lagerbestand
19    WHERE artikel_id = 9015;
20  +------------+----------------+
21  | artikel_id | menge_aktuell  |
22  +------------+----------------+
23  |       9015 |      15.000000 |
24  +------------+----------------+
25
26  COMMIT;
27
28  SELECT artikel_id, menge_aktuell
29    FROM lagerbestand
30    WHERE artikel_id = 9015;
31  +------------+----------------+
32  | artikel_id | menge_aktuell  |
33  +------------+----------------+
34  |       9015 |      15.000000 |
35  +------------+----------------+
```

SESSION 2

```
 1  SET SESSION TRANSACTION
 2    ISOLATION LEVEL READ COMMITTED;
 3
 4  SELECT artikel_id, menge_aktuell
 5    FROM lagerbestand
 6    WHERE artikel_id = 9015;
 7  +------------+----------------+
 8  | artikel_id | menge_aktuell  |
 9  +------------+----------------+
10  |       9015 |      16.000000 |
11  +------------+----------------+
12
13
14
15
16
17  SELECT artikel_id, menge_aktuell
18    FROM lagerbestand
19    WHERE artikel_id = 9015;
20  +------------+----------------+
21  | artikel_id | menge_aktuell  |
22  +------------+----------------+
23  |       9015 |      16.000000 |
24  +------------+----------------+
25
26
27
28  SELECT artikel_id, menge_aktuell
29    FROM lagerbestand
30    WHERE artikel_id = 9015;
31  +------------+----------------+
32  | artikel_id | menge_aktuell  |
33  +------------+----------------+
34  |       9015 |      15.000000 |
35  +------------+----------------+
```

In Session 2, Zeile 1 wird die Isolationsebene auf `READ COMMITTED` gesetzt. Dadurch erscheinen in Zeile 23 in Session 1 und Session 2 unterschiedliche Werte. In Session 1 wird mit dem veränderten und in Session 2 mit dem ursprünglichen Lagerbestand gearbeitet.

Der Nachteil dieser Isolationsebene ist aber auch zu erkennen. Die gleiche Anweisung führt zu unterschiedlichen Ergebnissen. Die Ergebnisse sind somit nicht wiederholbar (*repeatable*), was zu unerwünschten Effekten innerhalb einer Transaktion führen kann.

Hinweis: Erinnern Sie sich noch an die Fußnote bei `COUNT()`? Hier können Sie sehen, dass in unterschiedlichen Sitzungen unterschiedliche Ergebnisse ermittelt werden, obwohl diese auf der gleichen Tabelle arbeiten.

Aufgabe 18.1: Versuchen Sie, unterschiedliche `COUNT()`-Ergebnisse in zwei verschiedenen Sitzungen zu erzielen.

18.3.3 REPEATABLE READ

Das Ziel dieser Isolationsebene ist, dass in einer Transaktion, die selbst die Daten nicht verändert, die gleiche Auswertung das gleiche Ergebnis liefert. In MySQL und MariaDB ist diese Isolationsebene der Standard, wenn Sie eine Transaktion starten.

SESSION 1

```
 1  SET AUTOCOMMIT = 0;
 2
 3
 4
 5
 6  SELECT artikel_id, menge_aktuell
 7    FROM lagerbestand
 8    WHERE artikel_id = 9015;
 9  +------------+---------------+
10  | artikel_id | menge_aktuell |
11  +------------+---------------+
12  |       9015 |     15.000000 |
13  +------------+---------------+
14
15  UPDATE lagerbestand
16    SET menge_aktuell = menge_aktuell - 1
17    WHERE artikel_id = 9015;
18
19  COMMIT;
20
21  UPDATE lagerbestand
22    SET menge_aktuell = menge_aktuell - 1
23    WHERE artikel_id = 9015;
24
25  COMMIT;
26
27  SELECT artikel_id, menge_aktuell
28    FROM lagerbestand
29    WHERE artikel_id = 9015;
30  +------------+---------------+
31  | artikel_id | menge_aktuell |
32  +------------+---------------+
33  |       9015 |     13.000000 |
34  +------------+---------------+
```

SESSION 2

```
 1  SET SESSION TRANSACTION
 2    ISOLATION LEVEL REPEATABLE READ;
 3
 4  START TRANSACTION;
 5
 6  SELECT artikel_id, menge_aktuell
 7    FROM lagerbestand
 8    WHERE artikel_id = 9015;
 9  +------------+---------------+
10  | artikel_id | menge_aktuell |
11  +------------+---------------+
12  |       9015 |     15.000000 |
13  +------------+---------------+
14
15
16
17
18
19
20
21
22
23
24
25
26
27  SELECT artikel_id, menge_aktuell
28    FROM lagerbestand
29    WHERE artikel_id = 9015;
30  +------------+---------------+
31  | artikel_id | menge_aktuell |
32  +------------+---------------+
33  |       9015 |     15.000000 |
34  +------------+---------------+
35
36  COMMIT;
37
38  SELECT artikel_id, menge_aktuell
39    FROM lagerbestand
40    WHERE artikel_id = 9015;
41  +------------+---------------+
42  | artikel_id | menge_aktuell |
43  +------------+---------------+
44  |       9015 |     13.000000 |
45  +------------+---------------+
```

In Session 2 wird in Zeile 1 die Isolationsebene auf `REPEATABLE READ` eingestellt. Dadurch werden die Daten ab Zeile 4 für diese Transaktion eingefroren. Selbst die `COMMIT`-Anweisungen in Session 1 (Zeilen 19 und 25) führen nicht dazu, dass in beiden Transaktionen die gleichen Werte gelten. Erst der `COMMIT` in Session 2 (Zeile 36) macht die Veränderungen von Session 1 in Session 2 sichtbar.

Somit ist gewährleistet, dass beide Sessions/Transaktionen mit in sich konsistenten Datenbeständen arbeiten.

18.3.4 SERIALIZABLE

Das Ziel der Isolationsebene `REPEATABLE READ` ist, dass innerhalb einer Transaktion die Daten nicht von außen verändert werden können. Trotzdem sind sogenannte *phantom reads* möglich. Nehmen wir mal an, dass in Session 1 neue Zeilen mit `COMMIT` in die Tabelle `artikel` hinzugefügt werden und in Session 2 Auswertungen auf der Tabelle stattfinden. Dann werden in Session 2 diese neuen Zeilen berücksichtigt.

Um dieses zu verhindern, sperrt die Isolationsebene `SERIALIZABLE` alles, was in einer Transaktion verwendet wird, für andere Transaktionen.

SESSION 1

```
 1  SET AUTOCOMMIT = 0;
 2
 3
 4
 5
 6  SELECT COUNT(*) FROM artikel;
 7  +----------+
 8  | COUNT(*) |
 9  +----------+
10  |       10 |
11  +----------+
12
13  INSERT INTO artikel
14    VALUES
15      (1, 'X', 0.0, 'EUR', 0)
16  ;
17
18
19
20
21  COMMIT;
22
23
24
25
26
27
28
29  SELECT COUNT(*) FROM artikel;
30  +----------+
31  | COUNT(*) |
32  +----------+
33  |       11 |
34  +----------+
35
36  SELECT COUNT(*) FROM artikel;
37  +----------+
38  | COUNT(*) |
39  +----------+
40  |       10 |
41  +----------+
```

SESSION 2

```
 1  SET SESSION TRANSACTION
 2    ISOLATION LEVEL SERIALIZABLE;
 3  START TRANSACTION;
 4
 5
 6  SELECT COUNT(*) FROM artikel;
 7  +----------+
 8  | COUNT(*) |
 9  +----------+
10  |       10 |
11  +----------+
12
13
14
15
16
17  DELETE FROM artikel WHERE artikel_id = 1;
18  ERROR 1205 (HY000):
19    Lock wait timeout exceeded;
20    try restarting transaction
21
22  DELETE FROM artikel WHERE artikel_id = 1;
23  SELECT COUNT(*) FROM artikel;
24  +----------+
25  | COUNT(*) |
26  +----------+
27  |       10 |
28  +----------+
29
30
31
32
33
34
35  COMMIT;
36  SELECT COUNT(*) FROM artikel;
37  +----------+
38  | COUNT(*) |
39  +----------+
40  |       10 |
41  +----------+
```

In Session 1 wird in Zeile 13 ein neuer Datensatz in die Tabelle `artikel` eingefügt. In Session 2 wird nun versucht, diesen Artikel wieder zu löschen (Zeile 17). Dieser Datensatz ist aber von Session 1 immer noch blockiert. Session 2 wartet auf eine Freigabe. Erfolgt dies nicht in angemessener Frist, ist ein Timeout-Fehler die Folge (*locking read*).

Jetzt wird in Session 1 mit `COMMIT` der Datensatz freigegeben. Wird jetzt in Session 2 versucht, den Artikel zu löschen, gelingt dies (Zeile 22); wir haben nur noch 10 Zeilen in der Tabelle `artikel`.

Bitte beachten Sie, dass die Anzahl der Zeilen in Session 1 immer noch 11 ist. Warum? Weil der Löschvorgang in Session 2 noch nicht durch ein COMMIT bestätigt wurde. Erfolgt dies, ist in beiden Sessions der gleiche Datenbestand.

 Hinweis: Wegen dieser doch sehr restriktiven Sperrvorgänge ist diese Isolationsebene sehr anfällig für Performanceverluste und Timeout-Fehler und sollte nur sehr überlegt eingesetzt werden.

In MySQL, MariaDB und anderen Datensystemen wie Oracle und PostgreSQL wird diese Isolationsebene auch nicht zur Vermeidung von *phantom read* benötigt, da das Multi-Version Concurrency Control (MVCC) eingesetzt wird. Dabei wird – vereinfacht gesagt – für jede Transaktion ein *snapshot* der Tabellen erstellt. Jede Transaktion arbeitet dann auf ihrem *snapshot*. MVCC steht nur bei READ COMMITTED und REPEATABLE READ und nicht bei READ UNCOMMITTED und SERIALIZABLE zur Verfügung.

Tabelle 18.1 SQL-Isolationsebenen

Isolationsebene	dirty read	nonrepeatable read	phantom read	locking read
READ UNCOMMITTED	möglich	möglich	möglich	unmöglich
READ COMMITTED	unmöglich	möglich	möglich	unmöglich
READ COMMITTED (MVCC)	unmöglich	möglich	unmöglich	unmöglich
REPEATABLE READ	unmöglich	unmöglich	möglich	unmöglich
REPEATABLE READ (MVCC)	unmöglich	unmöglich	unmöglich	unmöglich
SERIALIZABLE	unmöglich	unmöglich	unmöglich	möglich

■ 18.4 Fallbeispiel in C#

Das obige Beispiel mit dem neuen Artikel Säge wollen wir aus einer C#-Anwendung heraus durchführen. Ich verzichte hier auf eine Beschreibung der MySQL-API und vertraue darauf, dass die meisten Befehle selbsterklärend sind. Zunächst brauche ich ein Feld, in dem ich die derzeit offene Verbindung zum Server ablege (Zeile 10). In Main() werden dann nur drei Methoden aufgerufen, die die Details erledigen.

Listing 18.1 Transaktion, Teil 1

```
 6  using MySql.Data.MySqlClient;
 7
 8  namespace TransaktionBsp {
 9    class Program {
10      static MySqlConnection mysqlConnection = new MySqlConnection();//
11
12      static void Main(string[] args) {
13        Start();
14        InsertArtikel("Sge", 14.85, "EUR");
15        Stopp();
16      }
```

Die Methode `Start()` öffnet eine Verbindung zum Server und stellt diese Verbindung anderen Aktionen über das Feld `mysqlConnection` zur Verfügung. Die Variable `strConnectionString` enthält die Verbindungsparameter zum Server. Da ich kein Passwort gesetzt habe, bleibt dieser Parameter leer.

Listing 18.2 Transaktion, Teil 2

```
18      static void Start() {
19        String strConnectionString = "";
20        strConnectionString += "server=127.0.0.1;uid=root";
21        strConnectionString += ";password=;database=oshop;charset=utf8";
22        try {
23          mysqlConnection.ConnectionString = strConnectionString;
24          mysqlConnection.Open();
25        }
26        catch (Exception ex) {
27          Console.WriteLine(ex.Message);
28        }
29      }
```

Das Analogon ist die Methode `Stopp()`. Sie ist nur eine Wrapper-Methode für die Methode `Close()`:

Listing 18.3 Transaktion, Teil 3

```
31      static void Stopp() {
32        mysqlConnection.Close();
33      }
```

Und jetzt die Transaktion: Im `try`-Block werden die SQL-Anweisungen aufgebaut und an den Server geschickt. Geht dabei etwas schief (ein SQL-Befehl ist falsch geschrieben, ein Constraint meldet sich etc.), wird vom Server eine `Exception` ausgelöst, die im `catch`-Block verarbeitet wird. Dort wird ein `ROLLBACK` zum Server gesendet (Zeile 72), damit keine inkonsistenten oder halbfertigen Umbauten zurückbleiben. Wird vom Server kein Fehler gemeldet, werden die Ergebnisse der Anweisungen mit `COMMIT` (Zeile 65) bestätigt.

Listing 18.4 Transaktion, Teil 4

```
35      static void InsertArtikel(string strArtikel, double dPreis, string
            strWaehrung) {
36        MySqlCommand command = new MySqlCommand();
37        command.Connection = mysqlConnection;
38        long artikel_id = 0;
39        try {
40          // Befehl 1
41          command.CommandText = "START TRANSACTION";
42          command.Prepare();
43          command.ExecuteNonQuery();
44          // Befehl 2
45          command.CommandText = "INSERT INTO artikel (bezeichnung, einzelpreis,
                waehrung) VALUES (@bezeichnung, @einzelpreis, @waehrung)";
46          command.Prepare();
47          command.Parameters.AddWithValue("@bezeichnung", strArtikel);
48          command.Parameters.AddWithValue("@einzelpreis", dPreis);
49          command.Parameters.AddWithValue("@waehrung", strWaehrung);
50          command.ExecuteNonQuery();
51          artikel_id = command.LastInsertedId;
```

```csharp
            // Befehl 3
            command.CommandText = "INSERT INTO artikel_nm_warengruppe VALUES (
                @warengruppe_id, @artikel_id)";
            command.Prepare();
            command.Parameters.Clear();
            command.Parameters.AddWithValue("@warengruppe_id", 3);
            command.Parameters.AddWithValue("@artikel_id", artikel_id);
            command.ExecuteNonQuery();
            // Befehl 4
            command.Parameters["@warengruppe_id"].Value = 4;
            command.Parameters["@artikel_id"].Value = artikel_id;
            command.ExecuteNonQuery();
            // Befehl 5
            command.Parameters.Clear();
            command.CommandText = "COMMIT"; // Alles in Ordnung
            command.Prepare();
            command.ExecuteNonQuery();
        }
        catch (Exception ex) {
            Console.WriteLine(ex.Message);
            command.Parameters.Clear();
            command.CommandText = "ROLLBACK"; // Alles wieder auf Anfang
            command.Prepare();
            command.ExecuteNonQuery();
        }
    }
```

18.5 Deadlock

Ein besonders Problem tritt immer dann auf, wenn sich Sperren/Transaktionen gegenseitig blockieren.

SESSION 1

```
1  START TRANSACTION;
2
3  UPDATE artikel
4    SET einzelpreis = 2.32
5    WHERE artikel_id = 3001;
6
7  UPDATE artikel
8    SET einzelpreis = 56.26
9    WHERE artikel_id = 3005;
```

SESSION 2

```
1  START TRANSACTION;
2
3  UPDATE artikel
4    SET einzelpreis = 56.26
5    WHERE artikel_id = 3005;
6
7
8
9
10
11 UPDATE artikel
12   SET einzelpreis = 2.32
13   WHERE artikel_id = 3001;
```

Ab Zeile 5 werden zwei Zeilen gesperrt. Session 1 sperrt den Artikel 3001 und Session 2 Artikel 3005. Session 1 versucht, in Zeile 9 anschließend auch auf Artikel 3005 zuzugreifen. Da dieser noch gesperrt ist, wartet die Session auf Freigabe durch Session 2. Wartet man lange genug, erhält man folgende Fehlermeldung:

```
ERROR 1205 (HY000): Lock wait timeout exceeded; try restarting transaction
```

Wir wollen diese Fehlermeldung aber gar nicht und führen in Session 2 in Zeile 13 einen UPDATE auf Artikel 3001 aus. Dieser ist aber von Session 1 gesperrt. Somit warten beide auf die Freigabe durch einen anderen. Und das täten sie bis in alle Ewigkeit, wenn nicht seitens des Servers versucht wird, Deadlocks zu identifizieren und unterbrechen. MySQL liefert jedenfalls unmittelbar nach Zeile 13 die Fehlermeldung:

```
ERROR 1213 (40001): Deadlock found when trying to get lock; try restarting
    transaction
```

Definition 59: Deadlock
Ist die Freigabe einer Sperrung A von einer Sperrung B abhängig, die von der Freigabe der Sperrung A abhängt, spricht man von einem Deadlock.

19 STORED PROCEDURE

Endlich wieder zu Hause: schöne prozedurale, imperative Programmierung.

- Grundkurs
  - Anlegen mit CREATE PROCEDURE
  - Das DELIMITER-Problem
  - Löschen mit DROP PROCEDURE
  - Variablen: lokale Variable, Sitzungsvariable, globale Variable
  - Parameter: IN, OUT, INOUT
  - Verzweigung mit IF
  - Fallunterscheidung mit CASE
  - WHILE-Schleife
  - Aufruf mit CALL
- Vertiefendes
  - LOOP-Schleife
  - REPEAT-Schleife
  - Transaktion innerhalb einer Prozedur
  - CURSOR

Die Quelltexte des Kapitels stehen in der Datei mysql/listing16.sql. Sie brauchen auch die beiden Dateien blz_20120305.csv und lstBestellungen.xml.

Hinweis: Anders als in den vorherigen Kapiteln wird hier auf eine Gegenüberstellung von SQL3 und MySQL oder MariaDB verzichtet. Prozeduren werden so unterschiedlich von den DBS-Anbietern spezifiziert, dass ich hier sinnvollerweise nur eine Sprachimplementierung vorstellen werde: die von MySQL. Die Grundelemente Aufruf, Parameter, Verzweigung, Schleife und Cursor kommen aber überall vor, sodass sich das erworbene Verständnis übertragen lässt.

Um einen syntaktischen Vergleich zu haben, habe ich die entsprechenden Beispiele auch in PostgreSQL erstellt und Ihnen zum Download zur Verfügung gestellt.

19.1 Einstieg und Variablen

Manche Aufgaben lassen sich nicht in einem SQL-Befehl unterbringen. Das kann inhaltliche Gründe haben, wie wir sie beispielsweise bei den Transaktionen kennengelernt haben (siehe Kapitel 18 auf Seite 289), aber auch technische.

In vielen Fällen wird dazu auf der Client-Seite eine passende PHP-, Java- oder C#-Methode erstellt, die die Aufgabe als Ganzes löst. Man kann aber auch wollen, dass diese Aufgabe auf dem SQL-Server gelöst werden soll. Ein Grund könnte ein hohes Datenvolumen und der damit verbundene Datenverkehr sein.

Wir bleiben bei dem Beispiel, einen Artikel mit seiner Warengruppen einzufügen. Dazu brauchen wir im ersten Schritt nur zwei Informationen: den Artikelnamen und die Warengruppe.

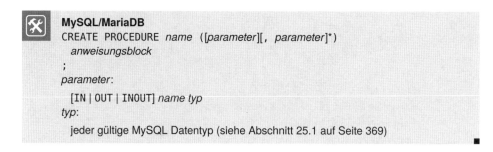

MySQL/MariaDB
CREATE PROCEDURE *name* ([*parameter*][, *parameter*]*)
   anweisungsblock
;
parameter:
   [IN | OUT | INOUT] *name typ*
typ:
   jeder gültige MySQL Datentyp (siehe Abschnitt 25.1 auf Seite 369)

Tabelle 19.1 Parameterart

Art	Präfix	Beschreibung
IN	i	Der Parameter ist eine lokale Variable. Jede Wertänderungen innerhalb der Prozedur bleiben außerhalb der Prozedur unbekannt. Wird kein Parameter angegeben, wird IN angenommen.
OUT	o	Der Parameter wird innerhalb der Prozedur mit einem neuem Wert versehen. Dieser neue Wert kann anschließend außerhalb der Prozedur weiter verarbeitet werden.
INOUT	io	Der Wert des Parameters wird innerhalb der Prozedur verwendet und abgeändert wieder in diesen Parameter abgelegt.

Ein Parameter wird mit einer Art (siehe Tabelle 19.1), einem Typ (siehe Abschnitt 25.1 auf Seite 369) und einem Namen festgelegt. Der Name sollte selbsterklärend sein. Um die Übersicht nicht zu verlieren, verwende ich immer einen Präfix.

 Hinweis: Parameter sollten vor ihrer Verwendung immer formal und fachlich plausibilisiert werden.

Formal bedeutet hier, dass er einen passenden Datentyp hat; ggf. müssen diese konvertiert werden. Fachlich meint, dass die Übergabe innerhalb des Wertebereichs liegt.

Der Anweisungsblock beginnt immer mit dem Schlüsselwort BEGIN und schließt mit END ab. Jetzt haben wird schon genügend Informationen gesammelt, um uns an das erste Prozedurfragment zu wagen:

```
1  CREATE PROCEDURE insert_artikel
2  (
3   IN iArtikelname VARCHAR(255),
4   IN iWarengruppe VARCHAR(255)
5  )
6  BEGIN
7   INSERT INTO artikel (bezeichnung) VALUES (iArtikelname);
```

Und schon ist Schluss :-(. Wir haben hier ein Problem, das wir zuerst lösen müssen, bevor es weitergehen kann. Die Anweisung in Zeile 7 endet mit einem Semikolon, mit was auch sonst? Aber ein Semikolon bedeutet doch, dass die Anweisung abgeschlossen/fertig ist. Wir erhalten also eine unschöne Fehlermeldung und sind erst einmal ratlos.

Das Problem ist, dass die eigentliche Anweisung, die SQL ausführen soll, CREATE PROCEDURE ist. Innerhalb dieser Anweisung tauchen nun weitere Anweisungen auf, die ebenfalls mit einem Semikolon enden. Um diese Mehrdeutigkeit zu umgehen, kann man das Zeichen zum Abschluss einen Befehls mit DELIMITER festlegen.

Hinweis: Achten Sie bei der Wahl des DELIMITERs darauf, dass dieses Zeichen nicht anderweitig innerhalb der Prozedur verwendet wird.

Würden wir beispielsweise die öffnende Klammer oder ein Komma wählen, würde die Verwirrung sich nur steigern. Beliebte DELIMITER sind ; oder // oder $$ oder ^.

Bevor wir die Prozedur weiter programmieren, fällt uns ein, dass wir den durch AUTO_INCREMENT neu erzeugten Primärschlüsselwert erfahren müssen. Hierzu haben Sie schon die Funktion LAST_INSERT_ID() kennengelernt. Diesen Wert wollen wir in einer lokalen Variablen ablegen, um ihn später weiterzuverwenden.

Lokale Variablen werden mit dem Schlüsselwort DECLARE bekannt gemacht. Wie bei Übergabeparametern können diese auch die bekannten Datentypen haben. Mit dem Zusatz DEFAULT kann man ihnen einen Startwert mitgeben. Wie bei den Übergabeparametern verwende ich auch hier immer einen Präfix: v.

MySQL/MariaDB
DECLARE *variablenname datentyp*[DEFAULT *vorbelegung*]
;

Wird ein DEFAULT angegeben, ist dies der Startwert der Variable. Oben ist erwähnt, dass es sich um eine lokale Variable handelt, aber was ist das eigentlich?

Definition 60: Lokale Variable
Ist ein Variablenname nur innerhalb des Anweisungsblocks bekannt, in dem er deklariert wurde, nennt man diese eine *lokale Variable*.

Dadurch, dass eine Variable lokal ist, kommt man sich nicht mit den lokalen Variablen anderer Prozeduren ins Gehege. Die meisten Variablen in Prozeduren sind entweder Übergabeparameter oder lokale Variablen. Aber sorry, was sind nochmal Übergabeparameter?

Definition 61: Übergabeparameter
Übergabeparameter vom Typ IN sind lokale Variablen, deren Wert von außerhalb der Prozedur beim Aufruf festgelegt werden. Sind sie vom Typ OUT, sind es ebenfalls lokale Variablen, aber der Wert der Variablen bleibt nach dem Verlassen der Prozedur erhalten. INOUT kann beides.

Der Wert einer Variable wird entweder durch SET oder ein SELECT ... INTO festgelegt.

MySQL/MariaDB
SET *variablenname* = *wert*;
SELECT *selectausdruck* INTO *variablenname*;

Wenn es lokale Variablen gibt, gibt es dann auch was anderes? Klar, die globalen Variablen und die Sitzungsvariablen.

Definition 62: Sitzungsvariablen
Ist eine Variable allen Prozeduren, Funktionen und Eingaben einer Sitzung bekannt, so wird diese *Sitzungsvariable* oder *session variable* genannt. Sie wird mit SESSION oder @@session. gekennzeichnet.

Der Wert kann innerhalb einer Sitzung[1] verändert werden. Diese Veränderung ist nur innerhalb dieser Sitzung bekannt. Andere Sitzungen kennen die Variable nicht oder haben immer noch den alten Wert. Viele Sitzungsvariablen sind schon vom Server eingerichtet worden. Eine davon haben wir bei den Transaktionen (siehe Kapitel 18 auf Seite 289) kennengelernt: AUTOCOMMIT.

Definition 63: Globale Variable
Ist eine Variable allen Prozeduren, Funktionen und Eingaben aller Sitzungen bekannt, so wird diese *globale Variable* genannt. Sie wird mit GLOBAL oder @@global. gekennzeichnet.

Eine Änderung ist allen anderen Sitzungen bekannt. Auch hier stellt der Server schon viele solcher Variablen zur Verfügung. Als Beispiel sei hier CONNECT_TIMEOUT genannt.

Hinweis: Variablen, die durch Wertzuweisung deklariert werden, haben den Präfix @.

Zurück zu unserem Beispiel: Zu Beginn unserer Programmierung wird als Erstes der neue Begrenzer mit DELIMITER definiert. Ich bevorzuge das //. Bitte vergessen Sie nicht: Wenn

---
[1] engl: session

irgendetwas schief läuft und Sie mit dem Client weiter arbeiten wollen, setzen Sie den Begrenzer wieder auf das Semikolon.

```
 1  DELIMITER //
 2  CREATE PROCEDURE insert_artikel
 3  (
 4   IN iArtikelname VARCHAR(255),
 5   IN iWarengruppe VARCHAR(255)
 6  )
 7
 8  BEGIN
 9
10   DECLARE v_artikel_id     INT DEFAULT 0;
11   DECLARE v_warengruppe_id INT DEFAULT 0;
12
13
14   INSERT INTO artikel
15    (bezeichnung)
16    VALUES (iArtikelname);
17
18   SET v_artikel_id = LAST_INSERT_ID();      -- Variable setzen
19
20   SELECT warengruppe_id
21    FROM warengruppe
22    WHERE bezeichnung = iWarengruppe
23    INTO v_warengruppe_id;                   -- Oder so
24
25   INSERT INTO artikel_nm_warengruppe        -- Eintrag Hilfstabelle
26    (warengruppe_id, artikel_id)
27    VALUES
28     (v_warengruppe_id, v_artikel_id);
29
30  END//                                      -- Anderer DELIMITER
31  DELIMITER ;
```

Mit der Anweisung SET wird in Zeile 18 der Inhalt einer Variable mit einem neuen Wert versehen. Dabei können rechts vom Gleichheitszeichen Konstanten, Ausdrücke oder Funktionsaufrufe stehen, sofern diese skalar sind und einen Wert zurückliefern, der zum Datentyp der Variable passt.

Das Ergebnis einer Auswahl mit SELECT kann ebenfalls in einer Variablen abgelegt werden. Nach dem SELECT wird durch das Schlüsselwort INTO in Zeile 23 die Zielvariable festgelegt.

In Zeile 30 kommt unser neuer Begrenzer zum Einsatz. Die Semikolons des Anweisungsblocks sind von SQL-Interpreter bis jetzt ignoriert worden. Das // schließt den CREATE ab, und die Prozedur wird übernommen. Jetzt ist es wichtig, den Begrenzer wieder auf das Semikolon zu setzen, damit er für nachfolgende Befehle wieder gilt.

Sicherlich haben Sie auch bei LAST_INSERT_ID() die Stirn gerunzelt, oder? Immerhin könnten mehrere Sessions gleichzeitig in die Tabelle artikel neue Zeilen einfügen. Stellen Sie sich vor, ein anderer Anwender würde in der Zeitspanne zwischen dem Einfügen und dem Aufruf von LAST_INSERT_ID() ebenfalls einen Datensatz einfügen. Stellt sich doch die Frage, welchen Wert liefert jetzt diese Funktion?

Ein Blick ins Handbuch verschafft Klarheit. Jede Session merkt sich nur die ID, die in dieser erstellt wurde. Werden in anderen Sessions andere IDs erstellt, sind die in meiner nicht durch LAST_INSERT_ID() ermittelbar. Oder positiv ausgedrückt: Es ist garantiert, dass diese Funktion den zuletzt erzeugten AUTO_INCREMENT-Wert meiner Session liefert.

Rufen wir die Prozedur mal auf:

```
 1  mysql> CALL insert_artikel ('Schlauch', 'Gartenbedarf');
 2
 3  mysql> SELECT artikel_id, bezeichnung FROM artikel ORDER BY artikel_id;
 4  +------------+---------------------------+
 5  | artikel_id | bezeichnung               |
 6  +------------+---------------------------+
 7  [...]
 8  |       9017 | Schlauch                  |
 9  +------------+---------------------------+
10
11  mysql> SELECT warengruppe_id, bezeichnung FROM warengruppe;
12  +----------------+---------------+
13  | warengruppe_id | bezeichnung   |
14  +----------------+---------------+
15  [...]
16  |              3 | Gartenbedarf  |
17  [...]
18  +----------------+---------------+
19
20  mysql> SELECT * FROM artikel_nm_warengruppe;
21  +----------------+------------+
22  | warengruppe_id | artikel_id |
23  +----------------+------------+
24  [...]
25  |              3 |       9017 |
26  +----------------+------------+
```

Eine Prozedur kann mit DROP PROCEDURE gelöscht werden.

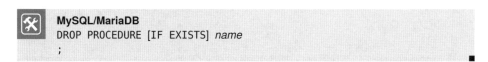

MySQL/MariaDB
DROP PROCEDURE [IF EXISTS] *name*
;

Mit SHOW PROCEDURE STATUS kann eine Liste der verfügbaren Prozeduren eingesehen werden:

```
 1  mysql> SHOW PROCEDURE STATUS\G
 2  *************************** 1. row ***************************
 3                    Db: oshop
 4                  Name: insert_artikel
 5                  Type: PROCEDURE
 6               Definer: root@localhost
 7              Modified: 2012-06-15 18:02:48
 8               Created: 2012-06-15 18:02:48
 9         Security_type: DEFINER
10               Comment:
11  character_set_client: utf8
12  collation_connection: utf8_general_ci
13    Database Collation: utf8_unicode_ci
```

19.2 Verzweigung

19.2.1 Einfache Verzweigung mit IF

Da sind wir mal mutig:

```
1  mysql> CALL insert_artikel ('Fleischwurst', 'Lebensmittel');
2  ERROR 1452 (23000): Cannot add or update a child row: a foreign key constraint
       fails ('oshop'.'artikel_nm_warengruppe', CONSTRAINT '
       artikel_nm_warengruppe_ibfk_1' FOREIGN KEY ('warengruppe_id') REFERENCES
       'warengruppe' ('warengruppe_id'))
```

Das ist hässlich. Der Artikel Fleischwurst ist zwar angelegt worden, aber der Eintrag in der Tabelle artikel_nm_warengruppe ist fehlgeschlagen.

Aufgabe 19.1: Finden Sie anhand der Fehlermeldung die Fehlerursache heraus.

Um diesen Fehler in Zukunft zu vermeiden, wollen wir unsere Prozedur um eine Plausibilitätsüberprüfung der Übergabeparameter erweitern.

Definition 64: Plausibilitätsüberprüfung
Eine *Plausibilitätsüberprüfung* ist der Test eines Übergabeparameters oder einer Anwendereingabe auf fachliche Richtigkeit.

Wie bei jeder guten Analyse sollte man die fachlichen Regeln und die daraus abgeleiteten Handlungen vor der Programmierung notieren:

- Ist die Warengruppenbezeichnung nicht vorhanden, soll eine neue Warengruppe angelegt werden.
- Ist die Artikelbezeichnung nicht vorhanden, soll ein neuer Artikel angelegt werden.
- Ist die Artikelbezeichnung schon vorhanden, soll überprüft werden, ob es schon eine Zuordnung des Artikels zu dieser Warengruppe gibt.
  - Es gibt keine Zuordnung, dann soll eine neue Zuordnung in die Hilfstabelle eingetragen werden.
  - Es gibt eine Zuordnung, dann brauchen wir nichts tun.

Wir brauchen ein Sprachkonstrukt, welches uns festzulegen erlaubt, ob ein Anweisungsblock überhaupt ausgeführt wird.

Definition 65: Verzweigung
Wenn ein Anweisungsblock nur abhängig von einer Bedingung ausgeführt wird, wird er *Verzweigung* genannt.

In MySQL und MariaDB wird für eine Verzweigung das IF verwendet. Der Aufbau eines IFs ist wie folgt:

MySQL/MariaDB
```
IF bedingung THEN
    anweisungsblock 1
[ELSE
    anweisungsblock 2]
END IF;
```

Der *anweisungsblock 1* wird nur ausgeführt, wenn die Bedingung TRUE oder einen Wert ≠ 0 liefert. Der *anweisungsblock 2* wird nur ausgeführt, wenn *anweisungsblock 1* nicht ausgeführt wird. Der ELSE-Teil ist optional.

Zurück zu unserem oben beschriebenen Plan. Es ist nicht möglich, eine Prozedur im Anweisungsblock nur zu ändern. Sie muss mit DROP PROCEDURE gelöscht und mit CREATE PROCEDURE wieder angelegt werden:

```
 1  DROP PROCEDURE IF EXISTS insert_artikel;
 2
 3  DELIMITER //
 4  CREATE PROCEDURE insert_artikel
 5  (
 6    IN iArtikelname VARCHAR(255),
 7    IN iWarengruppe VARCHAR(255)
 8  )
```

Die Variable v_artikel_id wird den neuen oder ggf. schon vorhandenen Primärschlüsselwert des Artikels enthalten. Das Gleiche gilt für v_warengruppe_id. In v_count_zuordnung wird die Anzahl der schon vorhandenen Einträge in der Hilfstabelle bzgl. des Artikels und der Warengruppe abgelegt. Erwartet werden die Werte 1 oder 0.

```
10  BEGIN
11    DECLARE v_artikel_id       INT DEFAULT -1;
12    DECLARE v_warengruppe_id   INT DEFAULT -1;
13    DECLARE v_count_zuordnung INT DEFAULT 0;
```

In iWarengruppe steht die Warengruppe, die als Parameter beim Aufruf übergeben wird. Diese wird nun innerhalb der WHERE-Klausel dazu verwendet, den passenden Primärschlüsselwert zu ermitteln. Das Ergebnis wird in v_warengruppe_id abgespeichert. In Zeile 23 wird mit IF überprüft, ob ein Datensatz vorhanden war. War er nicht vorhanden, wird er neu angelegt und der neue Primärschlüsselwert mithilfe von LAST_INSERT_ID() ermittelt. In beiden Fällen steht der Primärschlüsselwert der Warengruppe in der lokalen Variablen v_warengruppe_id: entweder der schon vorhandene oder der neue.

```
16    -- Teste, ob Warengruppe vorhanden ist
17    SELECT warengruppe_id
18      FROM warengruppe
19      WHERE bezeichnung = iWarengruppe
20      INTO v_warengruppe_id;
21
22    -- Wenn nein, fuege eine ein
23    IF v_warengruppe_id < 0 THEN          -- Einfache Verzweigung
24      INSERT INTO warengruppe (bezeichnung) VALUES (iWarengruppe);
25      SET v_warengruppe_id = LAST_INSERT_ID();
26    END IF;
```

Analog wird bei dem Artikel vorgegangen. Zuerst wird versucht, den ggf. schon vorhandenen Primärschlüsselwert zu ermitteln. Dieser wird auf < 0 getestet und falls die Bedingung TRUE liefert, wird ein neuer Artikel mit der übergebenen Bezeichnung angelegt.

```
28    -- Teste, ob artikel vorhanden ist
29    SELECT artikel_id
30      FROM artikel
31      WHERE bezeichnung = iArtikelname
32      INTO v_artikel_id;
33
34    -- Wenn nein, teste auf fuege ein
35    IF v_artikel_id < 0 THEN
36      INSERT INTO artikel (bezeichnung) VALUES (iArtikelname);
37      SET v_artikel_id = LAST_INSERT_ID();
38    END IF;
```

Jetzt wird in der Hilfstabelle anhand der ermittelten Primärschlüsselwerte ein Eintrag gesucht, genauer: die Anzahl der passenden Einträge. Liefert die Bedingungen v_count_zuordnung <= 0 den Wert TRUE, muss eine Zeile in die Hilfstabelle eingefügt werden. Der Hinweis in Zeile 53 ist nur für eine Warnung da.

```
40    -- Test, ob Zuordnung schon vorhanden
41    SELECT COUNT(*)
42      FROM artikel_nm_warengruppe
43      WHERE artikel_id = v_artikel_id AND warengruppe_id = v_warengruppe_id
44      INTO v_count_zuordnung;
45
46    -- Wenn nein, fuege eine hinzu
47    IF v_count_zuordnung <= 0 THEN
48      INSERT INTO artikel_nm_warengruppe
49        (warengruppe_id, artikel_id)
50      VALUES
51        (v_warengruppe_id, v_artikel_id);
52    ELSE
53      SELECT 'Zuordnung schon vorhanden';        -- Hinweis
54    END IF;
55  END//
56  DELIMITER ;
```

Ein neuer Versuch:

```
40  mysql> CALL insert_artikel ('Fleischwurst', 'Lebensmittel');
41  mysql> CALL insert_artikel ('Fleischwurst', 'Lebensmittel');
42  +---------------------------+
43  | Zuordnung schon vorhanden |
44  +---------------------------+
45  | Zuordnung schon vorhanden |
46  +---------------------------+
```

 Aufgabe 19.2: Testen Sie alle Fälle mit eigenen Beispielen durch und überprüfen Sie die Ergebnisse in den Tabellen.

19.2.2 Mehrfache Verzweigung mit CASE

Für die Fallunterscheidung gibt es zwei Varianten: eine, die eine Wertübereinstimmung ermittelt, und eine, die Bedingungen prüft.

Hier die Syntax für die Wertübereinstimmung. Hinter dem CASE steht ein irgendwie gearteter Container für Werte, z.B. ein Variablenname. Hinter dem WHEN wird ein konkreter Wert angegeben. Stimmen die Werte überein, wird der hinter dem THEN stehende Anweisungsblock ausgeführt.

MySQL/MariaDB
```
CASE spaltenname|ausdruck|variablenname
    WHEN wert THEN anweisungsblock
    [WHEN wert THEN anweisungsblock]*
    [ELSE anweisungsblock]
END CASE;
```

Hier die Syntax für die Bedingung. Hinter jedem WHEN steht eine Bedingung. Ist diese TRUE, wird der Anweisungsblock hinter dem THEN ausgeführt. Die Formulierung der Bedingung erfolgt wie bei der Verzweigung mit IF (siehe Abschnitt 19.2.1 auf Seite 309).

MySQL/MariaDB
```
CASE
    WHEN bedingung THEN anweisungsblock
    [WHEN bedingung THEN anweisungsblock]*
    [ELSE anweisungsblock]
END CASE;
```

Ich möchte durch eine Prozedur abhängig vom Übergabeparameter unterschiedliche Umsatzberichte erstellen lassen. Ist der Übergabeparameter eine 1, soll der totale Umsatz anhand der Tabelle rechnung ermittelt werden. Ist er 2, wird er Umsatz pro Jahr, bei 3 pro Monat berechnet. Das Ergebnis wird in der Tabelle umsatzzahlen abgelegt.

```
 1  DELIMITER //
 2  CREATE PROCEDURE umsatzreport
 3  (
 4   IN iZeitraum INT
 5  )
 6  BEGIN
 7   DROP TABLE IF EXISTS umsatzzahlen;
 8
 9   CASE iZeitraum
10    WHEN 1 THEN      -- Total
11     CREATE TABLE umsatzzahlen
12      SELECT 'Total', SUM(einzelpreis * menge) 'Umsatz'
13      FROM
14       rechnung_position INNER JOIN artikel USING (artikel_id)
15                         INNER JOIN rechnung USING (rechnung_id)
16     ;
17    WHEN 2 THEN      -- Pro Jahr
18     CREATE TABLE umsatzzahlen
19      SELECT YEAR(datum) 'Jahr', SUM(einzelpreis * menge) 'Umsatz'
```

```
20        FROM
21          rechnung_position INNER JOIN artikel USING (artikel_id)
22                            INNER JOIN rechnung USING (rechnung_id)
23        GROUP BY 'Jahr'
24        ORDER BY 'Jahr' DESC
25        ;
26      WHEN 3 THEN      -- Pro Monat
27      CREATE TABLE umsatzzahlen
28        SELECT YEAR(datum) 'Jahr', MONTH(datum) 'Monat', SUM(einzelpreis * menge)
               'Umsatz'
29        FROM
30          rechnung_position INNER JOIN artikel USING (artikel_id)
31                            INNER JOIN rechnung USING (rechnung_id)
32        GROUP BY 'Jahr', 'Monat'
33        ORDER BY 'Jahr' DESC, 'Monat' DESC
34        ;
35      ELSE             -- Sowas sollte es immer geben
36      CREATE TABLE umsatzzahlen
37        SELECT 'Unbekannte Berichtsart', iZeitraum;
38      END CASE;
39    END//
40    DELIMITER ;
```

Schauen wir uns die Ausgaben an:

```
1  mysql> CALL umsatzreport(1); SELECT * FROM umsatzzahlen;
2  +-------+-------------------+
3  | Total | Umsatz            |
4  +-------+-------------------+
5  | Total | 2170.210000000000 |
6  +-------+-------------------+
```

Der Übergabeparameter ist 1. Beim ersten WHEN in Zeile 10 wird der Inhalt von iZeitraum genau auf diesen Wert überprüft. Die anschließende Anweisung erzeugt den Bericht. Würden mehrere Anweisungen auszuführen sein, muss dieser mit BEGIN ... END; umschlossen sein.

```
1  mysql> CALL umsatzreport(2); SELECT * FROM umsatzzahlen;
2  +------+-------------------+
3  | Jahr | Umsatz            |
4  +------+-------------------+
5  | 2012 | 1615.800000000000 |
6  | 2011 |  554.410000000000 |
7  +------+-------------------+
```

Jetzt wird der Fall in Zeile 17 ausgeführt. Dabei werden die Umsatzdaten nach der Jahresangabe gruppiert, summiert und sortiert. Analoges geschieht in Zeile 26 bei 3:

```
1  mysql> CALL umsatzreport(3); SELECT * FROM umsatzzahlen;
2  +------+-------+-------------------+
3  | Jahr | Monat | Umsatz            |
4  +------+-------+-------------------+
5  | 2012 |     4 | 1328.400000000000 |
6  | 2012 |     3 |  287.400000000000 |
7  | 2011 |     1 |  554.410000000000 |
8  +------+-------+-------------------+
```

Wird ein Parameterwert der Prozedur übergeben, für den keine Wertübereinstimmung gefunden wird, wird der ELSE-Teil ab Zeile 35 ausgeführt:

```
mysql> CALL umsatzreport(0); SELECT * FROM umsatzzahlen;

+-------------------------+-----------+
| Unbekannte Berichtsart  | iZeitraum |
+-------------------------+-----------+
| Unbekannte Berichtsart  |         0 |
+-------------------------+-----------+
```

 Hinweis: Die erste Wertübereinstimmung oder die erste zutreffende Bedingung wird ausgeführt. Anschließend wird die Fallunterscheidung verlassen.

Das bedeutet, dass die nachfolgenden Bedingungen nicht mehr überprüft werden.

```
DELIMITER //
CREATE PROCEDURE b()
BEGIN
  DECLARE vZeitraum INT ;
  SET vZeitraum = 2;
  CASE
    WHEN vZeitraum = 2 THEN SELECT 'A';
    WHEN vZeitraum > 0 THEN SELECT 'B';
    WHEN vZeitraum < 2 THEN SELECT 'C';
  END CASE;
END//
DELIMITER ;

mysql> CALL b();
+---+
| A |
+---+
| A |
+---+
```

 Aufgabe 19.3: Hier hätte man vielleicht auch folgende Ausgabe erwarten können. Warum?

```
+---+
| A |
+---+
| A |
+---+


+---+
| B |
+---+
| B |
+---+
```

19.3 Schleifen

Anweisungen werden oft mehrfach oder besser gesagt wiederholt ausgeführt. Denken Sie an eine Performancemessung, die bei wachsender Datenmenge eigentlich immer das Gleiche tut.

Definition 66: Schleife
Ein Anweisungsblock, der sich abhängig von einer Bedingung wiederholt, wird *Schleife* genannt.

In der Programmierung kennt man viele Arten von Schleifen: kopf- oder fußgesteuerte, annehmende oder abweisende, offene oder geschlossene Schleifen.

Definition 67: Kopf-/Fußgesteuerte Schleife
Wird bei einer Schleife *vor* der Ausführung des Anweisungsblocks die Bedingung überprüft, so spricht man von einer *kopfgesteuerten* Schleife. Wird der Anweisungsblock ausgeführt und *danach* die Bedingung überprüft, so spricht man von einer *fußgesteuerten* Schleife.

Aus der Definition folgt, dass bei einer fußgesteuerten Schleife der Anweisungsblock mindestens einmal ausgeführt wird; bei einer kopfgesteuerten ist das nicht garantiert. In Sprachen wie C entspricht die kopfgesteuerte einer `while`-Schleife und die fußgesteuerte einer `do/while`-Schleife.

Definition 68: Annehmende/Abweisende Schleife
Wird bei einer Schleife der Anweisungsblock ausgeführt, *bis* eine Bedingung wahr ist, wird dies *abweisende* Schleife genannt. Wird der Anweisungsblock wiederholt, *solange* eine Bedingung wahr ist, wird sie *annehmende* Schleife genannt.

Abweisende Schleifen sind aus der Mode gekommen. Heute werden fast nur noch annehmende verwendet. Die `repeat/until`-Schleife in Delphi ist eine abweisende Schleife.

Definition 69: Offene/Geschlossene Schleife
Liegt die Anzahl der Wiederholungen im Prinzip fest, so spricht man von einer *geschlossenen* Schleife. Ist die Anzahl der Wiederholungen unbestimmt, von einer *offenen*.

Alle Arten von Zählschleifen wie die `for`-Schleife in C# sind geschlossene Schleifen. Offene Schleifen werden meist als `while`-Schleife spezifiziert.

19.3.1 LOOP-Schleife

MySQL/MariaDB
[*labelname*:]LOOP
   anweisungsblock
END LOOP[*labelname*];

Die LOOP-Schleife ist eine offene Schleife, eigentlich eine Endlosschleife. Da es keine Bedingung gibt, die den Abbruch oder die Fortsetzung der Schleife steuert, läuft sie im Prinzip ohne Ende durch. In der Anwendungsentwicklung haben Endlosschleifen durchaus ihre Berechtigung, aber nicht bei SQL-Prozeduren. Schließlich soll der Server nicht durch eine Endlosschleife endlos viele Ressourcen verbrauchen.

Innerhalb der LOOP-Schleife – aber nicht nur dort – kommen daher folgende Schlüsselwörter zum Einsatz:

- LEAVE: Der Anweisungsblock oder die Schleife werden verlassen. Dieses Schlüsselwort kann innerhalb eines BEGIN...END-Anweisungsblocks oder in einem Schleifenkonstrukt wie LOOP, REPEAT oder WHILE verwendet werden. Die Schleife wird durch LEAVE beendet, und die erste Anweisung – falls vorhanden – nach der Schleife wird ausgeführt. Gibt es keine nachfolgende Anweisung oder keinen Anweisungsblock, in den man zurückkehren kann, ist die Prozedur beendet. Handelt es sich um eine verschachtelte Schleife[2], wird die darüberliegende Schleife fortgesetzt[3]. Der Anweisungsblock oder die Schleife muss einen Label haben.

- ITERATE: Die Schleife beginnt mit einem neuen Durchlauf (Iteration). Dieses Schlüsselwort kann innerhalb eines Schleifenkonstrukts wie LOOP, REPEAT oder WHILE verwendet werden. Egal an welcher Stelle ich mich im *anweisungsblock* der Schleife befinde, die Prozedur springt zur ersten Anweisung der Schleife oder bei kopfgesteuerten Schleifen zur Überprüfung der Schleifenbedingung[4]. Die Schleife muss einen Label haben.

Da mir keine sinnvollen Beispiele für eine Endlosschleife eingefallen sind, hier ein sinnloses. Wobei so sinnlos vielleicht doch nicht, wird hier doch das Verhalten und der Wertebereich von einer ganzzahligen Variablen visualisiert.

```
 1  DELIMITER //
 2  CREATE PROCEDURE warte_auf_ueberlauf()
 3  BEGIN
 4    DECLARE vInt TINYINT;
 5
 6    SET vInt = 0;
 7    LOOP                  -- Schleifenstart
 8      SELECT vInt;
 9      SET vInt = vInt + 1;
10    END LOOP;             -- Schleifenende
11  END;
12  //
13  DELIMITER ;
```

---

[2] Das ist einer Schleife innerhalb einer Schleife.
[3] Für alle, die in der C-Sprachfamilie zu Hause sind, dürfte sich ein Vergleich mit dem `break;` anbieten.
[4] Für alle, die in der C-Sprachfamilie zu Hause sind, dürfte sich ein Vergleich mit dem `continue;` anbieten.

```
14
15  CALL  warte_auf_ueberlauf();
```

Und schon kann man sich einen Kaffee (Tee, Apfelsaft ...) holen gehen. Eine wichtige Beobachtung ist, dass der Zähler bei 127 aufhört, sich weiter zu erhöhen! Es gibt also keinen klassischen Überlauf oder eine Exception wie bei C# oder Java.

 Hinweis: Die Ausführung kann auf dem MySQL- oder MariaDB-Client durch STRG+C unterbrochen werden. ∎

Ich möchte auf diese Art und Weise herausfinden, was der höchste und was der kleinste Wert einer INT-Variablen ist. In Zeile 9 wird die Schleife mit einem Aufkleber[5] versehen. In Zeile 13 kann daher der LEAVE genau sagen, *was* er verlassen möchte. Analog arbeitet die zweite Schleife. Der Abbruch einer Schleife mit LEAVE wird immer dann ausgelöst, wenn sich die Werte der Variablen nicht mehr erhöhen oder erniedrigen.

```
 1  DELIMITER //
 2  CREATE PROCEDURE min_max()
 3  BEGIN
 4    DECLARE vInt TINYINT;
 5    DECLARE vMin INT;
 6    DECLARE vMax INT;
 7
 8    SET vInt = 0;
 9  maxsuche: LOOP            -- Jetzt mit Label
10     SET vMax = vInt;
11     SET vInt = vInt + 1;
12     IF vMax = vInt THEN
13       LEAVE maxsuche;      -- Verlasse Label
14     END IF;
15   END LOOP maxsuche;
16
17   SET vInt = 0;
18  minsuche: LOOP
19     SET vMin = vInt;
20     SET vInt = vInt - 1;
21     IF vMin = vInt THEN
22       LEAVE minsuche;
23     END IF;
24   END LOOP minsuche;
25
26   SELECT 'MIN = ', vMin, 'MAX = ', vMax;
27  END;
28  //
29
30  DELIMITER ;
```

 Aufgabe 19.4: Führen Sie CALL min_max(); aus. Warum dürfen vMin und vMax nicht den gleichen Datentyp verwenden wie vInt? ∎

---

[5] engl.: label

19.3.2 WHILE-Schleife

MySQL/MariaDB
[*labelname*:]WHILE *schleifenbedingung* DO
    anweisungsblock
END WHILE[*labelname*];

Die WHILE-Schleife ist eine offene, kopfgesteuerte und annehmende Schleife. Und jetzt kommt's:

- Jede fußgesteuerte Schleife kann durch eine kopfgesteuerte simuliert werden.
- Jede abweisende Schleife kann durch eine annehmende simuliert werden.
- Jede geschlossene Schleife kann durch eine offene simuliert werden.

Mit anderen Worten, ich kann jede Art von Schleife bauen, wenn ich eine kopfgesteuerte, annehmende und offene Schleife in einer Programmiersprache zur Verfügung stelle. Und genau das ist eine WHILE-Schleife. In den meisten Fällen werden daher bei Prozeduren WHILE-Schleifen verwendet. Zuerst ein kleines numerisches Beispiel: *das Sieb des Eratosthenes*[6].

```
 1  DELIMITER //
 2  CREATE PROCEDURE sieb
 3  (
 4   iGrenze BIGINT UNSIGNED
 5  )
 6  BEGIN
 7   DECLARE vZahl BIGINT UNSIGNED DEFAULT 2;      -- Start mit 2
 8   DECLARE vPosition BIGINT UNSIGNED DEFAULT 2;
 9
10   -- Aufbau der Tabelle
11   DROP TABLE IF EXISTS zahlenstrahl;
12   CREATE TABLE zahlenstrahl
13   (
14    position BIGINT UNSIGNED,
15    zahl BIGINT UNSIGNED,
16    PRIMARY KEY(position)
17   );
18
19   WHILE vZahl <= iGrenze DO
20    INSERT INTO zahlenstrahl VALUES (vZahl, vZahl);
21    SET vZahl = vZahl + 1;
22   END WHILE;
23
24   -- Sieb
25   WHILE vPosition < CEILING(SQRT(iGrenze)) DO
26    SELECT zahl FROM zahlenstrahl WHERE position = vPosition INTO vZahl;
27    IF vZahl > 0 THEN
28     UPDATE zahlenstrahl SET zahl = 0
29      WHERE (position > vPosition) AND (zahl % vZahl = 0);
30    END IF;
31    SET vPosition = vPosition + 1;
32   END WHILE;
```

---

[6] griechischer Gelehrter: * zwischen 276 und 273 v. Chr. in Kyrene; † um 194 v. Chr. in Alexandria

```
33
34   -- Bereinigen der Tabelle
35   DELETE FROM zahlenstrahl WHERE zahl = 0;
36   END//
37   DELIMITER ;
```

Jetzt kann das Sieb aufgerufen werden. Wenn Sie die Idee des Algorithmus nachlesen wollen, sei Ihnen [MOP06] empfohlen.

```
 1   mysql> CALL sieb(20);
 2
 3   mysql> SELECT zahl FROM zahlenstrahl ORDER BY zahl;
 4   +------+
 5   | zahl |
 6   +------+
 7   |    2 |
 8   |    3 |
 9   |    5 |
10   |    7 |
11   |   11 |
12   |   13 |
13   |   17 |
14   |   19 |
15   +------+
```

Ein besseres Beispiel: Ein häufiges Problem ist, dass eine umfangreiche Aktion eine Tabelle für andere Aktionen blockiert. Wenn wir beispielsweise die Bankleitzahlen importieren, ist die Tabelle bank für alle anderen Schreib- und vielleicht sogar Leseoperationen nicht verfügbar. Ist diese Nichtverfügbarkeit eine Frage von einer halben bis ganzen Sekunde, könnte man ein solches Locking noch hinnehmen. Vergehen mehrere Sekunden, riskiert man einen Timeout-Fehler.

Eine Lösungsstrategie ist, die umfangreiche Aktion in Teilaktionen zu zerlegen und so anderen Aktionen Zeit für Auswertungen zu lassen. Bauen wir uns eine passende Beispielumgebung:

```
 1   DROP DATABASE IF EXISTS tmpSchleife;
 2   CREATE DATABASE tmpSchleife CHARACTER SET utf8;
 3
 4   USE tmpSchleife;
 5
 6   CREATE TABLE bank_quelle
 7   (
 8    blz         CHAR(8),   merkmal      CHAR(1),       bezeichnung  VARCHAR(255),
 9    plz         CHAR(5),   ort          VARCHAR(255),  kurz         VARCHAR(255),
10    pan         CHAR(5),   bic          VARCHAR(255),  sm           CHAR(2),
11    ds          CHAR(6),   kz           CHAR(1),       blzl         CHAR(1),
12    blzn        CHAR(8)
13   )
14   ;
15
16   LOAD DATA LOCAL INFILE 'blz_20120305.csv'
17     INTO TABLE bank_quelle
18     FIELDS TERMINATED BY ';'
19     LINES TERMINATED BY '\n'
20   ;
```

Wir haben jetzt eine Tabelle, die ca. 19600 Zeilen umfasst, und diese will ich in eine andere Tabelle kopieren. Dabei sollen die Adressdaten in ein eigenes Feld zusammengefasst werden.

```sql
CREATE TABLE bank_ziel
(
 blz           CHAR(8),
 bezeichnung   VARCHAR(255),
 adresse       TEXT
)
;
```

Der erste Lösungsansatz ist ein normaler, uns bekannter INSERT:

```sql
INSERT INTO bank_ziel (blz, bezeichnung, adresse)
  SELECT blz, bezeichnung, CONCAT(plz, ' ', ort) FROM bank_quelle;
```

Wie oben schon erwähnt, ist der Nachteil dieser Lösung, dass die Tabelle bank_ziel für die Dauer der Ausführung keiner anderen Aktion zur Verfügung steht. Hier kann eine Prozedur Abhilfe schaffen:

```sql
DELIMITER //
CREATE PROCEDURE kopiere_blz
(
 iAnzahl INT UNSIGNED             -- Anzahl der Zeilen pro Kopiervorgang
)
BEGIN
 DECLARE vOffset INT UNSIGNED;    -- Aktueller Startpunkt
 DECLARE vCount  INT UNSIGNED;    -- Anzahl der zu kopierenden Zeilen

 SELECT COUNT(*) FROM bank_quelle INTO vCount;

 SET vOffset = 0;
 WHILE vOffset < vCount DO        -- Start der Schleife
   SELECT 'vOffset ', vOffset;    -- Nur zum Gucken

   INSERT INTO bank_ziel (blz, bezeichnung, adresse)
     SELECT blz, bezeichnung, CONCAT(plz, ' ', ort)
       FROM bank_quelle
       LIMIT vOffset, iAnzahl;
   SET vOffset = vOffset + iAnzahl;  -- Neuer Startwert
 END WHILE;                       -- Ende der Schleife
END//
DELIMITER ;

CALL kopiere_blz(1000);
```

In Zeile 13 beginnt die Schleife. Hinter dem Schlüsselwort WHILE wird die Schleifenbedingung formuliert. Das Schlüsselwort DO startet den Anweisungsblock der Schleife. In Zeile 21 endet der Anweisungsblock der Schleife, und die Prozedur springt wieder zur Zeile 13. Erst, wenn die Schleifenbedingung nicht TRUE ergibt, wird mit der Zeile nach Zeile 21 weitergemacht.

Der Übergabeparameter iAnzahl der Prozedur legt fest, wie viele Zeilen pro Schleifendurchlauf von der Tabelle bank_quelle zur Tabelle bank_ziel kopiert werden. Die Variable vOffset enthält die Information darüber, mit welcher Zeile der Kopiervorgang beginnen soll. In vCount wird die Anzahl der Zeilen von bank_quelle abgelegt, damit die Schleife weiß, wann sie fertig ist.

Zuerst wird vOffset auf 0 gesetzt, damit der Kopiervorgang mit der ersten Zeile beginnt. In Zeile 20 wird vOffset um die Anzahl der kopierten Zeilen erhöht. Die Schleifenbedingung überprüft, ob dieser Wert kleiner als die Gesamtanzahl der zu kopierenden Zeilen ist. Falls ja, muss die Schleife ausgeführt werden.

Die beiden Variablen vOffset und iAnzahl werden in einer LIMIT-Klausel dazu verwendet, genau die Zeilen aus der Quelltabelle auszuschneiden, die gerade kopiert werden sollen.

Aufgabe 19.5: Überlegen Sie sich eine geeignete Überprüfung des Kopiervorgangs und bauen Sie die Prozedur zu einer Transaktion um. Es soll ein ROLLBACK erfolgen, wenn der Kopiervorgang nicht erfolgreich war.

19.3.3 REPEAT-Schleife

MySQL/MariaDB
[*labelname*:]REPEAT
  anweisungsblock
UNTIL *bedingung* END REPEAT[*labelname*];

Die REPEAT-Schleife ist eine abweisende, fußgesteuerte Schleife. Wie oben erwähnt, braucht man diese Schleife nicht unbedingt, da man sie durch eine WHILE-Schleife simulieren kann. Hier ein numerisches Beispiel: Es wird der größte gemeinsame Teiler nach Euklid[7] berechnet[8].

```
 1  DELIMITER //
 2  CREATE PROCEDURE ggt
 3  (
 4    iZahl1 INT UNSIGNED,
 5    iZahl2 INT UNSIGNED
 6  )
 7  BEGIN
 8    SET @m = iZahl1;       -- Deklaration durch
 9    SET @n = iZahl2;       -- eine Zuweisung
10
11    REPEAT                 -- Schleifenstart
12      SET @t = @m % @n;
13      SET @m = @n;
14      SET @n = @t;
15    UNTIL @n = 0 END REPEAT; -- Schleifenende
16
17    SELECT CONCAT('GGT(',iZahl1,', ',iZahl2,') = ') 'GgT()', @m;
18  END//
19  DELIMITER ;
```

---
[7] Euklid von Alexandria; ca. 360 v. Chr. bis ca. 280 v. Chr.; griechischer Mathematiker.
[8] Bitte, das ist keine numerisch stabile und plausibilisierte Funktion, sondern nur ein Beispiel!

Der Anweisungsblock zwischen Zeile 11 und 15 wird mindestens einmal durchgeführt. Dann erfolgt die Überprüfung der Schleifenbedingung. Ergibt diese **TRUE**, wird die Schleife beendet, ansonsten startet ein neuer Schleifendurchlauf.

Ich persönlich finde abweisende Schleifen in der Analyse und bei der Fehlersuche verwirrend. Wenn es Ihnen genauso geht, vermeiden Sie diese.

Als Beispiel wollen wir den größten gemeinsamen Teiler von 20 und 15 wissen.

```
1  CALL ggt(20, 15);
2  +-----------------+------+
3  | GgT()           | @m   |
4  +-----------------+------+
5  | GGT(20, 15) =   |    5 |
6  +-----------------+------+
```

■ 19.4 Transaktion innerhalb einer Prozedur

Erinnern Sie sich noch an unser erstes Beispiel auf Seite 304? Es ging dabei um das Einfügen eines Artikels und einer Warengruppe. Was dabei noch fehlte, war der Einbau der Transaktion, denn schließlich soll unsere Prozedur nicht weniger können als die in Kapitel 18 auf Seite 289 beschriebene Transaktion. Dazu muss man in dem Quelltext angeben, was passieren soll, falls ein Fehler aufgetreten ist.

```
1  DROP PROCEDURE insert_artikel;
2
3  DELIMITER //
4  CREATE PROCEDURE insert_artikel
5  (
6   IN iArtikelname VARCHAR(255),
7   IN iWarengruppe VARCHAR(255)
8  )
9
10 BEGIN
11   DECLARE v_artikel_id      INT DEFAULT -1;
12   DECLARE v_warengruppe_id  INT DEFAULT -1;
13   DECLARE v_count_zuordnung INT DEFAULT 0;
14
15 DECLARE EXIT HANDLER FOR SQLEXCEPTION   -- Handle fuer Fehler
16   BEGIN
17     SELECT 'Wegen Fehler ROLLBACK';
18     ROLLBACK;
19   END;
20
21   START TRANSACTION;
22
23   [...]
24
25   COMMIT;
26
27 END//
28 DELIMITER ;
```

Wird in unserer Prozedur ein Fehler erzeugt, dann bricht die Verarbeitung ab und springt in den Anweisungsblock des Handle ab Zeile 15. Anschließend wird die Prozedur verlassen, da der Handle mit `DECLARE EXIT` definiert wurde. Alternativ hätte man auch `DECLARE CONTINUE` angeben können. Dann wird die Prozedur nicht verlassen, sondern die Verarbeitung nach Ausführung des Handle fortgesetzt.

MySQL und MariaDB kennen drei solcher Handles: `NOT FOUND`, `SQLWARNING` und `SQLEXCEPTION` (siehe Tabelle 19.2). Alternativ kann der Zustand von `SQLSTATE` abgefragt werden:

```
1  [...]
2  DECLARE CONTINUE HANDLER FOR SQLSTATE '23000'
3  [...]
```

Tabelle 19.2 SQL-HANDLER

Art des Handlers	Erklärung
SQLEXCEPTION	Wird ausgelöst, wenn ein Fehler eintritt. Dies sind alle SQLSTATE, die nicht mit 00, 01 oder 02 beginnen.
SQLWARNING	Wird ausgelöst, wenn eine Warnung erfolgt. Dies sind alle SQLSTATE, die mit 01 beginnen.
NOT FOUND	Wird ausgelöst, wenn ein SELECT ... INTO kein Ergebnis findet oder im Zusammenhang mit einem CURSOR. Die entsprechenden SQLSTATE beginnen mit 02.

19.5 CURSOR

Die Verarbeitung innerhalb der Prozeduren war bisher so, dass abhängig von irgendwelchen Bedingungen Teilmengen und Auswertungen von Tabellen verarbeitet wurden. Gerade in Prozeduren ergibt sich aber oft die Situation, dass man sich jeden einzelnen Datensatz anschauen muss.

Mithilfe eines *Cursors*[9] kann man in Zusammenarbeit mit einer Schleife für jede einzelne Datenzeile eine Entscheidung treffen. Für einen Cursor braucht man vier Befehle: `DECLARE ... FOR CURSOR`, `OPEN`, `FETCH` und `CLOSE`.

MySQL/MariaDB
DECLARE *cursorname* CURSOR FOR
  SELECT *auswahl* ;

Die *auswahl* darf kein `INTO` enthalten. Schließlich soll das Ergebnis der Auswahl erst durch den `FETCH` in einer Variablen landen.

MySQL/MariaDB
OPEN *cursorname*;

---
[9] Abkürzung für: <u>c</u>urrent <u>s</u>et <u>o</u>f <u>r</u>ecords

Mit dem OPEN wird die im DECLARE formulierte *auswahl* ausgeführt.

MySQL/MariaDB
```
FETCH cursorname
    INTO variablenname[, variablenname]*
;
```

Der erste FETCH liest die erste Zeile der Ergebnismenge der *auswahl*. Der Inhalt der ersten Zeile wird in die Variablen kopiert. Daher müssen genauso viele Variablen hinter dem INTO stehen, wie die Ergebnismenge Spalten hat. Anschließend wird ein interner Zeiger auf die nächste Zeile der Ergebnismenge verschoben.

Wird ein FETCH auf eine leere Ergebnismenge ausgeführt oder sind bereits alle Zeilen gefetcht, so wird die NOT FOUND-Exception ausgelöst (siehe Tabelle 19.2 auf der vorherigen Seite).

MySQL/MariaDB
```
CLOSE cursorname
;
```

Der Cursor wird geschlossen, die Ergebnismenge verworfen.

Hinweis: In MySQL und MariaDB sind CURSOR schreibgeschützt, vorwärtsgerichtet und serverseitig.

- Schreibgeschützt: Sie arbeiten auf temporären Tabellen, sodass Änderungen nicht in den Tabellen übernommen werden.
- Vorwärtsgerichtet: Man kann immer nur zum nächsten Datensatz gehen und nicht zurück. Auch können keine Datensätze übersprungen werden.
- Serverseitig: Sie können nur innerhalb von Prozeduren verwendet werden. Man kann sie nicht aus Client-Anwendungen heraus erstellen und verwenden.

Als Beispiel soll hier die Aufbereitung eines Datenimports dienen. Unten sehen Sie eine XML-Datei, die Bestelldaten mit ihren Positionen enthält. Unglücklicherweise haben die Positionen keine Nummern, sodass wir den Import nicht direkt in die Tabellen `bestellung` und `bestellung_position` durchführen können. Durch unsere Prozedur soll jede Position eine Nummer zugewiesen bekommen. Erst, wenn das alles passiert ist, werden die Daten den beiden Zieltabellen hinzugefügt.

```
 1  <?xml version="1.0"?>
 2  <bestellungen>
 3    <bestellung>
 4      <bestellung_id>1</bestellung_id>
 5      <kunde_id>1</kunde_id>
 6      <adresse_id>1</adresse_id>
 7      <datum>2012-05-10 10:01:00</datum>
 8      <positionen>
 9        <position>
10          <artikel_id>3001</artikel_id>          <menge>1</menge>
```

```
11        </position>
12        <position>
13          <artikel_id>3005</artikel_id>        <menge>12</menge>
14        </position>
15        <position>
16          <artikel_id>3007</artikel_id>        <menge>123</menge>
17        </position>
18      </positionen>
19    </bestellung>
20    <bestellung>
21      <bestellung_id>2</bestellung_id>
22      <kunde_id>2</kunde_id>
23      <adresse_id>1</adresse_id>
24      <datum>2012-05-11 10:02:00</datum>
25      <positionen>
26        <position>
27          <artikel_id>9010</artikel_id>        <menge>2</menge>
28        </position>
29        <position>
30          <artikel_id>7856</artikel_id>        <menge>234</menge>
31        </position>
32      </positionen>
33    </bestellung>
34    <bestellung>
35      <bestellung_id>3</bestellung_id>
36      <kunde_id>2</kunde_id>
37      <adresse_id>1</adresse_id>
38      <datum>2012-05-12 10:03:01</datum>
39      <positionen>
40        <position>
41          <artikel_id>9015</artikel_id>        <menge>3</menge>
42        </position>
43      </positionen>
44    </bestellung>
45  </bestellungen>
```

 Laden Sie die Prozedur mit SOURCE importMitCursor01.sql. Achten Sie darauf, dass die Datei lstBestellungen.xml im gleichen Verzeichnis liegt, oder passen Sie die Pfadangaben vorher an.

Bevor wir die Prozedur ausführen können, müssen wir Importtabellen anlegen und mit dem Inhalt der XML-Dateien füllen. Ich verwende ein LOAD XML. Die Daten der Bestellungen sind im Tag <bestellung> und die der Positionen in <position> abgelegt. Mit dem ROWS IDENTIFIED BY kann so der Import auf bestimmte Tags eingegrenzt werden. Da kein Tag <status> in der XML-Datei vorkommt, wird der pauschal mit SET auf offen gesetzt.

```
1  USE oshop;
2  -- Anlegen und Befuellen der Zwischentabelle
3  -- fuer die Bestellungen
4  DROP TABLE IF EXISTS tmp_bestellung;
5  CREATE TEMPORARY TABLE tmp_bestellung LIKE bestellung;
6  LOAD XML
7    LOCAL INFILE 'lstBestellungen.xml'
8    INTO TABLE tmp_bestellung
```

```
 9      ROWS IDENTIFIED BY '<bestellung>'
10      SET status = 'offen';
11
12      -- Anlegen und Befuellen der Zwischentabelle
13      -- fuer die Bestellungen
14      DROP TABLE IF EXISTS tmp_position;
15      CREATE TEMPORARY TABLE tmp_position LIKE bestellung_position;
16      ALTER TABLE tmp_position DROP PRIMARY KEY;    -- Sonst Probleme!
17      ALTER TABLE tmp_position ADD position_id INT AUTO_INCREMENT PRIMARY KEY;
18      LOAD XML
19        LOCAL INFILE 'lstBestellungen.xml'
20        INTO TABLE tmp_position
21        ROWS IDENTIFIED BY '<position>';
```

In Zeile 16 wird der Primärschlüssel ausgeschaltet. In der Zeile darauf wird ein neuer angelegt, der mit einer laufenden Nummer die Positionen eindeutig unterscheidbar macht.

Aufgabe 19.6: Was würde passieren, wenn man die Anweisung in Zeile 16 weglassen würde und warum?

Schauen wir uns mal an, wie die Daten in den temporären Tabellen nach dem Import aussehen:

```
 1  mysql> SELECT bestellung_id, kunde_id, adresse_id, datum, status
 2      -> FROM tmp_bestellung;
 3  +---------------+----------+------------+---------------------+--------+
 4  | bestellung_id | kunde_id | adresse_id | datum               | status |
 5  +---------------+----------+------------+---------------------+--------+
 6  |             1 |        1 |          1 | 2012-05-10 19:45:00 | offen  |
 7  |             2 |        2 |          1 | 2012-05-08 17:42:00 | offen  |
 8  |             3 |        2 |          1 | 2012-05-02 16:00:01 | offen  |
 9  +---------------+----------+------------+---------------------+--------+
10  3 rows in set (0.00 sec)
11
12  mysql> SELECT bestellung_id, position_nr, artikel_id, menge, position_id
13      -> FROM tmp_position;
14  +---------------+-------------+------------+-------------+-------------+
15  | bestellung_id | position_nr | artikel_id | menge       | position_id |
16  +---------------+-------------+------------+-------------+-------------+
17  |             1 |           0 |       3001 |    5.000000 |           1 |
18  |             1 |           0 |       3005 |   10.000000 |           2 |
19  |             1 |           0 |       3008 |  100.000000 |           3 |
20  |             2 |           0 |       9010 |    1.000000 |           4 |
21  |             2 |           0 |       7856 |  100.000000 |           5 |
22  |             3 |           0 |       9015 |    1.000000 |           6 |
23  +---------------+-------------+------------+-------------+-------------+
```

Die Bestelldaten sind genauso importiert worden, wie wir uns das vorgestellt haben. Nur sehen wir sofort ein Problem: Die Bestellnummer kann so nicht übernommen werden. Grundsätzlich ist auch davon auszugehen, dass importierte Primärschlüssel zu den schon bestehenden nicht einfach so hinzugefügt werden können.

In der Tabelle `tmp_position` ist die Positionsnummer immer 0, da wir keine Informationen über die Nummer der Position innerhalb der Bestellung haben. Um später einfach eine bestimmte Position referenzieren zu können, hatten wir ja einen neuen Primärschlüssel angelegt. Das hat auch funktioniert, wie wir am Inhalt der Spalte `position_id` sehen können.

Eine ggf. vorhandene Prozedur wird gelöscht und der DELIMITER auf `//` gesetzt. Die Prozedur wird angelegt und die Variablen werden deklariert.

- `vBId`: Der Cursor `curBestellung` durchwandert mit `FETCH` alle Zeilen der Tabelle `tmp_bestellung` und speichert den aktuellen Wert von `bestellung_id` ab.
- `vPId`: Der Cursor `curPosition` durchwandert mit `FETCH` alle Zeilen der temporären Tabelle `tmp_position` und speichert den aktuellen Wert von `position_id` ab.
- `vBestellungId`: Beim Einfügen der Bestellung in die Tabelle `bestellung` wird durch `AUTO_INCREMENT` eine neue Bestellnummer erzeugt. Diese wird per `LAST_INSERT_ID()` ermittelt und zugewiesen.
- `vPosNr`: Ein Zähler, der dazu verwendet wird, die Positionen pro Bestellung zu nummerieren.
- `vEndeHaupt`: Die Schleifenvariable der Hauptschleife. Bei 0 läuft die Schleife, bei 1 soll sie sich beenden.
- `vEndeInnere`: Die Schleifenvariable der inneren Schleife. Bei 0 läuft die Schleife, bei 1 soll sie sich beenden.
- `vWoBinIch`: Mithilfe dieser Variablen unterscheide ich im Handler, welcher Cursor die `NOT FOUND`-Exception ausgelöst hat (siehe Tabelle 19.2 auf Seite 323). Der Wert 1 kennzeichnet die Hauptschleife, 2 die innere Schleife.

```
24  DROP PROCEDURE IF EXISTS importBestellung;
25  DELIMITER //
26  CREATE PROCEDURE importBestellung()
27  BEGIN
28    DECLARE vBId  INT;
29    DECLARE vPId  INT;
30    DECLARE vBestellungId INT;
31    DECLARE vPosNr INT ;
32    DECLARE vEndeHaupt  INT DEFAULT 0;
33    DECLARE vEndeInnere INT DEFAULT 0;
34    DECLARE vWoBinIch INT;
```

Ein Cursor wird mit `DECLARE` eingeleitet. Es folgen der Name des Cursors und die Schlüsselwörter `CURSOR FOR`. Jetzt kommt ein `SELECT`, der festlegt, was eigentlich ausgeführt wird, wenn ein Cursor mit `OPEN` geöffnet wird. Der Cursor `curPosition` enthält eine `WHERE`-Klausel, die nur die Positionen zulässt, die zur gerade aktiven Bestellung gehören.

```
36    DECLARE curBestellung CURSOR FOR
37      SELECT bestellung_id FROM tmp_bestellung;
38
39    DECLARE curPosition CURSOR FOR
40      SELECT position_id FROM tmp_position WHERE bestellung_id = vBId;
```

Anders als im Beispiel oben (siehe Abschnitt 19.4 auf Seite 322) wird hier etwas mehr im Handler zu tun sein. Daher brauchen wir einen Anweisungsblock, der mit `BEGIN ... END;` umklammert wird. Innerhalb des Handlers wird ermittelt, ob die Exception in der Hauptschleife durch ein `FETCH` auf `curBestellung` oder in der inneren Schleife durch eine Exception wegen eines `FETCH` auf `curPosition` ausgelöst wurde.

```
42    DECLARE CONTINUE HANDLER FOR SQLSTATE '02000'
```

```
43    BEGIN
44     CASE vWoBinIch
45      WHEN 1 THEN SET vEndeHaupt = 1;
46      WHEN 2 THEN SET vEndeInnere = 1;
47     END CASE;
48    END;
```

In Zeile 50 wird der Cursor `curBestellung` geöffnet. Dabei wird der oben deklarierte `SELECT` ausgeführt. Anschließend wird die Schleifenvariable so gesetzt, dass die Schleife läuft. Die Hauptschleife geht von Zeile 52 bis 86. In der ersten Zeile der Hauptschleife wird erst einmal in `vWoBinIch` markiert, dass wir in der Hauptschleife sind. Als Nächstes wird ein `FETCH` auf den Cursor ausgeführt. Dabei wird mit dem ersten Datensatz begonnen, der durch den `SELECT` entstanden ist. Bei jedem `FETCH` geht ein interner Zeiger zum nächsten Datensatz. Ist der `FETCH` nicht am Ende angekommen, steht in `vBId` die Bestellnummer, auf die der interne Zeiger gerade verweist. Ansonsten wird die `NOT FOUND`-Exception ausgelöst und der Handler ausgeführt. Da dieser von Typ `CONTINUE` ist, springt die Prozedur zur nächsten Zeile, die nach dem `FETCH` steht. Dort wird dann ermittelt, ob die Hauptschleife sich beenden soll oder nicht.

Ab Zeile 59 wird die Bestellung in die Tabelle `bestellung` eingefügt, auf die der Cursor gerade zeigt. Dabei wird eine neue Bestellnummer vergeben. Diese müssen wir uns merken, da wir den Wert als Fremdschlüsselwert noch brauchen. Wichtig ist, dass wir hier den Zähler für die Position innerhalb der Bestellung wieder auf 1 setzen. Jetzt wird mit `OPEN` der zweite Cursor geöffnet. Dieser enthält alle Positionen, die zur aktuellen Bestellung gehören.

Die innere Schleife geht von Zeile 69 bis 83. Als Erstes wird wieder in `vWoBinIch` vermerkt, dass wir in der inneren Schleife sind. Wie oben wird mit `FETCH` die nächste Position ermittelt oder die Exception ausgelöst. Wurde ein `position_id` ermittelt, werden die entsprechenden Daten ab Zeile 76 in die Tabelle `bestellung_position` eingefügt. Bitte beachten Sie, dass hierbei die neu ermittelte `bestellung_id` und die mitgezählte `vPosNr` verwendet werden.

Ist die innere Schleife zu Ende, wird der Cursor `curPosition` geschlossen, und die Hauptschleife startet eine neue Iteration. Wird die Hauptschleife beendet, wird der Cursor `curBestellung` geschlossen, und alles ist gut ;-).

```
50    OPEN curBestellung;              -- Jetzt wird der SELECT ausgefuehrt
51    SET vEndeHaupt = 0;
52    hauptschleife: LOOP              -- Start Hauptschleife
53     SET vWoBinIch = 1;              -- Ich bin in der Hauptschleife
54     FETCH curBestellung INTO vBId;  -- Entweder Wert oder CONTINUE HANDLER
55     IF vEndeHaupt = 1 THEN
56      LEAVE hauptschleife;
57     END IF;
58
59     INSERT INTO bestellung          -- Fuege die neue Bestellung ein
60      SELECT NULL, kunde_id, adresse_id, datum, status, deleted
61       FROM tmp_bestellung
62       WHERE bestellung_id = vBId;   -- Und zwar nur die eine!
63
64     SET vBestellungId = LAST_INSERT_ID(); -- Neue Bestellnummer
65     SET vPosNr = 1;                 -- Position bei 1 starten
66     SET vEndeInnere = 0;
67     OPEN curPosition;               -- Jetzt wird der SELECT ausgefuehrt
```

```
68
69     innereschleife: LOOP              -- Start inneren Schleife
70       SET vWoBinIch = 2;              -- Ich bin in der inneren Schleife
71       FETCH curPosition INTO vPId;    -- Entweder Wert oder CONTINUE HANDLER
72       IF vEndeInnere = 1 THEN
73         LEAVE innereschleife;
74       END IF;
75
76       INSERT INTO bestellung_position -- Position mit neuen Bestell-/Posnr
77         SELECT vBestellungId, vPosNr, artikel_id, menge, deleted
78         FROM tmp_position
79         WHERE position_id = vPId;
80
81       SET vPosNr = 1 + vPosNr;        -- Erhoehe Positionsnummer
82       ITERATE innereschleife;
83     END LOOP;                         -- Ende inneren Schleife
84     CLOSE curPosition;                -- Schliesse den Cursor
85     ITERATE hauptschleife;
86   END LOOP;                           -- Ende Hauptschleife
87
88   CLOSE curBestellung;                -- Schliesse den Cursor
89 END//
90 DELIMITER ;
```

Führen wir die Prozedur nun aus und betrachten das Ergebnis:

```
 1  mysql> CALL importBestellung();
 2
 3  mysql> SELECT bestellung_id, kunde_id, adresse_id, datum, status
 4      ->   FROM bestellung;
 5  +---------------+----------+------------+---------------------+----------+
 6  | bestellung_id | kunde_id | adresse_id | datum               | status   |
 7  +---------------+----------+------------+---------------------+----------+
 8  [...]
 9  |             7 |        1 |          1 | 2012-05-10 10:01:00 | offen    |
10  |             8 |        2 |          1 | 2012-05-11 10:02:00 | offen    |
11  |             9 |        2 |          1 | 2012-05-12 10:03:01 | offen    |
12  +---------------+----------+------------+---------------------+----------+
13  9 rows in set (0.00 sec)
14
15  mysql> SELECT * from bestellung_position;
16  +---------------+-------------+------------+-------------+---------+
17  | bestellung_id | position_nr | artikel_id | menge       | deleted |
18  +---------------+-------------+------------+-------------+---------+
19  [...]
20  |             7 |           1 |       3001 |    1.000000 |       0 |
21  |             7 |           2 |       3005 |   12.000000 |       0 |
22  |             7 |           3 |       3007 |  123.000000 |       0 |
23  |             8 |           1 |       9010 |    2.000000 |       0 |
24  |             8 |           2 |       7856 |  234.000000 |       0 |
25  |             9 |           1 |       9015 |    3.000000 |       0 |
26  +---------------+-------------+------------+-------------+---------+
27  19 rows in set (0.01 sec)
```

Hinweis: Cursor sind nicht sehr schnell. Falls es irgendwie möglich ist, sollte man die üblichen INSERT, UPDATE, DELETE und SELECT mit sehr schlau gebauten WHERE-Klauseln verwenden.

■ 19.6 Aufgaben

Aufgabe 19.7: Machen Sie eine Performancemessung: Ein SELECT * auf die Tabelle bank versus Durchwandern mit einem Cursor.

Aufgabe 19.8: Erstellen Sie eine Prozedur, die einer Bestellung eine neue Position hinzufügt. Die Übergabeparameter müssen plausibilisert werden.

Aufgabe 19.9: Erweitern Sie diese Prozedur als Transaktion und berücksichtigen Sie auch den Lagerbestand! Einmal bei der Plausibilitätsüberprüfung und wobei noch?

Aufgabe 19.10: Erstellen Sie eine Prozedur, die aus einer Bestellung eine Position löscht. Die Positionsnummern sollen wieder richtig durchnummeriert sein. Die Übergabeparameter müssen plausibilisiert werden.

Aufgabe 19.11: Erstellen Sie eine Prozedur, die zwei Positionsnummern vertauscht. Die Übergabeparameter müssen plausibilisiert werden.

Aufgabe 19.12: Erstellen Sie eine Prozedur, die zu einer Bestellnummer eine passende Rechnung erstellt. Dabei soll überprüft werden, ob es schon eine Rechnung zu der Bestellung gibt. Vergessen Sie mir nicht die Positionen!

Aufgabe 19.13: Erstellen Sie eine Prozedur, die in einer neuen Tabelle `revision` folgende Informationen ablegt: Liste der Warengruppen ohne Artikel, Liste der Artikel ohne Warengruppe, Liste der Adressen ohne Kunden oder Lieferanten, Liste der Lieferanten ohne Artikel und Liste der Artikel ohne Lieferanten. Die Tabelle soll nur zwei Spalten haben: ein Zeitstempel und ein Berichtstext.

Hinweis: Weitere Beispiele für Prozeduren finden Sie in Kapitel 26 auf Seite 405 über die Experimente.

20 Funktion

Eigene Ergebnisse mit selbsterstellten Funktionen erzeugen.

- Vertiefendes
  - Anlegen mit CREATE FUNCTION
  - Werterückgabe mit RETURN
  - Funktionen mit DROP FUNCTION löschen

Die Quelltexte des Kapitels stehen in der Datei mysql/listing17.sql.

MySQL/MariaDB
```
CREATE FUNCTION name ([parameter][, parameter]*)
  RETURNS typ
  [option]*
  anweisungsblock
;
parameter:
  [IN|OUT|INOUT] name typ
typ:
  jeder gültige MySQL-Datentyp (siehe Abschnitt 25.1 auf Seite 369)
option:
  COMMENT 'kommentar'
  | LANGUAGE SQL
  | [NOT] DETERMINISTIC
  | { CONTAINS SQL | NO SQL | READS SQL DATA | MODIFIES SQL DATA }
  | SQL SECURITY { DEFINER | INVOKER }
```

Funktionen ähneln in vielen Aspekten den Prozeduren. Wie diese kennen Funktionen folgende Komponenten: Namen, Übergabeparameter, lokale Variablen, Anweisungen, Verzweigungen, Schleifen und Cursor. Der wesentliche Unterschied ist, dass Funktionen *immer* einen Wert zurückliefern müssen.

Auch Prozeduren können Rückgaben liefern, aber die Betonung liegt auf *können*. Funktionen müssen Werte liefern. Im Falle eines Fehlers oder eines unbestimmten Ergebnisses wird üblicherweise NULL verwendet.

Ein einfaches Beispiel: Wir wollen mithilfe einer Funktion Preise prozentual verändern. Das Ergebnis soll auf zwei Stellen nach dem Komma gerundet werden.

```
 1  DROP FUNCTION IF EXISTS preis_anpassen;
 2  DELIMITER //
 3  CREATE FUNCTION preis_anpassen
 4  (
 5    iPreisOriginal DECIMAL(14,6),      -- Originalpreis
 6    iProzentsatz   DECIMAL(7,3)        -- Anpassung in Prozent (0-100)
 7  )
 8  RETURNS DECIMAL(14,6) DETERMINISTIC
 9  BEGIN
10  DECLARE vPreisNeu DECIMAL(14,6);     -- Neuer Preis
11
12    IF iPreisOriginal IS NULL THEN     -- Test auf NULL
13      RETURN NULL;
14    END IF;
15    IF iProzentsatz IS NULL THEN       -- Test auf NULL
16      RETURN NULL;
17    END IF;
18    IF iProzentsatz NOT BETWEEN 0 AND 100 THEN  -- Wertebereich Prozent
19      RETURN NULL;
20    END IF;
21    SET vPreisNeu = iPreisOriginal + ((iPreisOriginal * iProzentsatz) / 100.0);
22    SET vPreisNeu = ROUND(vPreisNeu, 2);
23    RETURN vPreisNeu;
24  END //
25  DELIMITER ;
```

Hinweis: Eine weitere Möglichkeit ist das Erstellen *user defined functions*, die als DLL-Dateien dem Server zur Verfügung gestellt werden. Das ist cool und interessant und kann im Detail in *http://dev.mysql.com/doc/refman/5.7/en/adding-functions.html* nachgelesen werden.

Sie können aus Funktionen keine Ausgaben beispielsweise mit SELECT erzeugen. Dies verhindert leider auch die Ausgabe von Warnungen oder Fehlermeldungen. Sie werden dazu *exception handle* verwenden müssen (siehe Kapitel 19.4 auf Seite 322).

Eine Prozedur kann mit DROP FUNCTION gelöscht werden.

MySQL/MariaDB
DROP FUNCTION [IF EXISTS] *name*
;

21 TRIGGER

Domino Day für Fortgeschrittene: Wie eins zum anderen führt.

- Vertiefendes
  - Anlegen mit CREATE TRIGGER
  - Verfügbarkeit von OLD und NEW
  - Trigger mit DROP TRIGGER löschen

Die Quelltexte des Kapitels stehen in der Dateie `mysql/listing18.sql`.

■ 21.1 Was ist das?

Definition 70: Trigger
Ein *Trigger* ist ein benannter Anweisungsblock mit folgenden Eigenschaften:

- Der Triggername ist in der Datenbank einmalig.
- Der Trigger hat keine Übergabeparameter.
- Der Trigger liefert nichts zurück.
- Der Trigger ist mit einer Tabelle verbunden.
- Sie müssen festlegen, wann der Trigger automatisch aufgerufen wird: bei einem INSERT, UPDATE oder DELETE auf der verbundenen Tabelle.
- Sie müssen festlegen, ob der Trigger vor oder nach Ausführung von INSERT, UPDATE oder DELETE automatisch aufgerufen wird.

Trigger erinnern stark an Prozeduren (siehe Kapitel 19 auf Seite 303), da es benannte Anweisungsblöcke sind. Der Unterschied zu einer Prozedur ist, dass ein Trigger *automatisch* aufgerufen wird, wenn ein festgelegtes Ereignis bei einer Tabelle eintritt.

Man kann Trigger immer dann einsetzen, wenn das Ereignis auf der Tabelle zwingend mit einer Aktion verbunden werden muss. Natürlich kann dies auch durch die Programmierung im Client oder durch passende Prozeduren erreicht werden. Trigger bieten sich hier aber als Alternativen an. Der Trigger wird mit CREATE TRIGGER angelegt.

> **MySQL/MariaDB**
> ```
> CREATE TRIGGER triggername
>     {BEFORE | AFTER}
>     {INSERT | UPDATE | DELETE}
>     ON tabellenname
>     FOR EACH ROW anweisungsblock
> ;
> ```

Mit DROP TRIGGER wird er wieder gelöscht.

> **MySQL/MariaDB**
> ```
> DROP TRIGGER [IF EXISTS] triggername
> ;
> ```

Trigger sind aber auch nicht ohne. Sie werden automatisch aufgerufen, was zwangsläufig dazu führt, dass man vergisst, dass sie aufgerufen werden. Stellen Sie sich vor, wir machen einen UPDATE auf einer Tabelle mit 100.000 Zeilen. Dann wird für jede Zeile, die verändert wird, der Anweisungsblock des Triggers aufgerufen. Das kann die Performance einer Anweisung dramatisch verschlechtern.

> **Hinweis:** Achten Sie darauf, dass es keine Zirkelaufrufe gibt.

Was bedeutet das? In Tabelle 1 wird eine Zeile eingefügt. Dies löst einen Trigger aus, der in Tabelle 2 eine Zeile einfügt. Dies löst ein Trigger aus, der in Tabelle 3 etwas löscht. Dies löst einen Trigger aus, der in Tabelle 1 eine Zeile einfügt :-(.

Innerhalb eines Triggers stehen bestimmte Werte zur Verfügung, die man oft bei der Triggerverarbeitung braucht. Bei einem INSERT kann über NEW der neu eingefügte Datensatz erreicht werden. Bei UPDATE steht NEW für den neuen Wert und OLD für den alten Wert einer Spalte. Bei DELETE gibt es nur ein OLD.

Tabelle 21.1 Verfügbarkeit von NEW und OLD in einem Trigger

Anweisung	NEW	OLD
INSERT	ja	nein
UPDATE	ja	ja
DELETE	nein	ja

21.2 Ein Beispiel für einen INSERT-Trigger

Wenn wir eine Bestellung anlegen, soll auch eine passende Rechnung erzeugt werden. Dadurch muss der Anwender die Bestelldaten nicht noch einmal manuell als Rechnungsdaten erfassen. Fangen wir mit den Bestelldaten an und machen anschließend die Positionen. In Zeile 2 wird der Triggername festgelegt. Ich verwende dazu folgende Namenskonvention:

> **Hinweis:** Namenskonvention bei einem Trigger:
> tri_tabellenname_zeitpunkt_anweisung

In Zeile 3 wird festgelegt, dass es ein Trigger ist, der *nach* einem INSERT in Tabelle bestellung (Zeile 4) erfolgt.

```
 1  DELIMITER //
 2  CREATE TRIGGER tri_bestellung_after_insert  -- ein schoener Name
 3   AFTER INSERT                               -- wann?
 4   ON bestellung                              -- bei wem?
 5   FOR EACH ROW
 6   BEGIN
 7    INSERT INTO rechnung                      -- was?
 8    SET
 9     kunde_id        = NEW.kunde_id,
10     bestellung_id   = NEW.bestellung_id,
11     adresse_id      = NEW.adresse_id,
12     datum           = NEW.datum;
13  END//
14  DELIMITER ;
```

In Zeile 7 steht der neue INSERT, der die Daten von den Bestellungen zu den Rechnungen kopiert. Dabei muss der Trigger die gerade neu eingefügten Daten kennen. Dazu steht das Schlüsselwort NEW zur Verfügung. Durch einen Punkt abgetrennt gibt man den Spaltennamen an, in dem der neue Wert steht. Das ist schwieriger zu formulieren als zu verwenden. Schauen Sie in den Quelltext ;-).

Jetzt sind wir doch alle gespannt, ob alles klappt:

```
 1  mysql> INSERT INTO
 2      -> bestellung (kunde_id, adresse_id, datum)
 3      -> VALUES (1, 1, NOW())
 4      -> ;
 5
 6  mysql> SELECT bestellung_id, kunde_id, adresse_id, datum
 7      ->  FROM bestellung
 8      -> ;
 9  +---------------+----------+------------+---------------------+
10  | bestellung_id | kunde_id | adresse_id | datum               |
11  +---------------+----------+------------+---------------------+
12  [...]
13  |            10 |        1 |          1 | 2012-06-16 16:30:21 |
14  +---------------+----------+------------+---------------------+
```

Das war klar, in der Tabelle bestellung ist der INSERT angekommen. Jetzt stellt sich die spannende Frage, was in der Tabelle rechnung steht:

```
1  mysql> SELECT rechnung_id, kunde_id, bestellung_id, adresse_id, datum
2      -> FROM rechnung\G
3  [...]
4  *************************** 12. row ***************************
5     rechnung_id: 12
6        kunde_id: 1
7   bestellung_id: 10
8      adresse_id: 1
9           datum: 2012-06-16 16:30:21
10 12 rows in set (0.00 sec)
```

Genau wie wir es wollten: Zur Bestellung ist eine passende Rechnung angelegt worden.

 Aufgabe 21.1: Testen Sie das Ganze noch einmal mit einem INSERT, der gleich mehrere Bestellungen einfügt.

Aufgabe 21.2: Programmieren Sie den passenden Trigger zum Kopieren der Bestellpositionen zu Rechnungspositionen.

21.3 Ein Beispiel für einen UPDATE-Trigger

Werden in einer Bestellung die Daten oder Positionen geändert, muss dies auch in der entsprechenden Rechnung nachgehalten werden. Zuerst merken wir uns in Zeile 9 den Primärschlüsselwert der Bestellung, damit wir die passende Rechnung wiederfinden.

Anschließend wird für die entscheidenden Spalten überprüft, ob dort eine Änderung erfolgt ist. Dazu wird der alte Wert mit dem neuen verglichen (Zeile 11)[1].

```
1  DELIMITER //
2  CREATE TRIGGER tri_bestellung_after_update
3    AFTER UPDATE
4    ON bestellung
5    FOR EACH ROW
6    BEGIN
7      DECLARE vBestellungId INT;
8
9      SET vBestellungId = OLD.bestellung_id;   -- Damit wir es wiederfinden
10
11     IF OLD.kunde_id != NEW.kunde_id THEN     -- Nur, wenn noetig
12       UPDATE rechnung
13         SET kunde_id = NEW.kunde_id
14         WHERE bestellung_id = vBestellungId;
15     END IF;
16
17     IF OLD.adresse_id != NEW.adresse_id THEN
18       UPDATE rechnung
```

---

[1] Das ist natürlich aus Sicht der Performance Quatsch. Es wäre viel besser, alle relevanten Spalten in einer Anweisung zu aktualisieren, egal ob sich die Werte verändert haben. Ich wollte hier nur den Effekt von OLD und NEW darstellen.

```
19      SET adresse_id = NEW.adresse_id
20      WHERE bestellung_id = vBestellungId;
21    END IF;
22
23    IF OLD.datum != NEW.datum THEN
24     UPDATE rechnung
25      SET datum = NEW.datum
26      WHERE bestellung_id = vBestellungId;
27    END IF;
28
29  END//
30  DELIMITER ;
```

Durch einen UPDATE lösen wir jetzt nicht nur einen Trigger aus, sondern mehrere. Alle Bestellungen des Kunden 1 hatten die `adresse_id` 1, bevor sie auf 2 geändert wurden.

```
 1  mysql> UPDATE bestellung SET adresse_id = 2 WHERE kunde_id = 1;
 2
 3  mysql> SELECT bestellung_id, kunde_id, adresse_id, datum
 4      -> FROM bestellung
 5      -> WHERE kunde_id=1;
 6  +---------------+----------+------------+---------------------+
 7  | bestellung_id | kunde_id | adresse_id | datum               |
 8  +---------------+----------+------------+---------------------+
 9  |             1 |        1 |          2 | 2012-03-24 17:41:00 |
10  |             3 |        1 |          2 | 2011-01-15 16:43:00 |
11  |             4 |        1 |          2 | 2011-01-16 09:15:00 |
12  |             5 |        1 |          2 | 2011-01-16 09:16:00 |
13  |             7 |        1 |          2 | 2012-05-10 10:01:00 |
14  |            10 |        1 |          2 | 2012-06-16 16:30:21 |
15  +---------------+----------+------------+---------------------+
```

Der UPDATE in der Tabelle `bestellung` war erfolgreich, und wie sieht es nun in der Tabelle `rechnung` aus?

```
 1  mysql> SELECT rechnung_id, kunde_id, bestellung_id, adresse_id
 2      -> FROM rechnung
 3      -> WHERE kunde_id = 1;
 4  +-------------+----------+---------------+------------+
 5  | rechnung_id | kunde_id | bestellung_id | adresse_id |
 6  +-------------+----------+---------------+------------+
 7  |           1 |        1 |             1 |          2 |
 8  |           3 |        1 |             3 |          2 |
 9  |           4 |        1 |             4 |          2 |
10  |           5 |        1 |             5 |          2 |
11  |          12 |        1 |            10 |          2 |
12  +-------------+----------+---------------+------------+
```

Sie können jetzt sehen, dass nicht nur eine Zeile geändert wurde, sondern alle betroffenen Zeilen.

Aufgabe 21.3: Programmieren Sie den analogen Trigger für die Aktualisierung der Rechnungspositionen.

21.4 Ein Beispiel für einen DELETE-Trigger

Wird eine Bestellung gelöscht, werden vorher alle seine Positionen gelöscht[2].

```
 1  DELIMITER //
 2  CREATE TRIGGER tri_bestellung_before_delete
 3   BEFORE DELETE
 4   ON bestellung
 5   FOR EACH ROW
 6   BEGIN
 7    DECLARE vBestellungId INT;
 8    DECLARE vRechnungId INT;
 9
10    SET vBestellungId = OLD.bestellung_id;   -- Damit wir es wiederfinden
11    SELECT rechnung_id
12     FROM rechnung
13     WHERE bestellung_id = vBestellungId
14     INTO vRechnungId;
15
16    DELETE FROM rechnung_position  WHERE rechnung_id    = vRechnungId;
17    DELETE FROM rechnung           WHERE rechnung_id    = vRechnungId;
18    DELETE FROM bestellung_position WHERE bestellung_id = vBestellungId;
19   END//
20  DELIMITER ;
```

Zuerst will ich den Ist-Zustand ermitteln:

```
 1  mysql> SELECT
 2      -> (
 3      ->     SELECT COUNT(*) FROM bestellung_position WHERE bestellung_id = 5
 4      -> ) AS AnzPosBestellung,
 5      -> (
 6      ->     SELECT COUNT(*)
 7      ->     FROM
 8      ->       rechnung_position INNER JOIN rechnung USING (rechnung_id)
 9      ->     WHERE bestellung_id = 5
10      -> ) AS AnzPosRechnung
11      -> ;
12  +------------------+----------------+
13  | AnzPosBestellung | AnzPosRechnung |
14  +------------------+----------------+
15  |                4 |              4 |
16  +------------------+----------------+
```

Beide Tabellen haben vier Positionen zur Bestellung mit der Nummer 5. Wir können blind annehmen, dass es jeweils einen passenden Datensatz in den Tabellen bestellung und position gibt.

Aufgabe 21.4: Warum können wir das einfach so annehmen?
Tipp: Siehe Definition 20 auf Seite 33.

---

[2] An welche *böse* Praxis erinnert Sie dieses Vorgehen?

Auf zum munteren Löschen:

```
mysql> DELETE FROM bestellung WHERE bestellung_id = 5;

mysql> SELECT
    -> (
    ->  SELECT COUNT(*) FROM bestellung WHERE bestellung_id = 5
    -> ) AS AnzBestellung,
    -> (
    ->  SELECT COUNT(*) FROM bestellung_position WHERE bestellung_id = 5
    -> ) AS AnzPosBestellung,
    -> (
    ->  SELECT COUNT(*) FROM rechnung WHERE bestellung_id = 5
    -> ) AS AnzRechnung,
    -> (
    ->  SELECT COUNT(*)
    ->  FROM
    ->   rechnung_position INNER JOIN rechnung USING (rechnung_id)
    ->  WHERE bestellung_id = 5
    -> ) AS AnzPosRechnung
    -> ;

+---------------+------------------+-------------+----------------+
| AnzBestellung | AnzPosBestellung | AnzRechnung | AnzPosRechnung |
+---------------+------------------+-------------+----------------+
|             0 |                0 |           0 |              0 |
+---------------+------------------+-------------+----------------+
```

Alles leergeräumt und weggeputzt.

Aufgabe 21.5: Bauen Sie einen Trigger, der lediglich eine gelöschte Bestellposition auch in rechnung_position löscht.

Hinweis: Mit SHOW TRIGGERS kann eine Liste der aktuell gültigen Trigger eingesehen werden.

```
mysql> SHOW TRIGGERS\G
*************************** 1. row ***************************
             Trigger: tri_bestellung_after_insert
               Event: INSERT
               Table: bestellung
           Statement: BEGIN
 INSERT INTO rechnung
 [...]
 END
              Timing: AFTER
             Created: NULL
            sql_mode:
             Definer: root@localhost
character_set_client: utf8
collation_connection: utf8_general_ci
  Database Collation: utf8_unicode_ci
*************************** 2. row ***************************
             Trigger: tri_bestellung_after_update
               Event: UPDATE
               Table: bestellung
```

```
21              Statement: BEGIN
22    DECLARE vBestellungId INT;
23  [...]
24   END
25                 Timing: AFTER
26                Created: NULL
27               sql_mode:
28                Definer: root@localhost
29  character_set_client: utf8
30  collation_connection: utf8_general_ci
31     Database Collation: utf8_unicode_ci
32  *************************** 3. row ***************************
33                Trigger: tri_bestellung_before_delete
34                  Event: DELETE
35                  Table: bestellung
36              Statement: BEGIN
37    DECLARE vBestellungId INT;
38  [...]
39   END
40                 Timing: BEFORE
41                Created: NULL
42               sql_mode:
43                Definer: root@localhost
44  character_set_client: utf8
45  collation_connection: utf8_general_ci
46     Database Collation: utf8_unicode_ci
47  3 rows in set (0.00 sec)
```

22 EVENT

Einen Terminkalender für den SQL-Server erstellen.

- Vertiefendes
  - Anlegen mit CREATE EVENT
  - Anzeigen von Terminen mit SHOW EVENTS
  - Konfigurieren des Terminkalenders
  - Termine mit ALTER EVENT ... ENABLE aktivieren
  - Termine mit ALTER EVENT ... DISABLE deaktivieren
  - Termine mit DROP EVENT löschen

Die Quelltexte des Kapitels stehen in der Datei `mysql/listing19.sql`.

22.1 Wie legt man ein Ereignis an?

Definition 71: Event
Ein *Event* oder *Ereignis* ist ein benannter Anweisungsblock, der aufgrund eines zeitlichen Ereignisses aufgerufen wird.

Durch ein Ereignis kann man in periodischen Abständen oder einmalig zu einem bestimmten Zeitpunkt einen Anweisungsblock ausführen. Erinnern Sie sich noch daran, dass wir regelmäßig statistische Daten über unsere Bestellungen in Tabellen abgelegt haben (siehe Abschnitt 19.2.2 auf Seite 312)? Wir haben dort eine Prozedur erstellt, die für einen bestimmten Zeitraum den Umsatz anhand der Rechnungsdaten ermittelte.

Den Aufruf dazu wollen wir jetzt automatisieren, indem wir ihn an ein bestimmtes zeitliches Ereignis binden. Dazu verwenden wir den `CREATE EVENT`-Befehl. Dieser sieht zwar im ersten Moment etwas kompliziert aus, ist aber im Prinzip sehr einfach und selbsterklärend.

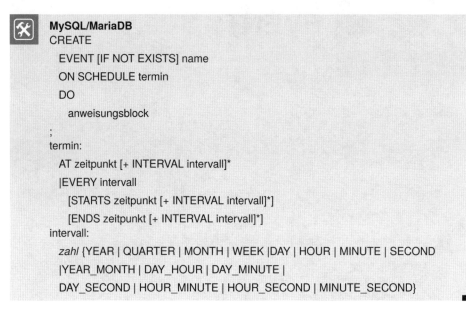

Man gibt an, zu welchem *termin* ein bestimmter *anweisungsblock* ausgeführt werden soll. Nehmen wir als erstes Beispiel, dass wir den totalen Umsatz wöchentlich ermitteln wollen.

Hinweis: Namenskonvention bei einem Ereignis:

event_*aufgabe*_*termin*

```
1  CREATE EVENT event_umsatz_woche
2  ON SCHEDULE EVERY 1 WEEK
3  DO CALL umsatzreport(1);
```

Jetzt wird jede Woche der Totalumsatz ermittelt.

Hinweis: Mit SHOW EVENTS kann eine Liste der aktuell gültigen Ereignisse eingesehen werden.

```
1  mysql> SHOW EVENTS\G
2  *************************** 1. row ***************************
3                     Db: oshop
4                   Name: event_umsatz_woche
5                Definer: root@localhost
6              Time zone: SYSTEM
7                   Type: RECURRING
8             Execute at: NULL
9         Interval value: 1
10        Interval field: WEEK
11                Starts: 2012-06-16 17:30:00
12                  Ends: NULL
13                Status: ENABLED
14            Originator: 1
15  character_set_client: utf8
```

```
16   collation_connection: utf8_general_ci
17      Database Collation: utf8_unicode_ci
```

 Aufgabe 22.1: Erstellen Sie solche Ereignisse, dass der Jahresumsatz vierteljährlich und der Monatsumsatz monatlich (bezogen auf ein Jahr) erstellt wird. ∎

Damit ein Ereignis überhaupt ausgeführt wird, muss der *event scheduler* aktiviert werden. Den aktuellen Status ermittelt man mit:

```
1  mysql> SHOW VARIABLES LIKE 'event%';
2  +-----------------+-------+
3  | Variable_name   | Value |
4  +-----------------+-------+
5  | event_scheduler | OFF   |
6  +-----------------+-------+
```

Tabelle 22.1 Bedeutung von event_scheduler

Wert		Bedeutung
0	OFF	Scheduler ist deaktiviert.
1	ON	Scheduler ist aktiviert und führt Ereignisse aus.
2	DISABLED	Scheduler ist aktiviert, führt aber keine Ereignisse aus.

Der *event scheduler* wird entweder global über die Konfigurationsdatei my.ini oder my.cnf gesteuert oder zur Laufzeit über SET GLOBAL:

```
1  SET GLOBAL event_scheduler = ON;
```

Machen wir doch mal einen kleinen Test:

```
1  DROP TABLE IF EXISTS a;
2  CREATE TABLE a
3  (
4   zeit DATETIME
5  );
6  DROP EVENT IF EXISTS event_zeit_sekunde;
7  CREATE EVENT event_zeit_sekunde
8   ON SCHEDULE EVERY 2 SECOND
9   DO INSERT INTO a VALUES (NOW());
10
11 -- Warte 20 Sekunden
12 SELECT * FROM a;
13 +---------------------+
14 | zeit                |
15 +---------------------+
16 | 2012-06-17 08:14:07 |
17 | 2012-06-17 08:14:09 |
18 | 2012-06-17 08:14:11 |
19 | 2012-06-17 08:14:13 |
20 | 2012-06-17 08:14:15 |
21 | 2012-06-17 08:14:17 |
22 | 2012-06-17 08:14:19 |
23 | 2012-06-17 08:14:21 |
24 | 2012-06-17 08:14:23 |
25 +---------------------+
```

22.2 Wie wird man ein Ereignis wieder los?

Dazu muss man die Art des Ereignisses betrachten:

- *Einmalig*: Wird ein Ereignis nur einmal zu einem Zeitpunkt ausgeführt, wird das Ereignis nach diesem Zeitpunkt automatisch entfernt.
- *Periodisch mit Endeangabe*: Ist der Endetermin erreicht, wird das Ereignis automatisch entfernt.
- *Periodisch ohne Endeangabe*: Wollen Sie das Ereignis nur deaktivieren und nicht löschen, können Sie ALTER EVENT verwenden, ansonsten DROP EVENT.

Man kann ein Ereignis mit ALTER EVENT deaktivieren:

MySQL/MariaDB
```
ALTER
  EVENT eventname
  [ENABLE | DISABLE]
;
```

```
1  ALTER EVENT event_umsatz_woche DISABLE;
```

Damit kann das Ereignis jederzeit wieder aktiviert werden, wenn der Grund für die Pause entfällt.

Hinweis: Bitte beachten Sie, dass alle Ereignisse, die Sie jetzt im Rahmen Ihrer Ausbildung anlegen, automatisch im Hintergrund auf dem Server laufen. Weisen Sie deshalb Übungsereignissen einen zeitnahen Endetermin zu.

Ein Ereignis kann jederzeit komplett mit DROP EVENT gelöscht werden.

MySQL/MariaDB
```
DROP EVENT [IF EXISTS] name ;
```

Also räume ich besser hier noch auf, bevor ich für heute Schluss mache:

```
1  DROP EVENT event_umsatz_woche ;
```

Aufgabe 22.2: Sie müssen noch das Ereignis event_zeit_sekunde löschen und ggf. den *event scheduler* ausschalten.

TEIL VI

Anhänge

23 Datenbank administrieren

23.1 Backup und Restore

23.1.1 Backup mit mysqldump

Datensicherungen sind eine wichtige Sache. Sie ermöglichen nicht nur die Wiederherstellung von Daten nach einem Hardware-Problem. Auch, wenn Sie versehentlich Daten gelöscht oder verändert haben, sind Sie über jede Sicherheitskopie froh.

Aus eigener Erfahrung kann ich Ihnen berichten, dass nach zerstörter referentieller Integrität ohne alte Datensicherungen eine Reparatur mit vertretbarem Aufwand kaum möglich ist. Ihnen bleibt nur die manuelle Datenerhebung aus den Papierunterlagen.

Soviel zur Motivation. Möglichkeiten zur Datensicherung gibt es viele. Eine ist das Sichern der Dateien im Datenverzeichnis des Servers[1]:

```
1  ralf@localhost:~> cp /var/lib/mysql/oshop/*.{frm,MYD,MYI} ./save/
2  ralf@localhost:~> cp /var/lib/mysql/oshop/db.opt ./save/
```

Hinweis: Das Sichern auf Dateiebene kann nur bei MyISAM durchgeführt werden, da bei InnoDB-Tabellen die Dateien nicht zwingend den aktuellen Stand beinhalten.

Ich empfehle Ihnen die Sicherung mit `mysqldump`. Dieses Tool sichert die Daten als SQL-Skript, wobei binäre Daten – wie Bilder etc. – in hexadezimalen Zahlen abgelegt werden können. Empfohlen wird[2]:

`mysqldump --opt --databases` *datenbankname* `>` *dateiname.sql*

Schauen wir uns an, was `--opt` bedeutet. Diese Option ist ein Synonym für folgende Optionen:

- `--add-drop-table`: Vor jedem `CREATE TABLE` wird die ggf. vorhandene Tabelle gelöscht.

---

[1] Sie müssen dazu Leserechte auf dem Verzeichnis besitzen.
[2] Beachten Sie, dass `mysqldump` im Suchpfad liegen muss. Ggf. im `bin`-Verzeichnis der Installation nachschauen!

- `--add-locks`: Die Tabellen werden vor dem Einfügen der Daten mit `LOCK TABLES` gesperrt und danach wieder mit `UNLOCK TABLES` freigegeben. Das Einfügen wird dadurch beschleunigt.
- `--create-options`: Alle MySQL-proprietären Tabellenoptionen bleiben erhalten. Alternativ könnte man `--compatible=` diverse SQL-Dialekte auswählen.
- `--disable-keys`: Vor dem Einfügen werden die Schlüssel deaktiviert. Nach dem Einfügen der Datensätze werden diese wieder aktiviert. Dadurch, dass die Schlüssel während des Einfügens nicht aktiv sind, geschieht das Einfügen schneller. Anschließend wird der entsprechende Index wieder aufgebaut. Wie schon auf Seite 100 erwähnt, ist diese Option nur bei MyISAM wirksam.
- `--extended-insert`: Es wird nur ein `INSERT` mit vielen Zeilen anstelle von vielen `INSERTs` mit nur einer Zeile verwendet. Auch diese Option beschleunigt das Einfügen.
- `--lock-tables`: Die Tabellen werden bei MyISAM mit `READ LOCAL` gesperrt. Für InnoDB wird stattdessen die Option `--single-transaction` empfohlen.
- `--quick`: Bei großen Datenmengen werden die Datensätze einzeln vom Server geholt. Ansonsten werden erst alle Datensätze gelesen und im Speicher gehalten.
- `--set-charset`: Der verwendete Zeichensatz wird durch `SET NAMES` am Anfang des Skripts angegeben.

Aus diesen Kommentaren und der Tatsache, dass wir binäre Daten haben (Tabelle `bild`), ergibt sich folgender Aufruf:

```
ralf@localhost:~> mysqldump -uroot -p --add-drop-database --add-locks --create
    -options --extended-insert --single-transaction --quick --set-charset --
    hex-blob --databases oshop > ./save/oshop.sql
```

Die Option `--hex-blob` wandelt die binären Daten – das sind `BINARY`, `VARBINARY`, `BLOB` und `BIT` – in eine hexadezimale Schreibweise um.

Die Optionen können der besseren Übersicht wegen in eine Datei ausgelagert werden:

```
ralf@localhost:~> mysqldump -uroot -p < ./oshop.opt > ./save/oshop.sql
```

Wenn Sie unter Linux/Unix einen CRON-Job erstellen möchten, der täglich eine Sicherung macht, empfehle ich folgende Zeile[3]:

```
ralf@localhost:~> crontab -e
# Jeden Tag um 23:30 Uhr:
30 23 * * * /pfadzumskript/oshop.backup.sh
```

Das Shell-Skript[4] sieht dann so aus:

```
#!/bin/sh
## Einige Variablen
echo on
MyUSER="root"
MyPASS=""
MyDB="oshop"
MyOption="--add-drop-table --add-locks --create-options --extended-insert --
    single-transaction --quick --set-charset --hex-blob --databases"
MySQLDUMP="$(which mysqldump)"
```

---

[3] Vergessen Sie nicht, für die Skripte das executable-Flag zu setzen.
[4] Quelle: *http://serversupportforum.de/forum/sql/40542-mysql-dump-ueber-cronjob-2-von-3-laufen.html*

```
 9  MyGZIP="$(which gzip)"
10
11  ## Verzeichnisname anhand des Datums ermitteln
12  ## und ggf. anlegen
13  MyNOW="$(date +"%Y-%m-%d")"
14  MyDEST="./save"
15  MyMBD="$MyDEST/$MyNOW"
16  [ ! -d $MyMBD ] && mkdir -p $MyMBD || :
17
18  ## Los geht's
19  MyFILE="$MyMBD/$MyDB.$MyNOW.sql.gz"
20  $MySQLDUMP -u $MyUSER -p$MyPASS $MyOption $MyDB | $MyGZIP -9 > $MyFILE
```

Das Skript ist so aufgebaut, dass Sie eigentlich nur die My*-Variablen anpassen müssen, um es verwenden zu können.

Wenn Sie tabellenweise sichern wollen:

```
1  mysqldump --opt --tables -uroot -p oshop artikel > artikel.sql
```

23.1.2 Restore mit mysqldump

Wenn Sie das Backup mit dem obigen Shell-Skript erstellt haben, wird Ihnen beim Restore die gesamte Datenbank wiederhergestellt. Dabei werden alle gerade vorhandenen Tabellenstände etc. gelöscht.

Man kann diesen Dump auf zwei Arten wieder einspielen. In beiden wird der MySQL-/MariaDB-Client verwendet:

```
1  ralf@localhost:~> zcat oshop.18-06-2012.sql.gz | mysql -uroot -p oshop
```

Mit zcat wird die Datei entpackt und auf die Standardausgabe umgeleitet. Das Pipe-Symbol | macht daraus einen Eingabestrom für den MySQL-Client.

Eine andere Methode liefert der Aufrufparameter -e. Bitte beachten Sie dabei, dass die Datei entpackt sein muss.

```
1  ralf@localhost:~> mysql -e "source ./oshop.18-06-2012.sql" -uroot -p oshop
```

Falls Sie die Tabellendaten im CSV-Format gesichert haben, können Sie für die Wiederherstellung auch mysqlimport verwenden. Er arbeitet im Prinzip wie ein LOAD DATA INFILE. Dieser erwartet, dass der Name der Sicherungsdatei vor der Endung der Tabellenname ist.

```
1  ralf@localhost:~> mysqlimport -uroot -p --local oshop artikel.csv
```

23.2 Benutzerrechte

23.2.1 Benutzerrechte und Privilegien

Das Anmelden auf dem Server erfolgt in diesem Buch mit dem Benutzer `root`. Dieser darf alles machen und ist ideal für die SQL-Einführung, da keine Einschränkungen bzgl. der Befehle vorliegen.

Das ist aber nicht der Normalfall. Datenbankbenutzer sollten nur das tun dürfen, was sie für die Anwendung brauchen, und auch nur auf den DBMS-Objekten, die zur Anwendung gehören. Soll doch die Anwendung, die den Online-Shop betreibt, nicht auch auf anderen Datenbanken wie einer Vereinsverwaltung oder einem CMS wie Typo3 Datenmanipulationen vornehmen dürfen.

Für unseren Online-Shop wollen wir einen Benutzer haben, der eine Art *Administrator* für die Datenbanken darstellen soll, und einen Benutzer für die alltäglichen Arbeiten: `oshop_root` und `oshop_user`.

Stellt sich zunächst die Frage, was für Rechte es eigentlich gibt, die man vergeben oder entziehen kann. Bei Dateisystemen sind dies in der Regel die Rechte Lesen, Anlegen, Ändern und Löschen in verschiedenen Varianten. So ähnlich ist es auch in SQL, wie Sie der Tabelle 23.1 auf der nächsten Seite entnehmen können.

Die Rechte bestimmen, welchen SQL-Befehl der Benutzer auszuführen darf. Man könnte jetzt annehmen, dass es somit für jeden Befehl ein solches Recht gibt, aber manche Rechte sind summarisch wie beispielsweise `CREATE USER`, der für mehrere Befehle steht.

SQL3 und MySQL/MariaDB unterscheiden sich in vielen Punkten. Zum einen kennen MySQL und MariaDB erheblich mehr Rechte als SQL3, zum anderen werden einige Befehle im Detail anders interpretiert. Die wichtigsten Unterschiede zwischen MySQL/MariaDB und SQL3 sind:

- In MySQL/MariaDB wird ein Benutzer über seinen Namen *und* seinen Hostnamen identifiziert: `'abc'@'192.168.41.%'`, `'abc'@'localhost'` und `'abc'@'%'` sind drei verschiedene Benutzer. SQL3 nimmt nur den Benutzernamen, hier also `'abc'`.
- SQL3 kennt keine Benutzerrechte auf Ebene einer oder aller Datenbanken (global).
- In SQL3 sind die Benutzerrechte hierarchisch bzgl. des Rechte vergebenden Benutzers angeordnet. Wird ein Benutzer gelöscht, werden auch alle Rechte entzogen, die dieser anderen per `GRANT` zugewiesen hat. In MySQL/MariaDB wird das nur bei `DROP USER` gemacht.
- Wenn Sie in SQL3 eine Tabelle löschen, werden alle damit verbundenen Rechte entzogen.
- Wenn Sie in SQL3 ein Recht entziehen, werden alle Rechte, die aufgrund dieses Rechts erteilt wurden, ebenfalls entzogen.
- In MySQL und MariaDB werden Rechte nur durch `DROP USER` und `REVOKE` entzogen. Alternativ kann man die Systemtabellen mit den Benutzerrechten direkt manipulieren.
- In MySQL und MariaDB kann man das Recht `INSERT` auf bestimmte Spalten einer Tabelle einschränken, sodass ein Benutzer eine neue Zeile anlegen kann, wenn er nur Angaben zu diesen Spalten macht. Die anderen Spalten werden mit ihren Standardwerten

aufgefüllt. Ist der MySQL- bzw. MariaDB-Server im `strict`-Modus gestartet, wird der `INSERT` abgewiesen.

Tabelle 23.1 Von MySQL unterstützte Benutzerrechte
(S=* MySQL proprietär, S=° von MySQL nicht unterstützt)

S	Benutzerrecht	Erlaubt oder entzieht ...
	ALL [PRIVILEGES]	... alle Rechte außer GRANT OPTION.
	ALTER	... das Recht auf ALTER TABLE.
*	ALTER ROUTINE	... das Recht, Prozeduren zu verändern oder zu löschen.
	CREATE	... das Recht, Schemata oder Tabellen zu erstellen.
*	CREATE ROUTINE	... das Recht, Prozeduren zu erstellen.
*	CREATE TABLESPACE	... alle Rechte bzgl. *tablespaces* und Logdateigruppen.
*	CREATE TEMPORARY TABLES	... das Recht, temporäre Tabellen anzulegen.
*	CREATE USER	... das Recht auf {CREATE|DROP|RENAME} USER und REVOKE ALL PRIVILEGES.
*	CREATE VIEW	... das Recht, Ansichten anzulegen und zu verändern.
	DELETE	... das Recht auf DELETE.
	DROP	... das Recht, Schemata, Tabellen und Ansichten zu löschen.
*	EVENT	... alle Rechte bzgl. Ereignisse.
*	EXECUTE	... das Recht, Prozeduren auszuführen.
*	FILE	... das Recht, Dateioperationen auf dem Server auszuführen.
	GRANT OPTION	... das Recht, Benutzerrechte zuzuweisen oder zu entziehen.
*	INDEX	... das Recht, Indizes anzulegen oder zu löschen.
	INSERT	... das Recht auf INSERT.
*	LOCK TABLES	... das Recht auf LOCK TABLES für Tabellen, auf denen man das SELECT-Recht besitzt.
*	PROCESS	... das Recht auf SHOW PROCESSLIST.
*	PROXY	... das Recht, einen Proxy-Benutzer einzurichten.
°	REFERENCES	... das Recht einen Fremdschlüssel-Constraint einzurichten.
*	RELOAD	... das Recht auf alle FLUSH-Anweisungen.
*	REPLICATION CLIENT	... das Recht, Master- oder Slave-Server zu erfragen.
*	REPLICATION SLAVE	... das Recht, die Replikationsdaten vom Master auszulesen.
*	SELECT	... das Recht auf SELECT.
*	SHOW DATABASES	... das Recht, alle Datenbanken anzuzeigen.
*	SHOW VIEW	... das Recht auf SHOW CREATE VIEW.
*	SHUTDOWN	... das Recht, `mysqladmin shutdown` auszuführen.
*	SUPER	... das Recht, administrative Anweisungen wie CHANGE MASTER TO, KILL, PURGE BINARY LOGS, SET GLOBAL und `mysqladmin debug` auszuführen.
*	TRIGGER	... das Recht auf alle Trigger-Anweisungen.
	UPDATE	... das Recht auf UPDATE.
	USAGE	Synonym für *keine Rechte*.

23.2.2 Benutzer anlegen/Recht zuweisen

23.2.2.1 CREATE USER

Um einem Benutzer Rechte zuzuweisen, muss es erst mal einen geben:

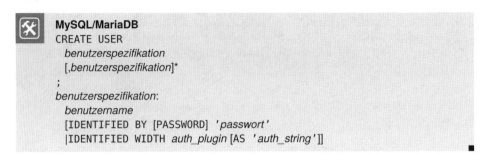

MySQL/MariaDB
CREATE USER
  benutzerspezifikation
  [,*benutzerspezifikation*]*
;
benutzerspezifikation:
  benutzername
  [IDENTIFIED BY [PASSWORD] '*passwort*']
  |IDENTIFIED WIDTH *auth_plugin* [AS '*auth_string*']]

Um diesen Befehl verwenden zu können, muss man das CREATE USER- oder das INSERT-Recht auf der Datenbank mysql haben, sodass für jeden Benutzer eine Zeile in der Tabelle mysql.user eingefügt wird.

Wie oben schon erwähnt, setzt sich in MySQL der benutzername aus zwei Teilen zusammen: *name@host*. Der *host* kann ein Hostname wie www.myhost.de oder eine IP-Adresse sein. Beide Varianten können durch den Platzhalter % Hostfamilien festlegen. Möchten Sie beispielsweise allen Benutzern innerhalb eines Subnetzwerks den Zugriff erlauben: '192.168.41.%'.

Dem Benutzernamen kann ein Passwort mitgegeben werden. Dieses wird klartextlich in der Tabelle mysql.user abgelegt. Um zu vermeiden, dass dieses einfach ausgespäht werden kann, können Sie die Funktion PASSWORD() verwenden:

```
1  mysql> SELECT PASSWORD('86(2,Lphg')\G
2  *************************** 1. row ***************************
3  PASSWORD('86(2,Lphg'): *A31AAF3968A1272A06DAC82B3D33646B1BD43A79
```

Wenn Sie ein Plugin zur Authentifizierung verwenden, können Sie anstelle des Passworts dieses angeben.

Hinweis: Falls Sie den Benutzer über einen Client anlegen, ist das klartextlich lesbare Passwort in der History ablegt (z.B. ~/.mysql_history).

Legen wir jetzt unsere beiden Benutzer an:

```
1  mysql> CREATE USER
2      -> 'oshop_root'@'%' IDENTIFIED BY 'root'
3      -> ,'oshop_user'@'%' IDENTIFIED BY 'user'
4      -> ;
5  mysql> SHOW GRANTS FOR 'oshop_root'@'%'\G
6  *************************** 1. row ***************************
7  Grants for oshop_root@%: GRANT USAGE ON *.* TO 'oshop_root'@'%' IDENTIFIED BY
        PASSWORD '*81F5E21E35407D884A6CD4A731AEBFB6AF209E1B'
```

Aufgabe 23.1: Hinter dem Wort GRANT steht das Recht USAGE. Was bedeutet das nochmal?

Der Platzhalter im Hostnamen ist so gewählt, dass der Benutzer sich von allen Rechnern aus anmelden kann. Ein Anmeldeversuch sorgt für Ernüchterung:

```
1  ralf@localhost:~> mysql -uoshop_root -proot
2  ERROR 1045 (28000): Access denied for user 'oshop_root'@'localhost' (using
       password: YES)
```

Ein Anmeldeversuch von einem entfernten Rechner aus wäre übrigens erfolgreich gewesen. Hier kommt eine nicht offensichtliche Eigenschaft von MySQL und MariaDB zum Tragen. Der Hostname `localhost` wird in der Zugriffskontrolle besonders behandelt. Will man dem Benutzer wirklich jeden Zugriffsweg erlauben, muss man tatsächlich noch einmal den gleichen Benutzer mit dem `localhost` anlegen:

```
1  mysql> CREATE USER
2      -> 'oshop_root'@'localhost' IDENTIFIED BY 'root'
3      -> ,'oshop_user'@'localhost' IDENTIFIED BY 'user'
4      -> ;
5  Query OK, 0 rows affected (0.05 sec)
6
7  mysql> exit
8  Bye
9  ralf@localhost:~> mysql -uoshop_root -proot
10 [...]
11 mysql>
```

Jetzt klappt's auch mit dem `localhost`.

Hinweis: Ich habe hier die Passwörter `root` und `user` gewählt. Davon ist in der Praxis dringend abzuraten. Frei nach dem Empfehlungen des BSI (siehe [Inf16]) sollten folgende Regeln gelten:

- Keine Wörter oder Wortkombinationen
- Mindestens 10 Zeichen lang
- Mindestens ein Sonderzeichen
- Kein Trivialpasswörter wie aa11..bb22 etc.

Mit DROP USER kann ein Benutzer wieder gelöscht werden.

MySQL/MariaDB
DROP USER [IF EXISTS] *benutzerspezifikation*[, *benutzerspezifikation*]*
;

23.2.2.2 GRANT

Wir haben jetzt zwar zwei Benutzer, aber sie dürfen nichts. Die Ausgabe von SHOW GRANTS FOR hatte genau dies mit USAGE mitgeteilt. Mit GRANT können einem Benutzer neue Rechte zugewiesen werden. Hier eine gekürzte Version des Befehls:

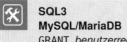

SQL3
MySQL/MariaDB
GRANT *benutzerrecht*[, *benutzerrecht*]*
  ON [objekttyp] *privilegtiefe*
  TO *benutzerspezifikation*[, *benutzerspezifikation*]*
  [WITH GRANT OPTION]
;

SQL3 kennt die Objekttypen TABLE, DOMAIN, COLLATION, CHARACTER SET und TRANSLATION. MySQL und MariaDB kennen TABLE, FUNCTION und PROCEDURE.

SQL3 hat keine *privilegtiefe*; hier steht dann der Objektname wie beispielsweise der Tabellenname. MySQL und MariaDB haben die Privilegtiefen *Global* (* und *.*), *Datenbank* (*datenbankname.**), *Tabelle* (*datenbankname.tabellenname, tabellenname*) und Routine (*datenbankname.routinenname*).

Soll der Benutzer anderen Benutzern Rechte vergeben können – natürlich nur solche, die er selber inne hat –, so wird WITH GRANT OPTION ans Ende gesetzt.

Für den Benutzer oshop_root sind folgende Angaben nötig:

- *benutzerrecht*: Unser oshop_root soll alles dürfen, dazu können wir der Tabelle 23.1 auf Seite 351 das ALL PRIVILEGES entnehmen.
- *objekttyp*: Ist optional, daher stellt sich die Frage, brauchen wir die Angabe? Nö. Wir wollen ja, dass er auf allen Objekten der Datenbank alles darf.
- *benutzerspezifikation*: Diese kann genauso umfänglich sein wie bei CREATE TABLE. Wäre der Benutzer noch nicht vorhanden, würde er mit dieser Spezifikation angelegt werden. Da wir ihn schon angelegt haben, reichen hier die Benutzernamen 'oshop_root'@'%' und 'oshop_root'@'localhost'.
- WITH GRANT OPTION: Da er Rechte vergeben können soll, muss diese Option verwendet werden.

Das alles führt zu folgender Anweisung:

```
 1  mysql> GRANT ALL PRIVILEGES
 2      -> ON oshop.*
 3      -> TO 'oshop_root'@'%', 'oshop_root'@'localhost'
 4      -> WITH GRANT OPTION
 5      -> ;
 6
 7  mysql> SHOW GRANTS FOR 'oshop_root'@'%'\G
 8  *************************** 1. row ***************************
 9  Grants for oshop_root@%: GRANT USAGE ON *.* TO 'oshop_root'@'%' IDENTIFIED BY
          PASSWORD '*81F5E21E35407D884A6CD4A731AEBFB6AF209E1B'
10  *************************** 2. row ***************************
11  Grants for oshop_root@%: GRANT ALL PRIVILEGES ON 'oshop'.* TO 'oshop_root'@'%'
          WITH GRANT OPTION
12  2 rows in set (0.00 sec)
```

Probieren wir doch mal aus, ob er auch genau das darf oder nicht darf, was wir wollten:

```
1  ralf@localhost:~> mysql -uoshop_root -proot
2  mysql> CREATE SCHEMA wurst;
3  ERROR 1044 (42000): Access denied for user 'oshop_root'@'localhost' to
       database 'wurst'
```

```
 4
 5  mysql> CREATE TABLE oshop.wurst (a INT);
 6  Query OK, 0 rows affected (0.16 sec)
 7
 8  mysql> DROP TABLE oshop.wurst;
 9  Query OK, 0 rows affected (0.09 sec)
```

In Zeile 2 wird versucht, eine neue Datenbank anzulegen. Dies scheitert, da der Benutzer oshop_root keine entsprechenden globalen Rechte besitzt. Das Anlegen einer Tabelle in Zeile 5 und das anschließende Löschen derselben hingegen klappt prima.

Legen wir jetzt den Benutzer ohop_user an:

- *benutzerrecht*: Unser oshop_user soll die normalen Arbeiten auf den Tabellen durchführen dürfen. Dazu gehören das Einfügen neuer Daten mit INSERT, das Verändern und Löschen bestehender Daten mit UPDATE bzw. DELETE. Außerdem muss er Auswertungen mit SELECT durchführen dürfen.
- *objekttyp*: Ist optional, könnte aber TABLE lauten.
- *benutzerspezifikation*: Hier gilt das Gleiche wie beim Benutzer oshop_root.
- WITH GRANT OPTION: Der oshop_user soll keine weiteren Benutzer anlegen können, daher fehlt diese Angabe.

Zusammengefasst kommt folgende Anweisung heraus:

```
 1  mysql> GRANT INSERT, UPDATE, DELETE, SELECT
 2      -> ON TABLE oshop.*
 3      -> TO 'oshop_user'@'%', 'oshop_user'@'localhost'
 4      -> ;
 5  Query OK, 0 rows affected (0.00 sec)
 6
 7  mysql> SHOW GRANTS FOR 'oshop_user'@'%'\G
 8  *************************** 1. row ***************************
 9  Grants for oshop_user@%: GRANT USAGE ON *.* TO 'oshop_user'@'%' IDENTIFIED BY
         PASSWORD '*D5D9F81F5542DE067FFF5FF7A4CA4BDD322C578F'
10  *************************** 2. row ***************************
11  Grants for oshop_user@%: GRANT SELECT, INSERT, UPDATE, DELETE ON 'oshop'.* TO
         'oshop_user'@'%'
12  2 rows in set (0.00 sec)
```

Aufgabe 23.2: Testen Sie die Privilegien des neuen Benutzers: Darf er alles, was wir wollen, und werden ihm unerlaubte Aktionen verweigert?

23.2.2.3 REVOKE

Will man einem Benutzer ein oder mehrere Rechte entziehen: REVOKE.

SQL3
MySQL/MariaDB
REVOKE *benutzerrecht*[, *benutzerrecht*]*
  ON [*objekttyp*] *privilegtiefe*
  FROM *benutzername*[, *benutzername*]*
  [WITH GRANT OPTION]
  ;

oder

SQL3
MySQL/MariaDB
```
REVOKE ALL PRIVILEGES, GRANT OPTION FROM
    FROM benutzername[, benutzername]*
;
```

Es ist letztlich eine Frage, was bequemer ist: eine Positivliste oder eine Negativliste. Gebe ich an, was dem Benutzer erlaubt ist, oder eher, was ihm verboten ist?

In unserem Fall soll der Benutzer `oshop_user` nicht löschen dürfen, da wir ja eigentlich das Löschkennzeichen verwenden wollen (siehe Seite 33).

```
1  mysql> REVOKE DELETE
2      -> ON TABLE oshop.*
3      -> FROM 'oshop_user'@'%', 'oshop_user'@'localhost'
4      -> ;
```

Aufgabe 23.3: Erlauben Sie dem Benutzer, in den Hilfstabellen einer *n:m*-Verknüpfung zu löschen.

■ 23.3 Datenbankreplikation

Hinweis: Ich werde hier nicht auf Cluster eingehen. Diese würden den Rahmen des Buches sprengen, obwohl ich die Technologie superspannend finde. Falls Sie sich dafür interessieren: *http://www.mysql.de/products/cluster/start.html*.

Zunächst, was ist Replikation? Die Daten eines SQL-Servers werden automatisch auf andere SQL-Server kopiert. Dadurch kann ich Anfragen an die Datenbank auf verschiedene SQL-Server verteilen. Die Einzellast wird damit verringert und die Performance erhöht.

Definition 72: Replikation
Eine *Replikation* kopiert die Daten auf verschiedene Datenbankserver. Der führende Datenbankserver ist der *Master*, die Kopien heißen *Slave*.

Sowohl der Master als auch der Slave müssen für die Replikation eingerichtet sein. Fangen wir mit dem Master an. Dazu muss auf dem Master das binäre Logging aktiviert sein. Dabei werden alle Änderungen ACID-stabil (siehe Kapitel 18 auf Seite 289) in einem binärem Format protokolliert. Diese Protokolle sind Basis der Replikation, möchte man doch nicht jedes Mal den gesamten Datenbestand, sondern nur seine Änderungen zum Slave übertragen.

23.3 Datenbankreplikation

Des Weiteren muss dem Server – wie später auch dem Client – eine eindeutige Servernummer zugewiesen werden. Beides passiert in der my.cnf oder my.ini. Mein Master liegt auf einem OpenSUSE LEAP 42.1-Rechner, daher gehe ich wie folgt vor:

```
1  localhost:~ # rcmysql stop
2  localhost:~ # vi /etc/my.cnf
3  log-bin           = mysql-bin
4  server-id         = 1
5  skip-networking   = OFF
```

Einschränkung: Die server-id darf nicht größer als $2^{32} - 1$ sein. Weitere Anpassungen werden im MySQL-Handbuch empfohlen:

```
6  innodb_flush_log_at_trx_commit = 1
7  sync_binlog                    = 1
```

Abspeichern und neu starten:

```
1  localhost:~ # rcmysql start
```

Wenn Sie die server-id auf 0 setzen, wird MySQL alle Anfragen von Slaves ablehnen.

Der Master ist jetzt vorbereitet, und ich passe den ersten Slave an. Ich nehme dafür eine XAMPP-Installation. Ich öffne die c:\xampp\mysql\bin\my.ini mit einem Editor.

In der MySQL-Dokumentation wird dem Slave die server-id 2 vergeben. Ich halte es für eine gute Idee, Nummernkreise zu verwenden. Alle Slaves des Masters 1 beginnen mit einer 1, also 1*. Warum? Slaves können als Master für andere Slaves eingerichtet werden. Hat einer meiner Slaves die Nummer 122, kann ich seinen Weg genau anhand dieser Nummer verfolgen. Zusätzlich empfiehlt MySQL auch, das binäre Logging einzuschalten:

```
1  server-id        = 11
2  log-bin          = mysql-bin
```

Wollen Sie diesen Slave auch als Master verwenden, müssen die anderen Angaben des Masters hier ebenfalls eingetragen werden. Bitte stoppen und starten Sie den Server über das XAMPP-Control Panel.

Die Replikation erfordert, dass die Slaves sich beim Master anmelden. Dazu müssen auf dem Master entsprechende SQL-User angelegt werden (siehe Abschnitt 23.2 auf Seite 350). Es ist zu empfehlen, dass man für jeden Slave einen eigenen SQL-User anlegt:

```
1  mysql> GRANT
2      ->     REPLICATION SLAVE
3      ->     ON *.*
4      ->     TO 'reply11'@'%'
5      ->     IDENTIFIED BY 'pwd11';
6  mysql> GRANT
7      ->     REPLICATION SLAVE
8      ->     ON *.*
9      ->     TO 'reply11'@'localhost'
10     ->     IDENTIFIED BY 'pwd11';
```

Bevor wir auf dem Slave letzte Anpassungen vornehmen, müssen wir noch einmal darauf eingehen, was ich oben erwähnt habe. Basis der Replikation sind die binären Mitschriften der Änderungen. Wird jetzt einfach ein Slave an den Master gehängt, werden nicht zuerst alle Datenbanken kopiert, so dass ein Gleichstand erfolgt; es werden eben nur die Änderungen übernommen. Es gibt jetzt folgende Strategien:

- Master und Slave sind im Prinzip leer. Dann kann man beide verbinden und die Daten auf dem Master aufbauen.
- Sie erstellen eine Datensicherung aller Datenbanken des Masters und spielen diese Sicherung auf dem Slave ein. Bitte stellen Sie sicher, dass der Master in der Zwischenzeit keine Datenänderung erfährt. Verbinden Sie erst jetzt den Slave mit dem Master.
- Erstellen Sie eine Datensicherung auf dem Master und verbinden Sie den Slave mit dem Master. Spielen Sie nun die Datensicherung wieder ein. Da dabei alle Datenbanken, Tabellen etc. neu angelegt werden, werden diese auch als Änderung an den Slave weitergeleitet.

Damit sich der Slave beim Master anmelden kann, braucht er die Kontaktdaten. Ebenso muss er wissen, ab welchem Zeitpunkt der Mitschrift (binäres Logging) er die Replikationen beginnen soll. Ermitteln wir zuerst den aktuellen Zeitpunkt der Mitschrift:

```
 1  mysql> FLUSH TABLES WITH READ LOCK;
 2  Query OK, 0 rows affected (0.00 sec)
 3
 4  mysql> exit
 5  Bye
 6  localhost:~ # mysql -uroot
 7  mysql> SHOW MASTER STATUS;
 8  +------------------+----------+--------------+------------------+
 9  | File             | Position | Binlog_Do_DB | Binlog_Ignore_DB |
10  +------------------+----------+--------------+------------------+
11  | mysql-bin.000240 |      196 |              |                  |
12  +------------------+----------+--------------+------------------+
```

Durch das Verlassen des Clients erzwingen wir, dass `FLUSH TABLES` auch wirklich ausgeführt wird. In der neuen Sitzung wird nun der Status des Masters abgefragt. Die Informationen sehen bei Ihnen sicherlich anders aus, aber der Inhalt der Spalte `File` und `Position` wird noch gebraucht und sollte daher von Ihnen notiert werden.

Hinweis: Damit diese Werte ihre Gültigkeit nicht verlieren, dürfen jetzt keine Sitzungen mehr auf die Datenbank verändernd zugreifen. Am besten erlauben Sie überhaupt keinen Zugriff, bis der Slave erfolgreich angebunden ist.

Führen Sie dazu auf dem Slave Folgendes aus:

```
 1  CHANGE MASTER TO
 2    MASTER_HOST='10.0.2.2',
 3    MASTER_USER='reply11',
 4    MASTER_PASSWORD='pwd11',
 5    MASTER_LOG_FILE='mysql-bin.000240',
 6    MASTER_LOG_POS=196
 7  ;
 8
 9  mysql> START SLAVE;
```

Die Variable `MASTER_HOST` enthält die IP-Adresse oder den Namen des Masters. Bitte testen Sie, ob der Server erreichbar ist: `mysql -h10.0.2.2`. In `MASTER_USER` und `MASTER_PASSWORD` stehen die Benutzerangaben, die oben mit `GRANT` angelegt wurden. In `MASTER_LOG_FILE` tragen Sie den Dateinamen ein, der in der Spalte `File` von `SHOW MASTER STATUS` steht, in `MASTER_LOG_POSITION` den Inhalt von `Position`. Mit `STOP SLAVE` beendet man das Replizieren zwischen diesen beiden Servern.

Bei diesem Vorgang kann eine Menge schief gehen: Die Netzadressen sind nicht erreichbar (Firewall, MySQL nicht als Dienst etc.), das Anmelden geht schief (`GRANT` fehlerhaft, Anmeldedaten fehlerhaft etc.), unsinnige Replikationen werden durchgeführt (falsche Datei oder Position) usw. Da hilft nur ein geduldiger Blick in die `mysql_error.log` ;-).

Gehen wir jetzt zum Master und legen eine neue Datenbank an:

```
1  CREATE SCHEMA xxx;
```

Warten wir einige Sekunden (mindestens zwei) und gehen in den Slave. Dort schauen wir uns an, ob die Datenbank angekommen ist:

```
1   mysql> SHOW DATABASES;
2   +--------------------+
3   | Database           |
4   +--------------------+
5   | information_schema |
6   | mysql              |
7   | performance_schema |
8   | test               |
9   | webauth            |
10  | xxx                |
11  +--------------------+
```

Sie ist da! Warum habe ich mindestens zwei Sekunden warten müssen? Die Periodendauer der Replikation wird durch die Variable `MASTER_HEARTBEAT_PERIOD` gesteuert. Sie enthält eine ganzzahlige Zeitangabe in Millisekunden. Mit 0 wird die Replikation gestoppt. Die Vorbelegung der Variable ist die Hälfte der Variablen `SLAVE_NET_TIMEOUT`, die wiederum die Vorbelegung 3600 ms hat.

 Hinweis: Viele moderne Client-Programme – nicht der hier die ganze Zeit verwendete spartanische Konsolenclient – liefern gut dokumentierte und leicht verständliche Assistenten zur Konfiguration einer Replikation, z.B. *phpMyAdmin* mit dem Menüpunkt *Replikation*.

So, jetzt ist der Einstieg geschafft. Es gäbe noch viele weitere Themen, die anzusprechen ich mich kaum beherrschen kann. Aber das Thema ist einfach zu umfangreich, um hier erschöpfend besprochen zu werden – zumal es sich ja um ein SQL-Buch handelt. Trotzdem haben Sie schon eine gute Basis für kleinere sinnvolle Installationen. Ein Beispiel: Am Lehrerarbeitsplatz turne ich den Schülerinnen und Schülern meinen SQL-Stoff vor. Durch Replikation haben diese auf ihren Rechnern und Laptops nach kurzer Zeit den angepassten Datenbestand und können somit alles nachvollziehen.

 Hinweis: Replikation hat nichts mit Datensicherung zu tun (siehe Abschnitt 23.1 auf Seite 347). Alle Löschungen und Änderung werden ebenfalls repliziert.

24 Rund um den MySQL-Client

■ 24.1 Aufruf(parameter)

Ich möchte hier die Aufrufparameter vorstellen, die ich tatsächlich schon mal gebraucht habe. Der Client hat aber noch eine Vielzahl weiterer Parameter. Besonders die zur SSL-Verschlüsselung möchte ich hier erwähnen.

Normalerweise wird der MySQL-/MariaDB-Client in einer Shell-Oberfläche aufgerufen. Bei einer Installation sollte man darauf achten, dass der Pfad, in dem die ausführbare Clientdatei liegt, im Suchpfad enthalten ist. Falls das nicht so ist[1], muss der Pfad mit angegeben werden:

   `c:\xampp\mysql\bin\mysql` *Aufrufparameter*

Beendet wird der Client mit `exit` oder `quit`.

Langform	Kurzform
`--help`	`-?`

Der Client gibt den Hilfetext aus und beendet sich selbst.

Langform	Kurzform
`--compress`	`-c`

Der Datenverkehr zwischen Client und Server wird komprimiert (nicht verschlüsselt!). Dies geschieht in beide Richtungen. Werden größere Datenmengen verschoben, lohnt sich der Aufwand; ansonsten ist die Rechenzeit zu beachten, die das Komprimieren kostet.

Langform	Kurzform
`--database=DBName`	`-D DBName`

Legt die in der Sitzung verwendete Datenbank fest. Alle nachfolgenden Befehle beziehen sich nun auf diese Datenbank. Man muss dann nicht bei Befehlen wie `SELECT` den Datenbanknamen mit Punkt getrennt vor den Tabellennamen schreiben. Die Datenbank muss natürlich vorhanden sein. Wollen Sie während der Sitzung die verwendete Datenbank wechseln, benutzen Sie `USE` *datenbankname*.

---

[1] Bei der WAMPP-Installation beispielsweise wird der Pfad nicht gesetzt.

Langform	Kurzform
`--default-character-set=Zeichensatz`	

Der Standardzeichensatz des MySQL-Clients ist `latin1`. Verwenden Sie diesen für Ihre Tabellen, brauchen Sie ihn hier auch nicht anzugeben. Verwenden Sie aber beispielsweise `utf8`, so müssen Sie diesen hier eingeben, damit die Daten korrekt am Server ankommen und dargestellt werden. Die Windows COMMAND Box kann kein Unicode. Wundern Sie sich also nicht, wenn unter Windows die Umlaute nicht korrekt angezeigt werden. Falls Sie einen Unicode verwenden, ist die Verwendung eines Query-Browsers zu empfehlen.

Langform	Kurzform
`--execute=Anweisung`	`-e Anweisung`

Die Anweisung wird ausgeführt und der MySQL-Client wieder verlassen. Diese Option lässt sich hervorragend für das Umleiten von Ergebnissen in eine Datei verwenden:

```
mysql --execute="SELECT * FROM oshop.kunde" > erg.txt
```

Auf den Abschluss des Befehls durch ein Semikolon `;` kann verzichtet werden. Werden allerdings mehrere Anweisungen angegeben, so müssen diese wieder getrennt werden.

Langform	Kurzform
`--host=Hostname`	`-h Hostname`

Der Client wird mit dem angegebenen Host verbunden. Der Hostname kann eine IP-Adresse oder – falls eine Namensauflösung erreichbar ist – ein textlicher Name sein. Wird diese Option nicht verwendet, versucht der Client, eine Verbindung mit `127.0.0.1` oder `localhost` aufzubauen.

Typische Gründe, warum der Aufbau scheitert, sind:

- Die Firewall des Zielrechners blockiert.
- Der Hostname wird nicht oder falsch aufgelöst.
- Der Zielrechner verwendet eine andere Portnummer (siehe `--port`).
- Der SQL-User hat nicht das Recht, sich über diese IP-Adresse anzumelden.
- Der Server lässt nur lokale Anmeldungen zu.
- Der Zielrechner ist nicht erreichbar.
- Der MySQL-Server ist nicht gestartet.

Langform	Kurzform
`--html`	`-H`

Erzeugt eine HTML-Ausgabe. Das Ergebnis einer SQL-Anweisung wird dann als HTML-Tabelle ausgegeben. Durch Umleiten der Ausgabe – beispielsweise in eine Datei – kann dieses dann weiterverarbeitet werden.

```
mysql --execute="SELECT * FROM oshop.kunde" --html > erg.txt
```

Ich möchte allerdings anmerken, dass der erzeugte HTML-Quelltext sehr zu wünschen übrig lässt. Für eine Weiterverarbeitung eignen sich die XML-Ausgaben besser.

Langform	Kurzform
`--local-infile`	

Aus Gründen der Sicherheit kann es dem Client verboten sein, lokale Dateien für den Import zu verwenden. Durch diesen Parameter kann das Problem behoben werden (siehe Seite 103).

Langform	Kurzform
`--no-beep`	`-b`

Schaltet den Beep bei Fehlern aus. Das ist besonders in Schulungsumgebungen sehr sinnvoll. Obwohl ... ich bekomme dadurch genau mit, wann ich im Unterricht weiter machen kann. Wenn keiner mehr beept, sind alle fertig ;-)

Langform	Kurzform
`--password[=Passwort]`	`-p[Passwort]`

Dieses Passwort wird für den Verbindungsaufbau verwendet und muss zum angegebenen Benutzer (siehe `--user`) passen. Wird das Passwort nicht im Parameter mitgegeben, muss dieses über den Prompt eingegeben werden, was aus Sicherheitsgründen sinnvoll sein kann. Wenn Sie das Passwort mit angeben, achten Sie darauf, dass zwischen dem Gleichheitszeichen oder dem p und dem Passwort kein Leerzeichen stehen darf.

Langform	Kurzform
`--port=Portnummer`	`-P Portnummer`

Der TCP/IP-Port für die Verbindung (siehe `-host`). Die Vorbelegung ist 3306. Bitte beachten Sie, dass dieser Port auch durch die Firewall freigegeben sein muss.

Langform	Kurzform
`--show-warnings`	

Zeigt nach jeder Ausführung Warnungen an, sofern welche auftreten.

Langform	Kurzform
`--user=Benutzername`	`-uBenutzername`

Dieser Benutzername wird für den Verbindungsaufbau verwendet. In der Regel erfolgt dies in Kombination mit einer Passworteingabe (siehe `-password`). Bitte beachten Sie, dass zwischen dem Gleichheitszeichen oder dem u und dem Benutzernamen kein Leerzeichen stehen darf.

Langform	Kurzform
`--version`	`-V`

Gibt die Versionsnummer des Clients aus und beendet den Client.

Langform	Kurzform
`--xml`	`-X`

Erzeugt eine XML-Ausgabe. Durch Umleiten der Ausgabe – beispielsweise in eine Datei – kann dieses dann weiter verarbeitet werden.

24.2 Befehle

Hier sind die speziellen Befehle des Clients und nicht die SQL-Befehle oder die des Servers gemeint.

Langform	Kurzform
?	\?

Synonym für `help`.

Langform	Kurzform
clear	\c

Löscht die aktuelle Eingabe. Es kommt vor, dass man sich bei mehrzeiligen Befehlen verfranst. Man kann versuchen, ihn mit einer Fehlermeldung zu beenden oder einfach \c tippen.

Langform	Kurzform
connect	\r

Die Verbindung zum Server wird wieder neu aufgebaut. Falls man durch einen Timeout die Verbindung verloren hat, läuft der Client noch weiter. Für den Wiederaufbau der Verbindung werden die gleichen Parameter (Host, Port, User etc.) verwendet wie beim letzten Aufbau. Optional kann man einen anderen Host und Datenbanknamen mitgeben.

Langform	Kurzform
delimiter	\d

Das normale Trennzeichen für Befehle ist das Semikolon ;. Es kann manchmal nötig sein – beispielsweise bei der Definition einer STORED PROCEDURE –, das Trennzeichen zu ändern. Beliebte Alternativen sind: //, # und $. Vergessen Sie nicht, das Trennzeichen wieder zu ändern; Sie wundern sich sonst, warum Ihre Befehle nicht ausgeführt werden.

Langform	Kurzform
ego	\G

Der Befehl wird zum Server gesendet und das Ergebnis als Liste dargestellt.

```
 1  mysql> SELECT nachname, vorname FROM KUNDE\G
 2  *************************** 1. row ***************************
 3  nachname: Beutlin
 4   vorname: Bilbo
 5  *************************** 2. row ***************************
 6  nachname: Beutlin
 7   vorname: Frodo
 8  *************************** 3. row ***************************
 9  nachname: Elrond
10   vorname:
11  *************************** 4. row ***************************
12  nachname: Gamdschie
13   vorname: Samweis
14  *************************** 5. row ***************************
15  nachname: Telcontar
16   vorname: Elessar
```

Langform	Kurzform
exit	\q

Synonym für quit

Langform	Kurzform
go	g\

Der Befehl wird zum Server gesendet und das Ergebnis als Tabelle dargestellt.

```
 1  mysql> SELECT nachname, vorname FROM KUNDE\g
 2  +-----------+---------+
 3  | nachname  | vorname |
 4  +-----------+---------+
 5  | Beutlin   | Bilbo   |
 6  | Beutlin   | Frodo   |
 7  | Elrond    |         |
 8  | Gamdschie | Samweis |
 9  | Telcontar | Elessar |
10  +-----------+---------+
```

Langform	Kurzform
help	\h

Anzeige einer etwas dünnen Hilfe. Diese Hilfe ist nicht mit der Serverhilfe zu verwechseln:

```
 1  mysql> help contents
 2  You asked for help about help category: "Contents"
 3  For more information, type 'help <item>', where <item> is one of the following
        categories:
 4     Account Management
 5     Administration
 6     Compound Statements
 7     Data Definition
 8     Data Manipulation
 9     Data Types
10     Functions
11     Functions and Modifiers for Use with GROUP BY
12     Geographic Features
13     Language Structure
14     Plugins
15     Storage Engines
16     Table Maintenance
17     Transactions
18     User-Defined Functions
19     Utility
```

Diese ist wiederum sehr hilfreich, aber gut versteckt.

Langform	Kurzform
notee	\t

Die Ausgabe kann in eine Datei umgelenkt werden (siehe tee). Mit diesem Befehl schaltet man das Feature wieder ab.

Langform	Kurzform
print	\p

Der aktuelle Befehl wird noch einmal wiederholt:

```
 1  mysql> SELECT nachname, vorname FROM KUNDE\p\g
 2  --------------
 3  SELECT nachname, vorname FROM KUNDE
 4  --------------
 5
 6  +-----------+---------+
 7  | nachname  | vorname |
 8  +-----------+---------+
 9  | Beutlin   | Bilbo   |
10  | Beutlin   | Frodo   |
11  | Elrond    |         |
12  | Gamdschie | Samweis |
13  | Telcontar | Elessar |
14  +-----------+---------+
```

Langform	Kurzform
prompt	\R

Der MySQL-Prompt wird geändert. Dieses Feature ist genau das Richtige für Individualisten oder Witzbolde:

```
 1  mysql> prompt :-)
 2  PROMPT set to ':-) '
 3  :-) SELECT nachname, vorname FROM KUNDE LIMIT 1;
 4  +----------+---------+
 5  | nachname | vorname |
 6  +----------+---------+
 7  | Beutlin  | Bilbo   |
 8  +----------+---------+
 9  1 row in set (0.00 sec)
10
11  :-)
```

Langform	Kurzform
quit	\q

Der Client wird verlassen. Aus gegebenem Anlass: Das ist nicht gleichbedeutend mit dem Herunterfahren des Servers.

Langform	Kurzform
rehash	\#

Die Speicher für die Autovervollständigung wird neu aufgebaut.

Langform	Kurzform
source	\.

Mithilfe dieses Befehls können SQL-Skripte ausgeführt werden. Der Dateiname (optional mit Pfadangabe) wird nach dem Befehl angegeben. Unter Windows haben beide Pfadtrennzeichen \ und / funktioniert. Unter Linux nur der Slash /.

Langform	Kurzform
status	\s

Für meine WAMPP-Installation erhalte ich folgende Auskunft:

```
 1  mysql> status
 2  --------------
 3  mysql  Ver 14.14 Distrib 5.6.28, for Linux (x68_64) using EditLine wrapper
 4
 5  Connection id:          3
 6  Current database:       oshop
 7  Current user:           root@localhost
 8  SSL:                    Not in use
 9  Current pager:          less
10  Using outfile:          ''
11  Using delimiter:        ;
12  Server version:         5.6.28 openSUSE package
13  Protocol version:       10
14  Connection:             localhost via UNIX socket
15  Server characterset:    utf8
16  Db     characterset:    utf8
17  Client characterset:    utf8
18  Conn.  characterset:    utf8
19  TCP socket:             /var/run/mysql/mysql.sock
20  Uptime:                 23 min 59 sec
21
22  Threads: 1  Questions: 9  Slow queries: 0  Opens: 70  Flush tables: 1  Open
        tables: 63  Queries per second avg: 0.06
23  --------------
```

Langform	Kurzform
tee	\T

Sämtliche Befehle und Bildschirmausgaben werden in eine Datei geloggt. Der Name und optional der Pfad werden hinter dem Befehl angegeben. Das Logging wird durch den Befehl notee wieder ausgeschaltet.

Langform	Kurzform
use	\u

Es wird eine Datenbank ausgewählt. Der Effekt ist folgender:

Ohne use oshop: SELECT * FROM oshop.kunde;
Mit use oshop: SELECT * FROM kunde;

Langform	Kurzform
charset	\C

Umstellen auf einen anderen Zeichensatz. Bei Zeichensätzen, die in mehreren Bytes kodiert sind, kann dies für das *binary logging* notwendig sein.

Langform	Kurzform
warnings	\W

Nach jedem Befehl werden ggf. vorhandene Warnungen ausgegeben. Normalerweise wird nur darauf hingewiesen, dass es eine gewisse Anzahl von Warnungen gibt.

Langform	Kurzform
nowarning	\w

Das Gegenteil von warnings.

25 SQL-Referenz

■ 25.1 Datentypen

25.1.1 Numerische Datentypen

25.1.1.1 Ganze Zahlen

Tabelle 25.1 Ganzzahlige Datentypen (* = MySQL proprietär)

Typ	#Bytes	Minimum	Maximum
TINYINT(/)*	1	-128	127
TINYINT(/) UNSIGNED*	1	0	255
SMALLINT(/)	2	-32.768	32.767
SMALLINT(/) UNSIGNED*	2	0	65.535
MEDIUMINT(/)*	3	-8.388.608	8.388.607
MEDIUMINT(/) UNSIGNED*	3	0	16.777.215
INT(/)	4	-2.147.483.648	2.147.483.647
INT(/) UNSIGNED*	4	0	4.294.967.295
BIGINT(/)*	8	-9.223.372.036.854.775.808	9.223.372.036.854.775.807
BIGINT(/) UNSIGNED*	8	0	18.446.744.073.709.551.615
BOOL*	1	0 (=FALSE)	1 (=TRUE)
ENUM*	2	0	65.535
SET*	1 - 8	-	-

Bei den Datentypen TINYINT, SMALLINT, MEDIUMINT, INT und BIGINT steht das *l* für die Länge der Ausgabe. Diese Angabe ist optional und kann von der Anwendung verwendet oder ignoriert werden. Sie hat keine Auswirkung auf den Wertebereich.

Der Datentyp ENUM speichert eine Zahl ab. In den internen Infos über eine Tabelle wird eine Liste vorgehalten, die jeder Zahl eine passende Zeichenkette (String) zuordnet. Da ihm

2 Bytes zur Verfügung steht, können maximal 36.535 Zeichenketten verwendet werden. Da Zeichenketten verwendet werden, kann man diesen einen Zeichensatz und eine Sortierung zuweisen.

Der Datentyp SET weist jedem Element einer Menge eine Zweierpotenz als Wert zu. Der Wert der Spalte in einer Zeile ergibt sich dadurch, welche Elemente der Menge zugewiesen wurden. Als konkrete Werte kann man NULL, einzelne Werte oder eine kommaseparierte Liste von Werten aus der Menge zuweisen. Somit können pro Spalte eine Menge von maximal 64 unterschiedlichen Elementen ($8 Bit \times 8$) definiert werden. In jeder Zeile können einer SET-Spalte eine Werteliste mit maximal 255 Werten zugewiesen werden. Ein Beispiel:

```
mysql> CREATE TEMPORARY TABLE bla
    -> (spalte SET('milch', 'kaffee', 'tee', 'wurst', 'marmelade'));

mysql> INSERT INTO bla
    -> VALUES
    -> ('kaffee,milch')
    -> ,('tee,wurst,marmelade') ;

mysql> SELECT * FROM bla;
+---------------------+
| spalte              |
+---------------------+
| milch,kaffee        |
| tee,wurst,marmelade |
+---------------------+
```

25.1.1.2 Gebrochene Zahlen

Tabelle 25.2 Gebrochenzahlige Datentypen (* = MySQL proprietär)

Typ	#Bytes	Minimum	Maximum
FLOAT(*l*,*d*)	4	-3.402823466^{+38} $+1.175494351^{-38}$	-1.175494351^{-38} $+3.402823466^{+38}$
REAL	4 | 8	wie FLOAT	wie FLOAT
REAL(*l*,*d*)*	4 | 8	wie FLOAT	wie FLOAT
DOUBLE(*l*,*d*)*	8	$-1.7976931348623157^{+308}$ $+2.2250738585072014^{-308}$	$-2.2250738585072014^{-308}$ $+1.7976931348623157^{+308}$
DOUBLE PRECISION	8	wie DOUBLE	wie DOUBLE
DOUBLE PRECISION(*l*,*d*)*	8	wie DOUBLE	wie DOUBLE
DECIMAL(*l*,*d*)	l	variabel	variabel
FIXED(*l*,*d*)*	l	variabel	variabel
NUMERIC(*l*,*d*)	l	variabel	variabel

Alle gebrochenen Zahlen können zusätzlich den Wert 0 annehmen.

Die Angaben l und d sind bei FLOAT, DOUBLE und REAL optional und können von der Anwendung verwendet oder ignoriert werden. Sie haben dort keine Auswirkung auf den Wertebereich.

Der Datentyp REAL ist in MySQL ein Synonym für DOUBLE. Aktivieren Sie den SQL-Modus REAL_AS_FLOAT, so ist er ein Synonym für ein FLOAT. In der SQL92-Spezifikation wird verlangt, dass der REAL einen Wertebereich kleiner als DOUBLE PRECISION hat. Auch in anderen Programmiersprachen (Pascal-Familie) wird ein REAL als ein FLOAT verstanden.

Vermeiden Sie den Datentyp FLOAT in MySQL, da die Werte bei Berechnungen in DOUBLE umgewandelt werden. Verwenden Sie lieber direkt DOUBLE oder DECIMAL.

Die Datentypen DECIMAL, NUMERIC und FIXED sind Festkommazahlen, die l viele Stellen insgesamt umfasst. Der Wertebereich von l liegt zwischen 1 und 65. Die Angabe d legt fest, wie viele Stellen hinter dem Komma gespeichert werden. Der Wertebereich von d ist 0 bis 30. Es muss gelten $l > d$. Anders als bei FLOAT oder DOUBLE bestimmen die Angaben den Wertebereich der Spalte. Innerhalb dieses Wertebereichs sind die Daten exakt und ohne Rundungsfehler. Tatsächlich werden die Daten als Zeichenketten abgespeichert. Es ist allerdings darauf zu achten, dass die Werte, die der Spalte zugewiesen werden, innerhalb der Festlegung liegen, ansonsten werden hier bei der Zuweisung Rundungsfehler erzeugt.

In SQL92 besteht ein Unterschied zwischen DECIMAL und NUMERIC. Bei NUMERIC werden exakt d Stellen hinter dem Komma abgespeichert. Bei DECIMAL werden mindestens d Stellen hinter dem Komma abgespeichert. Die Anzahl wird bei Bedarf verlängert und ist nur durch technische Grenzen eingeschränkt. In MySQL sind diese Datentypen und FIXED Synonyme.

Der wesentliche Unterschied zwischen einem DECIMAL und einem DOUBLE ist, dass der DOUBLE einen großen Wertebereich relativ ungenau abdeckt (Breitenabdeckung) und der DECIMAL innerhalb seines kleineren Wertebereichs exakt ist (Tiefenabdeckung).

25.1.2 Zeichen-Datentypen

Tabelle 25.3 Zeichen Datentypen(* = MySQL proprietär)

Typ	#Bytes	Maximale Länge
CHAR(*l*)	*l*	255
VARCHAR(*l*)	*l* + 2	65.535
TINYTEXT*	länge + 1	255
TEXT[*l*]*	länge + 2	65.535
MEDIUMTEXT*	länge + 3	16.777.215
LONGTEXT*	länge + 4	4.294.967.295

Jeder Spalte mit einem Zeichen-Datentyp können ein Zeichensatz (siehe Abschnitt 27.1 auf Seite 423) und eine Sortierung (siehe Abschnitt 27.1 auf Seite 423) zugewiesen werden. Ohne Zusätze oder Zuweisung entsprechender Sortierungen wird nicht zwischen Groß- und Kleinschreibung unterschieden.

Bitte beachten Sie, dass bei Zeichensätzen, die mehr als ein Byte pro Zeichen verwenden, die effektive Zeichenlänge geringer ist. Ein CHAR(21) kann bei einer utf8-Kodierung im schlechtesten Fall nur 7 Zeichen aufnehmen.

Der Unterschied zwischen CHAR und VARCHAR ist, dass CHAR immer eine gleich lange Zeichenkette abspeichert und VARCHAR nur so viele, wie er braucht. Das Wort wurstbrot würde bei einem VARCHAR(15) nur 10 Zeichen (länge + 1) verbrauchen, bei einem CHAR(15) genau 15.

Dem Datentyp TEXT kann eine Länge mitgegeben werden. Anhand dieser Länge ermittelt MySQL, welcher der Datentypen TINYTEXT, TEXT, MEDIUMTEXT oder LONGTEXT verwendet werden soll.

Will man einen Index auf eine der TEXT-Datentypspalten erstellen, muss eine Präfixlänge angegeben werden. Ansonsten erhält man die Fehlermeldung:

```
ERROR 1170 (42000): BLOB/TEXT column 'spaltenname' used in key specification
    without a key length
```

Der Grund ist die Tatsache, dass der Inhalt einer Textspalte ja auch 16 KB groß sein kann. Ein Index über einen solchen Schlüssel ist einfach *Schwachsinn* (siehe Experiment zur Indexselektivität in Abschnitt 6.2.3 auf Seite 98)[1].

25.1.3 Datums- und Zeit-Datentypen

Datums- und Uhrzeitwerte sind für den Programmierer mühsam und fehlerträchtig. Zum einen gibt es viele verschiedene Kalender: julianisch, gregorianisch, muslimisch, jüdisch, chinesisch etc. Zum anderen gibt es innerhalb der Kalender die Zeitzonen und darüber hinaus noch unterschiedliche Darstellungsformate.

MySQL verwendet den proleptischen gregorianischen Kalender: Beim Wechsel vom julianischen zum gregorianischen Kalender werden einige Tage (z.B. 11) übersprungen. Alle Datumswerte vor diesem Sprung sind julianisch, alle danach gregorianisch. Der proleptische gregorianische Kalender geht vereinfachend davon aus, dass es einen solchen Sprung nie gegeben hat und schon immer der gregorianische Kalender verwendet wurde.

Tabelle 25.4 Datum- und Uhrzeitdatentypen (Auszug, * = MySQL proprietär)

Typ	#Bytes	Kommentar
YEAR*	1	Dieser Typ speichert eine Jahreszahl.
DATE	3	Ein Datumstyp, der Jahr, Monat und Tag speichert.
TIME	3	Ein Zeittyp, der Stunde, Minute und Sekunde speichert.
DATETIME*	8	Ein Typ, der sowohl Datum als auch Zeit speichert.
TIMESTAMP(/)	8	Eine Zeitangabe, die bei jeder Modifikation der Zeile automatisch aktualisiert wird.

Die Bedeutung der Datumsformatierungszeichen entnehmen Sie der Tabelle 25.5 auf der nächsten Seite und die der Uhrzeitformatierungszeichen Tabelle 25.6 auf der nächsten Seite.

- YEAR: Die Werte können entweder im Format %y oder %Y eingegeben werden. Bei zweistelligen Jahreszahlen liegt der Wertebereich zwischen (19)70 und (20)69. Bei vierstelligen von 1901 bis 2155.
- DATE: Die Werte werden im Format %Y-%m-%d ausgegeben.
- TIME: Die Werte werden im Format %H:%i:%S ausgegeben.
- DATETIME: Die Werte werden %Y-%m-%d %H:%i:%S ausgegeben.

---

[1] Ich möchte diese Aussage durch den Hinweis auf die Volltextsuche relativieren.

- `TIMESTAMP(l)`: Die Zuweisung eines NULL-Werts setzt das Feld auf die aktuelle **Zeit des Servers**. Die optionale Längenangabe *l* bestimmt das Ausgabeformat: 14 (Standardwert): `'%Y%m%d%H%i%S'`, 12: `'%Y%m%d%H%i'`, 8: `'%Y%m%d'`, 6: `'%y%m%d'`.

Tabelle 25.5 Formatierungszeichen (FZ) für Datumswerte

%FZ	Bedeutung
%a	abgekürzter Wochentag (Son, ..., Sat)
%b	abgekürzter Monat (Jan, ..., Dec)
%c	Monatszahl (0, ..., 12)
%D	Tageszahl des Monats mit englischem Suffix (0th, 1st, 2nd, 3rd, ..)
%d	zweistellige Tageszahl des Monats (00, ..., 31)
%e	Tageszahl des Monats (0, ..., 31)
%j	dreistellige Tageszahl des Jahres (001, ..., 366)
%M	Monatsname (January, ..., December)
%m	zweistellige Monatszahl (00, ..., 12)
%U	zweistellige Wochenzahl (00, ..., 53), wobei Sonntag der erste Wochentag ist
%u	zweistellige Wochenzahl (00, ..., 53), wobei Montag der erste Wochentag ist
%V	zweistellige Wochenzahl (01, ..., 53), wobei Sonntag der erste Wochentag ist; siehe %X
%v	zweistellige Wochenzahl (01, ..., 53), wobei Montag der erste Wochentag ist; siehe %x
%W	Wochentag (Sunday, ..., Saturday)
%w	Tageszahl der Woche (0=Sonntag, ..., 6=Samstag)
%X	vierstellige Jahreszahl einer Woche, wobei Sonntag der erste Wochentag ist; siehe %V
%x	vierstellige Jahreszahl einer Woche, wobei Montag der erste Wochentag ist; siehe %v
%Y	vierstellige Jahreszahl
%y	zweistellige Jahreszahl
%%	das % Zeichen

Tabelle 25.6 Formatierungszeichen (FZ) für Uhrzeitwerte

%FZ	Bedeutung
%f	Mikrosekunden (000000, ..., 999999)
%H	zweistellige Stunde in 24-Stunden-Anzeige (00, ..., 23)
%h	zweistellige Stunde in 12-Stunden-Anzeige (01, ..., 12)
%I	wie %h
%i	zweistellige Minuten (00, ..., 59)
%k	Stunde in 24-Stunden-Anzeige (0, ..., 23)
%l	Stunde in 12-Stunden-Anzeige (1, ..., 12)
%p	AM oder PM
%r	Uhrzeit in 12-Stunden-Anzeige (%h:%m:%S AM oder PM)
%S	zweistellige Sekunden (00, ..., 59)
%s	wie %S
%T	Uhrzeit in 24-Stunden-Anzeige (%H:%m:%S)

Für den gregorianischen Kalender stellt MySQL die Funktion DATE_FORMAT(*datum*, *format*) zur Verfügung. Diese wandelt den Wert *datum* in ein frei definierbares Format um. Das Format wird mithilfe von Formatierungszeichen in *format* festgelegt. Ein Liste der verfügbaren Formatierungszeichen für Datumswerte finden Sie in Tabelle 25.5 auf der vorherigen Seite.

Für die Uhrzeit gibt es die Funktion TIME_FORMAT(*zeit*, *format*), welche analog wie DATE_FORMAT() arbeitet. Ein Liste der verfügbaren Formatierungszeichen für Uhrzeitwerte finden Sie in Tabelle 25.6 auf der vorherigen Seite.

Einige Formatierungen sind schon passend vordefiniert. Dies betrifft länderübliche Einstellungen oder die ISO 9075. Die vordefinierten Formate können mit GET_FORMAT(*wert*, *format*) ermittelt werden (siehe Tabelle 25.7).

Tabelle 25.7 Vordefinierte Datums- und Uhrzeitformatierungen

Ausrufe	Ergebnis
GET_FORMAT(DATE,'USA')	'%m.%d.%Y'
GET_FORMAT(DATE,'JIS')	'%Y-%m-%d'
GET_FORMAT(DATE,'ISO')	'%Y-%m-%d'
GET_FORMAT(DATE,'EUR')	'%d.%m.%Y'
GET_FORMAT(DATE,'INTERNAL')	'%Y%m%d'
GET_FORMAT(DATETIME,'USA')	'%Y-%m-%d %H.%i.%s'
GET_FORMAT(DATETIME,'JIS')	'%Y-%m-%d %H:%i:%s'
GET_FORMAT(DATETIME,'ISO')	'%Y-%m-%d %H:%i:%s'
GET_FORMAT(DATETIME,'EUR')	'%Y-%m-%d %H.%i.%s'
GET_FORMAT(DATETIME,'INTERNAL')	'%Y%m%d%H%i%s'
GET_FORMAT(TIME,'USA')	'%h:%i:%s %p'
GET_FORMAT(TIME,'JIS')	'%H:%i:%s'
GET_FORMAT(TIME,'ISO')	'%H:%i:%s'
GET_FORMAT(TIME,'EUR')	'%H.%i.%s'
GET_FORMAT(TIME,'INTERNAL')	'%H%i%s'

Ein Beispiel:

```
mysql> SELECT
    -> DATE_FORMAT(datum, GET_FORMAT(DATE, 'ISO')) ISO,
    -> DATE_FORMAT(datum, GET_FORMAT(DATE, 'EUR')) EUR
    -> FROM bestellung
    -> ORDER BY EUR
    -> LIMIT 6;
+------------+------------+
| ISO        | EUR        |
+------------+------------+
| 2012-04-01 | 01.04.2012 |
| 2012-05-10 | 10.05.2012 |
| 2012-05-11 | 11.05.2012 |
| 2012-05-12 | 12.05.2012 |
| 2011-01-15 | 15.01.2011 |
| 2011-01-16 | 16.01.2011 |
+------------+------------+
```

25.1.4 Binäre Datentypen

Tabelle 25.8 Binärdatentypen (Auszug, * = MySQL proprietär)

Typ	#Bytes	Kommentar
TINYBLOB*	länge+1	Ein Binärfeld mit einer maximalen Länge von 255 B.
BLOB*	länge+2	Ein Binärfeld mit einer maximalen Länge von 64 KB.
MEDIUMBLOB*	länge+3	Ein Binärfeld mit einer maximalen Länge von 16 MB.
LONGBLOB*	länge+4	Ein Binärfeld mit einer maximalen Länge von 4 GB.

Binäre Datentypen werden für nicht zeichenbasierte Daten verwendet: Multimedia, pdf-Dateien, ausführbare Dateien, Signaturen etc. Sie können nicht so einfach verarbeitet werden wie die anderen Datentypen. Das Indizieren, Suchen und Ändern ist mit Besonderheiten verbunden. Diese sind für jeden DBMS-Anbieter proprietär, und Sie müssen in den Spezifikationen des Anbieters nachschauen, wie diese verarbeitet werden.

In Abschnitt 7.2.4 auf Seite 112 wird gezeigt, wie Sie beispielsweise über C#-API ein Bild einfügen können, und in Abschnitt 10.6.3 auf Seite 175 dann, wie Sie die Bilddaten auslesen und wieder in eine Datei umwandeln.

25.1.5 Standardwerte

Tabelle 25.9 Datentypen (Auszug): Standardwerte

Typ	Wert	Kommentar
datentyp NULL	NULL	Wenn die Spalte den Wert NULL enthalten darf, wird unabhängig vom Datentyp NULL eingetragen.
datentyp DEFAULT *wert*	wert	Wenn die Spalte einen Standardwert zugewiesen bekommen hat, wird dieser *wert* eingetragen.
numerisch	0	Alle numerischen Datentypen werden auf 0 oder 0.0 gesetzt.
Zeichenketten	' '	Alle zeichenbasierten Datentypen werden mit der leeren Zeichenkette initialisiert.
Datum	0000-00-00	Dies entspricht der Sekunde 0 am 01.01.1970.
YEAR	0000	Dies entspricht nicht dem Jahr 0.
TIME	00:00:00	Dies entspricht der ersten Sekunde eines Tages.

Wird eine neue Zeile eingefügt und zu einer Spalte keine Angabe gemacht, werden die Standardwerte eingetragen. Wurde ein DEFAULT – beispielsweise beim CREATE TABLE – angegeben, wird dieser verwendet. Ist kein eigener DEFAULT angegeben worden und ist in der Spalte der Wert NULL erlaubt, wird immer NULL verwendet. Ist NULL nicht erlaubt, werden die in Tabelle 25.9 angegebenen Werte eingetragen.

25.1.6 Zusätze für Datentypen

Tabelle 25.10 Zusätze (Auszug, * = MySQL proprietär)

Typ	Kommentar
AUTO_INCREMENT*	Dieser Zusatz ermöglicht einem ganzzahligen Feld die automatische Wertfindung. Dies eignet sich zur Generierung von Schlüsseln. Die Daten können in dieses Feld gelesen und auch geschrieben werden. Wenn aber ein Wert 0 oder NULL zugewiesen wird, wird der nächste Zahlenwert zugewiesen. Dieser Zusatz kann nur einmal pro Tabelle und nur dem Primärschlüssel zugewiesen werden.
BINARY*	Dieser Zusatz kann bei CHAR- und VARCHAR-Typen verwendet werden, um die Beachtung der Groß- und Kleinschreibung zu erzwingen.
CHECK *bedingung*	Mithilfe der *bedingung* kann die Domäne (siehe Definition 3 auf Seite 15) festgelegt werden. **Dieser Zusatz wird von MySQL nicht verarbeitet.**
DEFAULT *wert**	Mit diesem Zusatz können Spalten Vorbelegungen zugewiesen werden. Falls einer Spalte kein Wert zugewiesen wird, wird automatisch der Wert *wert* zugewiesen.
FOREIGN KEY	Markiert, dass diese Spalte ein Fremdschlüssel ist. Wird in MySQL von MyISAM nicht verarbeitet. InnoDB wertet den Constraint aus.
GENERATED *art* AS IDENTITY	Dieser Zusatz ermöglicht einem ganzzahligen Feld die automatische Wertfindung. Dies eignet sich zur Generierung von Schlüsseln. Es gibt zwei Varianten: *art* = ALWAYS erzeugt immer den neuen Wert und akzeptiert keine Werte von außen. *art* = BY DEFAULT erzeugt nur dann einen Wert, wenn er den Wert 0 oder NULL von außen bekommt (vergleichbar mit AUTO_INCREMENT). Dieser Zusatz kann nur einmal pro Tabelle und nur dem Primärschlüssel zugewiesen werden. **Dieser Zusatz wird von MySQL nicht verarbeitet.**
NULL*	Die Spalte darf auch keinen Attributwert haben. Dies ist nicht gleichbedeutend der Zahl 0 oder dem Leer-String!
NOT NULL	Spalten mit diesem Zusatz dürfen nicht leer sein.
PRIMARY KEY	Markiert, dass diese Spalte der Primärschlüssel ist.
UNIQUE	Erzwingt die Schlüsseleigenschaft (siehe Definition 6 auf Seite 17) der Spalte.
UNSIGNED*	Bei ganzzahligen Zahlentypen steuert dieser Zusatz, ob nur positive oder auch negative Zahlen in der Spalte abgelegt werden können.

Die Zusätze sind datentypspezifisch.

Bei MySQL gelten folgende Einschränkungen: AUTO_INCREMENT nur bei ganzzahligen Datentypen, BINARY nur bei CHAR oder VARCHAR, DEFAULT nicht bei BLOB oder TEXT, UNSIGNED und ZEROFILL nur bei numerischen Datentypen. Wann welcher Zusatz möglich ist, entnehmen Sie bitte der Dokumentation Ihres DBMS.

25.2 Operatoren und Funktionen

25.2.1 Mathematische Operatoren

Priorität	Operator	Name
1	-	Unäres Minus
2	*	Multiplikation
2	/	Division
2	%	Modulo
2	MOD	Modulo
2	DIV	Ganzzahlige Division
3	+	Addition
3	-	Subtraktion

Hinweis: Eine Division durch 0 ergibt NULL. Ist einer der Operanden NULL, ist das Ergebnis auch NULL.

25.2.2 Mathematische Funktionen

Funktionen, die mit einem Sternchen (*) versehen sind, sind MySQL-proprietär.

ABS(x)	Absolutwert von x

```
mysql> SELECT ABS(-5), ABS(0), ABS(5);
+---------+--------+--------+
| ABS(-5) | ABS(0) | ABS(5) |
+---------+--------+--------+
|       5 |      0 |      5 |
+---------+--------+--------+
```

ACOS(x)	Arcuscosinus von x

```
mysql> SELECT ACOS(1)\G
ACOS(1): 0
```

ASIN(x)	Arcussinus von x

```
mysql> SELECT ASIN(0.5)\G
ASIN(0.5): 0.5235987755982989
```

ATAN(x)	Arcustangens von x

```
mysql> SELECT ATAN(1)\G
ATAN(1): 0.7853981633974483
```

ATAN2(x, y)	Arcustangens von $\frac{x}{y}$

```
mysql> SELECT ATAN2(1, 0.5)\G
ATAN2(1, 0.5): 1.1071487177940904
```

| **CEILING(*x*)** | **Kleinste ganze Zahl ≥ *x*** |

```
mysql> SELECT CEILING(-3.1), CEILING(-3.9), CEILING(3.1), CEILING(3.9);
+---------------+---------------+--------------+--------------+
| CEILING(-3.1) | CEILING(-3.9) | CEILING(3.1) | CEILING(3.9) |
+---------------+---------------+--------------+--------------+
|            -3 |            -3 |            4 |            4 |
+---------------+---------------+--------------+--------------+
```

| ***CONV(*x*,*y*,*z*)** | **Konvertiert *x* zur Basis *y* zur Basis *z*** |

```
mysql> SELECT CONV(255, 10, 16)\G
CONV(255, 10, 16): FF
```

| **COS(*x*)** | **Cosinus von *x*** |

```
mysql> SELECT COS(0)\G
COS(0): 1
```

| **COT(*x*)** | **Cotangens von *x*** |

```
mysql> SELECT COT(1)\G
COT(1): 0.6420926159343308
```

| **CRC32(*ausdruck*)** | **Zyklische Redundanzprüfung von *ausdruck*** |

```
mysql> SELECT CRC32('wurstbrot')\G
CRC32('wurstbrot'): 524262623
```

| **DEGREES(*x*)** | **Konvertiert *x* von Bogenmaß nach Grad** |

```
mysql> SELECT DEGREES(PI())\G
DEGREES(PI()): 180
```

| **EXP(*x*)** | e^x |

```
mysql> SELECT EXP(1)\G
EXP(1): 2.718281828459045
```

| **FLOOR(*x*)** | **Größte ganze Zahl ≤ *x*** |

```
mysql> SELECT FLOOR(-3.1), FLOOR(-3.9), FLOOR(3.1), FLOOR(3.9);
+-------------+-------------+------------+------------+
| FLOOR(-3.1) | FLOOR(-3.9) | FLOOR(3.1) | FLOOR(3.9) |
+-------------+-------------+------------+------------+
|          -4 |          -4 |          3 |          3 |
+-------------+-------------+------------+------------+
```

| **FORMAT(*x*, *y*)** | **Formatiert *x* anhand der Formatangaben in *y*** |

```
mysql> SELECT FORMAT(6235217.02562, 2, 'de_DE')\G
FORMAT(6235217.02562, 2, 'de_DE'): 6.235.217,03
```

| **HEX(*x*)** | **Liefert die hexadezimale Schreibweise von *x*** |

```
mysql> SELECT HEX(255)\G
HEX(255): FF
```

`*LN(x)`	**Logarithmus naturalis von x**

```
mysql> SELECT LN(2.718281828459045)\G
LN(2.718281828459045): 1
```

`LOG(x,y)`	**Logarithmus von y zur Basis x**

```
mysql> SELECT LOG(16, 65536)\G
LOG(16, 65536): 4
```

`LOG10(x)`	**Logarithmus zur Basis 10 von x**

```
mysql> SELECT LOG10(1000)\G
LOG10(1000): 3
```

`*LOG2(x)`	**Logarithmus zur Basis 2 von x**

```
mysql> SELECT LOG2(256)\G
LOG2(256): 8
```

`MOD(x,y)`	**x Modulo y**

```
mysql> SELECT MOD(27, 8)\G
MOD(27, 8): 3
```

`PI()`	**Die Konstante π**

```
mysql> SELECT PI()\G
PI(): 3.141593
```

`POWER(x,y)`	**x^y**

```
mysql> SELECT POWER(2,8)\G
POWER(2,8): 256
```

`RADIANS(x)`	**Konvertiert x von Grad nach Bogenmaß**

```
mysql> SELECT RADIANS(180)\G
RADIANS(180): 3.141592653589793
```

`RAND()`	**Zufallszahl $z \in [0.0, 1.0[$**

```
mysql> SELECT RAND()\G
RAND(): 0.43608484178416884
```

`RAND(x)`	**Wie RAND(), aber mit seed x**

```
mysql> SELECT RAND(1)\G
RAND(1): 0.40540353712197724
```

`ROUND(x,y)`	**Rundet x auf y stellen**

```
mysql> SELECT ROUND(1.49, 1)\G
ROUND(1.49, 1): 1.5
```

| SIGN(*x*) | Vorzeichen von *x* |

```
mysql> SELECT SIGN(-5), SIGN(0), SIGN(+5);
+----------+---------+---------+
| SIGN(-5) | SIGN(0) | SIGN(+5) |
+----------+---------+---------+
|       -1 |       0 |        1 |
+----------+---------+---------+
```

| SIN(*x*) | Sinus von *x* |

```
mysql> SELECT SIN(PI()/2)\G
SIN(PI()/2): 1
```

| SQRT(*x*) | $\sqrt{x}$ |

```
mysql> SELECT SQRT(16)\G
SQRT(16): 4
```

| TAN(*x*) | Tangens von *x* |

```
mysql> SELECT TAN(PI()/4)\G
TAN(PI()/4): 0.9999999999999999
```

Das Ergebnis müsste eigentlich 1 lauten. Rundungsfehler ist hier das Problem.

| TRUNCATE(*x,y*) | Schneidet *x* nach der *y*ten Stelle ab |

```
mysql> SELECT TRUNCATE(2.367, 2)\G
TRUNCATE(2.367, 2): 2.36
```

25.2.3 Aggregatfunktionen

Die mit einem Sternchen (*) versehenen Funktionen sind MySQL-proprietär.

| AVG(*ausdruck*) | Arithmetische Mittel der Werte in *ausdruck* |

```
mysql> SELECT AVG(einzelpreis) FROM artikel\G
AVG(einzelpreis): 11.6210000000
```

| *AVG(DISTINCT *ausdruck*) | Arithmetische Mittel der unterschiedlichen Werte in *ausdruck* |

```
mysql> SELECT AVG(DISTINCT einzelpreis) FROM artikel\G
AVG(DISTINCT einzelpreis): 12.4533333333
```

| *BIT_AND(*ausdruck*) | Liefert die binäre UND-Verknüpfung aller Werte in *ausdruck* |

```
mysql> SELECT BIT_AND(artikel_id) FROM artikel WHERE artikel_id % 3 = 0\G
BIT_AND(artikel_id): 566
```

Was bedeutet das? Alle Werte werden als 64Bit-Zahlen kodiert. Von jeder Zahl wird nun beispielsweise die 5. Position mit allen anderen 5. Positionen der anderen Zahlen per UND verknüpft. Das Ergebnis ist wiederum eine 64Bit-Zahl.

*BIT_OR(*ausdruck*)	Liefert die binäre ODER-Verknüpfung aller Werte in *ausdruck*

```
mysql> SELECT BIT_OR(artikel_id) FROM artikel WHERE artikel_id % 3 = 0\G
BIT_OR(artikel_id): 16319
```

*BIT_XOR(*ausdruck*)	Liefert die binäre exklusive ODER-Verknüpfung aller Werte in *ausdruck*

```
mysql> SELECT BIT_XOR(artikel_id) FROM artikel WHERE artikel_id % 3 = 0\G
BIT_XOR(artikel_id): 13886
```

COUNT(*)	Anzahl der Zeilen unabhängig vom Inhalt

```
mysql> SELECT COUNT(*) FROM kunde\G
COUNT(*): 5
```

COUNT(*ausdruck*)	Anzahl der Zeilen, deren *ausdruck* nicht NULL ist

```
mysql> SELECT COUNT(liefer_adresse_id) FROM kunde\G
COUNT(liefer_adresse_id): 2
```

*COUNT(DISTINCT *ausdruck*)	Anzahl unterschiedlicher Inhalte in *ausdruck*

```
mysql> SELECT COUNT(DISTINCT rechnung_adresse_id) FROM kunde\G
COUNT(DISTINCT rechnung_adresse_id): 4
```

*GROUP_CONCAT(*ausdruck*)	String, der sich aus dem Gruppierungsergebnis von *ausdruck* ergibt

```
mysql> SELECT kunde_id, GROUP_CONCAT(rechnung_id SEPARATOR ';')
    -> FROM rechnung
    -> GROUP BY kunde_id
    -> ;
+----------+----------------------------------------+
| kunde_id | GROUP_CONCAT(rechnung_id SEPARATOR ';') |
+----------+----------------------------------------+
|        1 | 1;3;4;12                               |
|        2 | 2;6                                    |
|        3 | 7;8                                    |
|        5 | 9;10;11                                |
+----------+----------------------------------------+
```

MAX(*ausdruck*)	Liefert den größten Wert in *ausdruck*

```
mysql> SELECT MAX(einzelpreis) FROM artikel\G
MAX(einzelpreis): 55.700000
```

MIN(*ausdruck*)	Liefert den kleinsten Wert in *ausdruck*

```
mysql> SELECT MIN(einzelpreis) FROM artikel\G
MIN(einzelpreis): 0.510000
```

*STD(*ausdruck*)	Ein Synonym für STDDEV_POP()

STDDEV_POP(*ausdruck*)	STDDEV_POP(*ausdruck*) = SQRT(VAR_POP(*ausdruck*))

```
mysql> SELECT STDDEV_POP(einzelpreis) FROM artikel\G
STDDEV_POP(einzelpreis): 15.7674414221
```

STDDEV_SAMP(*ausdruck*)	STDDEV_SAMP(*ausdruck*)=SQRT(VAR_SAMP(*ausdruck*))

```
mysql> SELECT STDDEV_SAMP(einzelpreis) FROM artikel\G
STDDEV_SAMP(einzelpreis): 16.6203425891
```

SUM(*ausdruck*)	Liefert die Summe von *ausdruck*

```
mysql> SELECT SUM(einzelpreis) FROM artikel\G
SUM(einzelpreis): 116.210000
```

*SUM(DISTINCT *ausdruck*)	Summe unterschiedlicher Werte von *ausdruck*

```
mysql> SELECT SUM(DISTINCT einzelpreis) FROM artikel\G
SUM(DISTINCT einzelpreis): 112.080000
```

VAR_POP(*ausdruck*)	Varianz unter der Annahme, dass alle Elemente der Menge in *ausdruck* einfließen. Mit anderen Worten: Die Stichprobe enthält die gesamte Menge.

```
mysql> SELECT VAR_POP(einzelpreis) FROM artikel\G
VAR_POP(einzelpreis): 248.6122090000
```

VAR_SAMP(*ausdruck*)	Varianz unter der Annahme, dass nur eine Teilmenge in *ausdruck* einfließt. Mit anderen Worten: Die Stichprobe enthält die nicht gesamte Menge.

```
mysql> SELECT VAR_SAMP(einzelpreis) FROM artikel\G
VAR_SAMP(einzelpreis): 276.2357877778
```

*VARIANCE(*ausdruck*)	Synonym für VAR_POP()

■ 25.3 Bedingungen

25.3.1 Vergleichsoperatoren

Das Ergebnis einer Bedingung ist laut Definition 32 auf Seite 135 TRUE oder FALSE. Kann eine Bedingung nicht ermittelt werden oder ist eine der Teilbedingungen UNKNOWN oder kommt der Wert UNKNOWN in der Bedingung vor, ist das Ergebnis auch UNKNOWN.

 Hinweis: Bei Kommazahlen – FLOAT, DOUBLE, DECIMAL – sind Rundungsfehler zu beachten.

25.3 Bedingungen

Operator	Beispiele
=	$wert_1$ = $wert_2$ deleted = 0 wert = artikel_id

Liefert TRUE, wenn die rechts und links vom Gleichheitszeichen stehenden Werte gleich sind, sonst FALSE. Haben $wert_1$ und $wert_2$ den Wert NULL, liefert der Vergleich ebenfalls NULL. Die Datentypen dürfen unterschiedlich sein. Vorsicht: Anders als bei C/C++ und verwandten Sprachen steht hier nur **ein** Gleichheitszeichen.

Operator	Beispiele
<=>	$wert_1$ <=> $wert_2$ deleted <=> 0 wert <=> MAX(menge)

Liefert TRUE, wenn die rechts und links von <=> stehenden Werte gleich sind, sonst FALSE. Haben $wert_1$ und $wert_2$ den Wert NULL, liefert der Vergleich anders als = den Wert TRUE. Die Datentypen dürfen unterschiedlich sein.

Operator	Beispiele
<> !=	$wert_1$ <> $wert_2$ deleted != 0

Liefert TRUE, wenn die rechts und links vom Vergleichsoperator stehenden Werte ungleich sind, sonst FALSE. Die Datentypen dürfen unterschiedlich sein.

Operator	Beispiele
<	$wert_1$ < $wert_2$ menge < 10

Liefert TRUE, wenn der linke Wert kleiner als der rechte Wert ist. Bei numerischen Datentypen wird der Zahlenwert als Ordnungskriterium verwendet, bei Texten die festgelegte lexikalische Reihenfolge (siehe Sortierung auf Seite 68) und nicht die Länge.

Operator	Beispiele
<=	$wert_1$ <= $wert_2$ menge <= 10

Kurzschreibweise von: (($wert_1$ < $wert_2$) OR ($wert_1$ = $wert_2$)).

Operator	Beispiele
>	$wert_1$ > $wert_2$ menge > lagerbestand

Liefert TRUE, wenn der linke Wert größer als der rechte Wert ist. Bei numerischen Datentypen wird der Zahlenwert als Ordnungskriterium verwendet, bei Texten die festgelegte lexikalische Reihenfolge (siehe Sortierung auf Seite 68) und nicht die Länge.

Operator	Beispiele
>=	$wert_1$ >= $wert_2$ menge >= lagerbestand

Kurzschreibweise von: (($wert_1$ > $wert_2$) OR ($wert_1$ = $wert_2$)).

Operator	Beispiele
BETWEEN	$wert$ BETWEEN $wert_1$ AND $wert_2$ menge BETWEEN 1 AND 100

Liefert TRUE, wenn $wert$ in dem Intervall von ($wert_1$, $wert_2$) liegt. Kurzschreibweise von: (($wert$ >= $wert_1$) AND ($wert$ <= $wert_2$)).

Operator	Beispiele
NOT BETWEEN	*wert* NOT BETWEEN *wert*₁ AND *wert*₂ menge NOT BETWEEN 1 AND 100

Liefert TRUE, wenn BETWEEN den Wert FALSE liefert, und umgekehrt.

Operator	Beispiele
IN	*wert* IN (*wert*₁, *wert*₂,...) plz IN (44879, 44877, 44878)

Liefert TRUE, wenn *wert* in der Werteliste (*wert*₁, *wert*₂,...) liegt. Kurzschreibweise von: ((*wert* = *wert*₁) OR (*wert* = *wert*₂) usw.).

Operator	Beispiele
NOT IN	*wert* NOT IN (*wert*₁, *wert*₂,...)

Liefert TRUE, wenn IN den Wert FALSE liefert, und umgekehrt.

Operator	Beispiele
IS TRUE IS FALSE IS UNKNOWN	*wert* IS TRUE bezahlt IS FALSE

Ermöglicht den Vergleich mit booleschen Werten. Ist der boolesche Wert nicht ermittelbar, z.B. weil *wert* NULL ist, kann dies über den IS UNKNOWN erkannt werden.

Operator	Beispiele
LIKE	'*wert*₁' LIKE '*wert*₂'

Liefert TRUE, wenn der Text *wert*₁ dem Text von *wert*₂ ähnlich ist. Die Ähnlichkeit wird mit *Wildcards* bestimmt. Die Wildcard % steht für jedes Zeichen beliebig (auch 0 mal) oft. Die Wildcard _ steht für jedes beliebige Zeichen genau einmal. Für komplexere Abfragen sollten reguläre Ausdrücke verwendet werden.

Operator	Beispiele
IS NULL	*wert* IS NULL

Wenn der Inhalt einer Spalte auf NULL überprüft werden soll, können Sie nicht *wert* = NULL schreiben, sondern müssen diese Notation verwenden.

Operator	Beispiele
IS NOT NULL	*wert* IS NOT NULL

Liefert TRUE, wenn IS NULL den Wert FALSE liefert, und umgekehrt.

25.3.2 Logikoperatoren

25.3.2.1 NOT, Negation, ¬

wert	NOT *wert* !*wert*
UNKNOWN	UNKNOWN
FALSE	TRUE
TRUE	FALSE

Die logische Funktion ist ein *unärer* Operator, d.h. er wird nur mit einem Operanden verwendet. Wann immer eine Bedingung logische Werte liefert, kann mit NOT der logische Ausdruck ins Gegenteil umgewandelt werden. Ausnahme ist der Wert UNKNOWN.

So können beispielsweise die ganzen Tests wie IN, LIKE, BETWEEN etc. leicht erweitert werden: NOT IN, NOT LIKE, NOT BETWEEN.

Hinweis: Im Allgemeinen wird in SQL wegen der besseren Lesbarkeit das NOT dem Ausrufezeichen ! vorgezogen.

25.3.2.2 AND, Konjunktion, ∧

$wert_1$	$wert_2$	$wert_1$ AND $wert_2$ $wert_1$ && $wert_2$
UNKNOWN	UNKNOWN	UNKNOWN
UNKNOWN	FALSE	FALSE
UNKNOWN	TRUE	UNKNOWN
FALSE	UNKNOWN	FALSE
FALSE	FALSE	FALSE
FALSE	TRUE	FALSE
TRUE	UNKNOWN	UNKNOWN
TRUE	FALSE	FALSE
TRUE	TRUE	TRUE

Mit AND wird überprüft, ob beide Teilbedingungen TRUE sind. Durch Verkettung mit weiteren AND-Teilbedingungen können Sachverhalte abgebildet werden, die mehrere zwingende Voraussetzungen erfüllen müssen.

Hinweis: Im Allgemeinen wird in SQL wegen der besseren Lesbarkeit das AND dem verdoppelten Kaufmannsund && vorgezogen.

Auf [Dre16] wird ein Versuchsaufbau beschrieben, der nachweist, dass unter MySQL Sprunglogik implementiert ist, durch die man u.U. Rechenzeit einsparen kann.

Definition 73: Sprunglogik
Kann der Gesamtausdruck einer Bedingung nicht mehr durch die Auswertung anderer Bedingungen verändert werden, wird die Auswertung abgebrochen und der aktuelle Wert für den Gesamtausdruck verwendet. Ein solches Vorgehen wird *Sprunglogik* genannt.

Beispiel: Der erste Wert der Teilbedingung einer AND-Verknüpfung ist FALSE, dann können andere Teilbedingungen den Gesamtausdruck nicht zu TRUE werden lassen.

Hinweis: Bei Sprunglogik kann es zu nicht gewollten Nebeneffekten kommen, wenn in einer nicht mehr berücksichtigten Teilbedingung relevante Operationen nicht mehr ausgeführt werden.

25.3.2.3 OR, Disjunktion, ∨

$wert_1$	$wert_2$	$wert_1$ OR $wert_2$ $wert_1$ || $wert_2$
UNKNOWN	UNKNOWN	UNKNOWN
UNKNOWN	FALSE	UNKNOWN
UNKNOWN	TRUE	TRUE
FALSE	UNKNOWN	UNKNOWN
FALSE	FALSE	FALSE
FALSE	TRUE	TRUE
TRUE	UNKNOWN	TRUE
TRUE	FALSE	TRUE
TRUE	TRUE	TRUE

Wie oben muss auch hier Sprunglogik[2] beachtet werden.

Die OR-Verknüpfung wird immer dann verwendet, wenn schon das Erfüllen einer Teilbedingung für die Gesamtbedingung ausreicht.

25.3.2.4 XOR, Antivalenz, ⊗

$wert_1$	$wert_2$	$wert_1$ XOR $wert_2$
UNKNOWN	UNKNOWN	UNKNOWN
UNKNOWN	FALSE	UNKNOWN
UNKNOWN	TRUE	UNKNOWN
FALSE	UNKNOWN	UNKNOWN
FALSE	FALSE	FALSE
FALSE	TRUE	TRUE
TRUE	UNKNOWN	UNKNOWN
TRUE	FALSE	TRUE
TRUE	TRUE	FALSE

Für das XOR gilt folgende Gleichung:

$$wert_1 \otimes wert_2 = (wert_1 \wedge (\neg wert_2)) \vee ((\neg wert_1) \wedge wert_2)$$

---

[2] siehe Definition 73 auf der vorherigen Seite

Umgangssprachlich kann man ein XOR mit einer *Entweder-oder*-Aussage umschreiben. Nur eine der beiden Teilbedingungen darf TRUE sein, um den Gesamtausdruck TRUE werden zu lassen.

25.4 Befehle

Die hier vorgestellte Referenz orientiert sich am aktuellen MySQL-Sprachstandard (Version 5.6). Es ist mir nicht gelungen, Ihnen hier eine lesbare und effiziente Gegenüberstellung der Sprachstandards zur Verfügung zu stellen. In den vorherigen Kapiteln ist aber bei vielen Befehlen der Unterschied dargestellt worden, sodass ich mich hier mit Verweisen begnüge.

Laut der Dokumentation von MariaDB (siehe [HWP[+]16a]) sind die Befehle alle kompatibel und können problemlos zwischen MySQL und MariaDB ausgetauscht werden. Eine Darstellung entsprechender Unterschiede entfällt dadurch.

25.4.1 Data Definition Language

Die Data Definition Language (DDL) hat die Aufgabe, die Struktur eines Servers, einer Datenbank, einer Tabelle etc. festzulegen, nicht den Inhalt.

ALTER DATABASE	Eigenschaften einer Datenbank ändern

```
ALTER {DATABASE|SCHEMA} datenbankname
  [[DEFAULT] CHARACTER SET [=] zeichensatz]
  [[DEFAULT] COLLATE [=] sortierung]
  [UPGRADE DATA DIRECTORY NAME]
;
```

Ändert die Spezifikation einer Datenbank. Den Datenbanknamen kann man nicht ändern, dies erreicht man nur durch Löschen und Neuanlage. Durch das Ändern des Zeichensatzes könnte der Datenbankname eine andere Kodierung bekommen. Mit UPGRADE DATA DIRECTORY NAME wird der entsprechende Verzeichnis- und Dateiname umkodiert. Bitte beachten Sie, dass die Kodierung zum Dateisystem passen muss. Weitere Hinweise: siehe CREATE SCHEMA auf Seite 392 und Abschnitt 8.1 auf Seite 119.

ALTER EVENT	Eigenschaften eines Events ändern

```
ALTER
  [DEFINER = {user|CURRENT_USER}]
  EVENT eventname
  [ON SCHEDULE termin]
  [ON COMPLETION [NOT] PRESERVE]
  [RENAME TO eventname_neu]
  [ENABLE|DISABLE|DISABLE ON SLAVE]
  [COMMENT 'kommentar']
  [DO anweisungsblock]
;
```

Ändert die Spezifikation eines Ereignisses. Ebenfalls kann der Anweisungsblock verändert werden. Weitere Hinweise siehe CREATE EVENT auf Seite 390.

| ALTER LOGFILE GROUP | Eigenschaften einer Logdateigruppe ändern |

```
ALTER LOGFILE GROUP logdateigruppe
  ADD UNDOFILE 'dateiname'
  [INITIAL_SIZE [=] größe]
  [WAIT]
  ENGINE [=] engine
;
```

Hinweise siehe `CREATE LOGFILE GROUP` auf Seite 391.

| ALTER FUNCTION | Eigenschaften einer Funktion ändern |

```
ALTER FUNCTION funktionsname
  COMMENT 'kommentar'
  |{CONTAINS SQL|NO SQL|READS SQL DATA|MODIFIES SQL DATA}
  |SQL SECURITY {DEFINER|INVOKER}
;
```

Hinweise siehe `CREATE FUNCTION` auf Seite 391.

| ALTER PROCEDURE | Eigenschaften einer Prozedur ändern |

```
ALTER PROCEDURE prozedurname
  COMMENT 'kommentar'
  |{CONTAINS SQL|NO SQL|READS SQL DATA|MODIFIES SQL DATA}
  |SQL SECURITY {DEFINER|INVOKER}
;
```

Ändert die Spezifikation einer Prozedur, aber nicht den Anweisungsblock. Dieser muss mit `CREATE OR REPLACE` verändert werden. Weitere Hinweise siehe `CREATE PROCEDURE` auf Seite 392.

| ALTER SERVER | Eigenschaften eines Servers ändern |

```
ALTER SERVER servername
  OPTIONS (option[, option]*)
;
```

Hinweise siehe `CREATE SERVER` auf Seite 392.

| ALTER TABLE | Eigenschaften einer Tabelle ändern |

```
ALTER [ONLINE|OFFLINE] [IGNORE] TABLE tabellenname
  [tabellenspezifikation [, tabellenspezifikation]*]   [partitionsoption]
;

ALTER [ONLINE|OFFLINE] [IGNORE] TABLE tabellenname
  partitionsoption
;
```

tabellenspezifikation:
  tabellenoption
  ADD [COLUMN] *spaltenname spaltendefinition* [FIRST|AFTER *spaltenname*]
  |ADD {INDEX|KEY} [*indexname*][*indextyp*]
    (*index_spaltenname*[, *index_spaltenname*]*) [*indexoption*]*
  |ADD [CONSTRAINT [*name*]] PRIMARY KEY [*indextyp*]
    (*index_spaltenname*[, *index_spaltenname*]*) [*indexoption*]*
  |ADD [CONSTRAINT [*name*]] UNIQUE [INDEX|KEY] [*indexname*] [*indextyp*]
    (*spaltenname*[, *spaltenname*]*) [*indexoption*]*
  |ADD FULLTEXT [INDEX|KEY] [*indexname*]
    (*index_spaltenname*[, *index_spaltenname*]*) [*indexoption*]*
  |ADD SPATIAL [INDEX|KEY] [*indexname*]
    (*index_spaltenname*[, *index_spaltenname*]*) [*indexoption*]*

```
|ADD [CONSTRAINT [name]] FOREIGN KEY [indexname]
 (index_spaltenname[, index_spaltenname]*) referenz
|ALGORITHM [=] {DEFAULT|INPLACE|COPY}
|ALTER [COLUMN] spaltenname {SET DEFAULT literal|DROP DEFAULT}
|LOCK [=] {DEFAULT|NONE|SHARED|EXCLUSIVE}
|CHANGE [COLUMN] spaltenname_alt
 spaltenname_neu spaltendefinition [FIRST | AFTER spaltenname]
|MODIFY [COLUMN] spaltenname spaltendefinition [FIRST | AFTER spaltenname]
|DROP [COLUMN] spaltenname
|DROP PRIMARY KEY
|DROP {INDEX | KEY} indexname
|DROP FOREIGN KEY fk_name
|DISABLE KEYS
|ENABLE KEYS
|MAX_ROWS = anzahl
|RENAME [TO|AS] tabellenname_neu
|RENAME {INDEX|KEY} indexname_alt TO indexname_neu
|ORDER BY spaltenname [, spaltenname]*
|CONVERT TO CHARACTER SET zeichensatz [COLLATE sortierung]
|[DEFAULT] CHARACTER SET [=] zeichensatz [COLLATE [=] sortierung]
|DISCARD TABLESPACE
|IMPORT TABLESPACE
|FORCE
|{WITHOUT|WITH} VALIDATION
|ADD PARTITION (partitionsdefinition)
|DROP PARTITION partitionsname
|DISCARD PARTITION {partitionsnamen|ALL} TABLESPACE
|IMPORT PARTITION {partitionsnamen|ALL} TABLESPACE
|TRUNCATE PARTITION {partitionsname | ALL}
|COALESCE PARTITION nummer
|REORGANIZE PARTITION partitionsname INTO (partitionsdefinition)
|ANALYZE PARTITION {partitionsname | ALL}
|CHECK PARTITION {partitionsname | ALL}
|OPTIMIZE PARTITION {partitionsname | ALL}
|REBUILD PARTITION {partitionsname | ALL}
|REPAIR PARTITION {partitionsname | ALL}
|PARTITION BY partitionierungsausdruck
|REMOVE PARTITIONING
|UPGRADE PARTITIONING
```

index_spaltenname:
  spaltenname [(length)] [ASC | DESC]

indextyp:
  USING {BTREE | HASH}

indexoption:
  KEY_BLOCK_SIZE [=] wert
  | indextyp
  |WITH PARSER parsername
  | COMMENT 'kommentar'

tabellenoption:
  siehe CREATE TABLE

partitionsdefinition:
  siehe CREATE TABLE

Ändert fast alle Einstellungen, die man bei einer Tabelle machen kann. Weitere Hinweise siehe CREATE TABLE auf Seite 393 und Abschnitt 8.3 auf Seite 122.

| ALTER TABLESPACE | Eigenschaften eines Tablespace ändern |

```
ALTER TABLESPACE name
  {ADD|DROP} DATAFILE 'dateiname'
  [INITIAL_SIZE [=] größe]
  [WAIT]
  ENGINE [=] engine
;
```

Hinweise siehe CREATE TABLESPACE auf Seite 396.

| ALTER VIEW | Eigenschaften einer Ansicht ändern |

```
ALTER
  [ALGORITHM = {UNDEFINED|MERGE|TEMPTABLE}]
  [DEFINER = {user|CURRENT_USER}]
  [SQL SECURITY {DEFINER|INVOKER}]
  VIEW name [(spaltenname[, spaltenname]*)]
  AS
    SELECT auswahl
  [WITH [CASCADED|LOCAL] CHECK OPTION]
;
```

Ändert die Spezifikation und die Auswahl der Ansicht. Weitere Hinweise siehe CREATE VIEW auf Seite 396.

| CREATE DATABASE | Anlegen einer Datenbank |

```
CREATE {DATABASE|SCHEMA} [IF NOT EXISTS] datenbankname
  [[DEFAULT] CHARACTER SET [=] zeichensatz]
  [[DEFAULT] COLLATE [=] sortierung]
;
```

Legt eine neue Datenbank an. Im Datenverzeichnis des Servers wird ein Unterverzeichnis mit dem Namen und der Kodierung des *zeichensatz*es erstellt. Die Einstellungen werden in diesem Verzeichnis in der Datei db.opt abgelegt. Weitere Hinweise siehe Abschnitt 5.2.2 auf Seite 64, zum Löschen DROP SCHEMA auf Seite 397 und zum Ändern ALTER DATABASE auf Seite 387.

| CREATE EVENT | Anlegen eines zeitlichen Ereignisses |

```
CREATE
  [DEFINER = {user|CURRENT_USER}]
  EVENT [IF NOT EXISTS] name
  ON SCHEDULE termin
  [ON COMPLETION [NOT] PRESERVE]
  [ENABLE|DISABLE|DISABLE ON SLAVE]
  [COMMENT 'kommentar']
  DO
    anweisungsblock
;

termin:
  AT zeitpunkt [+ INTERVAL intervall]*
  |EVERY intervall
    [STARTS zeitpunkt [+ INTERVAL intervall]*]
    [ENDS zeitpunkt [+ INTERVAL intervall]*]

intervall:
  {YEAR|QUARTER|MONTH|WEEK|DAY|HOUR|MINUTE|SECOND
  |YEAR_MONTH|DAY_HOUR|DAY_MINUTE
  |DAY_SECOND|HOUR_MINUTE|HOUR_SECOND|MINUTE_SECOND}
```

Legt ein zeitgesteuertes Ereignis an. Weitere Hinweise: siehe Abschnitt 22.1 auf Seite 341, zum Löschen `DROP EVENT` auf Seite 397 und zum Ändern `ALTER EVENT` auf Seite 387.

CREATE FUNCTION	Anlegen einer Funktion

```
CREATE
  [DEFINER = {user|CURRENT_USER}]
  FUNCTION name ([parameter][, parameter]*)
  RETURNS typ
  [option]* anweisungsblock
;
```

parameter:
   name typ

typ:
   jeder gültige MySQL Datentyp

option:
```
  COMMENT 'kommentar'
  |LANGUAGE SQL
  |[NOT] DETERMINISTIC
  |{CONTAINS SQL|NO SQL|READS SQL DATA|MODIFIES SQL DATA}
  |SQL SECURITY {DEFINER|INVOKER}
```

anweisungsblock:
   gültige Deklarationen und Anweisungen

Hinweise siehe Abschnitt 25.2 auf Seite 377, zum Löschen `DROP FUNCTION` auf Seite 397 und zum Ändern `ALTER FUNCTION` auf Seite 388.

CREATE INDEX	Anlegen eines Index

```
CREATE [ONLINE|OFFLINE] [UNIQUE|FULLTEXT|SPATIAL] INDEX name
  [index_typ]
  ON tabellenname (index_spaltenname[, index_spaltenname]*)
  [option]*
;
```

index_spaltenname:
   spaltenname [(*länge*)] [ASC|DESC]

index_typ:
   USING {BTREE|HASH}

option:
```
  KEY_BLOCK_SIZE [=] wert
  |index_typ
  |WITH PARSER parsername
  |COMMENT 'kommentar'
```

Legt einen `INDEX` an. Ein Index kann nicht verändert werden. Er muss gelöscht und neu angelegt werden. Weitere Hinweise siehe Abschnitt 6.1.2 auf Seite 92 und zum Löschen `DROP INDEX` auf Seite 397.

CREATE LOGFILE GROUP	Anlegen einer Logdateigruppe

```
CREATE LOGFILE GROUP logdateigruppe
  ADD UNDOFILE 'dateiname'
  [INITIAL_SIZE [=] startgröße]
  [UNDO_BUFFER_SIZE [=] puffergröße_rückgängig]
  [REDO_BUFFER_SIZE [=] puffergröße_wiederholen]
```

```
[NODEGROUP [=] knotengruppe_id]
[WAIT]
[COMMENT [=] kommentar]
ENGINE [=] engine
;
```

Anlegen einer Logdateigruppe, zu denen die Log- oder Datendateien gehören. Diese Gruppe enthält die *Undo*-Datei `dateiname`[3]. Logdateigruppen werden im Zusammenhang mit Clustern verwendet. MySQL unterstützt nur die Engines NDB und NDBCLUSTER. Weitere Hinweise siehe zum Löschen DROP LOGFILE GROUP auf Seite 397 und zum Ändern ALTER LOGFILE GROUP auf Seite 387.

CREATE PROCEDURE	**Anlegen einer Prozedur**

```
CREATE
  [DEFINER = {user | CURRENT_USER}]
  PROCEDURE name ([parameter][, parameter]*)
  RETURNS typ
  [option]* anweisungsblock
;
```

parameter:
  [IN | OUT | INOUT] name typ

typ:
  jeder gültige MySQL Datentyp *(siehe Abschnitt 25.1 auf Seite 369)*

option:
```
  COMMENT 'kommentar'
  | LANGUAGE SQL
  | [NOT] DETERMINISTIC
  | {CONTAINS SQL | NO SQL | READS SQL DATA | MODIFIES SQL DATA}
  | SQL SECURITY {DEFINER | INVOKER}
```

anweisungsblock:
  gültige Deklarationen und Anweisungen

Hinweise siehe Kapitel 19 auf Seite 303 und zum Löschen DROP PROCEDURE auf Seite 397.

CREATE SCHEMA	**Anlegen einer Datenbank**

Siehe CREATE DATABASE auf Seite 390.

CREATE SERVER	**Anlegen eines neuen Servers**

```
CREATE SERVER server_name
  FOREIGN DATA WRAPPER wrappername
  OPTIONS (option [, option]*)
;
```

option:
```
  {HOST 'hostname'
  | DATABASE 'datenbankname'
  | USER 'username'
  | PASSWORD 'passwort'
  | SOCKET 'dateiname'
  | OWNER 'username'
  | PORT nummer}
```

---

[3] Es gibt also doch ein *Undo*! Finden Sie heraus, wie es funktioniert ;-).

Erstellt einen Server für die Engine FEDERATED. Damit können Datenbanken anderer MySQL-Server (Engines: MyISAM oder InnoDB) so eingerichtet werden, als ob diese lokal wären.

```
1  CREATE SERVER server_106_test
2   FOREIGN DATA WRAPPER mysql
3   OPTIONS
4   (
5    USER 'root', HOST '192.168.1.106', DATABASE 'test'
6   )
7  ;
```

Auf dieser Serverbindung können nun weitere Befehle abgesetzt werden:

```
1  CREATE TABLE fremdetabelle
2  (
3    s1 INT
4  ) ENGINE=FEDERATED CONNECTION='server_106_test'
5  ;
```

Weitere Hinweise siehe zum Löschen DROP SERVER auf Seite 397 und zum Ändern ALTER SERVER auf Seite 397.

CREATE TABLE	Anlegen einer Tabelle

CREATE [TEMPORARY] TABLE [IF NOT EXISTS] *tabellenname*
  (*spalte_eigenschaft*[, *spalte_eigenschaft*]*)
  [*tabellenoptionen*]
  [*partitionsoptionen*]
;

spalte_eigenschaft:
  spaltenname spaltendefinition
  | [CONSTRAINT [*symbol*]] PRIMARY KEY [*indextyp*]
    (*index_spaltenname*[, *index_spaltenname*]*) [*indexoption*]*
  | INDEX|KEY [*indexname*] *indextyp*]
    (*index_spaltenname*[, *index_spaltenname*]*) [*indexoption*]*
  | [CONSTRAINT [*symbol*]] UNIQUE [INDEX|KEY]
    [*indexname*] [*indextyp*] (*indexspaltenname*[, *indexspaltenname*]*) [*indexoption*]*
  | FULLTEXT|SPATIAL [INDEX|KEY]
    [*indexname*] (*indexspaltenname*[, *indexspaltenname*]*) [*indexoption*]*
  | [CONSTRAINT [*symbol*]] FOREIGN KEY
    [*indexname*] (*indexspaltenname*[, *indexspaltenname*]*) *referenz*
  | CHECK (*expr*)

spaltendefinition:
  datentyp [NOT NULL | NULL] [DEFAULT *vorbelegung*]
    [AUTO_INCREMENT] [UNIQUE [KEY] | [PRIMARY] KEY]
    [COMMENT '*kommentar*']
    [COLUMN_FORMAT FIXED|DYNAMIC|DEFAULT]
    [STORAGE DISK|MEMORY|DEFAULT]
    [*referenz*]

datentyp:
  BIT[(*länge*)]
  |TINYINT[(*länge*)] [UNSIGNED] [ZEROFILL]
  |SMALLINT[(*länge*)] [UNSIGNED] [ZEROFILL]
  |MEDIUMINT[(*länge*)] [UNSIGNED] [ZEROFILL]
  |INT[(*länge*)] [UNSIGNED] [ZEROFILL]
  |INTEGER[(*länge*)] [UNSIGNED] [ZEROFILL]
  |BIGINT[(*länge*)] [UNSIGNED] [ZEROFILL]
  |REAL[(*länge*,*nachkommastellen*)] [UNSIGNED] [ZEROFILL]

```
|DOUBLE[(länge,nachkommastellen)] [UNSIGNED] [ZEROFILL]
|FLOAT[(länge,nachkommastellen)] [UNSIGNED] [ZEROFILL]
|DECIMAL[(länge[,nachkommastellen])] [UNSIGNED] [ZEROFILL]
|NUMERIC[(länge[,nachkommastellen])] [UNSIGNED] [ZEROFILL]
|DATE
|TIME
|TIMESTAMP
|DATETIME
|YEAR
|CHAR[(länge)] [CHARACTER SET zeichensatz] [COLLATE sortierung]
|VARCHAR(länge) [CHARACTER SET zeichensatz] [COLLATE sortierung]
|BINARY[(länge)]
|VARBINARY(länge)
|TINYBLOB
|BLOB
|MEDIUMBLOB
|LONGBLOB
|TINYTEXT [BINARY] [CHARACTER SET zeichensatz] [COLLATE sortierung]
|TEXT [BINARY] [CHARACTER SET zeichensatz] [COLLATE sortierung]
|MEDIUMTEXT [BINARY] [CHARACTER SET zeichensatz] [COLLATE sortierung]
|LONGTEXT[BINARY] [CHARACTER SET zeichensatz] [COLLATE sortierung]
|ENUM(wert[,wert]*) [CHARACTER SET zeichensatz] [COLLATE sortierung]
|SET(wert[,wert]*) [CHARACTER SET zeichensatz] [COLLATE sortierung]
|geometrische_datentypen
```

indexspaltenname:
```
spaltenname [(länge)] [ASC|DESC]
```

indextyp:
```
USING BTREE|HASH
```

indexoption:
```
KEY_BLOCK_SIZE [=] wert
|indextyp
|WITH PARSER parsername
|COMMENT 'kommentar'
```

referenz:
```
REFERENCES tabellenname (indexspaltenname[, indexspaltenname]*)
[MATCH FULL|MATCH PARTIAL|MATCH SIMPLE]
[ON DELETE referenzoption]
[ON UPDATE referenzoption]
```

referenzoption:
```
RESTRICT|CASCADE|SET NULL|NO ACTION
```

tabellenoptionen:
```
tabellenoption [[,] tabellenoption]*
```

tabellenoption:
```
ENGINE [=] engine
|AUTO_INCREMENT [=] wert
|AVG_ROW_LENGTH [=] wert
|[DEFAULT] CHARACTER SET [=] zeichensatz
|CHECKSUM [=] {0|1}
|[DEFAULT] COLLATE [=] sortierung
|COMMENT [=] 'kommentar'
|CONNECTION [=] 'verbindungsparameter'
|DATA DIRECTORY [=] 'absoluter pfad'
|DELAY_KEY_WRITE [=] {0|1}
|INDEX DIRECTORY [=] 'absoluter pfad'
|INSERT_METHOD [=] {NO|FIRST|LAST}
|KEY_BLOCK_SIZE [=] wert
|MAX_ROWS [=] wert
|MIN_ROWS [=] wert
```

    | PACK_KEYS [=] {0|1|DEFAULT}
    | PASSWORD [=] 'passwort'
    | ROW_FORMAT [=] {DEFAULT|DYNAMIC|FIXED|COMPRESSED|REDUNDANT|COMPACT}
    | TABLESPACE tablespacename [STORAGE {DISK|MEMORY|DEFAULT}]
    | UNION [=] (tabellenname[, tabellenname]*)

partitionsoptionen:
  PARTITION BY
    { [LINEAR] HASH(ausdruck)
    | [LINEAR] KEY(spaltenliste)
    | RANGE{(ausdruck)|COLUMNS(spaltenliste)}
    | LIST{(ausdruck)|COLUMNS(spaltenliste)} }
  [PARTITIONS anzahl]
  [SUBPARTITION BY
    {[LINEAR] HASH(ausdruck)
    | [LINEAR] KEY(spaltenliste)}
    [SUBPARTITIONS anzahl]
  ]
  [(partitionsdefinition [, partitionsdefinition]*)]

partitionsdefinition:
  PARTITION partitionsname
    [VALUES
      {LESS THAN {(ausdruck|werteliste)|MAXVALUE}
      |
      IN (werteliste)}]
    [[STORAGE] ENGINE [=] engine]
    [COMMENT [=] 'kommentar']
    [DATA DIRECTORY [=] 'datenverzeichnis']
    [INDEX DIRECTORY [=] 'indexverzeichnis']
    [MAX_ROWS [=] anzahl]
    [MIN_ROWS [=] anzahl]
    [TABLESPACE [=] tablespacename]
    [NODEGROUP [=] node_group_id]
    [(subpartitionsdefinition [, subpartitionsdefinition]*)]

subpartitionsdefinition:
  SUBPARTITION logical_name
    [[STORAGE] ENGINE [=] engine]
    [COMMENT [=] 'kommentar']
    [DATA DIRECTORY [=] 'datenverzeichnis']
    [INDEX DIRECTORY [=] 'indexverzeichnis']
    [MAX_ROWS [=] anzahl]
    [MIN_ROWS [=] min_number_of_rows]
    [TABLESPACE [=] tablespacename]
    [NODEGROUP [=] node_group_id]

Weitere Hinweise siehe Abschnitt 5.3 auf Seite 70, zum Ändern ALTER TABLE auf Seite 388 und zum Löschen DROP TABLE auf Seite 397.

| CREATE TABLE ... SELECT | SELECT-Ergebnis als Tabelle speichern |

CREATE [TEMPORARY] TABLE [IF NOT EXISTS] tabellenname
  (spalte_eigenschaft[, spalte_eigenschaft]*)
  [tabellenoptionen]
  [partitionsoptionen]
  selectangabe
;

spalte_eigenschaft:
  Siehe CREATE TABLE auf Seite 393

tabellenoptionen:
  Siehe CREATE TABLE auf Seite 393

partitionsoptionen:
   Siehe `CREATE TABLE` auf Seite 393

selectangabe:
   [IGNORE|REPLACE] [AS] SELECT *auswahl*

Legt eine neue Tabelle anhand des Ergebnisses einer Auswahl mit `SELECT` an.

CREATE TABLE ... LIKE	Tabellenstruktur kopieren

```
CREATE [TEMPORARY] TABLE [IF NOT EXISTS] tabellenname_ziel
  {LIKE tabellenname_quelle|(LIKE tabellenname_quelle)}
;
```

Legt eine neue leere Tabelle *tabellenname_ziel* mit den gleichen Spezifikationen wie *tabellenname_quelle* an. Weitere Hinweise siehe Abschnitt 5.3.7 auf Seite 86.

CREATE TABLESPACE	Anlegen eines neuen Tablespaces

```
CREATE TABLESPACE tablespacename
  ADD DATAFILE 'dateiname'
  USE LOGFILE GROUP logfilegruppe
  [EXTENT_SIZE [=] erweiterungsgröße]
  [INITIAL_SIZE [=] startgröße]
  [AUTOEXTEND_SIZE [=] automatische_erweiterungsgröße]
  [MAX_SIZE [=] maximalgröße]
  [NODEGROUP [=] knotengruppe_id]
  [WAIT]
  [COMMENT [=] kommentar]
  ENGINE [=] engine
;
```

Anlegen eines festen Speicherplatzes für Tabellen. Normalerweise wird der Speicherplatz vom Dateisystem automatisch verwaltet. Legt man den Tablespace manuell an, erweitert der sich nicht mehr automatisch, ist aber erheblich schneller im Zugriff. Weitere Hinweise siehe zum Ändern `ALTER TABLESPACE` auf Seite 390 und zum Löschen `DROP TABLESPACE` auf Seite 398.

CREATE TRIGGER	Anlegen eines Triggers

```
CREATE
  [DEFINER = {user|CURRENT_USER}]
  TRIGGER name {BEFORE|AFTER} {INSERT|UPDATE|DELETE}
  ON tabellenname FOR EACH ROW anweisungsblock
```

Hinweise siehe Kapitel 21 auf Seite 333 und zum Löschen `DROP TRIGGER` auf Seite 398.

CREATE VIEW	Anlegen einer Ansicht

```
CREATE
  [OR REPLACE]
  [ALGORITHM = {UNDEFINED|MERGE|TEMPTABLE}]
  [DEFINER = {user|CURRENT_USER}]
  [SQL SECURITY {DEFINER|INVOKER}]
  VIEW name [(spaltenname[, spaltenname]*)]
  AS SELECT auswahl
  [WITH [CASCADED|LOCAL] CHECK OPTION]
;
```

Hinweise siehe Kapitel 16 auf Seite 267, zum Ändern `ALTER VIEW` auf Seite 390 und zum Löschen `DROP VIEW` auf Seite 398.

| **DROP DATABASE** | **Löscht die Datenbank und alle ihre Elemente** |

```
DROP DATABASE [IF EXISTS] name;
```

Alle Datenobjekte wie Tabellen, Ansichten etc. werden ohne Rückfrage endgültig gelöscht. Weitere Hinweise siehe CREATE DATABASE auf Seite 390.

| **DROP EVENT** | **Löscht ein zeitgesteuertes Ereignis** |

```
DROP EVENT [IF EXISTS] name;
```

Hinweise siehe CREATE EVENT auf Seite 390.

| **DROP FUNCTION** | **Löscht eine selbsterstellte Funktion** |

```
DROP FUNCTION [IF EXISTS] name;
```

Hinweise siehe CREATE FUNCTION auf Seite 391.

| **DROP INDEX** | **Löscht einen Index** |

```
DROP INDEX [ONLINE|OFFLINE] name ON tabellenname
  [ALGORITHM [=] {DEFAULT|INPLACE|COPY}
  | LOCK [=] {DEFAULT|NONE|SHARED|EXCLUSIVE}]
;
```

Hinweise siehe CREATE INDEX auf Seite 391.

| **DROP LOGFILE GROUP** | **Löscht eine Logdateigruppe** |

```
DROP LOGFILE GROUP logdateigruppe ENGINE [=] engine;
```

Hinweise siehe CREATE LOGFILE GROUP auf Seite 391.

| **DROP PROCEDURE** | **Löscht eine Prozedur** |

```
DROP PROCEDURE [IF EXISTS] name;
```

Hinweise siehe CREATE PROCEDURE auf Seite 392.

| **DROP SCHEMA** | **Löscht die Datenbank und alle ihre Elemente** |

```
DROP SCHEMA [IF EXISTS] name;
```

Alle Datenobjekte wie Tabellen, Ansichten etc. werden ohne Rückfrage endgültig gelöscht. Weitere Hinweise siehe CREATE SCHEMA auf Seite 392.

| **DROP SERVER** | **Löscht einen Server** |

```
DROP SERVER [IF EXISTS] name;
```

Hinweise siehe CREATE SERVER auf Seite 392.

| **DROP TABLE** | **Löscht eine Tabelle** |

```
DROP [TEMPORARY] TABLE [IF EXISTS]
  tabellenname[, tabellenname]*
  [RESTRICT | CASCADE]
;
```

Alle Daten der Tabelle werden ohne Rückfrage endgültig gelöscht. Weitere Hinweise siehe CREATE TABLE auf Seite 393.

DROP TABLESPACE	Löscht einen Tablespace

```
DROP TABLESPACE name ENGINE [=] engine;
```

Hinweise siehe CREATE TABLESPACE auf Seite 396.

DROP TRIGGER	Löscht einen Trigger

```
DROP TRIGGER [IF EXISTS] [datenbankname.]name;
```

Hinweise siehe CREATE TRIGGER auf Seite 396.

DROP VIEW	Löscht eine Ansicht

```
DROP VIEW [IF EXISTS] name[, name]* [RESTRICT | CASCADE];
```

Hinweise siehe CREATE VIEW auf Seite 396.

RENAME TABLE	Ändert einen Tabellennamen

```
RENAME
    TABLE tabellenname TO tabellenname_neu
    [, TABLE tabellenname TO tabellenname_neu]*
;
```

Hinweise siehe CREATE TABLE auf Seite 393.

TRUNCATE	Resetet eine Tabelle

```
TRUNCATE [TABLE] tabellenname;
```

Versetzt die Tabelle in den Startzustand zurück. Die Daten werden gelöscht und der ggf. vorhandene AUTO_INCREMENT-Zähler wird auf 1 gesetzt. Weitere Hinweise siehe Abschnitt 9.3.6 auf Seite 147.

25.4.2 Data Manipulation Language

Mithilfe der Befehle der Data Manipulation Language (DML) werden die Tabelleninhalte ausgewertet oder verändert.

CALL	Aufruf einer Prozedur

```
CALL prozedurname([parameter[, parameter]*]);
```

Die Prozedur mit dem Namen *prozedurname* wird mit den angegebenen Parametern aufgerufen. Weitere Hinweise siehe Kapitel 19 auf Seite 303.

DELETE	Inhalte einer einer Tabelle löschen

```
DELETE [LOW_PRIORITY] [QUICK] [IGNORE] FROM tabellenname
  [PARTITION (partitionsname[, partitionsname]*)]
  [WHERE bedingung]
  [ORDER BY sortierangabe]
  [LIMIT anzahl]
;
```

Löscht *anzahl* viele Zeilen in der Reihenfolge der *sortierangabe* der Tabelle *tabellenname*, für welche die *bedingung* den Wert TRUE ergibt. Weitere Hinweise siehe Abschnitt 9.3 auf Seite 143.

| DELETE | Inhalt einer Tabellenreferenz löschen |

```
DELETE [LOW_PRIORITY] [QUICK] [IGNORE]
  tabellenname[.*] [, tabellenname[.*]]*
  FROM tabellenreferenz
  [WHERE bedingung]
;
DELETE [LOW_PRIORITY] [QUICK] [IGNORE]
  FROM tabellenname[.*] [, tabellenname[.*]]*
  USING tabellenreferenz
  [WHERE bedingung]
;
```

Hinweise siehe DELETE auf Seite 398.

| DO | Ausdrücke auswerten |

DO *ausdruck* [, *ausdruck*]*;

Mit DO wird der Ausdruck ausgeführt, ohne dass ggf. ermittelte Ergebnisse zurückgeliefert werden. Es handelt sich dabei um eine meist etwas schnellere Ausführung als bei einem SELECT. Fehler werden als Warnung ausgegeben.

| INSERT INTO | Zeilen mit VALUES einfügen |

```
INSERT [LOW_PRIORITY | DELAYED | HIGH_PRIORITY] [IGNORE]
  [INTO] tabellenname [(spaltenname[, spaltenname]*)]
  [PARTITION (partitionsname[, partitionsname]*)]
  {VALUES | VALUE}
    ({ausdruck | DEFAULT}[, {ausdruck | DEFAULT}*])
    [, ({ausdruck | DEFAULT}[, {ausdruck | DEFAULT}*])]*
  [ON DUPLICATE KEY UPDATE
    spaltenname=ausdruck
    [, spaltenname=ausdruck]*]
;
```

Fügt die Werte hinter VALUES als neue Zeilen in die Tabelle *tabellenname* ein. Wird dabei ein schon vorhandener Schlüssel verwendet, kann man nach ON DUPLICATE KEY UPDATE angeben, wie damit verfahren werden soll.

Diese Version eignet sich gut für das Einfügen vieler Datensätze mit einem Befehl. Weitere Hinweise siehe Abschnitt 7.2.1 auf Seite 108.

| INSERT INTO | Zeilen mit SET einfügen |

```
INSERT [LOW_PRIORITY | DELAYED | HIGH_PRIORITY] [IGNORE]
  [INTO] tabellenname
  [PARTITION (partitionsname[, partitionsname]*)]
  SET spaltenname={ausdruck | DEFAULT}[, spaltenname={ausdruck | DEFAULT}]*
  [ON DUPLICATE KEY UPDATE
    spaltenname=ausdruck
    [, spaltenname=ausdruck]*]
;
```

Fügt eine neue Zeile in die Tabelle *tabellenname* ein. Dabei werden den Spaltennamen hinter dem SET die Werte zugewiesen. Wird dabei ein schon vorhandener Schlüssel verwendet, kann man nach ON DUPLICATE KEY UPDATE angeben, wie damit verfahren werden soll.

Diese Version eignet sich gut für das Einfügen vieler Datensätze mit einem Befehl. Weitere Hinweise siehe Abschnitt 7.2.2 auf Seite 110.

INSERT INTO	Zeilen mit SELECT einfügen

```
INSERT [LOW_PRIORITY|DELAYED|HIGH_PRIORITY] [IGNORE]
  [INTO] tabellenname
  [PARTITION (partitionsname[, partitionsname]*)]
  SELECT auswahl
  [ON DUPLICATE KEY UPDATE
    spaltenname=ausdruck
    [, spaltenname=ausdruck]*]
;
```

Fügt das Ergebnis der *auswahl* als neue Zeilen der Tabelle *tabellenname* hinzu. Wird dabei ein schon vorhandener Schlüssel verwendet, kann man nach ON DUPLICATE KEY UPDATE angeben, wie damit verfahren werden soll.

Diese Version eignet sich gut für das Einfügen vieler Datensätze mit einem Befehl. Weitere Hinweise siehe Abschnitt 7.3 auf Seite 115.

LOAD DATA	Daten aus einer CSV-Datei einlesen

```
LOAD DATA [LOW_PRIORITY|CONCURRENT] [LOCAL] INFILE 'dateiname'
  [REPLACE|IGNORE]
  INTO TABLE tabellenname
  [PARTITION (partitionsname[, partitionsname]*)]
  [CHARACTER SET zeichensatz]
  [FIELDS|COLUMNS
    [TERMINATED BY 'zeichenkette']
    [[OPTIONALLY] ENCLOSED BY 'zeichen']
    [ESCAPED BY 'zeichen']
  ]
  [LINES
    [STARTING BY 'zeichenkette']
    [TERMINATED BY 'zeichenkette']
  ]
  [IGNORE anzahl LINES|ROWS]
  [({spaltennamen | ausdruck}[{spaltennamen | ausdruck}]]*)]
  [SET spaltenname=ausdruck[, spaltenname=ausdruck]*]
;
```

Lädt die Daten aus einer CSV-Datei in eine Tabelle. Weitere Hinweise in Abschnitt 7.1 auf Seite 101.

LOAD XML	Daten aus einer XML-Datei einlesen

```
LOAD XML [LOW_PRIORITY|CONCURRENT] [LOCAL] INFILE 'dateiname'
  [REPLACE|IGNORE]
  INTO TABLE [datenbankname.]tabellenname
  [PARTITION (partitionsname[, partitionsname]*)]
  [CHARACTER SET zeichensatz]
  [ROWS IDENTIFIED BY '<tagname>']
  [IGNORE anzahl [LINES|ROWS]]
  [({spaltennamen | ausdruck}[{spaltennamen | ausdruck}]]*)]
  [SET spaltenname=ausdruck[, spaltenname= ausdruck]*]
;
```

Lädt Daten aus einer XML-Datei in eine Tabelle. Weitere Hinweise siehe Abschnitt 19.5 auf Seite 323.

SELECT	Daten auswählen

```
SELECT
  [ALL|DISTINCT|DISTINCTROW]
  [HIGH_PRIORITY]
  [STRAIGHT_JOIN]
  [SQL_SMALL_RESULT] [SQL_BIG_RESULT] [SQL_BUFFER_RESULT]
  [SQL_CACHE|SQL_NO_CACHE] [SQL_CALC_FOUND_ROWS]
  {*|spaltenliste|ausdruck}
  [FROM {tabellenreferenzen|tabellenname}
    [PARTITION (partitionsname[, partitionsname]*)]
  [WHERE bedingung]
  [GROUP BY
    {spaltenname|ausdruck|position} [ASC|DESC]
    [, {spaltenname|ausdruck| position} [ASC|DESC]]*
    [WITH ROLLUP]]
  [HAVING bedingung]
  [ORDER BY
    {spaltenname | ausdruck|position} [ASC|DESC]
    [, {spaltenname | ausdruck | position} [ASC|DESC]]*
  [LIMIT {[offset,] anzahl | anzahl OFFSET offset}]
  [PROCEDURE name([parameter[, parameter]*])]
  [INTO OUTFILE 'dateiname'
    [CHARACTER SET zeichensatz]
    exportoptionen
   INTO {DUMPFILE 'dateiname'|variable[, variable]*}]
  [FOR UPDATE|LOCK IN SHARE MODE]]
;
```

Wählt Zeilen aus einer Tabelle *tabellenname* oder *tabellenreferenz* aus. Eine Tabellenreferenz kann beispielsweise das Ergebnis eines JOIN sein. Die Spalten können dabei mit Konstanten und Ausdrücken aufbereitet werden. Es werden nur die Zeilen ausgewählt, für welche die *bedingung* der WHERE-Klausel den Wert TRUE ergibt. Weitere Hinweise siehe die Kapitel im Teil IV auf Seite 149.

tabellenreferenzen	Referenzen auf Tabellen erstellen

tabellenreferenzen:
  tabellenreferenz [, *tabellenreferenz*]*

tabellenreferenz:
  tabellenfaktor
  | *tabellenverknüpfung*

tabellenfaktor:
  tabellenname [[AS] *alias*] [*indexhinweis*[, *indexhinweis*]*]
  | *unterabfrage* [AS] *alias*
  | (*tabellenreferenzen*)
  |{ OJ *tabellenreferenz* LEFT OUTER JOIN *tabellenreferenz* ON *bedingung*}

tabellenverknüpfung:
  tabellenreferenz [INNER | CROSS] JOIN *tabellenfaktor* [*verknüpfungsbedingung*]
  | *tabellenreferenz* STRAIGHT_JOIN *tabellenfaktor*
  | *tabellenreferenz* STRAIGHT_JOIN *tabellenfaktor* ON *bedingung*
  | *tabellenreferenz* {LEFT | RIGHT} [OUTER] JOIN *tabellenreferenz verknüpfungsbedingung*
  | *tabellenreferenz* NATURAL [{LEFT | RIGHT} [OUTER]] JOIN *tabellenfaktor*

verknüpfungsbedingung:
  ON *bedingung*

```
|USING (spaltenname[, spaltenname]*)
```

indexhinweis:
```
USE {INDEX|KEY}
  [FOR {JOIN|ORDER BY|GROUP BY}] ([indexname[, indexname]*])
|IGNORE {INDEX|KEY}
  [FOR {JOIN|
ORDER BY|GROUP BY}] ([indexname[, indexname]*])
|FORCE {INDEX|KEY}
  [FOR {JOIN|ORDER BY|GROUP BY}] ([indexname[, indexname]*])
```

Tabellenreferenzen sind in der Regel keine Tabellen, die mit CREATE angelegt wurden, sondern solche, die dynamisch bei der Ausführung von Anweisungen entstehen.

UNION	Ergebnisse von Abfragen vereinigen

```
SELECT auswahl
UNION [ALL|DISTINCT]
SELECT auswahl]*
;
```

Hinweise siehe Abschnitt 14.1 auf Seite 245.

UPDATE	Inhalte einer Tabelle ändern

```
UPDATE [LOW_PRIORITY] [IGNORE] tabellenreferenz
  SET
    spaltenname={ausdruck|DEFAULT}
    [, spaltenname={ausdruck|DEFAULT}]*
  [WHERE bedingung]
  [ORDER BY sortierangabe]
  [LIMIT anzahl]
;
```

Hinweise siehe Abschnitt 9.2 auf Seite 139.

UPDATE	Inhalte einer Tabellenreferenz ändern

```
UPDATE [LOW_PRIORITY] [IGNORE] tabellenreferenz
  SET
    spaltenname={ausdruck|DEFAULT}
    [, spaltenname={ausdruck|DEFAULT}]*
  [WHERE bedingung]
;
```

Hinweise siehe Abschnitt 9.2 auf Seite 139.

25.4.3 Benutzerverwaltung

benutzerspezifikation	Festlegen der Benutzereigenschaften

benutzerspezifikation:
```
benutzername
  [IDENTIFIED BY [PASSWORD] 'passwort'
  |IDENTIFIED WITH authentifizierungsplugin [AS 'authentifizierungszeichenkette']]
```

Hinweise siehe Abschnitt 23.2 auf Seite 350.

CREATE USER	Benutzer anlegen

CREATE USER *benutzerspezifikation*[, *benutzerspezifikation*]*;

Hinweise siehe Abschnitt 23.2 auf Seite 350.

DROP USER	Benutzer löschen

DROP USER *benutzername*[, *benutzername*]*;

Hinweise siehe Abschnitt 23.2 auf Seite 350.

GRANT	Benutzer Rechte zuweisen

```
GRANT
  benutzerrecht [(spaltenname[, spaltenname]*)]
  [, benutzerrecht [(spaltenname[, spaltenname]*)]]*
  ON [objekttyp] privilegtiefe
  TO benutzerspezifikation [, benutzerspezifikation]*
  [REQUIRE {NONE | verschlüsselung [[AND] verschlüsselung]*}]
  [WITH option[, option]*]
;
```

Hinweise siehe 23.2 auf Seite 350.

GRANT PROXY	Benutzer über Proxy Rechte zuweisen

```
GRANT PROXY ON benutzerspezifikation_vorlage
  TO benutzerspezifikation[, benutzerspezifikation]*
  [WITH GRANT OPTION]
;
```

Weist einem Benutzer *benutzerspezifikation* die Rechte der Vorlage *benutzerspezifikation_vorlage* zu.

RENAME USER	Benutzer umbennen

```
RENAME USER
  benutzername_alt TO benutzername_neu
  [, benutzername_alt TO benutzername_neu]*
;
```

objekttyp	Objekt eines Rechts

```
objekttyp:
  TABLE
  | FUNCTION
  | PROCEDURE
```

Hinweise siehe Abschnitt 23.2 auf Seite 350.

option	Optionen eines Rechts

```
option:
  GRANT OPTION
  | MAX_QUERIES_PER_HOUR anzahl
  | MAX_UPDATES_PER_HOUR anzahl
  | MAX_CONNECTIONS_PER_HOUR anzahl
  | MAX_USER_CONNECTIONS anzahl
```

Hinweise siehe Abschnitt 23.2 auf Seite 350.

REVOKE	Benutzer ein Recht entziehen

```
REVOKE
  benutzerrecht [(spaltenname[, spaltenname]*)]
  [, benutzerrecht [(spaltenname[, spaltenname]*)]]*
  ON [objekttyp] privilegtiefe
  FROM benutzername[, benutzername]*
;
```

Hinweise siehe Abschnitt 23.2 auf Seite 350.

REVOKE ALL	Benutzer alle Rechte entziehen

```
REVOKE ALL PRIVILEGES, GRANT OPTION FROM benutzername[, benutzername]*;
```

Hinweise siehe Abschnitt 23.2 auf Seite 350.

REVOKE PROXY	Benutzer Rechte über einen Proxy entziehen

```
REVOKE PROXY ON benutzername FROM benutzername[, benutzername]*;
```

Hinweise siehe Abschnitt 23.2 auf Seite 350.

SET PASSWORD	Ein neues Passwort vergeben

```
SET PASSWORD [FOR benutzername] =
  {
    PASSWORD('passwort')
    | OLD_PASSWORD('passwort')
    | 'passwort_verschlüsselt'
  }
;
```

privilegtiefe	Ebene, auf der das Recht angewendet wird

privilegtiefe:
```
  *
  | *.*
  | datenbankname.*
  | datenbankname.tabellenname
  | tabellenname
  | datenbankname.{funktionsname | procedurename}
```

Weitere Hinweise siehe Abschnitt 23.2 auf Seite 350.

verschlüsselung	Angaben zur Verschlüsselung

```
verschlüsselung:
  SSL
  | X509
  | CIPHER 'cipher'
  | ISSUER 'issuer'
  | SUBJECT 'subject'
```

26 Ausgewählte Quelltexte

Hinweis: Wenn man im MySQL- oder MariaDB-Client eine Abfrage ausführt, bekommt man immer eine Ausführungszeit angegeben. Das ist nicht die hier ermittelte. Diese Information liegt nicht auf dem Server, sondern wird vom Client als Zeitraum vom Start bis zum Ende der Ausführung selbst ermittelt.

26.1 DOUBLE versus DECIMAL

Laden Sie dieses Experiment mit SOURCE perfDecimal01.sql.

```
 1  -- START Bereitstellen der Testumgebung
 2  DROP DATABASE IF EXISTS perfDecimal01;
 3  CREATE DATABASE perfDecimal01;
 4  USE perfDecimal01;
 5
 6  -- Tabellen fuer die Testdaten
 7  CREATE TABLE testdaten
 8  (
 9    spalte_double  DOUBLE,
10    spalte_decimal DECIMAL(30,15)
11  );
12
13  CREATE TABLE testdaten_quelle
14  (
15    spalte_double  DOUBLE,
16    spalte_decimal DECIMAL(30,15)
17  );
18
19  -- Tabelle fuer die Messergebnisse
20  CREATE TABLE messung
21  (
22    anzahl_ds BIGINT   UNSIGNED,
23    sekunden_double   DECIMAL(12,8),
24    sekunden_decimal  DECIMAL(12,8)
```

```
25  );
26  -- ENDE Bereitstellen der Testumgebung
```

Damit das Experiment garantiert unter den gleichen Datenbedingungen startet, wird die dazugehörige Datenbank auf jeden Fall gelöscht und wieder neu angelegt. Für die Testdaten verwende ich zwei Tabellen: `testdaten` und `testdaten_quelle`. Zuerst werden – beispielsweise 10000 – Zufallsdaten in die Tabelle `testdaten_quelle` eingefügt. Später werden diese Daten in die Tabelle `testdaten` kopiert. Der Grund für dieses Vorgehen ist, dass das Einfügen eines Datensatzes mit `INSERT INTO ... VALUES` sehr langsam bezogen auf `INSERT INTO ... SELECT` ist.

Die Tabelle `messung` enthält pro Zeile eine Zeitmessung. Dabei wird die Dauer in Anzahl der Datensätze und die jeweilige Dauer in Sekunden gemessen.

```
28  -- START Einfuegen von Testdaten
29  DELIMITER //
30  CREATE PROCEDURE testdaten_insert
31  (
32    IN iAnzahl INT -- Anzahl der einzufuegenden Testdaten
33  )
34  BEGIN
35    DECLARE vAnzahl    INT DEFAULT 0; -- Schleifenvariable
36    DECLARE vDouble    DOUBLE;
37    DECLARE vDecimal   DECIMAL(30,15);
38
39    WHILE vAnzahl < iAnzahl DO       -- Schleifenbedingung
40     SELECT RAND() * FLOOR(-10000 + (RAND() * 10000)) -- Zufallswert
41      INTO vDecimal;
42     SET vDouble = vDecimal;
43     INSERT INTO testdaten_quelle VALUES(vDouble, vDecimal); -- Einfuegen
44     SET vAnzahl = vAnzahl + 1;       -- Schleifeninkrement
45    END WHILE;
46  END//
47  DELIMITER ;
48  -- ENDE Einfuegen von Testdaten
```

Die Prozedur `testdaten_insert` baut den Bestand der Tabelle `testdaten_quelle` auf. Die Anzahl der Zufallswerte wird als Übergabeparameter festgelegt. Passend dazu wird in Zeile 35 eine Schleifenvariable deklariert. Diese startet mit 0 (`DEFAULT`) und wird bei jedem Schleifendurchlauf um 1 in Zeile 44 erhöht. In Zeile 39 werden beide Variablen in der Schleifenbedingung verwendet.

In Zeile 40 werden Zufallswerte erzeugt. Der dabei verwendete Ausdruck liefert Zufallswerte im Bereich von -10000 bis fast 0. Entscheidend ist, dass Nachkommastellen unterschiedlicher Länge erzeugt werden. Die werden dann in Zeile 43 in die Tabelle eingefügt.

```
51  -- Messung
52  DELIMITER //
53  CREATE PROCEDURE perfDecimal01
54  (
55    IN iAnzahlNeueZeilen  INT,  -- Anzahl der neuen Datensaetze pro Messung
56    IN iAnzahlSchleifen   INT   -- Anzahl der Messschleifen
57  )
58  BEGIN
59    DECLARE vAnzahlSchleifen INT DEFAULT 0; -- Schleifenvariable
60    DECLARE vSekundenDouble  DECIMAL(12,8); -- Zeitdauer
61    DECLARE vSekundenDecimal DECIMAL(12,8); -- Zeitdauer
62    DECLARE vAnzahlDS        BIGINT; -- Anzahl der Testdaten
```

```
63    DECLARE vTmpDouble        DOUBLE; -- Hilfsvariable
64    DECLARE vTmpDec           DECIMAL(30,15); -- Hilfsvariable
```

Die Prozedur `perfDecimal01` implementiert die eigentliche Messung. Die beiden Übergabeparameter bestimmen zum einen die Anzahl der Erhöhung der Testdaten pro Schleifendurchlauf. Das ist gleichbedeutend mit der Anzahl der Zufallswerte in `testdaten_quelle`. Zum anderen wird die Anzahl der Messungen festgelegt. Deshalb gibt es passend zu `iAnzahlSchleifen` die Schleifenvariable `vAnzahlSchleifen`.

Die Variablen `vSekundenDouble` und `vSekundenDecimal` nehmen die Ausführungszeit der jeweiligen Berechnung auf. `vAnzahlDS` wird verwendet, um sich die Anzahl der Datensätze in der Tabelle `testdaten` zu merken, damit diese in die Tabelle `messung` eingefügt werden kann. Die beiden `vTmp`-Variablen sind funktionslos und werden nur gebraucht, um sinnlose Bildschirmausgaben zu verhindern.

```
66    TRUNCATE messung;          -- Alte Daten entfernen
67    TRUNCATE testdaten;        -- Alte Daten entfernen
68    TRUNCATE testdaten_quelle; -- Alte Daten entfernen
```

Die Tabellen werden geleert. Somit ist sichergestellt, dass bei jedem Messstart alles bei 0 beginnt.

```
70    SET PROFILING = 1;         -- Profiling einschalten
71
72    CALL testdaten_insert(iAnzahlNeueZeilen);   -- Testdatenquelle aufbauen
73    WHILE vAnzahlSchleifen < iAnzahlSchleifen DO -- Hauptschleife
74     SELECT 'Schleifendurchlauf ', vAnzahlSchleifen, ' von ', iAnzahlSchleifen;
75     INSERT INTO testdaten SELECT * FROM testdaten_quelle; -- Testdaten erweitern
76     -- START Messung DOUBLE
77     SELECT SQL_NO_CACHE AVG(spalte_double)  FROM testdaten INTO vTmpDouble;
78     SELECT SUM(DURATION) FROM INFORMATION_SCHEMA.PROFILING
79      GROUP BY query_id
80      ORDER BY query_id DESC LIMIT 1
81      INTO vSekundenDouble;
82     -- ENDE Messung DOUBLE
83
84     -- Start Messung DECIMAL
85     SELECT SQL_NO_CACHE AVG(spalte_decimal) FROM testdaten INTO vTmpDec;
86     SELECT SUM(DURATION) FROM INFORMATION_SCHEMA.PROFILING
87      GROUP BY query_id
88      ORDER BY query_id DESC LIMIT 1
89      INTO vSekundenDecimal;
90    -- Ende Messung DECIMAL
91
92     -- Sichern der Ergebnisse
93     SELECT COUNT(*) FROM testdaten INTO vAnzahlDS;
94     INSERT INTO messung
95       (anzahl_ds, sekunden_double, sekunden_decimal)
96      VALUES
97       (vAnzahlDS, vSekundenDouble, vSekundenDecimal);
98
99     SET vAnzahlSchleifen = vAnzahlSchleifen + 1;
100    END WHILE; -- Hauptschleifenende
101
102    SET PROFILING = 0;
103   END//
104   DELIMITER ;
```

Um die Ausführungszeiten ermitteln zu können, muss das Profiling für diese Session eingeschaltet werden (Zeile 70). Anschließend wird die Testdatenquelle aufgebaut, indem die Prozedur `testdaten_insert` passend parametrisiert aufgerufen wird.

Die Hauptschleife (73-100) geht wie folgt vor: Erweitern des Testdatenbestands, Berechnung mit DOUBLE, Zeitmessung der Berechnung mit DOUBLE, Berechnung mit DECIMAL, Zeitmessung der Berechnung mit DECIMAL und Einfügen der Messwerte in die Tabelle `messung`. Schauen wir uns eine Messung mal genauer an.

```
84     -- Start Messung DECIMAL
85     SELECT SQL_NO_CACHE AVG(spalte_decimal) FROM testdaten INTO vTmpDec;
86     SELECT SUM(DURATION) FROM INFORMATION_SCHEMA.PROFILING
87       GROUP BY query_id
88       ORDER BY query_id DESC LIMIT 1
89       INTO vSekundenDecimal;
90     -- Ende Messung DECIMAL
```

Die Berechnung ist eine Mittelwertbildung über die gesamte Testdatentabelle. Der Zusatz `SQL_NO_CACHE` soll verhindern, dass die Messung durch Caching verfälscht wird. Mit `INTO vTmpDec` wird verhindert, dass der errechnete Mittelwert auf dem Bildschirm ausgegeben wird[1].

Und jetzt kommt das Herzstück: die Zeitmessung. Ist das Profiling eingeschaltet, wird in der Tabelle `INFORMATION_SCHEMA.PROFILING` für jeden Arbeitsschritt, der zur Ausführung einer Anweisung nötig ist, eine Zeitdauer (DURATION) eingefügt.

```
 1  SELECT query_id, state, duration
 2    FROM INFORMATION_SCHEMA.PROFILING
 3    WHERE query_id = 1;
 4
 5  +----------+----------------------+----------+
 6  | query_id | state                | duration |
 7  +----------+----------------------+----------+
 8  |        1 | starting             | 0.000044 |
 9  |        1 | checking permissions | 0.000005 |
10  |        1 | Opening tables       | 0.000018 |
11  |        1 | System lock          | 0.000007 |
12  |        1 | init                 | 0.000014 |
13  |        1 | optimizing           | 0.000004 |
14  |        1 | statistics           | 0.000007 |
15  |        1 | preparing            | 0.000005 |
16  |        1 | executing            | 0.000004 |
17  |        1 | Sending data         | 0.003052 |
18  |        1 | end                  | 0.000008 |
19  |        1 | query end            | 0.000004 |
20  |        1 | closing tables       | 0.000006 |
21  |        1 | freeing items        | 0.000009 |
22  |        1 | logging slow query   | 0.000003 |
23  |        1 | cleaning up          | 0.000004 |
24  +----------+----------------------+----------+
```

Gruppiert man nun die Tabelle nach der `query_id` und summiert die einzelnen Zeiten auf, erhält man die Gesamtdauer. Will man nun die Dauer der letzten Anweisung, so sortiert man die Gruppenergebnisse nach `query_id` absteigend und holt sich nur den ersten Datensatz. Und genau das passiert hier.

---

[1] Was übrigens eine sehr teure Angelegenheit ist und das Experiment erheblich verlangsamen würde.

Zum Schluss wird noch das Profiling wieder ausgeschaltet und das Experiment aufgerufen.
Den Aufruf habe ich allerdings auskommentiert, damit er nicht aus Versehen startet.

```
102    SET PROFILING = 0;
103    END//
104    DELIMITER ;
105
106    -- CALL perfDecimal01(20000, 100);
```

■ 26.2 NULL versus NOT NULL

 Laden Sie dieses Experiment mit SOURCE perfNotNull01.sql.

```
 1    -- START Bereitstellen der Testumgebung
 2    DROP DATABASE IF EXISTS perfNotNull01;
 3    CREATE DATABASE perfNotNull01;
 4    USE perfNotNull01;
 5
 6    -- Tabelle fuer die Testdaten
 7    CREATE TABLE testdaten
 8    (
 9      spalte_notnull VARCHAR(255) NOT NULL DEFAULT '',
10      spalte_null    VARCHAR(255) NULL
11    );
12
13    CREATE TABLE testdaten_quelle
14    (
15      spalte_notnull VARCHAR(255) NOT NULL DEFAULT '',
16      spalte_null    VARCHAR(255) NULL
17    );
18
19    -- Tabelle fuer die Messergebnisse
20    CREATE TABLE messung
21    (
22      anzahl_ds BIGINT   UNSIGNED,
23      sekunden_notnull   DECIMAL(12,8),
24      sekunden_null      DECIMAL(12,8)
25    );
26    -- ENDE Bereitstellen der Testumgebung
```

Aufbau und Funktion dieser Zeilen entsprechen dem des Experiments zur Performancemessung von DECIMAL und DOUBLE (siehe Abschnitt 26.1 auf Seite 405).

```
28    -- Einfuegen von Testdaten
29    -- START Einfuegen von Testdaten
30    DELIMITER //
31    CREATE PROCEDURE testdaten_insert
32    (
33      IN iAnzahl INT -- Anzahl der einzufuegenden Testdaten
34    )
35    BEGIN
36      DECLARE vAnzahl INT DEFAULT 0;   -- Schleifenvariable
```

```
37
38   WHILE vAnzahl < iAnzahl DO        -- Schleifenbedingung
39    INSERT INTO testdaten_quelle VALUES('', NULL);
40    SET vAnzahl = vAnzahl + 1;       -- Schleifeninkrement
41   END WHILE;
42  END//
43  DELIMITER ;
44  -- ENDE Einfuegen von Testdaten
```

Der Aufbau der Testdaten ist allerdings viel einfacher als oben. Es werden eine bestimmte Anzahl (iAnzahl) Datensätze erzeugt. In der ersten Spalte wird dabei ein Leer-String und in der zweiten NULL verwendet.

```
47  -- Messung
48  DELIMITER //
49  CREATE PROCEDURE perfNotNull01
50  (
51    IN iAnzahlNeueZeilen INT,  -- Anzahl der Testdatensaetze
52    IN iAnzahlSchleifen  INT   -- Anzahl der Messungen
53  )
54  BEGIN
55   DECLARE vAnzahlSchleifen   INT DEFAULT 0;
56   DECLARE vSekundenNotNull   DECIMAL(12,8); -- Zeitdauer
57   DECLARE vSekundenNull      DECIMAL(12,8); -- Zeitdauer
58   DECLARE vAnzahlDS          BIGINT;
59   DECLARE vTmp               VARCHAR(255);
60
61   TRUNCATE messung;
62   TRUNCATE testdaten;
63   TRUNCATE testdaten_quelle;
64
65   SET PROFILING = ON;           -- Profiling einschalten
66
67   CALL testdaten_insert(iAnzahlNeueZeilen);  -- Testdatenquelle aufbauen
68
69   WHILE vAnzahlSchleifen < iAnzahlSchleifen DO -- Hauptschleife
70    SELECT 'Schleifendurchlauf ', vAnzahlSchleifen, ' von ', iAnzahlSchleifen;
71    INSERT INTO testdaten SELECT * FROM testdaten_quelle; -- Testdaten erweitern
72
73    -- START Messung NULL
74    SELECT SQL_NO_CACHE COUNT(*)      -- Testquery
75     FROM testdaten
76     WHERE spalte_null IS NULL INTO vTmp;
77    SELECT SUM(DURATION) FROM INFORMATION_SCHEMA.PROFILING
78     GROUP BY query_id
79     ORDER BY query_id DESC LIMIT 1
80     INTO vSekundenNull;
81    -- ENDE Messung NULL
82
83    -- START Messung NOT NULL
84    SELECT SQL_NO_CACHE COUNT(*)      -- Testquery
85     FROM testdaten
86     WHERE spalte_notnull = '' INTO vTmp;
87    SELECT SUM(DURATION) FROM INFORMATION_SCHEMA.PROFILING
88     GROUP BY query_id
89     ORDER BY query_id DESC LIMIT 1
90     INTO vSekundenNotNull;
91    -- ENDE Messung NOT NULL
92
```

```
 93      -- Messung
 94      -- Sichern der Ergebnisse
 95      SELECT COUNT(*) FROM testdaten INTO vAnzahlDS;
 96      INSERT INTO messung
 97        (anzahl_ds, sekunden_notnull, sekunden_null)
 98      VALUES
 99        (vAnzahlDS, vSekundenNotNull, vSekundenNull);
100
101      SET vAnzahlSchleifen = vAnzahlSchleifen + 1;
102    END WHILE; -- Hauptschleifenende
103
104    SET PROFILING = OFF;          -- Profiling ausschalten
105    END//
106    DELIMITER ;
```

Fast alle Teilschritte der Messung entsprechen dem des Experiments oben (siehe Abschnitt 26.1 auf Seite 405). Lediglich die zu messenden Anweisungen sind – natürlich – andere:

```
 74      SELECT SQL_NO_CACHE COUNT(*)      -- Testquery
 75        FROM testdaten
 76        WHERE spalte_null IS NULL INTO vTmp;
```

und

```
 84      SELECT SQL_NO_CACHE COUNT(*)      -- Testquery
 85        FROM testdaten
 86        WHERE spalte_notnull = '' INTO vTmp;
```

Ich habe diese beiden Abfragen gewählt, weil sie genau das tun, wo Zeitunterschiede festgestellt werden müssen: Ein Vergleich mit einem Leer-String (= '') und NULL (IS NULL).

Die Messdaten wurden mit folgendem Aufruf ermittelt:

```
  1    CALL perfNotNull01(1000, 100);
```

26.3 Suchen mit und ohne Index

 Laden Sie dieses Experiment mit SOURCE perfIndexMitOhne01.sql.

Um die Performanceunterschiede bei der Verwendung und Nichtverwendung von Indizes darzustellen, habe ich Echtdaten benutzt. Es handelt sich um die Liste der Bankleitzahlen, die man bei [Bun16] herunterladen kann. Vorher wird die Datenbank angelegt und ausgewählt.

```
  1    -- START Bereitstellen der Testumgebung
  2    DROP DATABASE IF EXISTS perfIndexMitOhne01;
  3    CREATE DATABASE perfIndexMitOhne01 CHARACTER SET utf8;
  4
  5    USE perfIndexMitOhne01;
```

Anschließend werden die Testdatentabellen angelegt. Dabei wird auf einer Spalte ein Index erzeugt (bezeichnung_mit) und auf der anderen (bezeichnung_ohne) nicht.

```
 7  -- Tabelle fuer die Testdaten
 8  CREATE TABLE bank
 9  (
10    blz          CHAR(8),
11    merkmal      CHAR(1),
12    bezeichnung  VARCHAR(255),
13    plz          CHAR(5),
14    ort          VARCHAR(255),
15    kurz         VARCHAR(255),
16    pan          CHAR(5),
17    bic          VARCHAR(255),
18    sm           CHAR(2),
19    ds           CHAR(6),
20    kz           CHAR(1),
21    blzl         CHAR(1),
22    blzn         CHAR(8),
23    id INT UNSIGNED AUTO_INCREMENT PRIMARY KEY
24  )
25  ;
26
27  CREATE TABLE testdaten
28  (
29    bezeichnung_mit   VARCHAR(255),
30    bezeichnung_ohne  VARCHAR(255)
31  );
32
33  CREATE INDEX idx_testdaten ON testdaten(bezeichnung_mit);
```

Die Messergebnisse werden in einer eigenen Tabelle abgelegt.

```
35  -- Tabelle fuer die Messergebnisse
36  CREATE TABLE messung
37  (
38     anzahl_ds BIGINT  UNSIGNED,
39     sekunden_mitindex   DECIMAL(12,8),
40     sekunden_ohneindex DECIMAL(12,8)
41  );
```

Jetzt werden die Bankleitzahlen in die Tabelle `bank` importiert. Dabei wird eine `id` per `AUTO_INCREMENT` mit erzeugt. Über diese `id` erfolgt später die zufällige Selektion.

```
43  -- Einlesen der Bankdaten
44  SELECT 'LOAD DATA';
45  LOAD DATA INFILE '/home/ralf/daten/privat/Buch/src/blz_20120305.csv'
46    INTO TABLE bank
47    FIELDS TERMINATED BY ';'
48    LINES TERMINATED BY '\n'
49  ;
50  -- ENDE Bereitstellen der Testumgebung
```

Die Prozedur `testdaten_insert` kopiert `iAnzahl` viele Datensätze aus der Tabelle `bank` in die Tabelle `testdaten`. Damit es nicht immer die gleichen sind, wird per Zufall eine Zahl ermittelt und diese als `id` verwendet. Damit es diesen Zufallswert auch wirklich in der Banktabelle gibt, wird vorher die Anzahl der Bankdatensätze ermittelt und als Obergrenze für die Zufallszahl benutzt.

```
52  DELIMITER //
53  CREATE PROCEDURE testdaten_insert
54  (
55    iAnzahl INT
```

```
56  )
57  BEGIN
58    DECLARE vAnzahl INT;
59    DECLARE vCount INT;
60    DECLARE vId INT UNSIGNED;
61
62    SELECT COUNT(*) FROM bank INTO vCount;
63    SET vAnzahl = 0;
64    WHILE vAnzahl < iAnzahl DO
65      SET vId = FLOOR(RAND() * vCount);
66      INSERT INTO testdaten (bezeichnung_mit, bezeichnung_ohne)
67        SELECT bezeichnung, bezeichnung FROM bank WHERE id = vId;
68      SET vAnzahl = vAnzahl + 1;
69    END WHILE;
70    END//
71  DELIMITER ;
```

Die Prozedur `perfIndexMitOhne01` hat als ersten Parameter die Anzahl der Messungen und als zweiten die Größe der Erweiterung der Testdaten pro Messung. Es werden notwendige Variablen deklariert und das Profiling eingeschaltet. Über das Profiling und wie man die Ausführungszeiten ermittelt, erfahren Sie im ersten Experiment oben (siehe Abschnitt 26.1 auf Seite 405) mehr.

```
73  -- Messung
74  DELIMITER //
75  CREATE PROCEDURE perfIndexMitOhne01
76  (
77     IN iAnzahlNeueZeilen INT, -- Anzahl der Testdatensaetze
78     IN iAnzahlSchleifen  INT  -- Anzahl der Messungen
79  )
80  BEGIN
81    DECLARE vAnzahlSchleifen    INT DEFAULT 0;
82    DECLARE vSekundenMitIndex   DECIMAL(12,8); -- Zeitdauer
83    DECLARE vSekundenOhneIndex  DECIMAL(12,8); -- Zeitdauer
84    DECLARE vAnzahlDS           BIGINT;
85    DECLARE vTmp                VARCHAR(255);
86
87    TRUNCATE messung;
88    TRUNCATE testdaten;
89
90    SET PROFILING = ON;         -- Profiling einschalten
```

In der Hauptschleife wird nach einer Bildschirmausgabe zuerst der Testdatenbestand erweitert. Dann wird eine Suche auf der Spalte mit und anschließend eine auf der Spalte ohne Index durchgeführt. Die Ausführungszeiten werden ermittelt und in die Variablen `vSekundenMit` und `vSekundenOhne` abgelegt.

Die Messwerte werden dann in die Tabelle `messwert` eingefügt und die Schleifenvariable inkrementiert.

```
 92   WHILE vAnzahlSchleifen < iAnzahlSchleifen DO -- Hauptschleife
 93     SELECT 'Schleifendurchlauf ', vAnzahlSchleifen, ' von ', iAnzahlSchleifen;
 94     CALL testdaten_insert(iAnzahlNeueZeilen);  -- Testdatenquelle aufbauen
 95
 96     -- START Messung mit Index
 97     SELECT SQL_NO_CACHE COUNT(*)     -- Testquery
 98       FROM testdaten
 99       WHERE bezeichnung_mit = 'ABC'
100       INTO vTmp;
```

```
101     SELECT SUM(DURATION) FROM INFORMATION_SCHEMA.PROFILING
102       GROUP BY query_id
103       ORDER BY query_id DESC LIMIT 1
104       INTO vSekundenMitIndex;
105     -- ENDE Messung mit Index
106
107     -- START Messung ohne Index
108     SELECT SQL_NO_CACHE COUNT(*)      -- Testquery
109       FROM testdaten
110       WHERE bezeichnung_ohne = 'ABC'
111       INTO vTmp;
112     SELECT SUM(DURATION) FROM INFORMATION_SCHEMA.PROFILING
113       GROUP BY query_id
114       ORDER BY query_id DESC LIMIT 1
115       INTO vSekundenOhneIndex;
116     -- ENDE Messung ohne Index
117
118     -- Messung
119     -- Sichern der Ergebnisse
120     SELECT COUNT(*) FROM testdaten INTO vAnzahlDS;
121     INSERT INTO messung
122       (anzahl_ds, sekunden_mitindex, sekunden_ohneindex)
123       VALUES
124       (vAnzahlDS, vSekundenMitIndex, vSekundenOhneIndex);
125
126       SET vAnzahlSchleifen = vAnzahlSchleifen + 1;
127   END WHILE; -- Hauptschleifenende
```

Abschließend wird das Profiling wieder ausgeschaltet und der DELIMITER wieder zurückgesetzt.

```
192     SET PROFILING = OFF;          -- Profiling ausschalten
193     END//
194   DELIMITER ;
```

Um die Ergebnisse der ersten Messung zu erhalten, rufen Sie die Prozedur wie folgt auf:

```
1   CALL perfIndexMitOhne01(100, 500);
```

Die zweite Messung wurde mit anderen Werten durchgeführt:

```
1   CALL perfIndexMitOhne01(2, 300);
```

26.4 Messen der Performance der Einfügeoperation

 Laden Sie dieses Experiment mit SOURCE perfIndexInsert01.sql.

Zuerst wird wieder eine Testumgebung gebastelt. Die Tabelle testdaten dient als Kopierquelle des INSERT. Es werden dazu die Bankleitzahlendaten verwendet.

```
1   -- START Bereitstellen der Testumgebung
```

26.4 Messen der Performance der Einfügeoperation

```
 2  DROP DATABASE IF EXISTS perfIndexInsert01;
 3  CREATE DATABASE perfIndexInsert01 CHARACTER SET utf8;
 4
 5  USE perfIndexInsert01;
 6
 7  -- Tabellen fuer die Testdaten
 8  CREATE TABLE testdaten
 9  (
10   blz CHAR(8),   merkmal char(1),   bezeichnung varchar(255),
11   plz char(5),   ort varchar(255),  kurz varchar(255),
12   pan char(5),   bic varchar(255),  sm char(2),
13   ds char(6),    kz char(1),        blzl char(1),    blzn char(8)
14  ) Engine=MyISAM;
15
16  -- Einlesen der Bankdaten
17  LOAD DATA INFILE '/home/ralf/daten/privat/Buch/src/blz_20120305.csv'
18   INTO TABLE testdaten
19   FIELDS TERMINATED BY ';'
20   LINES TERMINATED BY '\n'
21  ;
```

Dann die beiden Tabellen bank_ohne und bank_mit. Die eine hat keine Indizes und die andere sehr wohl. Ein Index ist ein einfacher und der andere ein aus drei Spalten zusammengesetzter.

```
23  CREATE TABLE bank_ohne
24  (
25   blz CHAR(8),   merkmal char(1),   bezeichnung varchar(255),
26   plz char(5),   ort varchar(255),  kurz varchar(255),
27   pan char(5),   bic varchar(255),  sm char(2),
28   ds char(6),    kz char(1),        blzl char(1),    blzn char(8)
29  ) Engine=MyISAM;
30
31  CREATE TABLE bank_mit
32  (
33   blz CHAR(8),   merkmal char(1),   bezeichnung varchar(255),
34   plz char(5),   ort varchar(255),  kurz varchar(255),
35   pan char(5),   bic varchar(255),  sm char(2),
36   ds char(6),    kz char(1),        blzl char(1),    blzn char(8)
37  ) Engine=MyISAM;
38
39  CREATE INDEX idx_bankmit_bzeichnung ON bank_mit(bezeichnung);
40  CREATE INDEX idx_bankmit_plzortblz ON bank_mit(plz, ort, blz);
```

Jetzt noch die Tabelle für die Messergebnisse:

```
42  -- Tabelle fuer die Messergebnisse
43  CREATE TABLE messung
44  (
45    anzahl_ds BIGINT   UNSIGNED,
46    sekunden_mitindex   DECIMAL(12,8),
47    sekunden_ohneindex DECIMAL(12,8)
48  );
49  -- ENDE Bereitstellen der Testumgebung
```

Wir haben zwei Prozeduren für den Test: Die erste kopiert anhängig vom Übergabeparameter iName den Inhalt der Tabelle testdaten nach bank_ohne oder bank_mit. Anschließend wird die Messung vorgenommen. Das Verfahren dazu wird oben (siehe Abschnitt 26.1 auf Seite 405) beschrieben. Der ermittelte Wert wird in den Übergabeparameter oSekunden geschrieben. Da dieser mit OUT deklariert wurde, steht der Wert auch außerhalb der Prozedur zur Verfügung.

```
52  -- Prozedur kopieren der Testdaten
53  DELIMITER //
54  CREATE PROCEDURE kopiere
55  (
56    IN iName VARCHAR(255),
57    OUT oSekunden DECIMAL(12,8)   -- Ein OUT Parameter!
58  )
59  BEGIN
60   CASE iName
61    WHEN 'bank_ohne' THEN
62      INSERT INTO bank_ohne SELECT SQL_NO_CACHE * FROM testdaten;
63    WHEN 'bank_mit' THEN
64      INSERT INTO bank_mit  SELECT SQL_NO_CACHE * FROM testdaten;
65   END CASE;
66   SELECT SUM(DURATION) FROM INFORMATION_SCHEMA.PROFILING
67     GROUP BY query_id
68     ORDER BY query_id DESC LIMIT 1
69     INTO oSekunden;              -- Ergebnis in den OUT-Parameter
70  END//
71  DELIMITER ;
```

Die eigentliche Testprozedur bekommt als Übergabeparameter die Anzahl der Messungen. Vor dem Start werden die entscheidenden Tabellen geleert. Innerhalb der Schleife wird die Prozedur kopiere aufgerufen; einmal mit bank_ohne und einmal mit bank_mit. Anschließend werden die gemessenen Werte in die Messtabelle eingefügt. Die Testergebnisse wurden mit CALL perfIndexInsert01(50) erzielt.

```
74  -- Testprozedur
75  DELIMITER //
76  CREATE PROCEDURE perfIndexInsert01
77  (
78    IN iAnzahlSchleifen INT UNSIGNED
79  )
80  BEGIN
81   DECLARE vAnzahlSchleifen    INT DEFAULT 0;
82   DECLARE vSekundenMitIndex   DECIMAL(12,8); -- Zeitdauer
83   DECLARE vSekundenOhneIndex  DECIMAL(12,8); -- Zeitdauer
84   DECLARE vAnzahlDS           BIGINT;
85
86   TRUNCATE messung;
87   TRUNCATE bank_mit;
88   TRUNCATE bank_ohne;
89
90   SET PROFILING = ON;          -- Profiling einschalten
91
92   SET vAnzahlSchleifen = 0;
93   -- Hauptschleife
94   WHILE vAnzahlSchleifen < iAnzahlSchleifen DO
95     SELECT 'Durchlauf ', vAnzahlSchleifen, ' von ', iAnzahlSchleifen;
96
97     -- START Messung
98     CALL kopiere('bank_ohne', vSekundenOhneIndex);
99     CALL kopiere('bank_mit', vSekundenMitIndex);
100    -- Ende Messung
101
102    -- Sichern der Messergebnisse
```

```
103    SELECT COUNT(*) FROM bank_ohne INTO vAnzahlDS;
104      INSERT INTO messung
105      (anzahl_ds, sekunden_mitindex, sekunden_ohneindex)
106      VALUES
107      (vAnzahlDS, vSekundenMitIndex, vSekundenOhneIndex);
108
109    SET vAnzahlSchleifen = 1 + vAnzahlSchleifen;
110   END WHILE;
111
112   SET PROFILING = OFF;           -- Profiling ausschalten
113
114   END//
115  DELIMITER ;
116
117  -- CALL perfIndexInsert01(50);
```

Bei diesem Versuch wurde die Engine MyISAM verwendet. Ich hatte eigentlich keinen besonderen Grund, diese zu wählen, fragte mich aber, ob die InnoDB die gleichen Ergebnisse liefern würden. Also: Umbau des Versuchs; die Engine wird von MyISAM nach InnoDB umgestellt und der Versuch neu gestartet. Das Ergebnis ist in Bild 26.1 zu sehen. Ohne Index einzufügen ist bei großen Datenmengen signifikant billiger als mit Index.

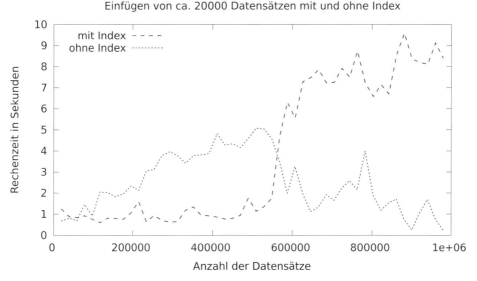

Bild 26.1 Zeitdauer Einfügeoperationen mit und ohne Index bei der InnoDB

Erstaunlicherweise ist das Einfügen mit Index bei der InnoDB bis ca. 550.000 Datensätze billiger als ohne. Erst danach wird das Einfügen ohne Index billiger. Überraschend ist für mich auch gewesen, dass es sogar billiger ist, 700.000 Datensätze einzufügen statt 400.000! Weitere Tests haben mir gezeigt, dass sich der Trend danach genauso fortsetzt.

Leider kann ich keine Erklärung dafür finden. Ich vermute allerdings, dass ab einer gewissen Datenmenge die interne Verarbeitungsstrategie der Tabellen verändert wird. Vielleicht können bis zur genannten Grenze die Daten im Arbeitsspeicher gehalten werden, und danach muss ausgelagert werden und wird seitenweise auf die Tabellen zugegriffen. Vielleicht ... *Wer eine gute Begründung hat, möge sich doch bitte melden.*

■ 26.5   Messen der Indexselektivität

 Laden Sie dieses Experiment mit SOURCE indexSelektiv01.sql.

Eine Testumgebung muss her. Diese beinhaltet die Tabelle `testdaten`, in welche ich die Bankleitzahlen importiere.

```
 2  DROP DATABASE IF EXISTS indexSelektiv01;
 3  CREATE DATABASE indexSelektiv01 CHARACTER SET utf8;
 4
 5  USE indexSelektiv01;
 6
 7  CREATE TABLE testdaten
 8  (
 9   blz CHAR(8),   merkmal char(1),   bezeichnung varchar(255),
10   plz char(5),   ort varchar(255),  kurz varchar(255),
11   pan char(5),   bic varchar(255),  sm char(2),
12   ds char(6),    kz char(1),        blzl char(1),   blzn char(8)
13  );
14
15  LOAD DATA INFILE 'blz_20120305.csv'
16    INTO TABLE testdaten
17    FIELDS TERMINATED BY ';'
18    LINES TERMINATED BY '\n'
19   ;
```

In der Tabelle `messung` wird die Länge des Index und seine Selektivität abgespeichert.

```
22  CREATE TABLE messung (
23    laenge      INT UNSIGNED,
24    selektiv    DOUBLE
25  );
```

In der eigentlichen Messprozedur wird erstmal ein Haufen Variablen bereitgestellt. Die Variable `vLaengeMax` wird die längste String-Länge enthalten, die im Index möglich ist. In `vLaengeAkt` steht die aktuelle Indexlänge, die in der Schleife bei 1 beginnend bis `vLaengeMax` inkrementiert wird.

`vSelektiv` nimmt die berechnete Indexselektivität auf, damit diese später in der Tabelle `messung` abgespeichert werden kann. Verbleibt die Info, wie viele Zeilen überhaupt als Testdaten zur Verfügung stehen. Dazu ist `vAnzahl` da.

```
29  DELIMITER //
30  CREATE PROCEDURE indexSelektiv01()
31    BEGIN
32
33    DECLARE vLaengeAkt   INT UNSIGNED; -- Schleifenvariable
34    DECLARE vLaengeMax   INT UNSIGNED; -- Maximale Stringlaenge
35    DECLARE vSelektiv    DOUBLE;       -- Gemessene Seletivitaet
```

```
36      DECLARE vAnzahl      INT UNSIGNED; -- Anzahl der Testdaten
```

Jetzt können die Gesamtanzahl und die maximale String-Länge bestimmt werden.

```
41      -- Testdatenanzahl ermitteln
42      SELECT COUNT(*) FROM testdaten INTO vAnzahl;
43      -- Maximale Stringlaenge ermitteln
44      SELECT MAX(LENGTH(bezeichnung)) FROM testdaten INTO vLaengeMax;
```

In der Hauptschleife wird die Anzahl der unterscheidbaren Inhalte der Länge vLaengeAkt in der Spalte bezeichnung gezählt. Diese muss durch die Anzahl aller Zeilen dividiert werden (siehe Formel zur Indexselektivität in Definition 30 auf Seite 98). Die Schleife selbst erhöht die Länge bei jeder Iteration um 1.

```
43      -- Hauptschleife
44      SET vLaengeAkt = 1;
45      WHILE vLaengeAkt <= vLaengeMax DO
46        -- Messung der Seletivitaet
47        SELECT COUNT(DISTINCT LEFT(bezeichnung, vLaengeAkt)) / vAnzahl
48         FROM testdaten INTO vSelektiv;
49
50        -- Speichern der Messung
51        INSERT INTO messung(laenge, selektiv) VALUES (vLaengeAkt, vSelektiv);
52        SELECT 'Laenge ', vLaengeAkt, ' von ', vLaengeMax, ' mit ', vSelektiv;
53
54        SET vLaengeAkt = 1 + vLaengeAkt;
55      END WHILE;
```

Verbleibt der Rest.

```
56      END//
57      DELIMITER ;
```

26.6 Sortieren ohne und mit Index

 Laden Sie dieses Experiment mit SOURCE perfIndexOrderBy01.sql.

Zuerst wird – wie üblich – eine Testumgebung bereitgestellt. Dazu gehören eine Datenbank, eine Tabelle ohne Index, eine Tabelle mit Index und eine Tabelle für die Messergebnisse.

```
 2      DROP DATABASE IF EXISTS perfIndexOrderBy01;
 3      CREATE DATABASE perfIndexOrderBy01 CHARACTER SET utf8;
 4
 5      USE perfIndexOrderBy01;
 6
 7      -- Tabelle ohne Index
 8      CREATE TABLE name_ohne
 9      (
10        id       INT UNSIGNED AUTO_INCREMENT PRIMARY KEY,
11        nachname VARCHAR(255),
12        vorname  VARCHAR(255)
13      ) Engine=InnoDB;
```

```
14
15  -- Tabelle mit Index
16  CREATE TABLE name_mit
17  (
18    id        INT UNSIGNED AUTO_INCREMENT PRIMARY KEY,
19    nachname VARCHAR(255),
20    vorname  VARCHAR(255)
21  ) Engine=InnoDB;
22
23  -- Index erstellen
24  CREATE INDEX idx_namemit_nnvn ON name_mit(nachname, vorname);
25
26  -- Tabelle fuer die Messergebnisse
27  CREATE TABLE messung
28  (
29    anzahl_ds BIGINT  UNSIGNED,
30    sekunden_ohne   DECIMAL(12,8),
31    sekunden_mit  DECIMAL(12,8)
32  );
```

In der Prozedur `datenerzeugen` werden, gesteuert durch den Übergabeparameter `iAnzahl`, zufällige Testdaten in die beiden Tabellen eingefügt. Die Inhalte der Datensätze sind dabei gleich, nur der Index unterscheidet die beiden Tabellen.

```
36  DELIMITER //
37  CREATE PROCEDURE datenerzeugen
38  (
39    IN iAnzahl INT UNSIGNED
40  )
41  BEGIN
42    DECLARE vAnzahl INT UNSIGNED DEFAULT 0;
43    DECLARE vNachname VARCHAR(255);
44    DECLARE vVorname VARCHAR(255);
45
46    WHILE vAnzahl < iAnzahl DO
47      SELECT MD5(RAND()) INTO vNachname;
48      SELECT MD5(RAND()) INTO vVorname;
49      INSERT INTO name_ohne (nachname, vorname) VALUES (vNachname, vVorname);
50      INSERT INTO name_mit (nachname, vorname) VALUES (vNachname, vVorname);
51      SET vAnzahl = 1 + vAnzahl;
52    END WHILE;
53  END//
54  DELIMITER ;
```

Die Prozedur `dauer` ermittelt den Zeitverbrauch der zuletzt durchgeführten Anweisung (Näheres in Abschnitt 26.1 auf Seite 405). Der Zeitverbrauch wird in die OUT-Variable `oSekunden` geschrieben und steht daher der aufrufenden Prozedur zur Verfügung.

```
56  -- Ermitteln des Verbrauchs der letzten Aktion
57  DELIMITER //
58  CREATE PROCEDURE dauer
59  (
60    OUT oSekunden DECIMAL(12,8)
61  )
62  BEGIN
63    SELECT SUM(DURATION) FROM INFORMATION_SCHEMA.PROFILING
64      GROUP BY query_id
65      ORDER BY query_id DESC LIMIT 1
66      INTO oSekunden;
```

```
67    END//
68    DELIMITER ;
```

Das eigentliche Experiment geht nach bekanntem Muster vor. Die Variable vAnzahl ist die Schleifenvariable für die Messschleife. Sie wird bei jedem Schleifendurchlauf um 1 inkrementiert und mit dem Übergabeparameter iAnzahl in der Schleifenbedingung verglichen. In vAnzahlDS wird die aktuelle Anzahl der Testdaten abgelegt. vDauerMit und vDauerOhne enthalten die Ausführungszeiten der jeweiligen Sortieroperationen. Der vDummy wird nur dazu gebraucht, das Ergebnis des SELECT irgendwo hinzuspeichern, damit es die Bildschirmausgabe nicht stört. Anschließend werden alle Tabellen zurückgesetzt und das Profiling eingeschaltet.

```
71    -- Das eigentliche Experiment
72    DELIMITER //
73    CREATE PROCEDURE perfIndexOrderBy01
74    (
75      IN iAnzahl          INT UNSIGNED
76    )
77    BEGIN
78      DECLARE vAnzahl       INT UNSIGNED DEFAULT 0;
79      DECLARE vAnzahlDS     BIGINT UNSIGNED DEFAULT 0;
80      DECLARE vDauerOhne    DECIMAL(12,8);
81      DECLARE vDauerMit     DECIMAL(12,8);
82      DECLARE vDummy        VARCHAR(255);
83
84      TRUNCATE messung;         -- Alte Daten entfernen
85      TRUNCATE name_ohne;       -- Alte Daten entfernen
86      TRUNCATE name_mit;        -- Alte Daten entfernen
87
88      SET PROFILING = 1;        -- Profiling einschalten
```

In der Hauptschleife wird jeweils ein SELECT mit einem ORDER BY abgesetzt: einmal auf die Tabelle ohne und einmal auf die Tabelle mit Index. Unmittelbar nach dem SELECT wird die Zeit der Ausführung gemessen. Zuletzt werden die Messergebnisse in die Tabelle messung eingefügt und die Schleifenvariable inkrementiert.

```
 90     -- Hauptschleife
 91     SET vAnzahl = 1;
 92     WHILE vAnzahl <= iAnzahl DO
 93      SELECT 'Durchlauf ', vAnzahl, ' von ', iAnzahl;
 94      -- Testdaten erweitern
 95      CALL datenerzeugen(10);
 96
 97      -- Messung ohne
 98       SELECT SQL_NO_CACHE id
 99        FROM name_ohne
100        ORDER BY nachname, vorname
101        LIMIT 1 INTO vDummy;
102       CALL dauer(vDauerOhne);
103      -- Messung mit
104       SELECT SQL_NO_CACHE id
105        FROM name_mit
106        ORDER BY nachname, vorname
107        LIMIT 1 INTO vDummy;
108       CALL dauer(vDauerMit);
109
110      -- Sichern der Messergebnisse
111      SELECT COUNT(*) FROM name_ohne INTO vAnzahlDS;
```

```
112      INSERT INTO messung(anzahl_ds, sekunden_ohne, sekunden_mit)
113        VALUES (vAnzahlDS, vDauerOhne, vDauerMit);
114
115      SET vAnzahl =   1 + vAnzahl;
116    END WHILE;
```

Nach der Schleife wird das Profiling wieder ausgeschaltet und der DELIMITER wieder auf das Semikolon gesetzt. Wenn Sie die Testergebnisse nachvollziehen wollen, müssen Sie CALL `perfIndexOrderBy01(100);` ausführen.

```
118    SET PROFILING = 0;           -- Profiling ausschalten
119  END//
120  DELIMITER ;
121
122  -- CALL perfIndexOrderBy01(100);
```

■ 26.7 Rundungsfehler

Zuerst wird die Testumgebung gebaut:

```
 1  -- START Bereitstellen der Testumgebung
 2  DROP DATABASE IF EXISTS rundungsfehler01;
 3  CREATE DATABASE rundungsfehler01;
 4  USE rundungsfehler01;
 5
 6  -- Tabellen fuer die Testdaten
 7  CREATE TABLE bla
 8  (
 9    douSpalte FLOAT,
10    decSpalte DECIMAL(30,15)
11  );
12  -- Ende Bereitstellung Testumgebung
```

Anschließend basteln wir uns eine Prozedur, die die Tabelle mit Werten füllt, hier 0.001.

```
14  -- Prozedur zum Aufbau der Testdaten
15  DELIMITER //
16  CREATE PROCEDURE testdaten(IN iAnzahl INT)
17  BEGIN
18    DECLARE vAnzahl    INT DEFAULT 0;
19    DECLARE douSpalte FLOAT;
20    DECLARE decSpalte DECIMAL(10,4);
21
22    SET douSpalte = 0.001;
23    SET decSpalte = 0.001;
24    WHILE vAnzahl < iAnzahl DO
25      INSERT INTO bla VALUES(douSpalte, decSpalte);
26      SET vAnzahl = 1 + vAnzahl;
27    END WHILE;
28  END//
29  DELIMITER ;
```

Zum Schluss der Aufruf der Prozedur und die Ausgabe der Summen.

```
32  CALL testdaten(1000);   -- Erzeuge 1000 Testdaten
33  SELECT  SUM(douSpalte) 'FLOAT',  SUM(decSpalte) 'DECIMAL'  FROM bla ;
```

27 Rund ums Zeichen

27.1 Für Deutsch relevante Zeichensätze

Zeichensatz	Beschreibung	Standardsortierung	Max. Zeichenlänge
dec8	DEC West European	dec8_swedish_ci	1
cp850	DOS West European	cp850_general_ci	1
cp852	DOS Central European	cp852_general_ci	1
cp1250	Windows Central European	cp1250_general_ci	1
hp8	HP West European	hp8_english_ci	1
latin1	cp1252 West European	latin1_swedish_ci	1
latin2	ISO 8859-2 Central European	latin2_general_ci	1
macce	Mac Central European	macce_general_ci	1
macroman	Mac West European	macroman_general_ci	1
ucs2	UCS-2 Unicode	ucs2_general_ci	2
utf8	UTF-8 Unicode	utf8_general_ci	3
utf8mb4	UTF-8 Unicode	utf8mb4_general_ci	4
utf16	UTF-16 Unicode	utf16_general_ci	4
utf16le	UTF-16 Unicode	utf16_general_ci	4
utf32	UTF-32 Unicode	utf32_general_ci	4

Eine vollständige Liste erhalten Sie mit SHOW CHARACTER SET;.

Die Abkürzung ci steht für *case insensitive* (Groß- und Kleinschreibung wird ignoriert) und cs für case sensitive (Groß- und Kleinschreibung wird beachtet). Die Abkürzung le steht für *little endian* und gibt an, dass entgegen der sonst üblichen Reihenfolge der Unicode Bytes *big endian* diese in der anderen Reihenfolge angeordnet sind.

Die Zeichensätze utf8 und utf8mb4 unterscheiden sich wie folgt: utf8 verwendet maximal 3 Bytes zur Kodierung und unterstützt nur Unicode-Zeichen der *Basic Multilingual Plane (BMP)*. Dies sind die üblichen Sprachzeichensysteme (lateinisch, griechisch, kyrillisch, japanisch etc.) und die üblichen Sonderzeichen. Der Zeichensatz utf8mb4 verwendet maximal 4 Bytes pro Zeichen und enthält neben allen Zeichen von utf8 auch die Unicode-Zeichen der *Supplementary Multilingual Plane (SMP)*. Mehr finden Sie unter [Wik16l].

27.2 Für Deutsch relevante Sortierungen

Sortierung	Zeichensatz	Id	Vorbelegung	Sortierlänge
dec8_bin	dec8	69		1
cp1250_bin	cp1250	66		1
cp1250_general_ci	cp1250	26	Yes	1
cp850_bin	cp850	80		1
cp850_general_ci	cp850	4	Yes	1
cp852_bin	cp852	81		1
cp852_general_ci	cp852	40	Yes	1
hp8_bin	hp8	72		1
latin1_bin	latin1	47		1
latin1_general_ci	latin1	48		1
latin1_general_cs	latin1	49		1
latin1_german1_ci	latin1	5		1
latin1_german2_ci	latin1	31		2
latin2_bin	latin2	77		1
latin2_general_ci	latin2	9	Yes	1
macce_bin	macce	43		1
macce_general_ci	macce	38	Yes	1
macroman_bin	macroman	53		1
macroman_general_ci	macroman	39	Yes	1
ucs2_bin	ucs2	90		1
ucs2_general_ci	ucs2	35	Yes	1
ucs2_german2_ci	ucs2	148	Yes	1
ucs2_unicode_ci	ucs2	128		8
utf8_bin	utf8	83		1
utf8_general_ci	utf8	33	Yes	1
utf8_german2_ci	utf8	212	Yes	1
utf8_unicode_ci	utf8	192		8
utf8mb4_bin	utf8mb4	46		1
utf8mb4_general_ci	utf8mb4	45	Yes	1
utf8mb4_german2_ci	utf8mb4	244	Yes	1
utf8mb4_unicode_ci	utf8mb4	224		8
utf16_bin	utf16	55		1
utf16_general_ci	utf16	54	Yes	1
utf16_german2_ci	utf16	121	Yes	1
utf16_unicode_ci	utf16	101		8

Fortsetzung auf der nächsten Seite...

Fortsetzung der vorherigen Seite...

Sortierung	Zeichensatz	Id	Vorbelegung	Sortierlänge
utf16le_bin	utf16	56		1
utf16le_general_ci	utf16	62	Yes	1
utf32_bin	utf32	61		1
utf32_general_ci	utf32	60	Yes	1
utf32_german2_ci	utf32	180	Yes	1
utf32_unicode_ci	utf32	160		8

Eine vollständige Liste der verfügbaren Sortierungen erhalten Sie mit `SHOW COLLATION;`.

Sortierungen mit der Endung `bin` unterscheiden zwischen Groß- und Kleinschreibungen. Eine sehr schöne Übersicht der Zeichensätze und ihrer Collations finden Sie unter [Bar16].

Literatur

[Ada14] ADAMS, Ralf: *Bug #71244 – Wrong result computation using ALL() and GROUP BY.* http://bugs.mysql.com/bug.php?id=71244, März 2014. – [Online: Stand 06.2016]

[Ass76] ASSOCIATION, American S.: American Standard Code for Information Interchange. In: *ASA* X3.4 (1976), Juni

[Bar16] BARKOV, Alexander: *MySQL Collations by Character Set.* http://collation-charts.org/mysql60/by-charset.shtml, 2016. – [Online: Stand 06.2016]

[Bun16] BUNDESBANK, Deutsche: *Bankleitzahlen.* http://www.bundesbank.de/Redaktion/DE/Standardartikel/Aufgaben/ Unbarer_Zahlungsverkehr/bankleitzahlen_download.html, Januar 2016. – [Online: Stand 06.2016]

[CDG+16] COLE, Chris ; DUBOIS, Paul ; GILMORE, Edward ; HINZ, Stefan ; MOSS, David ; OLSON, Philip ; PRICE, Daniel ; SO, Daniel ; STEPHENS, Jon: *Chapter 16 Alternative Storage Engines.* http://dev.mysql.com/doc/refman/5.7/en/storage-engines.html, Januar 2016. – [Online: Stand 05.2016]

[Che76] CHEN, Peter Pin-Shan: The Entity-Relationship Model–Toward a Unified View of Data. In: *ACM Transactions on Database Systems* 1 (1976), März, Nr. 1, S. 9–36

[Cod70] CODD, Edgar F.: A Relational Model of Data for Large Shared Data Banks. In: *Communications of the ACM* (1970), 13. Juni, S. 377–387. – ISSN 0001–0782

[Dre16] DREDWERKZ: *13.3.3 Logical Operators.* http://dev.mysql.com/doc/refman/5.7/en/logical-operators.html, 2016. – [Online: Stand 06.2016]

[HLD+12] HINZ, Stefan ; LEAD, Team ; DUBOIS, Paul ; STEPHENS, Jonathan ; OLSON, Philip ; RUSSELL, John: *13.6.2 Mathematical Functions.* http://dev.mysql.com/doc/refman/5.7/en/mathematical-functions.html, März 2012. – [Online: Stand 03.2012]

[HLD+16a] HINZ, Stefan ; LEAD, Team ; DUBOIS, Paul ; STEPHENS, Jonathan ; OLSON, Philip ; RUSSELL, John: *13.7 Date and Time Functions.* http://dev.mysql.com/doc/refman/5.7/en/date-and-time-functions.html, 2016. – [Online: Stand 06.2016]

[HLD+16b] HINZ, Stefan ; LEAD, Team ; DUBOIS, Paul ; STEPHENS, Jonathan ; OLSON, Philip ; RUSSELL, John: *14.2.10.4 Subqueries with ALL.* http://dev.mysql.com/doc/refman/5.7/en/all-subqueries.html, 2016. – [Online: Stand 06.2016]

[HLD+16c] HINZ, Stefan ; LEAD, Team ; DUBOIS, Paul ; STEPHENS, Jonathan ; OLSON, Philip ; RUSSELL, John: *Chapter 23 Writing a Custom Storage Engine.* http://dev.mysql.com/doc/internals/en/custom-engine.html, 2016. – [Online: Stand 06.2016]

[HWP+16a] HOWARD, Michael ; WIDENIUS, Michael ; PAQVALEN, Kenneth ; CORNETT, Dion ; VYAS, Nishant ; GRANDCHAMP, Steven ; LEVY, Roger ; SHIRMAN, Lilia ; JOHANSSON, Rasmus ; METHER, Max ; ELLIS, Dean ; LARSEN, Boel: *MariaDB versus MySQL -– Kompatibilität.* https://mariadb.com/kb/de/mariadb-vs-mysql-compatibility/#inkompatibilit%C3%A4ten-zwischen-mariadb-100-und-mysql-56, Juni 2016. – [Online: Stand 06.2016]

[HWP+16b] HOWARD, Michael ; WIDENIUS, Michael ; PAQVALEN, Kenneth ; CORNETT, Dion ; VYAS, Nishant ; GRANDCHAMP, Steven ; LEVY, Roger ; SHIRMAN, Lilia ; JOHANSSON, Rasmus ; METHER, Max ; ELLIS, Dean ; LARSEN, Boel: *Storage Engines.* https://mariadb.com/kb/en/mariadb/storage-engines/, Mai 2016. – [Online: Stand 05.2016]

[Inf16] INFORMATIONSTECHNIK, Bundesamt für Sicherheit in d.: *M 2.11 Regelung des Passwortgebrauchs.* https://www.bsi.bund.de/DE/Themen/ITGrundschutz/ITGrundschutzKataloge/Inhalt/_content/m/m02/m02011.html, 2016. – [Online: Stand 06.2016]

[ISO85] ISO/TC97: *Information processing; Documentation symbols and conventions for data, program and system flowcharts, program network charts and system resources charts.* Februar 1985. – Entspricht der DIN 66001

[JRH+04] *Kapitel 3.4.7 Assoziationen.* In: JECKLE, Mario ; RUPP, Chris ; HAHN, Jürgen ; ZENGLER, Barbara ; QUEINS, Stefan: *UML 2 glasklar.* 1. Hanser, 2004. – ISBN 3–446–22575–7, S. 89–90

[KE01] KEMPER, Alfons ; EICKLER, André: *Datenbanksysteme.* 4. München : Oldenbourg, 2001. – ISBN 3–486–25706–4

[Knu81] KNUTH, Donald E.: *The Art of Computer Programming, Volume II: Seminumerical Algorithms, 2nd Edition.* Addison-Wesley, 1981. – ISBN 0–201–03822–6

[Ltd10] LTD, Hughes Technologies P.: *Hughes Technologies.* http://www.hughes.com.au/, August 2010. – [Online: Stand 06.2016]

[LV05] LEHRBUCH VERLAG, TEIA AG Internet A.: *4.4.3 Mögliche Datentypen und Einschränkungen.* http://www.teialehrbuch.de/Kostenlose-Kurse/SQL/14688-Moegliche-Datentypen-und-Einschraenkungen.html, Juli 2005. – [Online: Stand 06.2016]

[MOP06] MÖHRING, Rolf H. ; OELLRICH, Martin ; PANKRATH, Robert: *Das Sieb des Eratosthenes, Wie schnell kann man alle Primzahlen bis eine Milliarde berechnen?*

http://www-i1.informatik.rwth-aachen.de/~algorithmus/algo25.php, August 2006. – [Online: Stand 06.2016]

[Nor85] NORMEN, Deutsches I.: *Sinnbilder für Struktogramme nach Nassi-Shneiderman*. November 1985. – auch: Nassi-Shneidermann-Diagramm

[Oes06] *Kapitel* 4.4.2 Assoziationen. In: OESTEREICH, Bernd: *Analyse und Design mit UML 2.1*. 8. Oldenbourg, 2006. – ISBN 978–3–486–57926–0, S. 271–282

[Sav16] SAVAGE, Ron: *BNF Grammar for ISO/IEC 9075-2:2003 - Database Language SQL (SQL-2003) SQL/Foundation*. *http://savage.net.au/SQL/sql-2003-2.bnf.html*, April 2016. – [Online: Stand 05.2016]

[Sei11] SEIDLER, Kai: *apache friends - apache, mysql, php und perl installation leicht gemacht*. *http://www.apachefriends.org/de/xampp-windows.html#628*, September 2011. – [Online: Stand 03.2012]

[Sha05] SHAFRANOVICH, Y.: *Common Format and MIME Type for Comma-Separated Values (CSV) Files*. *http://tools.ietf.org/html/rfc4180*, Oktober 2005. – [Online: Stand 06.2016]

[SZT+09] *Kapitel* Optimale Datentypen auswählen. In: SCHWARZ, Baron ; ZAITSEV, Peter ; TKACHENKO, Vadim ; ZAWDNOY, Jeremy D. ; LENTZ, Arjen ; BALLING, Derek J.: *High Performance MySQL*. 2. Köln : O'Reilly, 2009. – ISBN 987–3–89721–889–5, S. 87–88

[Wik13] WIKIPEDIA: *IDEF1X*. *http://de.wikipedia.org/wiki/IDEF1X*, April 2013. – [Online: Stand 06.2016]

[Wik15a] WIKIPEDIA: *Include*. *http://de.wikipedia.org/wiki/Copybook*, Dezember 2015. – [Online: Stand 06.2016]

[Wik15b] WIKIPEDIA: *SELECT (SQL)*. *https://en.wikipedia.org/wiki/Select_%28SQL%29#Result_limits*, November 2015. – [Online: Stand 05.2016]

[Wik16a] WIKIPEDIA: *B-Baum*. *http://de.wikipedia.org/wiki/B-Baum*, März 2016. – [Online: Stand 06.2016]

[Wik16b] WIKIPEDIA: *Bankleitzahl*. *http://de.wikipedia.org/wiki/Bankleitzahl*, Januar 2016. – [Online: Stand 06.2016]

[Wik16c] WIKIPEDIA: *Chen-Notation*. *http://de.wikipedia.org/wiki/Chen-Notation*, Mai 2016. – [Online: Stand 06.2016]

[Wik16d] WIKIPEDIA: *Cobol*. *http://de.wikipedia.org/wiki/Cobol#Datendeklarationen*, Januar 2016. – [Online: Stand 06.2016]

[Wik16e] WIKIPEDIA: *Data-Warehouse*. *http://de.wikipedia.org/wiki/Datawarehouse*, Februar 2016. – [Online: Stand 06.2016]

[Wik16f] WIKIPEDIA: *Entity-Relationship-Modell*. *http://de.wikipedia.org/wiki/ER-Modell*, Juni 2016. – [Online: Stand 06.2016]

[Wik16g] WIKIPEDIA: *Fahrzeug-Identifizierungsnummer*. *http://de.wikipedia.org/wiki/Fahrzeug-Identifizierungsnummer*, Juni 2016. – [Online: Stand 06.2016]

[Wik16h]	WIKIPEDIA: *Internationale Standardbuchnummer.* *http://de.wikipedia.org/wiki/ISBN*, Mai 2016. – [Online: Stand 06.2016]
[Wik16i]	WIKIPEDIA: *Kraftfahrzeugkennzeichen.* *http://de.wikipedia.org/wiki/Kraftfahrzeugkennzeichen*, Mai 2016. – [Online: Stand 06.2016]
[Wik16j]	WIKIPEDIA: *Relationale Datenbank.* *http://de.wikipedia.org/wiki/Relationale_Datenbank*, Mai 2016. – [Online: Stand 06.2016]
[Wik16k]	WIKIPEDIA: *SQL. http://de.wikipedia.org/wiki/SQL*, März 2016. – [Online: Stand 06.2016]
[Wik16l]	WIKIPEDIA: *Unicode. http://de.wikipedia.org/wiki/Unicode#Gliederung*, April 2016. – [Online: Stand 06.2016]

Stichwortverzeichnis

||, 386
(), 138
*, 156, 377
+, 377
-, 377
–, 159
.NET, 6
/, 377
;, 65
<, 383
<=, 383
<=>, 383
<>, 383
=, 383
>, 383
>=, 383
%, 377
&&, 385
!, 384
!=, 383

Abhängigkeit, mehrwertige, 25
ABS(), 377
Abweisende Schleife, 315
ACID, 293
ACOS(), 377
AFTER, 125
Aggregatfunktion, 207
Alias, 156, 203
ALL, 227, 228
ALL(), 233
ALTER DATABASE, 119, 387
ALTER EVENT, 344, 387
ALTER FUNCTION, 388
ALTER LOGFILE GROUP, 387
ALTER PROCEDURE, 388
ALTER SCHEMA, 119, 387
ALTER SERVER, 388
ALTER TABLE, 123, 388

– ... ADD, 124, 142
– ... ADD FOREIGN KEY, 170
– ... ADD INDEX, 170
– ... ADD PRIMARY KEY, 170
– ... DISABLE KEYS, 100
– ... DROP, 131
– ... DROP FOREIGN KEY, 169
– ... DROP INDEX, 169
– ... DROP PRIMARY KEY, 169
– ... ENABLE KEYS, 100
– ... MODIFY, 126
– ... RENAME, 124
ALTER TABLESPACE, 390
ALTER VIEW, 275, 390
AND, 385
Änderung, kaskadierende, 34, 84
Änderungsweitergabe, 34, 84
Annehmende Schleife, 315
ANSI, 62
Ansicht, 4, 267
– Projektions-, 279
– Selektions-, 276
– veränderbare, 281
– Verbund-, 278
Antivalenz, 386
ANY(), 231, 233
ApacheFriends, 55
API, 5
ARCHIVE, 82
Aria, 82
Artikelverwaltung, 42
AS IDENTITY, 72
ASC, 158
ASIN(), 377
ATAN(), 377
ATAN2(), 377
Atomare Tabelle, 36
Atomarität, 293
Atomicity, 293

Attribut, 16
Aufzählung, 74
AUTO_INCREMENT, 72, 146, 376
AUTOCOMMIT, 294
AVG(), 208, 380
AVG(DISTINCT), 380

B-Baum, 89
Bank, 41
Bankverbindung, 41
BCNF, 39
BDB, 82
Bedingung, 135
BEGIN ... END, 305
Benutzerrecht, 350
Benutzerspezifikation, 402
Bestellwesen, 43
BETWEEN, 383
Bewegungsdaten, 140, 191
BIGINT, 369
Binäres Logging, 356
Binäre Mitschrift, 356
BINARY, 137, 376
BIT_AND(), 380
BIT_OR(), 381
BIT_XOR(), 381
BLACKHOLE, 82
BLOB, 112, 375
BOOL, 369
Breitenabdeckung, 371
BSI, 353
Bücherei, 31
BULK INSERT, 103

C, 6
C++, 6
C#, 6
Cache, 8
CALL, 398
CASCADE, 66, 83, 134
CASE, 255, 312
Case insensitive, 423
Case sensitive, 423
Cassandra, 82
CD-Sammlung, 31
CEILING(), 378
CHAR, 371
CHARACTER SET, 66, 160
CHECK, 376
CHECK TABLE, 274
Chen, Jolly, 9
Chen-Notation, 22

ci, 423
CLOSE, 323
Clown-Agentur, 31
Cluster, 356
COBOL Data Division, 12
Codd, Dr. E. F., 11
Codepage 850, 66
COLLATE, 68
Compilezeit, 152
CONCAT(), 142, 216
Condition, 135
conditional comment, 120
CONNECT, 82
CONNECT_TIMEOUT, 306
Connection-Pool, 7
Consistency, 293
CONSTRAINT, 82
constraint check, 5
CONV(), 378
COPY, 103
COS(), 378
COT(), 378
COUNT(), 208, 381
COUNT(*), 208, 381
COUNT(DISTINCT), 208, 381
cp850, 67
CRC32(), 378
CREATE DATABASE, 390
CREATE EVENT, 341, 390
CREATE FUNCTION, 331, 391
CREATE INDEX, 92, 391
CREATE LOGFILE GROUP, 391
CREATE PROCEDURE, 304, 392
CREATE SCHEMA, 64, 392
CREATE SERVER, 392
CREATE TABLE, 71, 84, 86, 393
– ... LIKE, 396
– ... SELECT, 395
CREATE TABLESPACE, 396
CREATE TEMPORARY TABLE, 189, 220
CREATE TRIGGER, 334, 396
CREATE USER, 352, 402
CREATE VIEW, 276, 396
CROSS JOIN, 182
Crowfoot, 23
cs, 423
CSV, 82
CSV-Format, 102
CURSOR, 323

Data Control Language, 61
Data Definition Language, 61

Data Manipulation Language, 61
DATE, 372
DATE(), 131
DATE_FORMAT(), 374
Dateisystem, 8
Daten
- Bewegungs-, 140, 191
- redundante, 204
- Stamm-, 140, 191
Datenbank, 3, 13
- Abgrenzung, 11
- anlegen, 64
- hierarchische, 12
- löschen, 65
- objektorientierte, 13
- relationale, 11
Datenbankmanagementsystem, 5
Datenbanksystem, 3
- Client/Server-, 7
Datenfeld, 16
Datenflussdiagramm, 22
Datensatz, 16
Datenschutz, 5, 278
Datensicherheit, 5
Datentyp, 70
Datenverzeichnis, 58
DATETIME, 372
Dauerhaftigkeit, 293
DBMS, 5
DCL, 61
DDL, 61, 387
Deadlock, 301, 302
DECIMAL, 76, 370, 405
DECLARE, 305
- ... FOR CURSOR, 323
- CONTINUE, 323
- EXIT, 323
Dedicated Machine, 51
DEFAULT, 376
DEGREES(), 378
Deklarative Programmiersprache, 61
DELETE, 144, 398
- ... IGNORE, 147
- ... LOW_PRIORITY, 146
- ... QUICK, 147
deleted, 33
DELIMITER, 305
DESC, 158
DESCRIBE, 74, 124
Deutscher Brauereiverband, 31
Deutscher Wetterdienst, 25
Developer Server, 49

Development Machine, 51
Differenzmenge, 250, 253
DIN, 62
DIN 5007-1, 68
DIN 5007-2, 68
DIN 66001, 22
DIN 66261, 22
dirty read, 294
DISABLE KEYS, 100
Disjunktion, 386
DISTINCT, 167
DIV, 377
DML, 61, 398
DO, 399
Domäne, 15, 16
DOUBLE, 76, 370, 405
DOUBLE PRECISION, 370
Drei-Schichten-Architektur, 16, 77
Dritte Normalform, 38
DROP DATABASE, 121, 396
DROP EVENT, 344, 397
DROP FUNCTION, 332, 397
DROP INDEX, 100, 397
DROP LOGFILE GROUP, 397
DROP PROCEDURE, 308, 397
DROP SCHEMA, 121, 397
DROP SERVER, 397
DROP TABLE, 132, 397
DROP TABLESPACE, 398
DROP TRIGGER, 334, 398
DROP USER, 350, 353, 403
DROP VIEW, 273, 398
Dublette, 96
Durability, 293

Eigenschaft, 16
1:1-Verknüpfung, 25
1:n-Verknüpfung
- Definition, 27
- identifizierende, 27
ENABLE KEYS, 100
Engine, 5, 8, 80
- ARCHIVE, 82
- Aria, 82
- BDB, 82
- BLACKHOLE, 82
- Cassandra, 82
- CONNECT, 82
- CSV, 82
- EXAMPLE, 82
- FEDERATED, 82
- FederatedX, 82

- InnoDB, 82
- MEMORY, 82
- MERGE, 82
- MyISAM, 82
- OQGRAPH, 82
- XtraDB, 82

Entität, 16
Entitätentyp, 16
- schwacher, 18
- starker, 18
Entity, 16
Entity Relationship Model, 22
Entitytype, 16
ENUM, 74, 369
EQUI JOIN, 193
ER-Modell, 22
Eratosthenes, 318
Ereignis, 5, 341
ERM, 22
Erste Normalform, 36
Event, 341
EXAMPLE, 82
EXCEPT, 250, 251, 253
Existenzabhängige Tabelle, 18
Existenzunabhängige Tabelle, 18
EXISTS, 235
EXIT, 64
EXP(), 378
Experiment
- DOUBLE vs. DECIMAL, 405
- Einfügen mit Index, 414
- Indexselektivität, 418
- NULL vs. NOT NULL, 409
- Rundungsfehler, 422
- Sortierung, 419
- Suchen, 411
EXPLAIN, 164
- EXTENDED, 242
Exportieren
- Binärdaten, 175
- CSV-Daten, 174

Fallunterscheidung, 255, 312
FEDERATED, 82
FederatedX, 82
Feld, 16
FETCH, 323
FIRST, 125
FIXED, 370
FLOAT, 370
FLOOR(), 154, 378
FOREIGN KEY, 80, 376

FORMAT(), 258, 378
Formatierungszeichen, 374
- Datum, 373
- Uhrzeit, 373
Fremdschlüssel, 20, 80
- festlegen, 80
FULL OUTER JOIN, 197
Funktion, 331

GENERATED, 72
GENERATED ... AS IDENTITY, 376
Geschlossene Schleife, 315
GET_FORMAT(), 374
GLOBAL, 88
Globale Variable, 306
GRANT, 353, 403
- ALL PRIVILEGES, 354
- CHARACTER SET, 354
- COLLATION, 354
- DOMAIN, 354
- FUNCTION, 354
- PROCEDURE, 354
- PROXY, 403
- REPLICATION SLAVE, 357
- TABLE, 354
- TRANSLATION, 354
- WITH GRANT OPTION, 354
GROUP BY, 210
GROUP_CONCAT(), 381

Hauptanweisung, 222
HAVING, 214
Herz, 151
HEX(), 378
Hierarchische Datenbank, 12
Hilfstabelle, 30
Hotel-Software, 32

iconv, 67
IDEF1X-Notation, 22
Identifizierende *1:n*-Verknüpfung, 27
IF, 310
IF EXISTS, 66
IF NOT EXISTS, 65
IGNORE, 106
Imperative Programmiersprache, 61
Importieren
- Binärdaten, 112
- CSV-Daten, 103
- XML-Daten, 324
IN(), 226, 233, 384
Index, 4, 89, 411, 414, 418, 419

– anlegen, 92
– automatisch, 91
– Dublette, 96
– löschen, 100
– Schlüsseleigenschaft, 95
Indexselektivität, 98, 418
Informix, 9
INHERITS, 87
INNER JOIN, 183
InnoDB, 82
INSERT, 350
INSERT INTO
– ... SELECT, 115, 399
– ... SET, 110, 399
– ... VALUES, 108, 399
INT, 369
Integrität, referentielle, 33
Interpreter, 5
INTERSECT, 248, 253
IS FALSE, 384
IS NOT NULL, 384
IS NULL, 384
IS TRUE, 384
IS UNKNOWN, 384
ISAM, 6
ISO, 62
ISO/IEC 5807, 22
ISO/IEC 8859-1, 66
ISO/IEC 8859-2, 67
ISO/IEC 8859-9, 67
ISO/IEC 8859-13, 67
ISO/IEC 9075:1999, 62
ISO/IEC 9075:2011, 62
ISO/IEC 9075, 374
Isolation, 293
Item, 16
ITERATE, 316

JDBC, 6
JOIN
– ... ON, 183
– ... USING, 188
– CROSS, 182
– EQUI, 193
– INNER, 183
– NATURAL, 188
– OUTER, 197
  – FULL, 197, 200
  – LEFT, 197
  – RIGHT, 197
– rekuriv, 203
– SELF, 202

Kalender
– gregorianisch, 372
– julianisch, 372
– proleptischer gregorianischer, 372
Kardinalität, 24
Kartesisches Produkt, 181
Kaskadierende Änderung, 34, 84
Kaskadierendes Löschen, 33, 83
Klammern, 138
Klasse, 16
Kommentar
– bedingter, 120
– einzeilig, 159
Konjunktion, 385
Konnektor, 7
Konsistenz, 293
Konstante, 152
Kopf-/Fußgesteuerte Schleife, 315
Korrelierende Unterabfrage, 222
Krähenfuß-Notation, 23
Kreuzprodukt, 182
Kunde, 41
Kundenverwaltung, 41

LAST_INSERT_ID(), 290
latin1, 67
Laufzeit, 152
LE, 423
LEAVE, 316
LEFT OUTER JOIN, 197
LIKE, 86, 384
LIMIT, 171
Listenunterabfragen, 226
little endian, 423
LN(), 379
LOAD DATA INFILE, 103, 105, 400
LOAD XML, 325, 400
LOCAL, 87
lock, 286
LOCK TABLES, 287
locking, 286
LOG(), 379
LOG10(), 379
LOG2(), 379
Logging, binäres, 356
lokale Variable, 305
LONGBLOB, 375
LONGTEXT, 371
LOOP-Schleife, 316
Löschen, kaskadierendes, 33, 83
Löschkennzeichen, 33
Löschweitergabe, 33, 83

lost update, 286

MariaDB, 60
MariaDB-Client, 63
Martin-Notation, 23
Master, 356
MASTER_HEARTBEAT_PERIOD, 359
MASTER_HOST, 358
MASTER_LOG_FILE, 358
MASTER_LOG_POS, 358
MASTER_USER, 358
Matrix, 16
MAX(), 209, 381
MEDIUMBLOB, 375
MEDIUMINT, 369
MEDIUMTEXT, 371
Mehrwertige Abhängigkeit, 25
MEMORY, 82
Mengenverhältnis, 24
MERGE, 82
MERGED, 270
MIN(), 209, 381
Minimalität des Schlüssels, 17
Minimumexistenz, 159
Mitschrift, binäre, 356
MOD, 377
MOD(), 379
Modellierung, 22
Monolithische Anwendung, 77
MONTH(), 216
MONTHNAME(), 216
MyISAM, 82
MySQL, 6, 59
mysql -e, 175
MySQL Workbench, 23
MySQL-Client, 63
MySQL-Query Browser, 63
mysql_error.log, 359
mysqladmin, 59
mysqldump, 347

n:m-Verknüpfung, 29
Nassi-Shneidermann-Diagramm, 22
NATURAL JOIN, 188
Negation, 384
NEW, 334
Nicht identifizierende *1:n*-Verknüpfung, 27
Nicht korrelierende Unterfrage, 222
NO ACTION, 83
Normalform, 34
– Boyce-Codd, 39
– erste, 36

– zweite, 38
– dritte, 38
– vierte, 39
– fünfte, 39
Normalisierung, 37
NOT, 384
NOT BETWEEN, 384
NOT FOUND, 323
NOT IN, 384
NOT IN(), 251
NOT NULL, 77, 376, 409
Notation
– Chen, 22
– Crowfoot, 23
– IDEF1X, 22
– Krähenfuß, 23
– Martin, 23
– UML, 23
NULL, 77, 376, 409
NUMERIC, 370
Nummernkreis, 74

Oberanweisung, 222
Objekt, 16
Objektorientierte Datenbank, 13
Objekttyp, 403
ODBC, 6
Offene Schleife, 315
OLD, 334
Online-Shop, 41
– Tabelle adresse, 41
– Tabelle artikel, 42
– Tabelle artikel_nm_lieferant, 88
– Tabelle artikel_nm_warengruppe, 108
– Tabelle bank, 41
– Tabelle bankverbindung, 41
– Tabelle bestellung, 43
– Tabelle bild, 112
– Tabelle kunde, 41
– Tabelle lagerbestand, 210
– Tabelle lieferant, 42
– Tabelle position_bestellung, 43
– Tabelle position_rechnung, 44
– Tabelle rechnung, 43
– Tabelle warengruppe, 42
OPEN, 323
Operatorenpriorität, 153
Operatorenrangfolge, 153
Optimierer, 5, 8
Option, 403
OQGRAPH, 82
OR, 386

Oracle, 6
ORDER BY, 157
Ordnung, 159
Orgienjoin, 182
OUTER JOIN, 197

page lock, 286
Parser, 8
PASSWORD(), 352
Performancemessung, 405, 411, 414, 419
Perl, 6
PHP, 6
PI(), 379
Platzhalter, 156
Plausibilisierung, 16
Plausibilitätsüberprüfung, 309
PostgreSQL, 9, 60
POSTQUEL, 9
POWER(), 379
Primärschlüssel, 19
PRIMARY KEY, 376
Privileg, 350
Privilegtiefe, 404
Programmablaufplan, 22
Programmierschnittstelle, 5
Programmiersprache
– deklarative, 61
– imperative, 61
Programmverzeichnis, 57
Projektionsansicht, 279
Property, 16
Prozedur, 4
Puh, 124
Python, 6

RADIANS(), 379
RAND(), 154, 379
Randbedingungsprüfer, 5
RDBMS, 6
REAL, 370
Record, 16
Recordset, 16
Redundante Daten, 204
Redundanz, 20, 34
REFERENCES, 80
referentielle Integrität, 33, 41, 83
Referenz, 20
Relation, 11, 16
Relationale Datenbank, 11
relationales Datenbankmanagementsystem, 6
RENAME TABLE, 398
RENAME USER, 403

REPLACE, 106
Replikation, 356
– Master, 356
– Slave, 356
RESTRICT, 66, 83, 85, 134
REVOKE, 350, 355, 403
– ALL, 404
– ALL PRIVILEGES, 356
– PROXY, 404
RIGHT OUTER JOIN, 197
ROLLBACK, 295
ROUND(), 142, 379
row lock, 287
Rundungsfehler, 422

Sakila, 6
Satzkennzeichen, 12
Schema, 16
Schlüssel
– Definition, 17
– Fremd-, 20
– Kandidat-, 19
– Minimalität des, 17
– Primär-, 19
– Sekundär-, 19
Schleife, 315
– abweisende, 315
– annehmende, 315
– fußgesteuerte, 315
– geschlossen, 315
– kopfgesteuerte, 315
– offene, 315
Schnittmenge, 248, 253
Schwache Tabelle, 18
Seitensperre, 286
Sekundärschlüssel, 19
SELECT, 151, 401
– ... INTO, 155, 172, 307
– ... INTO OUTFILE, 174
Selektionsansicht, 276
SELF JOIN, 201, 202
Semikolon, 65
Seq_in_index, 94
Server Machine, 51
server-id, 357
session variable, 306
SET, 307, 369
SET GLOBAL, 343
SET NAMES, 160
SET NULL, 83
SET PASSWORD, 404
SHOW

– CHARACTER SET, 67
– COLLATION, 68
– CREATE DATABASE, 120
– CREATE SCHEMA, 120
– CREATE TABLE, 81, 146
– DATABASES, 69
– EVENTS, 342
– FULL TABLES, 269
– GRANTS FOR, 352
– INDEX, 91
– MASTER STATUS, 358
– PROCEDURE STATUS, 308
– SCHEMAS, 69
– TABLES, 73
– TRIGGERS, 339
– VARIABLES, 343
– VARIABLES LIKE, 64
– VIEWS (work around), 269
– WARNINGS, 65, 100, 104
Sicherheitseinstellung, 52
Sieb des Eratosthenes, 318
SIGN(), 380
SIN, 380
Single Responsibility Principle, 77
Sitzung, 7
Sitzungsvariablen, 306
Sitzungsverwaltung, 5
Skalarunterabfrage, 222, 223
Slave, 356
SMALLINT, 369
Sortierreihenfolge, 68
Sortierung
– deutsch, 424
– zuweisen, 68
SP_RENAME, 124
Spalte
– Auswahl einer, 156
– Definition, 15
– Spezifikation einer, 71
Sprunglogik, 385
SQL, 61
SQL HANDLER, 323
SQL-Schnittstelle, 7
SQL_NO_CACHE, 408
SQLEXCEPTION, 323
SQLWARNING, 323
SQRT(), 380
SRP, 77
Stammdaten, 140, 191
Standardwert, 375
Starke Tabelle, 18
START SLAVE, 358

START TRANSACTION, 293
STD(), 381
STDDEV_POP(), 382
STDDEV_SAMP(), 382
Stonebraker, Michael, 9
STOP SLAVE, 358
Storage Engine, 5, 8
strict-Modus, 351
String, 369
Struktogramm, 22
Stundenplan-Software, 32
SUBSELECT, 221
SUBSTRING(), 216
Suchpfad, 59
SUM(), 209, 382
SUM(DISTINCT), 382
Sun Microsystems, 6

Tabelle, 4, 16
– anlegen, 70
– atomar, 36
– existenzabhängige, 18
– existenzunabhängige, 18
– herleiten, 86
– schwach, 18
– starke, 18
– teilfunktional, 37
– temporär, 87, 218
– transitiv, 38
– vollfunktional, 37
– wiederholungsgruppenfrei, 35
Tabellenreferenzen, 401
Tabellensperre, 286
Tabellenunterabfragen, 234
table lock, 286
TAN(), 380
Tcl, 6
Teilfunktionale Tabelle, 37
Temporäre Tabelle, 4, 87, 218
TEMPORARY, 87
TEMPTABLE, 270
TEXT, 371
Tiefenabdeckung, 371
TIME, 372
TIME(), 163
TIME_FORMAT(), 374
Timeout, 5, 64
TIMESTAMP, 372
TINYBLOB, 375
TINYINT, 369
TINYTEXT, 371
Transaktion, 293

Transaktionsmanagement, 5
Transitive Tabelle, 38
Transitivität, 159
Trennzeichen, 102
Trichotomie, 159
Trigger, 5, 333
TRUNCATE, 147, 398
TRUNCATE(), 380
Tupel, 16
Twebaze, Ambrose, 6

Übergabeparameter, 306
UML-Notation, 23
UNDER, 86
Unicode, 66
UNION, 245, 253, 402
UNIQUE, 376
UNKNOWN, 135
UNLOCK TABLES, 287
UNSIGNED, 72, 376
Unterabfrage, 221
– korrelierende, 222
– Listen-, 226
– nicht korrelierende, 222
– skalar, 222, 223
– Tabellen-, 234
UPDATE, 140, 402
– ... IGNORE, 143
– ... LOW_PRIORITY, 143
USE, 72
USING, 188
utf8, 66, 67
utf16, 66, 67
UTF16LE, 423
utf32, 66, 67

VAR_POP(), 382
VAR_SAMP(), 382
VARCHAR, 72, 371
Variable, 155, 172
– global, 306
– lokal, 305
– Sitzungs-, 306
VARIANCE(), 382
Veränderbare Ansicht, 281
Verbinder, 7
Verbundansicht, 278
Vereinigung, 245, 253
Vererbung, 86

Verknüpfung, 20
– 1:1, Definition, 25
– 1:n
 – Definition, 27
 – identifizierende, 27
– n:m, Definition, 29
Verletzte referentielle Integrität, 33
Verschlüsselung, 404
Verzeichnis
– Daten, 58
– Programm, 57
– XAMPP, 56
Verzweigung, 309
VIEW, 267
Vollfunktionale Tabelle, 37
Vorbelegungen, 375

Wartungsstabilität, 24
Wertebereich, 15
WHERE-Klausel, 135, 136, 215
WHILE-Schleife, 318
Widenius, Michael, 6
Wiederholungsgruppe, 30, 35
Wiederholungsgruppenfreiheit, 35
Windows 10, 55
Windows Service, 52
WITH RECURSIVE, 204

XAMPP, 55, 60
XAMPP-Verzeichnis, 56
XML-Format, 13
XtraDB, 82

YEAR, 372
YEAR(), 216
Yu, Anrew, 9

Zeichenketten, 109
Zeichensatz, 66
– deutsch, 423
– zuweisen, 66
Zeile
– Auswahl einer, 157
– Definition, 16
Zeilensperre, 287
Zeilenumbruch, 102
Zufallszahlen, 154
Zweite Normalform, 38
Zwischenspeicher, 8

HANSER

Vom Problem zur Lösung

Hotzy, Held, Adar, Antognini, Egner, Flechtner, Gallwitz, Oehrli, Steiger
Der Oracle DBA
Handbuch für die Administration der
Oracle Database 12c
2., überarbeitete Auflage
831 Seiten. Inklusive E-Book
€ 70,–. ISBN 978-3-446-44344-0

Auch einzeln als E-Book erhältlich
€ 54,99. E-Book-ISBN 978-3-446-44420-1

Als Administrator der Oracle Database finden Sie in diesem Handbuch die ideale Unterstützung für die Herausforderungen Ihres Alltags. Die Autoren vermitteln Ihnen fundiertes Know-how sowie praktische Lösungen zu Themen wie Aufbau und Betrieb eines Datenbankservers, Administration und Monitoring, High Availability, Backup und Recovery, Security, Upgrade einer Datenbank und Optimierung.

Zusätzlich finden Sie neben einer Darstellung der Produkte und Features der Oracle Database 12c viele Beispiele, Praxistipps und Tricks, die Sie direkt in Ihre tägliche Arbeit integrieren können und die über Versionsgrenzen hinweg anwendbar sind.

Mehr Informationen finden Sie unter **www.hanser-fachbuch.de**

HANSER

Die Datenbank für alle

Fröhlich
PostgreSQL 9
Praxisbuch für Administratoren und Entwickler
299 Seiten. Inklusive E-Book
€ 39,90. ISBN 978-3-446-42239-1

Auch einzeln als E-Book erhältlich
€ 31,99. E-Book-ISBN 978-3-446-42932-1

- Administration und Programmierung der Open Source-Datenbank
- Die Version 9 mit vielen neuen Features
- Migration von und Replikation mit anderen Datenbanksystemen
- Einbindung in die IT-Landschaft
- Im Internet: Die Programme und Skripte aus dem Buch unter http://downloads.hanser.de

»[Das Buch] bietet einen gelungenen Wegweiser auf professionellem Niveau, bei dem aber auch PostgreSQL-Neulinge nicht auf Sekundärliteratur zurückgreifen müssen.«

FRANK GROßE, IT-ADMINISTRATOR, MAI 2013

Mehr Informationen finden Sie unter **www.hanser-fachbuch.de**